코람데오 플러스

: 사도행전이 제시하는 신앙의 길

코람데오 플러스
: 사도행전이 제시하는 신앙의 길

발행　　2020년 11월 12일

지은이　　김동수
발행인　　윤상문
디자인　　박진경, 이보람
발행처　　킹덤북스
등록　　제2009-29호(2009년 10월 19일)
주소　　경기도 용인시 기흥구 동백동 622-2
문의　　전화 031-275-0196 팩스 031-275-0296

ISBN 979-11-5886-191-9 03230

Copyright ⓒ 2020 김동수
이 책은 저작권법에 따라 보호받는 저작물이므로 무단전재와 복제를 금지하며,
이 책의 내용의 전부 또는 일부를 이용하려면 반드시 저작권자와 킹덤북스의
서면 동의를 받아야 합니다.

※ 잘못된 책은 구입한 곳에서 교환하여 드립니다.
※ 책 가격은 표지 뒷면에 있습니다.

킹덤북스 Kingdom Books
킹덤북스(Kingdom Books)는 문서사역을 통해 하나님의 나라를 확장하고,
한국 교회와 세계 교회를 섬기고자 설립된 출판사입니다.

코람데오 플러스
: 사도행전이 제시하는 신앙의 길

김동수 지음

아들, 며느리,

딸(지유, 희연, 혜유, 성유)과

조카들(도현, 대호, 예지, 예준)에게

추 천 사

　신학자가 설교한 말씀을 책으로 출간하는 것은 너무나도 멋진 일입니다. 먼저는 성경의 깊이와 넓이와 높이를 함께 음미할 수 있습니다. 그러나 더 중요한 것은 신학의 목표가 늘 설교여야 한다는 당위성 때문입니다. 그런 점에서 설교는 신학하는 사람에게 있어서 마치 종합예술인 영화와도 같습니다. 지금까지 배운 신학의 모든 정수가 그의 설교를 통해서 쏟아지기 때문입니다.
　설교자의 인격과 성품, 학식과 지성, 감성과 감동, 그리고 그가 지닌 시대 비판의 목소리가 드러납니다. 그래서 목회자도, 신학자도 설교하는 행위에 삶 전체를 거는 것이 필요합니다. 김동수 교수는 신학자이며 설교자입니다. 하나님 나라라는 푯대를 높이 들고, 성령의 능력이 함께하는 임마누엘 교회라는 사도행전의 현장을 깊이 통찰하고 있습니다. 한편 그는 사도행전의 역사가 오늘 우리 교회에도 어떻게 적용할 수 있을까 고뇌하면서 글을 쓰고 있습니다.
　이 책을 통해 드러나는 목회를 하는 마음으로 신학을 하고, 신학을 하는 마음으로 목회를 하는 김 교수의 관점이 아주 매력적입니다. 초대 교회의 사람들과 동행하신 성령의 역사를 오늘 우리 삶에 과감히 접목해

보려는 분들에게 이 책을 기쁜 마음으로 추천합니다.

김지철 목사 (전 소망교회 담임, 미래목회와말씀연구원 이사장)

오늘처럼 교회의 역할과 정체성에 도전 받는 시대가 근래에 있었을까? 본서를 통해 초기 교회의 모습이 그때 그곳에 머물지 않고 오늘 여기에까지 재현될 수 있는 이유를 찾을 수 있다. 그것은 여전히 우리 가운데 성령이 계시다는 것이다! 시간과 공간을 넘어선 '거침없는' 교회의 역사는 성령의 감동과 성령의 인도를 받는 때다. 하나님의 말씀을 주술과 선동, 그리고 이데올로기로 전락시키는 이 부박한 시대에 저자의 사도행전 강해 설교는 이 땅의 소망을 보기 원하는 한국 교회와 교우들을 위한 뜨거운 희망의 증언이다.

박노훈 목사(신촌교회 담임, 월드비전 이사장)

본서는 신약학 전문가가 사도행전을 현대인에게 쉽게 풀이한 책이다. 저자는 평택대학교 신학대학원에서 신학생들에게 사도행전을 강의하면서, 성경 본문을 누가의 눈으로 읽고 본문 본래의 의미를 이해하고자 씨름하였다. 그리고 저자는 평택대학 교회에서 교인들에게 사도행전을 설교하면서 사도행전의 이야기가 자신의 교회 이야기가 되기를 꿈꾸며 씨름하였다.

저자는 사도행전에 나오는 이야기가 오늘날 교회의 삶을 위한 모델이요 패러다임이라고 이해한다. 독자가 사도행전에 나오는 성령의 역사를 체험할 때, "이 이야기가 바로 우리 이야기"가 될 것이라고 도전한다. 코람데오 삶을 살기 위해 성령 충만함이 필요한 사람, 사도행전이 제시하는 신앙의 길을 가고 싶은 사람에게 강력하게 추천한다.

안용운 목사(온천교회 원로, (사)생터성경사역원 이사장)

    사도행전에 나타난 초대 교회의 모습은 오늘날의 교회가 추구해야 할 교회 상을 분명히 제시해주고 있습니다. 사도행전에 나타난 교회는 기도에 힘쓴 기도 공동체, 성령 강림으로 탄생하고 성령의 인도를 받은 성령 공동체, 날마다 모여 가르침을 받은 말씀 공동체, 사랑을 실천한 사랑 공동체, 땅끝까지 복음을 전한 선교 공동체였습니다. 김동수 교수님의 사도행전 강해집 『코람데오 플러스』 역시 사도행전에 나타난 초대 교회의 모습 속에서 오늘날의 교회가 지향해야 할 교회의 모습을 밝히 보여주고 있는 책입니다.
    특별히 '코람데오 플러스'의 신앙을 갖자는 말씀, 즉, 성경 말씀에 입각하고 하나님 중심으로 사는 코람데오의 신앙을 기본으로 하면서도 그것에 더하여 구체적인 삶의 현장에서 성령의 인도를 받는 신앙을 추구해야 한다는 교수님의 말씀에 전적으로 공감하고 동의하는 바입니다. 아무쪼록 이 책을 통해 사도행전에 나타난 초대 교회의 이야기가 우리의 이야기가 되고 초대 교회 성도들의 삶이 우리의 삶이 되기를 소망합니다. 아울러 이 책을 읽는 모든 분마다 다시금 성령으로 충만해지는 역사를 경험하고 영적 능력을 회복하게 되기를 기도합니다.

이영훈 목사(여의도순복음교회 담임)

한국의 명망 있는 성경 신학자이자 성령 충만한 부흥사인 김동수 교수님의 또 다른 걸작 설교집의 탄생을 진심으로 축하합니다. 저는 이 사도행전 연구—설교집을 대하면서 의사 겸 복음사가인 누가가 하나님을 사랑하는 한 형제(데오빌로)를 위하여 초대 교회의 감동적인 이야기와 사도/순교자의 설교들을 모아 들려주던 그 거룩한 섬김을 받는 듯합니다. 지금 암울한 시기를 지나가는 세상 모든 하나님의 사람들이 연구와 영감이 겸비된 김 교수—목사의 설교에서 깊은 위로와 새로운 소망을 얻으리라 확신하여 일독을 권합니다.

장동수 교수(한국침례신학 대학교, 신약학)

요한복음과 성령론, 그리고 방언에 대한 연구까지 신학과 목회 간의 가교 역할을 잘 수행하면서 신학이 있는 목회, 목회를 위한 신학의 길을 제시하던 김동수 교수께서, 이번에는 사도행전을 가지고 신학 하는 일과 신앙생활의 길을 보여주고 있다. 사도행전의 중심인물을 성령으로 보고, 기도와 성령으로 하나님의 사람을 이끌어 가시는 성령 행전이 "담대하게 거침없이" 우리의 신앙생활로까지 이어지는 과정을 짧으면서도 명료하게 핵심적인 내용을 잘 다루어 주고, 주어진 말씀을 지금 우리의 삶에서 살아낼 수 있도록 적용과 실천도 다루고 있다. 대학 교회에서 설교한 내용을 묶은 것이라고 하지만 신자들은 매일 묵상집으로 활용할 수 있을 것이고, 설교자들은 영감을 얻을 수 있는 '가공되지 않은 재료'를 얻을 수 있는 책으로 사도행전을 통해 성경 전체를 보고자 하는 모든 분들께 기쁘게 추천하는 바이다.

한기채 목사(중앙성결교회 담임, 기독교대한성결교회 총회장)

서 문

한 사람과 두 번 결혼하는 것이 드문 일이듯이, 한 교회에 두 번이나 담임 목사로 청빙 받는 일도 흔한 일은 아니다. 그런데 대학 교회라는 특수성과 우리 교회가 처했던 어려운 일로 인해 나는 평택대학 교회에 초대 담임 목사로(2004-2009) 청빙되었다가, 6대 담임 목사로 재청빙되어 사역하고 있다(2018-).

첫 번째 목회에서 이미 사도행전 본문으로 1년 정도 설교한 적이 있었기에(『누가신학 렌즈로 본 사도행전』, 프리칭아카데미, 2007로 출간) 같은 본문으로 두 번째 설교하는 것은 설교자에게는 부담스러운 일이었다. 같은 교회에서 두 번 청빙 받아서, 사도행전을 또 다시 설교한 것이다. 그런데 사도행전을 다시 설교하면서 우리 교회가 나가야 할 방향도 찾았고, 하나님이 우리 교회에게 무슨 말씀을 주시고자 하는 바도 깨달았다. 수요 기도회에서는 주로 이전에 설교했던 본문을 이전에 출판된 자료를 사용하여 설교했고(그 대부분이 본서에 포함되어 있음), 주일 예배에서는 이전에 설교하지 않았던 본문으로 주로 설교했다. 그래서 결국 1년 반 만에 사도행전 설교를 마쳤다.

설교자이기 이전에 신약 학자이기도 한 저자는 평택대 피어선신학전문대학원 목회학 석사 과정 학생들에게 사도행전 과목을 가르치며 내가 설교한 것을 주석적으로 재점검하는 기회도 가졌다. 또 이 과목 수업을 진행하면서 사도행전이 먼지 구덩이에 쳐 박혀 있을 역사책이 아니라 현대 교회에 있어서도 사역 매뉴얼의 역할을 한다는 확신을 더 확고하게 갖게 되었다.

이제 그 결과물을 독자들과 나누고자 본서를 내놓는다. 나는 사도행전을 강해 설교하면서 사도행전이 제시하는 신앙의 길이 무엇인지 계속 물었다. 그리고 발견한 것이 '코람데오 플러스'라는 것이다. 사도행전이 제시한 신앙의 길은 '하나님의 현존 앞에서'를 기본으로 하면서, 또 그것을 능가하는 '코람데오 플러스'다. 그것은 말씀에 입각하면서, 또 하나님을 중심으로 하면서도 구체적인 삶의 현장에서 성령의 인도함을 받는 것이다.

사도행전이 내게 은혜가 되었고, 사도행전 강해 설교가 우리 성도들에게 울림이 있었다. 본서가 같은 신앙의 길을 걷고 있는 독자들에게도 은혜와 울림이 있기를 소망한다. 또 내가 사랑하는 한국 교회가 세상의 상식을 넘고, 기존의 교회의 상식을 넘어 누가가 제시하는 코람데오 플러스의 신앙을 가진 교회가 되기를 갈망한다.

이미 장성한 자녀들인 김지유(며느리 김희연), 김혜유(딸), 김성유(아들)와 조카들(도현, 대호, 예지, 예준)에게 앞으로 코람데오 플러스의 삶을 살라는 의미로 본서를 준다. 우리 자녀들이 모두 이런 삶의 원칙으로 살기를 간절히 소망한다. 원고 교정을 해 준 이인숙 권사님과 한순희 집사님과 이우경 박사님께 감사드린다.

2020년 10월
인천 송도에서 저자 김동수

차 례

추천사 • 5
서문 • 9

01. 사도행전의 전제 예수 행전(1:1-2) • 15
02. 예수의 가르침 하나님의 나라(1:3) • 21
03. 하나님의 약속 성령(1:4-5) • 28
04. 하나님의 나라에 대한 동상이몽(1:6-7) • 34
05. 제자의 세 가지 사명(1:8) • 40
06. 성령 강림을 위한 기다림과 기도(1:9-14) • 47
07. 각자의 몫대로 살아내기(1:15-20) • 53
08. 인류 구원을 위한 '여호와의 열심'(1:21-26) • 60
09. 오순절 사건은 첫 성령 강림 사건(2:1-13) • 65
10. 오순절 사건은 예언의 성취(2:14-21) • 70
11. 우리가 믿는 "이 예수"(2:22-36) • 76
12. 성령 체험의 길 1, 회개(2:37-41) • 81
13. 교회의 원형질 네 가지(2:42) • 89
14. 코이노니아가 샘솟는 교회(2:43-47) • 96
15. '그날' 이후의 일상(3:1-10) • 103
16. 무엇이 사람을 다시 숨 쉬게 하는가?(3:11-26) • 109
17. 하나님 앞에서 판단하라!(4:1-22) • 114
18. 성령 체험의 길 2, 한마음 기도(4:23-31) • 119
19. 자발적인 희년 실행(4:32-37) • 127

CORAM DEO PLUS

20. 교회를 정결케 하시는 하나님 (5:1-11) • 134
21. 성령 체험의 길 3, 자아 깨뜨리기 (5:12-32) • 139
22. 가말리엘, 차선의 길을 제시한 사람 (5:33-42) • 146
23. 예루살렘 교회가 직면했던 도전과 적절한 응전 (6:1-7) • 151
24. 스데반 같은 교회 일꾼 (6:8-15) • 157
25. 역사란 무엇인가? (7:1-35) • 164
26. 하나님이 사랑하는 광야 교회 (7:36-43) • 169
27. 작은 예수 스데반 (7:44-53) • 177
28. 코람데오 플러스 1 (7:54-60) • 185
29. 흩어지는 교회 (8:1-8) • 193
30. 하나님 나라의 비전으로 움직이는 교회 (8:9-13) • 200
31. 사마리아 사람들의 성령 체험 (8:14-17) • 207
32. 우리 시대의 마술사 시몬은 누구인가? (8:18-25) • 213
33. 전도자 빌립이 전한 복음 (8:26-40) • 221
34. 청년 사울의 회심과 소명 (9:1-18) • 228
35. 정상적인 교회 (9:19-31) • 235
36. 작은 예수 베드로 (9:32-43) • 241
37. 성령 체험의 길 4, 말씀 경청 (10:1-48) • 246
38. "우리 할례자들이 달라졌어요" (11:1-18) • 252
39. 그리스도인입니까? (11:19-26) • 259
40. 교회는 어떻게 세워지는가? (12:1-25) • 265

CORAM DEO PLUS

41. 선교사 바나바와 바울(13:1-12) • 275
42. 바울의 첫 설교, 그 핵심은 무엇인가?(13:13-41) • 280
43. 박해 속에 꽃 피는 신앙(13:42-52) • 285
44. 진짜 뉴스 vs. 가짜 뉴스(14:1-7) • 290
45. 작은 예수 바울(14:8-18) • 296
46. 함께하는 신앙(14:19-28) • 302
47. 복음이냐 볶음이냐(15:1-29) • 308
48. 바나바의 삶과 신앙(15:30-41) • 314
49. 길이 막히면, 하나님이 새 길을 여실 때다(16:1-10) • 319
50. 바울의 유럽 선교 시작(16:11-15) • 325
51. 능력 전도와 현존 전도(16:16-40) • 331
52. 그리스도 고난의 삼중 효과(17:1-9) • 337
53. 성경 상고(詳考)하기(17:10-15) • 342
54. 바울의 아레오바고 설교(17:16-34) • 347
55. 어린이 같이 말씀에 붙잡힌 바울(18:1-17) • 354
56. 바울의 동역자 브리스길라와 아굴라(18:18-23) • 361
57. 양 날개 신앙(18:24-28) • 366
58. 수련회에서 은혜 체험하기(19:1-7) • 373
59. 성령 체험, 그 이후(19:8-20) • 380
60. 종교 생활이냐? 신앙생활이냐?(19:21-41) • 387
61. 청년을 살리는 교회(20:1-16) • 392

CORAM DEO PLUS

62. 행복은 사명 감당에서 온다(20:17-27) • 399
63. 목회가 있는 교회(20:28-38) • 406
64. 코람데오 플러스 2(21:1-6) • 414
65. 예언의 은사에 대한 오해와 이해(21:7-16) • 422
66. 오해와 곡해의 십자가(21:17-40) • 430
67. 승리하는 신앙인의 7가지 요건(22:1-21) • 439
68. "그들"은 왜 사역자들을 죽이려 하는가?(22:22-30) • 444
69. 부활의 소망(23:1-10) • 450
70. 도우시는 하나님 아버지(23:11-35) • 459
71. 삶으로 증명되는 부활 신앙(24:1-23) • 465
72. 제발 '정치인'이 되지 마세요(24:24-25:12) • 470
73. 착하다고 성령받는 것이 아니다(25:13-27) • 476
74. 간증을 통한 전도(26:1-23) • 486
75. 전도, 왜 못하나?(26:24-31) • 491
76. 누구의 말에 끌리는가?(27:1-26) • 499
77. 누가 내 삶의 시간표를 결정하는가?(27:27-44) • 506
78. 오순절은 계속된다(28:1-10) • 513
79. 우리가 설교에 은혜를 받지 못하는 이유는?(28:11-29) • 519
80. 우리의 삶으로 써야 할 사도행전 29장(28:30-31) • 530

에필로그: 사도행전, 어떻게 해석할 것인가? • 537
사도행전 설교를 위한 참고 문헌 • 540

사도행전의 전제 예수 행전
(1:1-2)

사도행전과 누가복음 저자는 동일인 누가입니다. 두 책의 수신자(데오빌로), 문체, 신학적 경향성이 같습니다. 누가는 고급 헬라어를 사용하여 문학적으로 글을 구성하여 쓰는 지성인이었습니다. 또 누가는 성령 체험에 충만이라는 용어를 사용하고 하나님의 역사가 기도를 통해서 이루어진다는 것을 강조하는 것과 약자에 대한 배려를 하는 경향성이 있습니다.

이 책의 정식 명칭은 '사도들의 행전'(the acts of the apostles)입니다. 그런데 사도행전은 주로 베드로와 바울 두 사도의 행적을 기록한 것이기에 사도행전은 '베드로와 바울 행전'이라고도 말할 수 있습니다. 그런데 2세기-4세기에 기록된 외경 행전들과는 달리(예를 들어, 요한 행전, 바울 행전, 베드로 행전 등) 사도행전의 중심인물은 특정 사도가 아니라 성령입니다. 그래서 우리는 사도행전을 '성령 행전'이라고도 부릅니다. 여기서 사도들의 과업은 자신들의 이름을 빛내는 것이 아니라 성령의 인도함을 받아 예수를 그리스도라고 증언하는 것입니다.

또 사도행전의 특징 중 하나는 다소 의외적인 결말로 끝맺음을 하는 것입니다. 사도행전의 끝 절은 바울이 로마에 머물면서 "거침없이" 전도

하고 있는 것입니다. 사도행전은 무엇이 계속되고 있다는 느낌으로 책이 끝납니다. 사도행전 저자는 사도들의 행전으로 시작해서 제자들의 행전, 후대 신자들의 행전으로 이어질 것을 기대하면서 본서를 썼습니다. 누가는 과거의 사도들의 행적만을 기술하기 위해 이 책을 기록한 것이 아니라 바로 자신이 이 책을 쓰고 있는 시점 이후에도 이러한 일이 계속되어야 함을 말하고자 했던 것입니다. 사도행전을 읽을 때 우리는 이 점을 염두에 두어야 합니다. 누가는 독자들에게 사도들의 행적을 과거의 교회 역사 이야기로만이 아니라, 후대에 일어나야 할 모델 이야기로 읽어야 할 것을 말하고 있습니다.

사도행전의 시작

책의 특성은 그 책의 서두를 보면 알 수 있는데 거기에는 저자의 의도와 관심사가 잘 나타나 있기 때문입니다. 사도행전은 그 명칭대로 성령의 인도함을 받은 사도들의 행적을 기록한 책입니다. 그런데 본문은 그 사도들의 행적을 기록하기에 앞서 그들의 행적의 전제에 대해서 말하고 있는데, 그것은 바로 예수 행전입니다. 1-2절은 복음서 내용을 요약한 것인데 그것을 우리는 예수 행전이라고 부를 수 있습니다. 누가는 복음서에서 예수를 "말과 일에 능하신 선지자"(눅 24:19)라고 표현하고 있는데, 본문에서도 예수의 사역을 그렇게 요약하고 있습니다.

누가는 왜 사도행전을 시작하면서 복음서의 내용을 요약하고 시작할까요? 그 이유는 명백합니다. 그는 사도들의 행전, 나아가 모든 신자들의 행전은 예수 행전에 토대를 두어야 한다는 것을 말하고자 했던 것입니다. 예수 행전 없이 사도행전이 있을 수 없다는 것이지요. 누가는 사도들, 나아가 모든 제자들의 삶은 예수의 삶에 토대를 두어야 한다는 것을 말하고자 했습니다. 누가가 그렇게 말했다는 것은 다음의 사실로 미루어 볼 때 분명합니다. 누가복음에서 예수의 사역이 기도로 이루어지듯이(눅 6:12; 9:28), 사도행전에서 사도들의 사역이 기도를 통해서 이루어집니다. 기도를 통해서 성령이 임하고(2:1-4), 기도를 통해서 옥문이 열리고(16:25), 기도하고 선교사를 파송합니다(13:3). 즉 예수의 행동이 제자들에게 이어진 것입니다.

예수님이 우리 삶의 모델이 될 수 있나?

그런데 한 가지 문제가 남습니다. 예수님은 하나님의 아들이고, 우리는 인간인데 우리가 어떻게 그분을 모델로 해서 산다는 말입니까? 어떤 이들은 신자가 사도들을 모델로 해서 사는 것도 반대합니다. 사도들은 일반 사람들과는 전혀 다른 성정과 능력을 가진 사람이라는 것이지요. 그런데 누가는 우리에게 제자들이 따라야 할 삶의 모델로 예수와 사도들을 제시합니다. 누가만이 아니라 히브리서 저자도 예수의 믿음이 우리의 믿음의 모델이라고 합니다. 그는 "믿음의 주요 온전케 하시는 이인 예수를 바라보자"(히 12:2)라고 제안합니다. 여기서 "주"라는 헬라어 '아르케고스'는 "근원(시작)자", "창시자", 혹은 "개척자"를 의미합니다. 곧 예수님은 믿음의 근원자, 창시자, 참 믿음을 보여준 분이라는 것이지요. 그렇다면 우리는 그 믿음을 주목하고 따라야 하는 것입니다. 히브리서 저자처럼 누가도 예수님을 우리 믿음의 창시자로 보고 있습니다. 예수님이 믿음의 창시자라면 그가 인성을 사용했다는 말입니다. 예수님은 인간으로서 인성을 가지고 자신의 믿음을 보여주었고, 그것을 우리가 따라야 한다는 것입니다.

예수는 성령 충만하여 모든 일을 행했다

예수님이 신성을 가지고 모든 일을 했다면 그는 우리의 구주는 될 수 있어도 우리의 모범자는 될 수 없습니다. 그렇다면 그는 인성으로 어떻게 하나님의 뜻을 이루었을까요? 그 대답은 바로 그가 성령 충만하여 일을 행하였다는 것입니다. 그는 제자들에게 명할 때도 성령을 통해서(2절), 다시 말해 성령이 충만하여 행했습니다. 누가복음 4:1에 따르면 예수님은 모든 일을 성령 충만하여 행했습니다. 사도행전 10:38에는 예수가 선한 일을 행하고 귀신을 내 쫓을 수 있었던 것은 "하나님이 나사렛 예수에게 성령과 능력을 기름 붓듯 하셨"기 때문이라고 합니다. 그래서 예수는 제자들이 사역하기 전에 "예루살렘을 떠나지 말고 아버지께서 약속하신 것을 기다리라"(행 1:4)고 제자들에게 명령합니다. 기다리면 제자들은 성령으로 세례를 받을 것이라고 말합니다(행 1:5).

한 마디로 말해, 성령 충만하면 우리도 예수님처럼 행할 수 있습니다. 실제로 사도행전에 나오는 예수의 제자들도 성령 충만하여 변화된 모습으로 하나님의 일을 감당했습니다. 요한복음 14장 12절에 난제가 나옵니다. "내가 진실로 진실로 너희에게 이르노니 나를 믿는 자는 내가 하는 일을 그도 할 것이요 또한 그보다 큰일도 하리니 이는 내가 아버지께로 감이라." 예수님이 아버지께로 가면 무슨 일이 발생합니까? 성령을 보내주십니다. 여기서도 성령을 통해 신자가 일하는 것이기 때문에 이런 일을 할 수 있는 것입니다. 하지만 우리가 결코 예수님보다 큰 것은 아닙니다.

사도들의 행전은 우리 행전의 패러다임이다

사도들은 예수를 따라 행했고, 우리는 당연히 예수와 사도들을 따라 행해야 합니다. 데오빌로는 복음서에서는 각하라는 직책으로 불리었는데, 사도행전에서는 그냥 이름으로 불립니다. 즉 그가 크리스천이 되어 그리스도 안에서 형제가 되었다는 것이지요. 데오빌로는 로마 사람으로 아마도 높은 지위에 있으면서 복음을 접하고, 누가복음을 통해서 예수의 행함과 가르침을 받아들였을 것입니다. 그래서 이제는 외부인 각하가 아니라 기독교인 형제 데오빌로가 된 것입니다. 누가는 이 사람에게 편지를 쓰면서 처음에는 예수를 모범자로 소개하고(누가복음에서), 다음에는 사도들을 예수를 따른 모범자로 소개하고 있습니다(사도행전에서). 우리도 예수처럼, 제자들처럼 행하면 됩니다.

세속화란 예수와 사도들을 모델로 사는 패러다임을 따르지 않는 것입니다. "우리가 어떻게 감히 예수처럼 행할 수 있는가? 우리가 감히 어떻게 사도들처럼 행할 수 있는가?"라고 말하는 사람들이 많습니다. 하지만 사도들은 성품에 있어서 특별한 사람들은 아니었습니다. 그들은 우리와 성정이 같은 사람들이었습니다. 그들도 예수를 배반하고, 예수의 말씀을 이해하지 못했었습니다. 다만, 나중에 그것을 깨닫고 성령 충만하여 성령의 인도함을 받아 큰일을 행한 것입니다.

적용과 실천

우리 한국 교회에서는 지금 우리들의 나쁜 모습만 보고 절망하고 있는 사람들이 있습니다. 교회 세습, 성폭력, 교회 사유화, 이런 생각만 하는 사람에게 "한국 교회는 지금 어디로 가고 있습니까?"라고 물으면 이런 사람들은 "지옥으로 가고 있지요."라고 대답합니다. 어차피 현실 교회는 성경에서 멀어진 모습이 많게 마련입니다. 이것을 모델로 해서 아무리 고치려고 해도 잘 안 고쳐지거나, 조금밖에 안 고쳐집니다. 우리는 원 모델을 찾아야 합니다. 교회의 원 모델은 사도행전에 나옵니다. 이 모델을 보고 나가면 현실의 나쁜 일은 자연스럽게 따라가지 않게 됩니다. 너무 나쁜 일만 보고 그것만을 생각하지 맙시다. 우리도 예수님처럼, 바울처럼 그렇게 살 수 있습니다. 그렇게 살 수 있게 하기 위하여 성경이 기록된 것입니다. 세상의 모델을 따라가려 하지 말고, 성경의 모델대로 살아갑시다. 그것은 바로 예수 행전을 따라가는 것이고, 이어서 사도행전을 따라가는 것입니다.

02 예수의 가르침 하나님의 나라
(1:3)

누가는 복음서에 나타난 예수의 행적을 가르침과 행함으로 요약하면서 사도행전을 시작합니다(행 1:1-2). 예수의 가르침은 한 마디로 무엇입니까? 석가모니의 가르침이 자비였다면 예수의 가르침은 사랑이 아닐까요. 우리는 흔히 그렇게 생각합니다. 사실 예수의 윤리적 가르침은 한 마디로 사랑입니다. 하지만 예수의 핵심 가르침은 이 땅에서 다른 사람을 미워하지 말고 사랑하면서 착하게 살라는 것인가요? 아닙니다. 예수 가르치심의 주제는 한마디로 하나님의 나라였습니다.

예수의 핵심 가르침인 하나님의 나라

누가복음과 사도행전을 보면 예수 가르치심의 주제가 하나님의 나라였음을 알 수 있습니다. 예수님의 첫 사역을 누가는 이렇게 표현합니다. "예수께서 이르시되 내가 다른 동네들에서도 **하나님의 나라 복음을 전하여야 하리니** 나는 이 일을 위해 보내심을 받았노라 하시고 갈릴리 여러 회당에서 전도하시더라."(눅 4:43-44) 계속된 예수의 사역을 누가는 하나님의 나라 전파하는 것으로 설명합니다. "그 후에 예수께서 각 성과 마을에 두루 다니시며 하나님의 나라를 선포하시며 그 복음을 전하실 새 열두 제자가 함께 하였고."(눅 8:1; cf. 9:11) 또한 예수님의 실제 가르침, 특히 비유의 주제는 한 마디로 하나님의 나라였습니다(눅 6:20; 7:28; 8:1, 10; 9:27; 10:9; 13:18, 28, 29; 14:15; 16:16; 17:20, 21; 18:29; 19:11; 21:31; 22:16, 18). 나아가 예수님이 부활하시고 승천하시기 전 40일 동안 하신 일도 하나님의 나라였습니다. "…사십 일 동안 그들에게 보이시며 하나님의 나라의 일을 말씀하시니라."(행 1:3)

예수님의 공생애 기간에 제자들에게 준 사명도 하나님의 나라 전파였고, 그가 승천하신 후 제자들에게 기대되었던 사명도 바로 하나님의 나라 전파였습니다. 먼저, 예수님이 제자들에게 사명을 준 것도 하나님의 나라 전파였습니다. "[열두 제자에게] 하나님의 나라를 전파하며 앓는 자를 고치게 하려고 내보내시며."(눅 9:2; cf. 9:60) 사도행전에는 빌립의 사역을 이렇게 기록하고 있습니다. "빌립이 하나님 나라와 및 예수 그리스도의 이름에 관하여 전도함을 그들이 믿고 남녀가 다 세례를 받으니."(행 8:12) 사도행전 마지막 절은 이렇게 끝납니다. "[바울이] 하나님의 나라를 전파하며 주 예수 그리스도께 관한 모든 것을 담대하게 거침 없이 가르치더라."(28:31; cf. 행 14:22; 19:8; 20:25; 28:23). 한마디로 말해, 예수님이 가르치신 핵심 내용도 하나님의 나라요, 예수님의 제자인 우리가 지금 가르치고 선포해야 할 것도 하나님의 나라입니다.

유대인의 소망, 하나님의 나라

그런데 이 하나님의 나라는 예수가 처음으로 가르치신 것이 아닙니다. 이것은 유대인들이 오랜 동안 소망하고 꿈꾸어온 것이었습니다. 먼저, 하나님의 나라라는 말은 하나님이 왕으로 있는 어떤 특정 국가라는 말도 되지만 근본적으로 하나님의 통치 자체를 가리킵니다. 예를 들어, 먼저 "그의 나라와 그의 의를 구하라"(마 6:33)는 것은 하나님의 통치를 받기를 기도하라는 것이지요. 주기도문의 "[당신의] 나라가 임하시오며"(마 6:10)라는 구절도 바로 하나님의 통치가 임하게 해달라는 기도입니다. 하나님의 나라는 하나님의 통치입니다.

하나님은 이스라엘의 초기 시대부터 왕으로 인식되었습니다. 출애굽을 한 후 모세와 이스라엘 백성은 하나님을 찬양하는 노래를 부르는데 그 마지막 구절에 이런 말이 있습니다. "여호와께서 영원무궁 하도록 다스리시도다."(출 15:18) 바로 이것입니다. 여호와가 왕으로 다스리심, 그것이 바로 하나님의 나라입니다. 하나님은 우주의 창조자로서 만물을 다스리신다는 것은 시편 기자도 노래했습니다(시 109:19). 특히 하나님은 이스라엘의 왕으로 이스라엘을 통치했습니다. 주변국들과는 달리 사사 시대까지 이스라엘에는 왕이 없었고 하나님 자신이 왕이셨습니다. 그러다가 하나님은 자신의 왕권의 대리자로 이스라엘에게 왕을 허락하십니다. 하지만 유대와 이스라엘의 왕들은 대부분 하나님의 대리자로서의 역할을 잘하지 못했고 그 왕권을 악하게 사용했습니다. 결국 이스라엘은 남 유다와 북 이스라엘로 나누어졌고, 모두 강대국에 의해 멸망당했습니다. 예수 시대의 이스라엘은 로마의 속국이었습니다. 이스라엘이 강대국의 포로가 되어 고생할 때 선지자들을 통해서 하나님은 소망을 주셨습니다. 그것은 하나님이 보내시는 메시아를 통해서 이스라엘의 주권이 회복되고 이스라엘이 온 이방 국가 위에 우뚝 서는 비전이었습니다(단 2:44; 7:13-14). 그것이 바로 하나님 나라에 대한 소망이었습니다.

예수 당시에도 이 소망 속에서 사람들은 어려움을 이겨 나갈 수 있었습니다. 지금도 마찬가지입니다. 이스라엘이 70년에 로마 티투스 대장에게 예루살렘 성이 함락되어 망한 후 거의 이 천년 동안 나라가 없었다가 다시 나라를 되찾은 것도 바로 이 메시아가 가져올 하나님의 나라에 대한 소망 때문이었습니다. 현대 유대인들도 이 소망을 가지고 아직도 메시아를 기다리고 있습니다.

예수가 말하는 하나님의 나라

예수가 가르치신 것이 바로 당시 이스라엘 사람들이 소망하고 있던 하나님의 나라인데, 우리는 그 내용을 다음과 같이 정리할 수 있습니다. **첫째, 예수의 메시아 사역을 통해 하나님의 나라가 가까이 왔고, 벌써 임했습니다.** 예수가 병자를 고치시고, 귀신을 내쫓으시고, 기적을 행하시는 것은 바로 예수가 메시아라는 표적이라는 것입니다. 그런데 사람들은 예수가 메시아라는 것을 믿지 않았습니다. 예수가 메시아라면 위엄 있게 통치하는 왕으로 오셔야 하는데, 오히려 예수의 모습을 보면 통치하는 분이 아니라 종이었습니다. 예수의 친구는 가난한 자, 어린이, 여성 등이었습니다.

둘째, 하나님의 나라는 정치적인 왕국이 아니라 영적인 것입니다. 당시에 메시아에 대한 고대가 이스라엘 백성의 각 파마다 제각각이긴 했지만 공통적인 것은 이 나라는 정치적인 나라라는 것이었습니다. 백성들이 고대했던 것은 메시아가 도래하여 로마를 무찌르고 로마보다 더 강력한 나라를 세우는 것이었습니다. 그런데 예수는 하나님의 나라는 이 세상 어느 한 곳에 수도를 정하는 나라가 아니라 바로 사람들의 마음속에 임하는 나라라고 말합니다. "바리새인들이 하나님의 나라가 어느 때에 임하나이까 묻거늘 예수께서 대답하여 이르시되 하나님의 나라는 볼 수 있게 임하는 것이 아니요 또 여기 있다 저기 있다고도 못하리니 하나님의 나라는 너희 안에 있느니라."(눅 17:20-21) 이것은 당시 사람들이 가지고 있던 하나님의 나라에 대한 개념을 완전히 뒤집는 것이었습니다. 그래서 이 나라는 보이게 임하는 나라가 아니라 사람들의 마음속에 씨로 심겨져 나중에는 엄청나게 큰 나무가 되는 것입니다.

셋째, 마음속에 하나님의 나라가 임한 사람은 그 왕국의 법도와 규율에 맞게 삶을 재정립해야 합니다. 옛 왕국을 마음속에서 버리고 새 왕에게 충성 맹세를 하고 그곳 법도를 따라야 한다는 것입니다. '동물의 왕국'이라는 텔레비전 프로그램을 보면 수사자가 늙어서 쫓겨나가면 암사자들은 새 왕 수사자에게 충성 맹세를 하든지 아니면 그 무리를 떠나야 합니다. 영적인 세계에서도 마찬 가지입니다. 마음속에서 사탄의 왕국에서 살던 모든 사람들은 그곳에서 사탄의 지배를 받으며 살든지 아니면 하나님께 충성 맹세를 하든지 두 가지 중 하나를 선택해야 합니다.

그런데 하나님의 나라의 중요한 법칙 중 하나는 하나님만 왕이라는 것입니다. 모든 사람은 근본적으로 형제요, 자매요, 친구라는 것이지요 (마 23:8-10). 여기에는 이 세상과는 달리 사람 사이에 근본적으로 신분이나 위계가 없는 나라입니다. 여기에는 높은 사람이나 어떤 이념도 하나님을 대신할 수 없습니다. 하나님을 왕으로 모시기 위해 어떤 것도 버려야 합니다. 하나님의 나라는 심지어 자식이 부모 장례를 치루는 것보다 우선적으로 추구해야 하는 것입니다. 또 하나님의 나라는 강제로 임하는 것이 아니라 자신이 하나님의 백성이 되어 그 법을 실천함으로써 이루어지는 나라입니다. 예수는 가난한 자, 소외된 자의 친구가 되었고, 제자들은 사도행전에서 재산을 공유함으로 교회 공동체 안에 하나님의 나라를 이루었습니다. 또 한 가지, 이곳은 용서와 사랑이 넘치는 나라이고, 늘 행복이 있는 나라입니다. 하나님의 나라의 용서 법은 이 세상의 용서 법과는 다릅니다. 무한대로 용서하는 법입니다.

넷째, 하나님의 나라가 이 땅에 임했지만 완성은 예수가 재림하실 때라는 것입니다. 그래서 하나님의 나라를 "이미" 임했지만 "아직" 완성되지 않은 나라라고 할 수 있습니다. 현재의 신자는 바로 이 시대를 살아가고 있는 것입니다. 이 시대에 신자는 한편으로는 마음속에 임한 하나님의 나라가 교회 공동체와 이 세상 속에 이루어지도록 노력해야 하고, 다른 한편으로는 하나님의 나라가 완성되도록 주님의 재림을 사모해야 합니다. 그런데 그 재림을 무위도식 하면서 기다리는 것이 아니라 바로 하나님이 주신 증인의 사명을 감당하면서 해야 합니다.

초기 교회 제자들이 선포했던 것도 바로 예수가 가르치신 하나님의 나라였습니다. 그런데 제자들은 여기에 한 가지를 추가해서 가르쳤는데, 그것은 예수가 그 메시아이고, 예수 자신이 왕이라는 것입니다. 하나님의 통치는 곧 그리스도의 통치라는 것입니다. 이스라엘 사람들이 여호와 하나님을 왕으로 섬겼듯이, 이제 그리스도인들은 왕적 메시아인 예수도 같은 주(主)로 섬겨야 한다는 것입니다.

적용과 실천

예수의 가르침의 핵심은 바로 지금까지 말한 하나님의 나라였습니다. 바울을 비롯한 예수의 제자들도 마찬가지였습니다. 그런데 우리 교회가 지금 관심 있어 하고 또 가르치는 것은 무엇입니까? 예수님의 제자가 된다는 것은 바로 우리의 스승이신 예수님과 이 하나님 나라 비전을 공유한다는 것인데 그렇지 않다면 예수의 제자가 아닙니다. 우리는 다시금 예수가 선포한 하나님의 나라를 선포해야 합니다. 오늘 우리는 하나님의 나라를 위해서 무엇을 해야 합니까? 무엇보다도 우리의 삶과 가르침을 통해서 하나님의 나라가 드러나야 합니다. 하나님의 나라를 소유한 사람은 그 안에 있는 것이 감추어 질 수 없습니다. 반드시 드러나게 되어 있습니다. 우리의 행동과 가르침을 통해서 하나님의 나라가 드러나지 않는다면 우리의 생각이 정말 하나님의 나라 중심으로 되어 있는지 깊이 성찰해 보아야 합니다.

03 하나님의 약속 성령
(1:4-5)

　부활 후 제자들에게 나타난 예수님이 제자들에게 분부하신 것은 "아버지께서 약속한 것"을 기다리라는 것입니다. 그것은 하나님 아버지가 "약속하신 성령"입니다(행 2:33, 39). 제자들은 예수로부터 이 약속을 이미 들은 바 있습니다. "볼지어다 내가 아버지께서 약속하신 것을 너희에게 보내리니 너희는 위로부터 능력으로 입혀질 때까지 이 성에 머물라 하시니라."(눅 24:49) 그렇다면 아버지의 약속은 무엇을 가리킬까요? 우선적으로, 이것은 구약 성경에서 하나님 아버지가 하신 성령을 보내주실 것에 대한 약속을 가리킵니다. 또 이 약속은 예수를 통해서 주신 아버지의 약속을 가리킬 수 있습니다. 예수님의 말씀을 통해서 하나님은 구하는 자에게 성령을 주시는 분임을 우리는 알 수 있습니다(눅 11:13). 한 마디로 말해, 이 약속은 구약 성경에서 하나님이 이스라엘 백성에게 약속한 것이고, 예수님이 그 약속을 제자들에게 상기시켜 알려준 것입니다.

구약 성경에 나타난 성령에 대한 약속

그러면 성령에 대한 약속은 구약 성경 어디에 나와 있는 것일까요? 첫째, 이것은 이사야가 받은 약속입니다. "…나의 영을 네 자손에게, 나의 복을 네 후손에게 부어 주리니."(사 44:3; cf. 59:21). 둘째, 이것은 에스겔이 받은 약속이기도 합니다. "또 새 영을 너희 속에 두어 너희로 내 율례를 행하게 하리니 너희가 내 율례를 지켜 행할지라."(겔 36:27) "내가 또 내 영을 너희 속에 두어 너희가 살아나게 하리니…"(겔 37:14) 셋째, 이것은 요엘에게 준 하나님의 약속입니다. "그 후에 내가 내 영을 만민에게 부어 주리니…그때에 내가 또 내 영을 남종과 여종에게 부어줄 것이며."(욜 2:28-29) 예수님은 구약 성경에 나오는 이 성령에 관한 약속들을 "아버지께서 약속하신 것"이라고 부르고 있습니다.

중요한 것은 이 약속이 지금 이 시점에서 성취되기 직전이라는 것입니다. 또 사도행전 내러티브를 계속 읽어보면 중요한 것은 이 약속은 본래 이스라엘 백성에게 메시아 시대에 주어질 것으로 약속되었었는데, 메시아 시대에는 그 약속이 모든 민족, 모든 사람으로 확대된다는 것입니다. 베드로는 오순절에 이 약속이 유대인 크리스천들에게 처음으로 성취된 후 "…그리하면 성령의 선물을 받으리니 이 약속은 너희와 너희 자녀와 모든 먼 데 사람 곧 주 우리 하나님이 얼마든지 부르시는 자들에게 하신 것"(행 2:38-39)이라고 말합니다. 이 약속은 구약 성경에 근거하고 있으면서, 동시에 신약 시대에 와서 그 약속의 범위가 민족으로서의 이스라엘에서 영적 이스라엘로 확대되고 있습니다. 회개하여 예수를 믿고 세례를 받으면 이 약속의 수여 대상이 됩니다(행 2:38).

신약 성경에 나타난 성령에 대한 약속

누가뿐만 아니라 바울과 요한도 각각 이 성령에 대한 약속이 구약 성경에 있는 것임을 기록하고 있습니다. 신약의 주요 저자들은 한결같이 성령 체험이 하나님의 약속에 대한 종말론적 성취라고 봅니다. 바울은 갈라디아서 3:14에서 "성령의 약속"이라는 말을 사용합니다. 이것은 성령이 한 약속이 아니라 성령에 대한 약속이라는 말입니다. 또 에베소서 1:13에는 "약속의 성령"이라는 문구가 나오는데 이것도 하나님이 약속하신 성령이라는 뜻입니다. 즉 바울은 성령에 대한 구약 성서의 약속이 말세에 성취된 것이라고 합니다.

요한은 요한복음 7:38-39에서 성령 체험이 성경 예언의 성취라고 말합니다. "나를 믿는 자는 성경에 이름과 같이 그 배에서 생수의 강이 흘러나오리라. 이는 그를 믿는 자들이 받을 성령을 가리켜 말씀하신 것이라. (예수께서 아직 영광을 받지 않으셨으므로 성령이 아직 그들에게 계시지 아니하시더라.)" 여기서 말하는 성경이 구약 어떤 책의 어떤 구절인지 우리는 정확히 알 수 없으나, 요한은 성령 체험이 우연히 일어난 것이 아니라 구약에 나오는 예언의 성취라고 말합니다.

약속 성취의 조건은 기다림

이제 예수님은 구약 성경과 이전에 자신이 말한 약속에 근거해서 성령을 주실 것에 대한 하나님의 약속을 제자들에게 상기시킵니다. 그 약속 성취의 조건은 예루살렘을 떠나지 말고 기다리는 것이었습니다(3-4절). 누가복음 24:49도 예루살렘에 머물러 있으라는 것이었습니다. 기다린다는 것은 무엇입니까? 이것은 일단, 예루살렘을 떠나 적극적으로 무슨 사역을 시작하지 말라는 것입니다. 열두 제자들은 부활의 증인 수행이라는 중차대한 사명을 받았지만, 성령을 받기 전에는 그 일을 시작하지 말고 기다리고 있으라는 것입니다. 또 이 말은 적극적으로 어떤 조직을 하지 말라는 것입니다.

그런데 왜 기다려야 할까요? 예수 부활의 증인이 되는 것은 예수가 십자가에 달려서 죽은 것을 보고 또 부활한 예수를 만난 사람이면 누구나 할 수 있는 일인데, 왜 그것을 하지 말고 기다려야 할까요? 그 이유는 두 가지입니다. **첫째, 누가복음 24:49이나 사도행전 1:8에서 모두 나와 있는 대로, 증인이 되는데 있어서 자신의 힘으로 할 수 있는 것이 아니라 성령의 능력으로 해야 하기 때문입니다.** "능력으로 입혀질 때까지 이 성에 머물라" "성령이 너희에게 임하시면 너희가 권능을 받고 … 내 증인이 되리라." 예수님이 공적 사역을 시작하시기 전에 요단강에서 성령 충만함을 받았듯이(눅 3:21-22), 제자들도 사역을 시작하기에 앞서 능력을 받아야 그것을 감당할 수 있다는 것이지요.

둘째, 사역을 하기에 앞서 예수는 모든 제자가 동일한 성령 체험을 통해 하나가 되기를 원했기 때문입니다. 사람은 고통이거나 놀라운 환희를 함께 체험하면 서로 유대감이 생깁니다. 사관 학교 생도들은 입학하기 전에 기초 군사 교육이라는 것을 힘들게 같이 받는데, 그때 고락을 같이 하면서 동기 의식이 생깁니다. 교회가 무슨 일을 하기에 앞서 성령 체험을 통해서 하나가 되는 것, 그것이 교회 성장에 있어서 핵심적인 일입니다. 그렇지 않으면 서로 다른 정신을 가지고 사역하면서 그 다른 정신 때문에 다툼이 생깁니다. 한국 교회 안에서 일어나는 많은 다툼은 바로 이 다른 정신 때문에 발생하는 것입니다. 홍명보 전 국가 대표 축구 감독은 좋은 국가 대표 팀을 위해서 one team, one spirit을 강조한 바 있습니다. 그런데 축구 선수의 one spirit은 자기 spirit을 죽이고 희생적으로 one team이 되는 것입니다. 그런데 예수님이 꿈꾼 one spirit은 동일 성령 체험에서 나옵니다.

초기 교회는 하나됨의 근거를 성령 체험에서 찾았습니다. "우리가 유대인이나 헬라인이나 종이나 자유인이나 다 한 성령으로 세례를 받아 한 몸이 되었고 또 다 한 성령을 마시게 하셨느니라."(고전 12:13) "너희는 주께 받은 바 기름 부음이 너희 안에 거하나니 아무도 너희를 가르칠 필요가 없고 오직 그의 기름 부음이 모든 것을 너희에게 가르치며 또 참되고 거짓이 없으니 너희를 가르치신 그대로 주 안에 거하라."(요일 2:27) "하나님이 말씀 하시기를 말세에 내가 내 영을 모든 육체에 부어 주리니 너희의 자녀들은 예언할 것이요 너희의 젊은이들은 환상을 보고 너희의 늙은이들은 꿈을 꾸리라. 그때에 내가 내 영을 내 남종과 여종들에게 부어주리니 그들이 예언할 것이요."(행 2:17-18)

적용과 실천

사역과 체험에 있어서 모든 교회는 초기 교회의 패턴을 따라가야 합니다. 먼저, 사도행전에 보면 교회 조직을 먼저 한 것이 아니라 동일한 성령 체험하고 사람들이 많아져서 자연스럽게 조직을 했습니다. 선교도 예루살렘에 박해가 나서 제자들이 흩어지면서 자연스럽게 이루어집니다. 이들은 모두 한 체험, 한 정신을 가진 사람들이어서 흩어져도 하나가 될 수 있었습니다. 다음으로, 심지어 체험에 대한 신학적 의미에 대한 성경 공부도 체험 이후에 나옵니다. 사도행전에 나오는 패턴은 "약속을 믿음–체험–체험에 대한 이론적 성경 공부"입니다. 현재는 약속을 믿는 것에 대한 공부가 어느 정도 비중을 차지해야 하지만 체험 없이는 성경 공부가 살아 있는 공부가 되기는 어렵습니다. 우리도 구체적인 사역을 하기에 앞서 한 정신을 갖는 체험 사건을 공유해야 합니다. 그러면 그때까지 우리는 어떻게 기다려야 합니까? 초기 교인들처럼 전심으로 기도하면서, 모이면서, 그 약속을 체험하기를 고대해야 하겠습니다. 백이십 명의 공통 체험자 집단은 예루살렘 교회의 폭발적 성장의 원동력이 되었습니다. 우리도 무슨 사역을 하기에 앞서 모두가 같이 하는 성령 체험이 필요합니다.

04 하나님의 나라에 대한 동상이몽
(1:6-7)

이스라엘 백성은 역사적으로 이집트, 바벨론, 페르시아 등 여러 나라의 포로로 살았습니다. 예수 당시에도 이스라엘은 로마의 지배를 받고 있었습니다. 그래서 이스라엘 백성의 오랜 소망은 정치적으로 이스라엘의 주권이 회복되는 것이었습니다. 그 일은 메시아가 올 때 이루어질 것이었습니다. 그래서 제자들은 예수께 이렇게 말했던 것입니다. "그들이 모였을 때에 예수께 여쭈어 이르되 주께서 이스라엘 나라를 회복하심이 이 때니이까 하니."(6절) 유대인들은 오매불망 "그 날"을 고대하고 사모했던 것입니다.

예수가 말세에 이루어질 성령 강림에 대한 약속에 대해서 말한 것을 (4절), 사도들은 이스라엘의 정치적 주권 회복에 대한 약속으로 받아들였습니다. 이렇게 사람은 다른 사람의 말을 자기 나름대로 해석해서 자기가 원하는 대로 듣는 경향이 있습니다. 예수가 공생애 기간 동안 가르친 하나님의 나라가 정치적인 이스라엘의 주권 회복이 아니었는데도 이들은 그렇게 알아들은 것입니다. 지금도 사람은 다른 사람이 말할 때 그 사람의 말을 그대로 듣기보다는 자신이 듣고 싶은 대로 듣습니다. 그래서 사람의 대화에는 흔히 오해가 생깁니다.

하나님의 나라 건설과 동일시 될 수 없는 것

예수님이 가르치신 하나님의 나라에 대해서도 당시 예수의 제자들도 각자 나름대로의 동상이몽(同床異夢)을 갖고 있었습니다. 하지만 그것은 예수님이 말씀하신 하나님의 나라와는 다른 것입니다. 우리는 우리가 흔히 예수님이 말씀하신 하나님의 나라와 잘못 동일시하는 것을 살펴보겠습니다.

첫째, 하나님의 나라 건설은 이스라엘 나라의 국가 재건이 아닙니다. 예수 제자들이 생각한 하나님의 나라는 이스라엘의 정치적 주권 회복이었습니다(6절). 그들은 예수의 부활을 목도했지만, 예수님이 꿈 꾼 하나님의 나라를 정확히 이해하지 못했습니다. 예수가 말한 것은 정치적 이스라엘의 재건이라기보다는 영적 이스라엘의 재건에 가깝습니다. 예수는 이스라엘을 로마의 압제로부터 풀려나게 하는 하나님의 나라 재건이 아니라, 세상의 죄와 인습으로부터 벗어난 나라를 건설하기 원했습니다(요 8:31). 그러려면 사람들이 그 나라를 먼저 맛보아야 했기에 예수는 그들이 성령을 체험하기 전까지는 무슨 일을 하지 말고 기다리라고 했습니다.

둘째, 하나님의 나라가 임하는 것은 교회 번창과 동일시 될 수 없습니다. 마태복음 6:33에 나와 있는 "먼저 그의 나라와 그의 의를 구하라"에서 "그의 나라"는 교회가 아니라 하나님의 통치, 혹은 하나님의 주권입니다. 교회는 그 주권이 미치는 한 영역일 뿐입니다. 교회는 하나님의 나라의 증거자이지 하나님의 나라 자체는 아닙니다. 물론, 하나님의 나라를 이 땅에서 볼 수 있는 가장 귀한 기구가 교회인 것은 맞습니다. 그리고 지금도 우리는 교회를 통해서 하나님의 나라를 가장 놀랍게 맛볼 수 있습니다. 하지만 교회가 하나님의 나라와 동일시되면 타락한 현재의 교회는 무엇입니까? 그래서 교회는 지상에서 하나님의 나라를 구현하는 핵심 기관이지만 그것 자체가 하나님의 나라는 아닙니다.

셋째, 유토피아적 세계 건설도 하나님의 나라가 임하는 것과는 거리가 있습니다. 많은 사람들이 꿈꾸는 것은 이 땅이 완전히 민주화되고, 평등의 가치가 완전히 실현된 세계 건설입니다. 공산주의자들의 꿈은 이 땅에 유토피아 사회 혹은 국가를 건설하는 것이었습니다. 이러한 꿈이 허황된 것임은 그들이 이 세상에 만든 나라들로 인해 역사적으로 증명되었습니다. 그들은 인류가 특히 경제적으로 평등하게 되는 세상을 외쳤지만, 그 공산 사회 안에서 당원이라는 특별 계급이 존재했고, 그 평등을 강제로 실현하려고 억압 정치를 했습니다. 그래서 모든 사람을 "동무"로 부르는 이념적 평등은 이루었지만, 실제 삶에 있어서 평등은 이루지 못했습니다. 또 자유가 보장되지 않은 평등은 사람들을 행복하게 하지 못했습니다. 사도행전을 통해서 보면 성령 없이 하나님의 나라 건설은 될 수 없습니다. 인간은 기본적으로 욕심덩어리이기에 인간의 마음의 변화 없이 이상적 나라는 건설되지 않습니다. 이것을 전제하지 않고 하나님의 나라 건설을 말하는 것은 비현실적입니다.

넷째, 단순한 천당 입성도 하나님의 나라와 동일시 될 수 없습니다. 불교 용어 천당(天堂)은 이 세상에서는 들어갈 수 없고 죽어서만 들어가 영원히 호의호식하는 장소입니다. 타계적인 신앙으로 이 세상에서의 삶을 부정적으로 보면서 오직 저 세상만 바라보는 것은 올바로 하나님의 나라를 고대하는 것이 아닙니다. 하나님의 나라는 각자의 마음에 먼저 임해야 하고, 이것이 죽어서까지 이어지는 것입니다. 이 땅에서는 지옥 같은 삶을 살고 저 세상에서 보상받는 곳이 하나님의 나라라는 생각은 잘못된 것입니다.

예수가 말하는 하나님의 나라

그렇다면 당시 제자들이 오해했던 하나님의 나라 말고, 예수님이 정말로 꿈꾸었던 하나님의 나라는 어떤 것이었을까요?

첫째, 하나님의 나라는 하나님의 통치가 임하는 곳입니다. 하나님이 통치하시는 곳이 곧 하나님의 나라입니다. 사람이 통치하는 나라는 가이사의 나라입니다. 한 사람의 마음속에서 이 두 나라는 절대로 공존할 수 없습니다. 교회라는 이름을 가졌지만 하나님이 통치하시지 않고 인간 통치자가 따로 있는 단체가 있다면, 그것은 "사탄의 회당"(계 2:9)일 수 있습니다. 또 하나님만이 통치하시는 것이 하나님의 나라입니다. 하나님은 절대로 사람과 공동 통치하시지 않습니다. 모든 인간은 하나님의 나라의 신민이고, 오직 하나님만이 왕이신 나라가 하나님의 나라입니다.

둘째, 하나님의 나라는 성령의 임재를 통해 통치가 나타납니다. 제자들의 관심과는 다르게 예수는 하나님의 나라를 기대하는 자세가 성령을 기다리는 자세가 되어야 한다고 말합니다(행 1:4-5). 성령의 임재를 통해 제자들은 비로소 하나님의 나라의 현실을 체험합니다. 바울에 따르면 성령은 하나님의 나라에 대한 보증(금)입니다(고후 1:22; 5:5). 성령을 체험함으로 그 나라의 실제를 알게 되고 그 나라를 더 사모하게 됩니다. 이 하나님의 나라는 성령 안에서 누리는 "의와 평강과 희락"으로 체험됩니다(롬 14:17).

셋째, 예수가 가르치고 보여준 하나님의 나라에는 세상 나라와는 그 통치 체계와 제도가 완전히 다릅니다. 하나님의 나라에서는 하나님만이 왕이십니다. 모든 백성은 평등합니다. 민족, 남녀, 신분의 차별이 없고 모든 사람은 서로 형제/자매입니다. 하나님의 나라에는 그에 맞는 의로운 삶이 요구됩니다. 하나님의 나라의 작동 원리는 생명입니다. 그래서 강도는 죽이는 행동을 하고 예수는 살립니다(요 10:10). 하나님의 나라에서는 비워야 채워집니다. 이것은 하나님의 나라가 이루어진 개인이 모인 교회를 통해서 가장 분명하게 보입니다. 또 하나님의 나라가 임한 개인이 세운 조직체에서도 보입니다.

넷째, 하나님의 나라에는 미래의 천국에 대한 소망이 있습니다. 하나님의 나라에 대한 소망은 하나님과 영원히 함께 있는 것입니다. 그것은 예수가 왕이 되고 우리는 그곳의 신민이 되어 영원히 사는 꿈입니다. 아무리 좋은 신앙이라도 이 땅에 영원한 하나님의 나라를 건설하려는 것 뿐 저 세상에 대한 소망이 없다면 그것은 세속적인 것입니다. 이곳에서 성령을 통해 하나님의 임재를 맛보지만, '맛보기'이기 때문에 저 나라를 사모해야 합니다. 진정한 하나님의 나라를 원하는 사람은 예수의 재림을 사모하게 됩니다.

다섯째, 하나님의 나라는 다양한 곳에 임합니다. 하나님의 나라는 사람의 마음속에 임합니다(눅 17:20; 롬 14:17). 하나님의 나라는 교회 속에서도 구현됩니다(행 2:44-47). 또 하나님의 나라는 삶의 현장 속에도 임합니다(마 25:14-30). 또 하나님의 나라는 죽어서 가는 영원한 장소이기도 합니다(계 21:1-4).

적용과 실천

하나님의 나라가 이와 같기에, 하나님 나라의 일이란 단순히 교회일이나 영적인 일만을 의미하는 것이 아닙니다. 일상생활 속에서도 하나님을 왕으로 마음속에 모시고 하는 일이 하나님의 나라의 일입니다. 그래서 하나님의 나라의 일은 직장 생활, 가정생활, 교회 생활 등 크리스천의 모든 삶과 관계된 것입니다. 하나님의 나라와 가이사의 나라를 가르는 것은 일의 종류가 아니라 일의 지향점입니다. 개인의 마음이 어디를 향해 있는 가에 따라 그 사람이 하나님의 백성인지, 가이사의 백성인지가 판가름 납니다.

05 제자의 세 가지 사명
(1:8)

　국어 사전적인 의미로 사명은 맡겨진 임무입니다. 이 세상에는 직책에 따라 부여된 일이 있는데 그것이 바로 사명입니다. 영어로는 미션(mission)입니다. '미션 임파서블'(mission impossible)이라는 영화에서 사명은 특수 부대원이나 특수 공작을 하는 사람에게 사용되는 말입니다. 예를 들어, 영화 '실미도'에서 보듯이 그 부대원의 사명은 적 수괴의 목을 따오는 것이었습니다. 그런데 상황이 변하여 그 사명이 없어지자 이들은 사고를 칩니다. 사실, 사람이 가장 비참할 때가 사명이 없을 때입니다. 사람이 사람답게 살려면 필생의 사명이 있어야 합니다.
　우리 그리스도인들에게도 몇 가지 중요한 사명이 있습니다. 첫째는 신자로서의 사명입니다. 우리가 그리스도를 따르는 사람으로서 모두가 똑같이 한 가지 사명이 있는데, 그것은 예수의 부활의 증인이 되는 사명입니다. 둘째는 교회 직분자로서의 사명입니다. 셋째는 교회 공동체의 일원으로서의 사명입니다. 우리에게는 혼자 예수를 따라가는 것이 아니라 공동체의 일원으로서 같이 행동하는 사명이 있습니다.

신자의 사명: 예수 부활의 증인되는 것

예수님은 사도들이 참으로 관심을 가져야 할 것에 대해서 말합니다. "오직 성령이 너희에게 임하시면 너희가 권능을 받고 예루살렘과 온 유대와 사마리아와 땅끝까지 이르러 내 증인이 되리라."(8절) 여기서 "오직"이라고 번역된 단어를 원문에서 직역하면 "하지만"입니다. 즉 앞의 제자들의 행태는 잘못된 것인데, "하지만 너희는 이렇게 하라"고 말한 것입니다. 여기서 주동사는 두 개입니다. 하나는 "(권능을) 받을 것이다"이고 다른 하나는 "(내 증인이) 되리라"입니다. 그리고 권능을 받는 것의 조건절이 바로 "성령이 너희에게 임하시면"입니다. 성령이 사도들에게 임하면 이 세상에서 흔히 경험할 수 없는 놀라운 힘을 받게 될 것이고 그러면 예수의 증인이 될 것이라는 것입니다.

증인은 본래 법적 용어입니다. 어떤 사람의 행위를 직접 본 사람으로서 본대로 말하는 것이 증인의 사명입니다. 만약 위증을 하면 죽을 수도 있습니다. 혹은 사실을 말했다가 힘 있는 사람에게 밉게 보여 죽임을 당할 수도 있습니다. 그래서 헬라어, '마르투스'(증인)라는 말에서 영어 '마터'(martyr, 순교자)라는 단어가 나왔습니다. 성령을 받으면 사도들은 먼저, 인근 지역인 예루살렘과 유대와, 동족이면서 문화가 다른 사마리아와 완전히 타 문화권인 세상 끝까지 가서 증인이 된다는 것입니다.

그런데 그 전제가 바로 성령을 받는 것입니다. 예수는 공생애를 살면서 신성을 다 쓰지 않으시고 인성을 가지고 활동했습니다. 그는 인성으로 성령이 충만하여 기적도 행하고 하나님의 뜻대로 살았습니다. 예수의 제자들도 성령을 경험하면 그렇게 될 수 있습니다. 여기서 성령이 임한다는 것은 성령을 몸으로 강력히 체험하는 첫 체험을 가리킵니다. 사실, 우리 모두가 신자이지만 이런 체험을 한 사람과 그렇지 않은 사람은 분명히 구분됩니다. 예수를 세 번이나 부인했던 복음서의 베드로와 삼천 명 앞에서 담대하게 예수의 부활을 증언했던 사도행전의 베드로는 분명히 다릅니다. 날짜로는 오십 일밖에 안 되는 시간에 오순절에 성령을 경험하고 그는 완전히 달라진 것입니다. 성령을 경험하면 예수님이 확실히 믿어지기 때문에 담대해집니다.

한마디로 말해, 신자의 사명은 성령을 경험하여 예수님의 증인이 되는 것입니다. 사도행전에서 제자들의 주요 사명은 증인되는 것이었습니다(1:22; 2:32; 3:15; 5:32; 7:58; 10:39, 41; 13:31; 22:15, 22; 26:16). 사도행전에서 예수 제자에 대해 가장 빈번하게 사용된 명칭이 바로 증인이라는 단어입니다. 교회에서 우리는 직분자의 사명에 대해서 많이 설교하지만 성경 자체에는 직분자의 사명에 대한 본문이 그리 많이 나오지 않습니다. 예수님의 관심은 어떤 교회가 조직적으로 탄탄해지는 것에 있지 않았습니다. 초기 교회는 가정 교회였습니다. 무슨 조직이 필요하지 않았습니다. 우리도 증인되는 사명을 생각하지 않고 교회를 기구적으로 탄탄하게 하는 것에만 관심을 가지는 것은 성경적이지 않은 것입니다.

교회 직분자의 사명: 봉사의 일을 하는 것

사도행전 1장 25절에 보면 예수를 배반한 가룟 유다가 자살하여 죽자 나머지 사도들은 "봉사와 및 사도의 직무"를 대신할 자를 선출합니다. 즉 여기에 보면 사도의 직무가 있고 봉사의 직무가 있습니다. 6장 1-7절에 보면 사도들의 직무는 말씀을 전하고 기도하는 것에 전적으로 헌신하는 것이라고 합니다. 또 거기에 보면 재정 출납과 사무 행정을 공평무사하게 맡을 사명자 일곱 명을 뽑기도 합니다. 그러므로 우리에게는 교회 직분자의 사명도 있는 것입니다.

성경에는 교회 직분자는 반드시 어떻게 구성 되어야 한다는 절대적인 규정은 나오지 않습니다. 사도행전에 보면 사도의 직분과 사무 행정을 담당하는 직분이 언급되고, 목회 서신에 보면 감독과 장로와 집사가 언급됩니다. 요한서신에는 장로만 언급됩니다. 그래서 교회 직분 제도는 각 교회 전통마다 다양하게 나타납니다. 장로 교회는 장로가 교회의 최고 직분자입니다. 장로는 가르치고 치리하는 장로인 목사와 치리만 하는 장로인 (일반) 장로로 나뉩니다. 침례 교회는 회중 교회이기에 장로를 인정하지 않습니다. 목사도 하나의 집사이고 모든 직분자는 집사입니다. 감리 교회는 감독제를 취해서 감독이 직분자를 임면(任免)합니다. 중앙 집권이 강한 조직이지요. 이보다 더 중앙 집권이 강한 것이 구세군(salvation army)인데, 여기에는 최고 높은 사령관이 있고, 장교가 있고 사병이 있습니다.

그렇다면 각 직분에 따른 사명은 무엇입니까? 그것은 일정하지 않습니다. 각 교회가 정하기 나름입니다. 인적 자원이 부족한 곳에서는 전도사가 사찰 겸 운전기사를 하는 곳도 있고, 교역자가 없는 곳에서는 집사가 설교자의 사명도 감당하기도 합니다. 하지만 목사, 전도사는 주로 말씀을 전하는 일을 중점적으로 하고, 다른 사람들은 여러 행정적인 일을 담당하게 됩니다. 하지만 목사도 행정을 전혀 하지 않는 것은 아닙니다. 또 구역장은 자기 구역원에게 성경을 가르치기 때문에 평신도도 어느 정도 설교자와 성경 교사의 임무가 있습니다.

우리 직분자들은 자신이 교회가 필요한 일을 서로 나누어서 맡아서

할 사명이 있습니다. 그 일이 잘 할 수 있는 일이고 즐겁게 할 수 있는 일이면 더 좋습니다. 특히 교회 일은 즐겁게 하는 것이 매우 중요합니다. 객관적으로 보아 노래는 잘하지 못해도 찬양대 하는 일이 즐거운 사람은 찬양대원으로 봉사하면 좋습니다. 또 자신이 가르치는 일에 자신이 없어도 어린아이들에게 성경을 가르치는 것이 너무나 필요한 일이라고 절실히 느끼면 그 사람은 주일 학교 교사를 하면 좋습니다. 또 사람을 좋아하고 봉사하기를 좋아하는 분은 친교, 봉사의 일을 하면 좋습니다. 하지만 모든 사람이 좋아하는 일만 할 수 없기 때문에 교회 지도자가 나름대로 적절하게 일을 배분할 때 순종해서 그 일을 담당하는 것도 참 좋은 일입니다.

사도행전 6:1-7에 보면 직분자의 자격은 공히 성령과 지혜(믿음)가 충만한 것입니다. 그렇지 않으면 일하다가 시험이 듭니다. 자신은 이렇게 열심히 일하는데 알아주지 않는다는 생각에 서운한 마음도 들고, 다른 사람들이 잘못한다는 생각도 듭니다. 특히 개척 교회에서 일하다가는 시험에 들기 쉽습니다. 왜냐하면 여기에는 아직 일의 규칙이 정해지지 않았기 때문에 자기가 가지고 있는 선입견에 따라 다른 사람을 판단하게 되기 때문입니다. 그래서 여기에서는 다른 사람이 일하는 것이 맘에 들지 않는 경우가 많습니다. 예를 들면, 어떤 교회에서는 대표 기도 할 때 설교 단위에 올라와서 하고, 어떤 교회에서는 아래 단에서 합니다. 유치하게도 그것 때문에 시험에 들어 교회에 안 나올 수도 있습니다. 또 개척 교회에서는 상대방의 일처리 하는 방식에 흔히 시험이 들기도 합니다. 또 사람들은 목사의 행동 때문에 시험에 들기도 합니다.

교회 구성원의 사명: 건강한 교회 행복한 인생 구현

우리에게는 신자로서의 사명과 직분자로서의 사명과 아울러 교회 구성원으로서의 사명이 있습니다. 이것은 어떤 성과를 내는 일의 사명이 아니라 우리가 그리스도를 머리로 하는 몸으로서 하나를 이루는 사명입니다. 우리 각자는 한 교회에 속한 지체로서 서로에 대한 관심과 사랑의 사명이 있습니다. 구역 모임에 참석하여 서로 교제하고 떡을 떼고 같이 기도하고 걱정해주는 것이 우리의 큰 사명입니다. 우리가 아무리 증인으로서의 사명을 다하고 교회의 봉사 직분자로서의 사명을 다해도 이 사명을 다하지 못하면 우리의 사명을 완수하지 못한 것입니다.

베드로의 설교를 듣고 회개한 첫 그리스도인들이 어떻게 했나를 보면 이 사명을 잘 알 수 있습니다. "그들이 사도의 가르침을 받아[는 것과] 서로 교제하고 떡을 떼며 오로지 기도하기를 힘쓰니라."(행 2:42) 삶의 모든 영역에서 공동체 안에서 모든 일을 같이 하는 것입니다. 여기에 참 행복이 있습니다. 같이 모여서 예배하고, 같이 모여서 기도하고, 소그룹으로 나누어 더 깊이 교제를 나누는 것이 우리의 사명입니다.

적용과 실천

제자의 세 가지 사명에 대해서 이렇게 요약해서 말할 수 있습니다. 첫째, 그리스도인으로서 증인의 사명을 다합시다. 둘째, 직분자로서 자신이 맡은 봉사의 사명을 다합시다. 셋째, 공동체 일원으로서 지체의 사명을 다합시다. 우리 교회 한 집사님을 가상하여 교회에서의 이분의 사명을 말해 보겠습니다. 첫째는 증거하는 사명, 곧 전도하는 사명입니다.

둘째는, 친교부 팀장으로서 교회에서 사람들 간에 좋은 관계가 맺어지도록 일하는 것입니다. 셋째는 구역 모임 총무로서 구역이 잘 운영되도록 연락하고 구역 리더를 도와 구역을 잘 이끄는 것입니다.

성령 강림을 위한 기다림과 기도
(1:9-14)

예수님은 부활하신 후 승천하기 전에 제자들에게 나타나 성령 강림을 약속했습니다(눅 24:49; 행 1:5). 예수께서 그들에게 하신 말씀은 성령을 받기 위해서 "기다리라"(행 1:4)는 것이었습니다. 그렇다면 그들이 성령 강림을 기대하면서 무위도식 하면서 기다렸을까요? 본문은 그들이 어떻게 올바로 기다렸는가를 보여줍니다. 그들이 한 일은 일상을 살아내면서(9-11절), 서로 모여 합심 기도하는 것이었습니다. 열두 사도와 여성 제자들과 예수의 가족들은 모두 한 곳에 모여 하나가 되어 기도에 몰두했습니다(13-14절). 그리고 이렇게 기도에 몰두하면서 성령 강림을 기다리던 제자들은 오순절에 성령을 체험했습니다(행 2:1-4).

일상 살아내기

예수는 제자들에게 증인이 되리라는 말씀을 마치고 승천합니다. 이때 천사 둘이 나타나 예수가 승천한 하늘만 계속해서 쳐다보고 있으면 안 된다고 합니다(9-11절). 예수는 다시 오실 것이기 때문에 예수가 재림할 것을 믿고 일상을 살아내야 한다는 것이지요. 그래서 그들은 이제 더 이상 하늘만 쳐다보지 않고, 예수님이 승천한 장소를 떠나서 예루살렘 성 안으로 들어갑니다. 이제는 예수 없이, 예수의 재림을 기다리며, 일상을 살아내야 하는 것입니다.

사실 크리스천으로서 일상을 살아내는 것이 쉽지 않습니다. 그런 삶이란 예수의 재림을 고대하지만 오늘 여기에서 사과나무를 심고 거름을 주는 것입니다. 그런데 이러다가 일상에 매몰되어 예수님이 과연 다시 오실까 하는 믿음을 잃어버릴 수도 있습니다. 크리스천은 아직 피지 않는 꽃이 필 것을 믿으며 사는 사람입니다. 꽃이 피는 것은 예수의 재림입니다. 재림이 자신의 생애에는 이루어지지 않을지라도 언젠가는 이루어진다는 믿음, 그것이 곧 신앙입니다.

일제 식민 지배 시대에 많은 애국 지사들이 마지막에 가서 변절한 경우가 많았는데, 그 이유는 일본이 망할지 확신하지 못했기 때문이었습니다. 어차피 일본이 망하지 않을 것이라면 애꿎은 젊은이들에게 독립 투사가 되어 싸우라고 하여 그들의 아까운 목숨을 버리게 할 게 아니라 그냥 현실에 순응하면서 살라고 하는 것이 좋겠다고 생각하여 자신들은 나름대로 젊은이들을 살린다는 마음으로 변절한 것이지요. 그들은 선이 악을 이긴다는 확신이 없었던 것입니다.

크리스천이 사는 때는 바로 이 예수의 승천과 재림 사이입니다. 이때 예수의 재림을 믿느냐 그렇지 않으냐에 따라서 행동이 완전히 달라집니다. 재림을 믿지 않으면 세상에 순응해서 살게 됩니다. 재림을 믿는 자만이 말씀대로 살 수 있습니다. 치과 의사 이철규 원장이 쓴 『오늘을 그 날처럼』이라는 책에서 우리는 재림을 기다리는 크리스천의 삶의 자세를 배울 수 있습니다. 그는 치과 의원을 경영하면서 여러 가지 어려움에 봉착했습니다. 사기를 당하기도 했지만 나중에 더 좋은 일이 일어났습니다. 그는 이렇게 말합니다. "오늘을 그날로 살아내자. 예수님의 재림을 기다리면서 여기서 큰 성공을 안 해도 좋다. 자신의 콤플렉스 해결하라고 여기서 지나치게 소유욕, 성공욕을 가지고 살면 자신도 행복하지 않고 주위 사람들도 피곤하게 만든다."

몰입 기도하기

예수의 제자들이 크리스천으로서 일상을 살면서 재림을 고대하고, 성령 강림을 기다리는 동안 한 일은 기도였습니다. 그런데 그 기도의 특징은 세 가지입니다. 첫째, 몰입 기도입니다. 그들은 "오로지 기도에 힘"썼습니다. 둘째, 합심 기도입니다. 그들은 "한마음으로" 기도했습니다. 여기에 사도들과 예수의 어머니와 그의 동생들이라는 약간은 입장이 다른 사람들이 있었지만, 그들은 한 장소에서, 한마음으로 기도에 힘썼습니다. 그렇다면 우리는 어떻게 해야 몰입 기도를 할 수 있을까요?

첫째, 간절해야 몰입 기도가 됩니다. 불의한 재판관과 과부의 비유(눅 18:1-8)에 나오는 과부의 경우가 좋은 예입니다. 불의한 재판장은 이렇게 말합니다. "이 과부가 번거롭게 하니 내가 그 원한을 풀어주리라."(눅 18:5) 과부는 억울한 일을 해결해야 했기에 간절하게 불의한 재판관에게 요청할 수 있었습니다. 여행 중에 찾아와 배고픈 친구에게 빵을 주기 위해서, 한 사람은 이미 잠자리에 든 이웃을 깨우기 위해서는 간절히 그 집의 문을 두드렸습니다(눅 11:5-8). 임신하지 못하고 그것 때문에 모욕을 당했던 한나는 그 한을 풀기 위해 하나님께 아들을 달라고 간절히 기도했습니다(삼상 1:1-18). 몰입 기도하지 못하는 중요한 이유는 기도자에게 간절함이 없기 때문입니다. 인생에 위기가 닥치면 대개 기도가 간절해지는데, 예수님이 승천하셔서 지도자가 갑자기 사라진 상황에서 제자들은 간절히 기도할 수밖에 없었습니다.

둘째, 함께 기도하면 몰입 기도하는데 도움이 됩니다. 본문에 보면 예수 승천 후 허탈해 있던 예수의 모든 제자 그룹이 한 자리에 모였습니다. 열두 제자들과 여성 제자들과 예수의 가족들이 같이 모였습니다. 그들은 예수의 약속을 믿고 "더불어" 기도하면서 몰입 기도할 수 있었습니다. 지금도 몰입 기도하려면 혼자 기도하는 것보다 같이 기도하는 것이 더 효과적입니다. 같은 기도 제목을 가지고, 교인들이 한 곳에서 모여 기도하면 기도할 힘이 계속해서 솟아납니다.

셋째, 합심(合心) 기도하면 몰입 기도에 시너지가 납니다. 본문에 보면 모인 사람들이 한마음이 되어 기도했습니다. 교우들이 하나님께 기도하기 전에 마음을 하나로 모으는 것이 필요합니다. 그래야 하나님 앞에서 아무 거리낌 없이 기도할 수 있고, 하나님이 기뻐하시는 기도를 할 수 있습니다. 또 이런 마음으로 기도해야 같이 성령을 체험하고 같이 기뻐할 수 있습니다. 그런데 마음이 다 모아져야만 기도를 시작해야 하는 것은 아닙니다. 마음이 하나가 되기로 결정하면서 기도하고, 기도하면서 하나가 되고, 그러면서 더 깊은 합심 기도를 할 수 있습니다.

몰입 기도가 안 되는 사람은

예수님의 제자들과 예수의 어머니와 그의 동생들이 성령의 약속을 고대하며 몰입 기도를 했는데, 현대 교회의 예수의 제자들 중 몰입 기도가 잘 안 되는 사람들이 있습니다. 특히 혼자 조용히 기도는 할 수 있는데 모임에서 통성으로 기도할 때는 기도에 몰입할 수 없는 사람들이 있습니다. 이런 사람들은 어떻게 해야 할까요?

첫째, 몰입 기도하기에 앞서 개인적으로 기도의 기초를 배워야 합니다. 기도가 안 되는 가장 흔한 경우는 기도자가 하나님과 관계 설정이 불분명해서 하나님을 아버지로 부르지 못하는 것입니다. 기도할 때 하나님을 대상자로 설정하지 못하고, 불특정한 신에게 자신의 소원을 비는 상태로 기도하는 경우에 기도가 잘될 리 없습니다. 또 기도할 때 마음과 함께 온 몸으로 기도하지 않아 주로 묵상 기도만 하는 사람은 통성 기도가 잘 안 됩니다. 우리는 묵상 기도, 통성 기도 중 하나를 선택해야 하는 것이 아니라 두 가지를 다 할 수 있어야 합니다. 성경에서 기도는 주로 발성 기도입니다. 묵상 기도는 유대 문화에 없던 기도 방식입니다. 또 찬양을 하면서, 마음과 함께 온 몸을 적극적으로 움직이면서 기도하는 것이 좋습니다. 그래야 마음이 쉽게 열려 하나님과 대화에 들어갈 수 있습니다.

둘째, 이렇게 기도하면서 성령을 체험하면 이제 더 깊은 기도의 세계에 들어갈 수 있습니다. 기도는 성령의 힘으로, 성령 안에서 하는 것이기 때문입니다(엡 6:18; 유 20). 성령을 체험하면 하나님이 가까이 계신 것으로 느껴지기 때문에 더 깊이 더 오래 기도할 수 있습니다. 예수님도 십자가를 지기 전 겟세마네에서 기도할 때 천사의 도움을 받았습니다(눅 22:43). 우리도 기도를 도우시는 성령의 도움을 받아야 합니다(롬 8:26).

적용과 실천

오순절에 성령을 체험하기 전에 제자들이 한 것은 일상생활 속에서 한 곳에 모여 하나님의 은혜를 기대한 것입니다. 성령 체험은 하나님의 역사를 기대하고 사모하면서 기도하는 사람들에게 나타납니다. 그들이 성령의 체험을 기다리면서 이것은 예수님이 약속한 것이니 무조건 받을 것이라고 생각하여 아무 일도 하지 않고 기다리기만 한 것이 아닙니다. 그들은 한 곳에서, 한마음으로, 한 목소리로 기도에 몰입했습니다. 그래서 결국 오순절에 성령 체험을 했습니다. 우리가 성령 강림의 약속을 믿고 그것을 사모하여 체험하려고 하는 사람들은 지금도 이런 자세와 행동이 필요합니다.

07 각자의 몫대로 살아내기
(1:15-20)

　예수 승천 후 오순절 성령 체험을 하기 전에 십이 제자들을 비롯한 첫 크리스천들 백이십 명이 기도 모임을 가졌습니다(행 1:12-14). 이때 이 무리의 대표인 베드로가 일어나 현안 문제 해결을 위해 제안 연설을 했습니다. 그 요지는 가룟 유다를 대신할 사람을 뽑자는 것이었습니다. 첫 부분은 그가 맡은 직무가 있었는데 그것을 누군가가 대체해야 된다는 것이었고(행 1:15-20), 두 번째 부분은 그 직무를 차지할 구체적인 자격 조건을 제시하고, 그 조건에 따라 두 사람을 추천받아 최종적으로 제비로 그 중의 한 사람을 뽑은 것입니다(행 1:21-26). 첫 부분에서 베드로는 가룟 유다가 맡았던 일은 "이 직무의 한 부분(몫)"이라고 말합니다. 한 마디로 말해, 하나님이 각 사람에게 주신 직무와 몫이 있는데, 그것에 따라 우리는 봉사해야 한다는 것입니다. 헬라어로 봉사를 디아코니아라고 하는데 이것은 각 사람에게 부여된 직무이기도 하고(17절), 또 이것은 우리가 해야 할 봉사이기도 합니다(25절). 그러면 구체적으로 그것이 무엇일지 살펴보겠습니다.

"이 직무"와 "몫"이란 무엇인가?

첫째, 직무(디아코니아)란 직책, 사명, 섬김, 봉사입니다. 17절에서 "이 직무"란 사도의 직무를 가리킵니다. 그런데 25절에서는 사도의 직무와 "이 직무"를 구별하고 있습니다. 누가는 "직무"라는 것이 사도에게만 해당하는 것이 아니라는 것을 보여주고 있습니다. 다시 말해 모든 예수의 제자는 각자의 "직무"를 가지고 있는 것입니다. 직무를 나타내는 헬라어 디아코니아라는 말에서 우리는 이 직무가 봉사하는 것이지 지배하는 것이 아니라는 것을 알 수 있습니다. 자신들이 사도라는 것을 뽐내는 것이 아니라 직무란 하나님이 맡겨주신 일을 섬김으로 감당하는 것을 말합니다.

둘째, 한 부분(혹은 몫)이란 각자에게 맡겨진 자리입니다. 우리말로 "한 부분"이라고 번역된 단어는 다른 말로 하면 "몫"입니다. 1장 26절에 나오는 "제비"라는 단어와 17절에 나오는 "한 부분"이라는 단어는 본래 헬라어 "클래로스"로 같은 단어입니다. 이것은 각자가 하나님께 받은 몫(lot)입니다. 이것은 하나님이 각 사람에게 할당해서 준 것입니다. 사실 이 몫은 모든 인간이 가지고 있습니다. 인간은 자신의 몫을 가지고 태어납니다. 그리고 좁게 말하면, 교회 안에서 직분자로서 모든 예수의 제자는 각자의 몫이 있습니다.

몫은 다른 말로 하면 자리(place)입니다. 자신이 지켜야 할 자리입니다. 26절 하반 절을 문자 그대로 번역하면 "유다는 자기 자신의 자리로 나아갔다"입니다. 그는 하나님이 주신 자리를 버리고 자신의 자리로 간 것입니다. 그것이 타락이고 죄입니다. 하나님이 주신 몫과 자리대로 살아야 하는데 자신의 자리와 몫으로 살아가려는 것, 그것이 죄입니다.

여기서 중요한 것은 각자는 자신의 몫이 있고, 자리가 있는데 그 몫대로, 그 자리대로 직무를 감당해야 한다는 것입니다. 가룟 유다는 열두 제자의 하나라는 몫과 돈 관리라는 임무를 받았습니다. 그런데 이 사람은 자신의 자리를 버리고, 자신이 주인인 나라를 건설하기 위해 떠난 것입니다. 타락하면 자신의 몫을 챙깁니다. 자신의 몫대로 살아가려고 합니다. 이 세상에서 다툼은 대부분 자신의 몫을 챙기려고 하는 것에서 발생합니다.

그러면 이 몫은 누가 줍니까? 예수가 지상에 있을 때는 예수는 직접 제자들을 선택했습니다(행 1:2). 예수가 승천한 다음에는 가룟 유다를 대신할 사도를 제비로 뽑았습니다. 인간이 아닌 하나님이 하시도록 방법을 선택한 것입니다. 24절에 보면 제자들이 관심을 두었던 것은 누가 주님이 택한 사람인가 하는 것이었습니다. 사도행전 6장에 보면 일곱 일꾼들은 온 성도들이 추천하고 사도들이 안수하여 임명했습니다. 이것도 하나님이 몫을 주신 것입니다. 어쨌든 직/간접 방법으로 직분자들은 공적으로 인정되었습니다. 여기에 내재된 중요한 진리는 바로 모든 직책은 하나님이 주신다는 것입니다.

교회 봉사의 성패는 바로 봉사와 몫은 하나님이 주신 것이라는 생각을 갖느냐 아니냐에 달려 있습니다. 이 의식이 없이 봉사하면, 일하면서 쉽게 상처받고 또 쉽게 상처 줍니다. 어떤 것이든 하나님이 주신 몫대로 일한다고 할 때 거기에 기쁨이 있고 보람이 있습니다. 또한 사람의 말에 흔들리지 않고 봉사할 수 있습니다.

각자가 맡은 몫은 무엇인가?

첫째, 교회에는 각자가 담당하는 몫이 있어야 합니다. 하나님은 교회에서나 사회에서나 누구에게나 몫을 주셨습니다. 교회도 모든 사람에게 몫이 돌아가도록 해야 합니다. 몫은 공정해야 합니다. 먼저 온 사람이라고 더 많은 몫을 가져가서는 안 됩니다. 새로운 사람에게도 공정한 몫이 주어져야 합니다. 한 사람이 과도한 몫을 가지면 안 됩니다. 그러면 온 몸이 눈이 되거나 온 몸이 귀가 되는 불구자가 됩니다(고전 12:17). 특히 우리 교회에서 몫을 과도하게 가질 위험성이 가장 높은 사람은 목회자일 것입니다. 목사는 목회하고 가르치는 일에는 몰두하지만 그 외의 몫은 교우들에게 주어야 합니다. 어떻게 하다가 한 사람의 몫이 과도하면 그 사람은 잠시 쉬는 것이 좋습니다.

하나님도 한 사람에게 모든 것을 몰아주시지 않습니다. 모세는 유대인들을 출애굽 시키는 몫은 받았지만, 가나안에 들어가는 몫은 받지 못했습니다. 그것은 여호수아의 몫이었습니다. 출애굽도 시키고 가나안에도 정착시키는 몫을 한 사람이 다 수행한다면 그 사람이 하나님의 영광을 대신 받을 위험성이 있습니다. 현대 교회에서 몫은 공동체를 통해서 주어진 일입니다. 그 일에 집중해야 하고 남의 몫을 차지해서는 안 됩니다. 몫을 나눌 때 능력에 따라 나누면 일시적으로 효과가 있을 수 있지만, 그것보다는 각 상황에서 주어진 대로 감당하는 것이 좋습니다. '서브'가 앞에 나서는 것도 '에이스'가 뒤에서 받쳐주는 것도 괜찮은 생각입니다. 또 직분을 맡은 것이 자아실현이나 입신양명의 도구가 되어서는 안 됩니다. 직분 감당을 통해서 하나님이 기쁨을 주시지만, 자신의 기쁨을 위해 다른 사람의 기쁨을 빼앗으면서까지 직분을 감당하면 안 됩니다.

가룟 유다 대신 뽑힌 맛디아는 본문 이후에 그가 어떤 일을 했다는 기록이 사도행전이나 다른 신약 성경에 나오지 않습니다. 그가 능력이 있어서 뽑힌 것이 아니라 가룟 유다에 대한 보선으로 뽑힌 것입니다. 그는 큰 능력을 발휘하지 못했을 수도 있습니다. 하지만 그는 그냥 뽑힌 것만으로 자신의 몫을 잘 감당한 것입니다. 그는 베드로가 말할 때 같이 "서 있는 것"(행 2:14)밖에 한 것이 없습니다. "베드로가 열한 사도와 함께 서서 소리를 높여 이르되…" 하지만 이것도 몫을 잘 감당한 것입니다.

　둘째, 몫을 감당하면서 전제되어 있는 것은 각자가 주님과 동행하는 것입니다. 가룟 유다가 자살하고, 그 사람을 대신하여 그 사람의 몫을 대신할 사람을 뽑을 때의 조건은 사도행전 1장 22절(헬라어 성경에는 21절)에 나와 있습니다. "항상 우리와 함께 다니던 사람 중"입니다. 본래 원어에는 이것은 신적 당위성을 나타내는 동사가 쓰였습니다. 즉 이 조건은 필수라는 것입니다. 예수님이 사람들과 같이 계실 때에 항상 예수와 같이 다니던 사람이 아니면 사도가 될 수 없는 것입니다. 그래야 예수의 가르침을 이해하고 그의 부활을 증언할 수 있는 것입니다. 지금으로 말하자면, 직분자는 기도와 말씀 가운데 항상 주와 동행하는 사람이 되어야 합니다.

　주어진 일에만 집중하고 주님과 동행하는 것에 무관심하거나 게을리한 경우가 바로 가룟 유다입니다. 그는 돈에 관심이 많아서 결국 "불의의 삯"(18절)을 받았습니다. 우리도 하는 일에만 집중하면 얼마든지 이렇게 될 수 있습니다. 신자가 주님과 동행하는 것에 일차적 목표를 두지 않으면 결국 떡고물에 관심을 가지게 됩니다. 여기에 목사와 장로도 예외가 아닙니다. 교회에 일하러 오는 것은 잘못된 것입니다. 이렇게 되면 결국 자기 몫을 챙기고, 주님 아닌 사람과 딴 살림을 차리게 되어 있습니다. 그것은 주님이 주신 직무를 버리고 자기 자리로 가는 것입니다(25절).

셋째, 우리 교회에서 각자가 감당할 몫은 단순화하면 이렇습니다. 각자의 맡은 바에 따라 이러한 몫이 있습니다. 담임 목사는 교회 비전을 제시하고, 주일 설교하고, 말씀을 가르치는 몫을 합니다. 부목사는 교회 행정과 보조 설교하는 몫을 합니다. 교육(협동) 목사와 전도사는 교회 학교와 교회 찬양 사역을 감당합니다. 장로, 권사, 집사는 임명받은 부서에서 모두 각자가 맡은 몫을 감당합니다. 하지만 전통적인 교회처럼 직분에 따라서 일을 하기 보다는 은사에 따라서 일을 하려고 합니다.

교회에서 직무를 나눌 때 가장 흔히 하는 것은 성직자와 평신도를 신분으로 나누는 것입니다. 그런데 신약 성경에서 직분은 신분이 아닙니다. 모든 신자의 신분은 하나님의 백성으로 구별이 없습니다(벧전 2:9-10). 교회에서 일하는 것은 모두 기능입니다. 목사는 제사장이 아니고 제사장의 기능을 일부 하는 직분입니다. 목사는 돌보고 가르치는 자입니다. 신분이 다른 것이 아니라 중요한 기능을 하는 직분입니다.

하지만 목회라는 모델은 버리면 안 됩니다. 목회는 예수님이 베드로를 비롯한 제자들에게 사명을 준 것입니다(요 21:15-17). 모든 신자는 목회를 받아야 합니다. 목사도 목회를 받아야 합니다. 사실 개 교회 담임 목사가 목회를 잘 안 받는데, 교단에서는 감리사, 감독 등의 목회를 받게 되어 있습니다. 높은 지위에 있는 사람들도 상호 목회를 받아야 합니다. 모든 조직은 민주적으로 하되, 목회에 관한 것은 목자와 양의 관계를 유지해야 합니다. 하나님의 말씀에 대한 이해와 지도에 있어서는 지도자의 목회에 순종해야 합니다.

적용과 실천

우리는 "이 직무"의 소중함을 알고 잘 감당해야 합니다. 가룟 유다처럼 이 직무를 버리고 자신의 "곳"으로 가면 안 됩니다. 또 교회에서 자신의 직무와 몫이 무엇인지 알고 행동하는 것이 필요합니다. 그래야 자신도 행복하고 다른 사람을 편하게 해 줄 수 있습니다. 또 다른 사람의 몫을 챙겨주는 지혜가 필요합니다. 하지만 이것은 "송충이는 솔잎 먹고 살아야 한다."는 우리의 속담과는 다른 것입니다. 신분에 따라 행동하는 것이 아니라 자신의 몫에 따라 다른 사람의 몫을 인정하고 행동하는 것입니다. 이 직무를 감당하는데 있어 일 자체보다 하나님과 동행하는 것, 다른 성도와 교제하는 것이 우선이라는 것을 잊어서는 안 됩니다.

08 인류 구원을 위한 '여호와의 열심'
(1:21-26)

　예수 부활 후 제자들과 예수님의 어머니와 형제들과 여인들이 모여 다락방에서 기도하다가 베드로가 일어나 연설을 했습니다. 그 연설의 내용은 열두 사도 중 하나였던 유다가 예수님을 배반하였다가 결국은 죽었는데, 이제 그를 대신할 사람을 뽑자는 것이었습니다. 그 기준은 예수를 처음부터 동행하여 따라 다녔던 제자 중에 예수의 부활을 증언할 사람이었습니다. 그래서 요셉과 맛디아가 천거되었고 제비를 뽑아 맛디아가 선택되었습니다.

　그런데 이 상황에서 베드로는 왜 가룟 유다를 대체할 사도를 뽑자고 한 것일까요? 또 왜 사람들은 베드로의 말에 따라 결국 그를 제비로 뽑은 것일까요? 사실 나중에 사도 중의 하나인 야고보가 죽었을 때(행 12:2)는 더 이상 사도를 보충하지 않았습니다. 그런데 왜 이 시점에는 사도를 열두 명으로 하는 것이 필요했을까요? 이 시점에서 왜 사도가 필요했는지는 사도가 누구인가 하는 것에 그 답이 있습니다. 우선, 사도는 열두 명으로 구약의 열두 지파와 그 숫자가 같다는 것을 기억해야 합니다. 그렇다면 구약의 열두 지파는 무엇입니까? 그것은 바로 아브라함과 이삭과 야곱으로 이어진 족장들의 역사가 야곱의 열두 아들로 이어지는 것을 말합니다. 전통적으로 이스라엘은 그 후에 이 열두 지파로 구성되었고 그것은 바로 하나님의 언약 백성인 이스라엘을 상징합니다.

열두 사도와 구속사

그렇다면 열두 사도는 무엇입니까? 그것은 예수님에 의해 새롭게 구성된 새 언약 백성을 상징합니다. 이제 예수님이 오심으로 모든 인류는 예수를 믿음으로 구원 받을 수 있는데 구약의 이스라엘 백성을 이어 종말에 새 하나님의 백성을 대표하는 것이 열두 사도였던 것입니다. "너희로…내 나라에 있어…이스라엘 열두 지파를 다스리게 하려 하노라."(눅 22:30) 그런데 이 시점에서 열두 사도가 그 숫자가 온전하게 갖추어야 할 이유는 본문 바로 뒤에 나오는 오순절 성령 강림 사건에서 발견할 수 있습니다. 오순절은 바로 새 이스라엘이요, 새 하나님의 백성인 교회가 탄생한 날입니다. 즉 오순절에 성령이 강림하기 전에 사도가 열두 명이 되는 것이 필요했던 것입니다.

오순절 성령 강림 사건 전에 사도를 열두 명으로 보충하는 것은 꼭 필요했던 일입니다. 우리말은 동사가 맨 뒤에 오기 때문에 "하여야 하리라"는 동사가 22절 마지막 부분에 있지만 헬라어 성경에는 이 동사가 21절 그것도 맨 처음에 나옵니다. 이것은 "데이"라는 단어로 신적 당위성을 나타낼 때 쓰이는 동사입니다. 즉 사도를 보충하는 것은 일할 사람이 모자라서 한 명 보충한 것이 아니라 하나님의 뜻과 섭리에 따라 마땅히 그렇게 할 일을 한 것이라는 것입니다. 그것이 분명한 것은 새로 사도로 뽑힌 맛디아는 뽑힌 다음에 사도행전에 더 이상 거명되지 않습니다. 그 사람이 무슨 일을 크게 한 것이 중요한 것이 아니라 바로 열두 명이 이제 채워졌다는 것이 중요하다는 것입니다. 본문 마지막 절에 보아도 이제 사도를 새로 뽑으므로 사도의 수가 열두 명이 되었다는 것으로 끝납니다. 26절에 보면 맛디아는 기존의 열한 명의 수에 "들어가니라" 혹은 "등록되니라"라고 하는 것이 바로 그것입니다.

하나님의 구속사

우리는 사도를 열두 명으로 채운 사건을 통해서 하나님의 구원 역사를 볼 수 있습니다. 하나님이 인류를 구원하신 것은 우연히 된 일이 아니라 역사 가운데 하나님이 주도적으로 일으키신 사건입니다. 아담과 하와가 타락한 후 하나님은 인간 구원을 위한 열심을 가동시키셨습니다. 아담과 하와가 선악과를 먹고 하나님의 명령을 어긴 때에 하나님은 이들을 책망하시면서 부끄러워하는 이들에게 가죽옷을 지어 입혔습니다. "여호와 하나님이 아담과 그 아내를 위하여 가죽옷을 지어 입히시니라."(창 3:21) 우리는 이것을 소위 원복음(原福音)이라고 합니다. 여기서 가죽옷을 지어 입힌다는 말은 본래 가죽옷으로 덮는다는 말인데 덮는다는 말은 신약에서 보면 바로 죄를 용서해주는 구속의 행위이기 때문입니다(롬 3:21-26).

또 하나님은 아브라함과 이삭과 야곱과 그의 열 두 아들을 통해서 하나님의 구원을 향한 열심을 보여줍니다. 그것은 모세를 통한 이스라엘 백성의 출애굽을 통해 보이고, 다윗 왕을 통해서 이어집니다. 유다가 바벨론 포로가 되었을 때에도, 북 이스라엘이 앗수르에 멸망했을 때에도 거기에서 하나님의 백성을 구출해 내신 이도 하나님입니다. 이사야서 37:32에는 "여호와의 열심"이라고 표현하고 있습니다. 앗수르 왕 산헤립이 예루살렘을 에워싸고 위협하자, 히스기야 왕은 걱정합니다. 이에 하나님은 이사야를 통해서 히스기야에게 말합니다. 앗수르 왕이 세상만사를 결정하는 것이 아니라 바로 하나님이 결정하며, 하나님이 유다를 앗수르 왕에게서 보호해주겠다고 하십니다. "여호와의 열심"이 바로 그것을 이룰 것이라고 말합니다. 실제로 하나님의 사자가 앗수르 군대를 쳐서 산헤립은 고국으로 돌아가 죽습니다. 후에 북 왕국 이스라엘과 남 유다가 망했지만, 하나님은 이들에게 메시야를 보내줄 것과 성령을 보내줄 것을 약속합니다(렘 31:33; 겔 37:14). 이제 마지막으로 이 땅에 성령을 보내주시는 오순절 사건을 통해서 하나님의 구원의 열심을 다 보여줍니다.

본문은 예수 그리스도의 사역의 완성과 성령 강림 사이에 놓여 있는 시간에 구원을 향한 하나님의 열심을 보여주는 것입니다. 베드로는 오순절 강림 전에 사도의 열두 사도가 채워져야 함을 역설합니다. 이것은 "사도 직무"입니다. 그들은 새 이스라엘의 대표자로서 한시적으로 구원사에서 중요한 일을 감당할 자들이었습니다. 베드로는 이때 주님이 한 사람을 선택하라고 하는 것을 깨달았습니다. 그리고 그 깨달음에 순종해서 한 사람을 뽑았고, 그것이 구원사가 완성되는데 한 역할을 했습니다.

적용과 실천

성경 이야기의 핵심 주제는 한 마디로 하나님의 인류 구원을 위한 열심입니다. 하나님의 구원을 향한 열심은 창세기부터 요한계시록까지 나타나 있습니다. 열두 사도 중 한 사람이 결원되어 보충하는 것에서도 하나님의 구원 열심을 볼 수 있고, 요셉 이야기 속에서도 그것이 분명히 드러납니다. 사과의 어느 단면을 쪼개 보더라도 사과이듯이, 성경의 어느 면을 보아도 바로 구원을 향한 하나님의 열심을 볼 수 있습니다. 성경은 한마디로 사람을 향한 하나님의 짝사랑 이야기입니다.

그런데 한 가지, 잊지 말아야 할 것은 요셉 스토리에서 보듯이 요셉처럼 우리도 이것을 하나님의 역사와 섭리로 이해할 수 있는가 하는 것입니다. 모든 역사를 우연한 것이라고 본다든가, 투쟁해서 쟁취하는 것으로 보는 것은 성서적으로 역사를 올바로 보는 방법이 아닙니다. 우리는 성경의 역사뿐만 아니라 우리에게 일어나는 모든 일도 이런 관점에서 보아야 합니다. 나를 구원하기 위한 하나님의 구원 역사로 내 주위의 사건을 해석하는 것입니다. 또 나를 통해 역사하시기 위한 하나님의 섭리로 모든 일을 해석하는 것입니다. 이렇게 될 때 내가 어떻게 하나님께 순종하고 주위에 있는 사람을 어떻게 대할 것인가가 분명해 집니다.

하지만 우리는 운명론으로 인생을 해석하면 안 됩니다. 하나님의 열심/섭리와 운명론은 다릅니다. 운명론에 빠지면 인생에서 결정적인 것은 결국 운이라고 봅니다. 인생을 하나님의 은혜라고 보는 것과 외적으로는 비슷하지만 운명론은 이것과 본질적으로 다릅니다. 운명론은 비관주의에서 온 것입니다. 여기에 기쁨이나 감사가 없습니다. 그냥 어쩔 수 없이 순응하고 받아들이는 것뿐입니다. 은혜론에는 감사와 기쁨과 감격이 있습니다. 은혜론은 운명론이 아니기에 하나님의 은혜에 자신이 어떻게 응답하는가에 따라 인생이 달라진다는 것입니다. 그래서 은혜론에는 윤리가 있습니다.

09 오순절 사건은 첫 성령 강림 사건
(2:1-13)

사도행전의 핵심 구절을 꼽자면 성령 강림 사건을 예고한 예수님의 말씀(1:8)과 이러한 사건이 실제 일어난 일(2:4)을 들 수 있습니다. 그런데 이 사건을 목도했던 사람들의 해석이 갈렸습니다. 많은 사람들은 이것을 "하나님의 큰일"을 말하는 놀라운 사건으로 이를 받아들이는데 반해(12절), 몇몇 사람들은 이러한 일을 "조롱하여" 사람들이 "새 술에 취하였다"고 하였습니다(13절). 흥미로운 것은 지금도 이 사건에 대한 해석이 분분하다는 것입니다. 그래서 우리는 누가가 이 사건을 무슨 의미로 기록하는지를 살펴보고, 우리도 이 사건을 어떻게 받아들어야 하는지를 생각해 보겠습니다. 본문 다음 구절(2:14-21)에서도 베드로가 이 사건의 의미에 대해서 말하기 때문에, 여기에서는 본문에 기록된 것에 집중해서 오순절 사건의 의미를 살펴보겠습니다.

오순절 사건은 제자들이 성령을 체험한 사건이다

사실 오순절 사건의 본질은 단순한 것입니다. 예수가 약속한 성령 강림에 대한 약속을 믿고 기도하면서 기다리던 그의 제자들이 그것을 실제로 체험한 것입니다. 이것은 제자들이 개념적으로 성령의 강림을 이해한 사건이 아니라 직접 몸으로 성령의 역사를 체험한 사건입니다.

첫째, 오순절 사건은 예수가 제자들에게 약속한 사건입니다. 예수는 제자들이 예루살렘을 떠나지 말고 기다리면 성령을 받을 것이라고 약속합니다(눅 24:49; 행 1:5). 그런데 누가는 성령을 받는다는 것을 문학적으로 다양하게 표현합니다. 이것은 위로부터 능력을 옷 입는 것이고(눅 24:49), 성령에 잠기는 것이며(행 1:5), 성령이 그 몸 위에 임하는 것이며(행 1:8), 또 성령이 충만하게 되는 것(행 2:4)입니다. 어쨌든, 그 핵심 내용은 제자들이 성령을 몸으로 체험하는 것입니다.

둘째, 오순절 사건은 오순절 날 일어난 단회적 사건이 아니라, 계속해서 일어날 범례적(paradigmatic) 사건입니다. 오순절 사건은 일부 학자들이 생각하듯이 시내 산 언약 갱신 사건과 관련되어 있지 않습니다. 일부 구약 외경 문서들에는 오순절에 그러한 일로 해석하는 경우가 있었을지라도, 누가는 본문에서 이 사건을 언약 갱신 사건과 연결시키지는 않습니다. 누가는 이 사건을 예수가 제자들에게 약속한 성령 체험 사건이라고 말합니다. 그래서 이 사건은 후에 사마리아에서(8:14-17), 가이사랴에서(10:44-48; 11:15-16), 그리고 멀리 떨어진 에베소에서도(19:1-7) 계속해서 일어났던 것입니다.

셋째, 오순절 사건은 제자들이 성령의 기쁨을 맛본 사건입니다. 이것은 이 땅에서 성령을 통해 하나님의 나라를 맛보는 사건이었습니다. 불신자들은 이것을 새 술에 취한 것으로 비난하기도 했습니다(13절). 사도행전에 보면 "제자들이 기쁨과 성령이 충만했다"(13:52)고 하여 성령 체험이 기쁨 체험임을 말하고 있습니다. 사도 바울은 이러한 성령 체험을 천국의 보증으로 우리에게 주신 것이라고 말합니다(고후 1:22; 5:5). 이러한 기쁨은 환란 가운데서도 오히려 넘치는 것입니다(살전 1:6). 요한복음에서도 성령 체험이 기쁨의 체험임을 말합니다. "누구든지 목마르거든 내게로 와서 마시라. 나를 믿는 자는 성령에 이름과 같이 그 배에서 생수의 강이 흘러나오리라 하시니 이는 그를 믿는 자들이 받을 성령을 가리켜 말씀하신 것이라."(7:37-39) 이 기쁨은 이 세상의 어떤 기쁨과도 비교할 수 없는 것입니다. 제자들은 이 기쁨을 맛보았기 때문에 어떠한 환란과 박해도 이길 수 있었습니다. 한 번 맛보고 잃어버린 것과 한 번도 맛보지 못한 것은 전혀 차원이 다른 것입니다. 성령 세례를 맛보게 되면 하나님이 "아빠 아버지"로 옆에 와 계신 느낌을 받습니다.

오순절 사건은 제자들이 방언을 체험한 사건이다

오순절 사건은 제자들이 성령을 시청각적으로 체험한 사건입니다. 제자들이 성령의 운행하는 소리를 듣고 성령의 역사를 시각적으로 봅니다(3절). 동시에 그들의 입에서는 "다른 방언"으로 말하는 것을 경험합니다. 그동안 이 방언이 무엇인가에 대해서는 끊임없는 논쟁이 있었습니다. 처음 이 사건을 접했던 문외한들도 이 방언을 잘못 해석하여 이 사건을 제자들이 "새 술에 취한 사건"으로 보았습니다. 지금도 많은 사람들이 방언하는 것을 제정신이 아닌 상태에서 이상한 말을 뇌까리는 것으로 해석합니다. 방언은 그때나 지금이나 사람들이 걸려 넘어지는 요소입니다. 그렇기 때문에 이 방언 현상을 올바로 해석하는 것이 본문을 이해하는 데 필수적입니다.

첫째, 여기서 방언은 외국어를 구사하는 능력도 아니요, 외국어로 서로 소통하는 능력도 아닙니다. 제자들은 성령의 충만함을 체험하면서 자신도 전혀 제어할 수 없게 혀가 움직이는 것을 경험했습니다. 이때 그것을 들은 사람들 중에 제자들의 방언을 알아들은 사람이 있었습니다. 이것을 우리는 이렇게 해석할 수 있습니다. "제자들은 자신도 모르는 말을 했는데, 그것이 여러 실제 외국어여서 그 외국어를 모국어로 하는 사람들은 그것을 알아들었다." 또 한 가지 가능한 해석은 "제자들은 전혀 알지 못하는 말을 한 것인데, 성령께서 듣는 이들에게 그것을 알아듣게 하셔서 알아듣게 되었다." 어떤 해석이든, 여기서 방언을 하는 사람은 그 뜻이 무엇인지 알지 못하는 말을 성령 충만하여 말한 것입니다.

둘째, 그렇다면 성령 충만한 사람에게 왜 이런 방언 현상이 나타난 것일까요? 사도행전에서 성령 체험은 증인의 사명을 감당하는 것과 밀접하게 관계된 것이라는데 해답이 있습니다(행 1:8). 즉 성령이 제자들에게 타 문화의 상징인 그 문화의 언어를 기적적으로 체험하게 한 것은 성령을 받은 이들이 인종적, 문화적, 지역적 경계를 넘어 타 문화권에 가서 증인의 사명을 감당할 수 있는 능력을 받은 것을 모두에게 알게 하기 위한 것입니다.

적용과 실천

본래 오순절은 유대인의 삼대 명절의 하나로, 유월절에서 오십일 째 되는 날로 유월절에 곡식을 심어 오순절에 첫 것을 거두고 하나님께 감사드리는 수확의 기쁨을 누리는 절기였습니다(레 23:15-16; 신 16:9-12). 바로 이 날에 성령이 모든 제자들에게 강림하신 것은 우연이 아닙니다. 오순절은 바로 예수 그리스도의 사역이 이 땅에서 교회 안에서 성령을 통하여 수확하기 시작하는 사건입니다.

그런데 이 오순절 사건에 대해서 긍정, 부정의 두 가지 반응이 있어왔습니다. 이 사건이 일어나자마자 어떤 사람들은 이것을 놀라운 일로, 또 다른 사람들은 새 술에 취한 것으로 보았습니다. 지금도 첫 오순절 사건에서처럼 방언을 비롯한 여러 체험과 함께 이것을 성령 체험으로 해석하는 사람들이 있는 반면, 이것은 구속사에 있어서 계획된 일회적인 언약 갱신 사건으로 보는 사람들이 있습니다. 그들에게 있어 이 사건은 더 이상 일어날 필요도, 일어날 수도 없습니다.

그러면 우리는 이것을 어떻게 해석해야 할까요? 이것을 비 체험적인 사건으로 해석하는 것은 기독교의 오랜 전통이기는 하지만 성경을 문자 그대로 해석한 것은 아닙니다. 그것은 이것을 기록한 누가의 의도대로 해석한 것도 아닙니다. 이것은 전통에 의한 잘못된 해석입니다. 우리는 누가가 해석한 대로 오순절 사건을 성령 체험 사건으로, 또 방언 체험을 동반한 사건으로 해석해야 합니다. 그렇게 해석할 때 이러한 체험이 오늘날 교회에서도 그대로 일어날 수 있습니다.

10 오순절 사건은 예언의 성취
(2:14-21)

 오순절에 일어난 사건을 두고 사람들이 긍정, 부정 두 부류로 나뉘어 혼란이 일어나자, 베드로가 열한 사도와 함께 일어나 그 사건의 의미를 풀어줍니다. 이것은 사도행전에 나오는 오순절 사건에 대한 핵심적인 해석입니다. 사도들은 이 사건의 체험자로서, 또 성서 주석자로서 모두 일치된 생각을 갖고 있었습니다. 베드로는 이들을 대표해서 말하고 있는 것입니다. 그런데 베드로가 오순절에 성령 충만을 체험한 다음 사람들에게 그 의미를 설명하는데 있어 단순히 체험에 근거해서만 말하고 있지는 않습니다. 본문에서 베드로는 자신들이 오순절에 체험한 것을 구약 성경을 근거로 들어 풀이합니다. 자신들이 경험한 것의 성서적 근거를 제시한 것입니다. 기독교인의 체험은 반드시 성경적 근거를 갖고 있어야 합니다.

체험하는 신앙

 베드로는 오순절에 일어난 사건을 다음과 같이 해설합니다. "때가 제 삼 시니 너희 생각과 같이 이 사람들이 취한 것이 아니라."(15절) 유대 시간 계산법은 해 뜰 때를 기준 0시로 하여 해질 때까지 낮을 열두 시간으로 나누는 것입니다. 그러므로 제 삼시는 오전 9시입니다. 이때 술을 먹고 취하는 사람은 예나 지금이나 드문 일입니다. 그것도 집단적으로 그렇게 하는 것은 거의 없는 일입니다. 베드로는 이 증거를 들어 제자들이 오순절에 성령 충만을 받고 방언을 말한 사건은 술 취해서 나온 행동이 아니라고 말합니다.

여기서 예루살렘 사람들이 성령 받은 사람들의 체험을 술 취한 것이라고 본 것은 참 흥미로운 생각입니다. 사실 사람들은 자신의 지식과 체험의 한계 내에서 다른 사람들의 말과 행동을 해석하기 마련입니다. 체험이 없는 신자들에게 있어 체험적 신앙인들은 이상하게 보일 수 있습니다. 광신도 같기도 하고, 비지성인 같기도 하고, 바보 같기도 하고… 그래서 자기 나름대로 해석합니다. 하나는 이들을 부정적인 의미에서 광신도로 규정하는 것이고, 다른 하나는 이들을 하나님의 섭리 가운데 성별한 특별한 신자로 구분하는 것입니다. "하나님은 자신의 섭리를 위해서 목사나 또 그와 같이 열성을 내는 신자들에게는 특별한 체험을 주신다. 하지만 나는 광신도도 목사도 아니다. 그러니 말씀만 있으면 되지 체험은 없어도 된다." 하지만 이것은 자기 보호 본능에 따른 변명일 뿐입니다. 우리는 우리가 기대하지 않지만 때때로 하나님이 주시는 놀라운 성령 체험을 할 필요가 있습니다. 신앙이 비이성적으로 되는 것도 경계해야 되지만 이성의 한계 내에만 머무르는 신앙도 온전한 신앙이 아닙니다. 우리의 신앙은 하늘의 것을 체험하는 신앙이 되어야 합니다.

오순절 사건에 대한 베드로의 해석

베드로는 오순절에 제자들이 체험한 사건은 바로 구약 요엘서에 나오는 예언의 성취라고 말합니다. "이는 곧 선지자 요엘을 통하여 말씀하신 것이니 일렀으되."(16절) 그렇다면 선지자 요엘이 말한 내용은 어떤 것입니까? "하나님이 말씀하시기를 말세에 내가 내 영을 모든 육체에 부어 주리니 너희의 자녀들은 예언할 것이요 너희의 젊은이들은 환상을 보고 너희의 늙은이들은 꿈을 꾸리라. 그때에 내가 내 영을 내 남종과 여종들에게 부어 주리니 그들이 예언할 것이요 또 내가 위로 하늘에서는 기사를 아래로 땅에서는 징조를 베풀리니 곧 피와 불과 연기로다. 주의 크고 영화로운 날이 이르기 전에 해가 변하여 어두워지고 달이 변하여 피가 되리라. 누구든지 주의 이름을 부르는 자는 구원을 받으리라 하였느니라."(17-21절)

첫째, 베드로는 이 사건이 "말세에" 일어날 현상이라고 말합니다(17절). 요엘서에 나오는 "그 후에"라는 말을 베드로는 "말세에"라는 말로 해석합니다. 즉 베드로는 이러한 현상을 예수가 오신 후에 재림하기까지의 말세에 나타날 현상이라고 해석합니다. 예수가 오기 이전에는 이런 현상이 없었다는 것이지요. 그렇다면 지금은 어떤 시대입니까? 지금이 바로 말세입니다. 예수 초림부터 재림까지의 기간을 성경은 말세라고 말합니다.

둘째, 베드로는 이것을 성령이 임한 사건이라고 말합니다(17절). 사도행전 주석 책들을 읽어보면 오순절 사건을 학자들이 여러 가지 측면으로 해석하는 것을 볼 수 있습니다. 오순절은 사람들이 하나님이 원치 않으셨던 바벨탑을 쌓고 그 벌로 언어가 혼잡하게 된 것을 하나님이 이제 하나로 통일한 사건이라는 해석이 있습니다. 이 해석이 옳다면 그때 완전히 언어가 통일되었어야 하는데 아직도 통일되지 않았습니다. 또 오순절은 시내 산에서 율법을 받은 사건을 새롭게 상기시키는 날이라는 해석도 있습니다. 즉 오순절은 새로운 시내 산 사건이라는 것입니다. 비정통적인 유대교에서는 이러한 관습이 있었지만 당시의 정통 유대교는 구약 성서에 나와 있는 것 같이 오순절을 추수 축제로 지켰습니다. 어쨌든 본문에서 베드로는 이 사건을 다름 아닌 성령이 임한 사건으로 설명합니다. 그동안 학자들이 오순절 사건을 여러 가지로 다르게 해석했지만, 오순절 사건의 가장 핵심적인 것은 성령이 신자들에게 임한 사건이라는 것입니다.

셋째, 이것은 성령이 남녀노소나 자유인/노예를 불문하고 모든 사람에게 임한 사건입니다(17-18절). 우리는 지금 이것을 너무 자연스럽게 받아들이지만 그 당시에 이러한 해석은 혁명적인 것이었습니다. 왜냐하면 구약에서 하나님의 영이 임해서 예언하고 꿈을 꾸고, 장래 일을 말하는 것은 하나님이 특별히 선택하신 예언자들에게만 해당되는 것이었기 때문입니다. 베드로는 이것을 시적으로 표현하고 있습니다. 성령을 경험하면, 모두 하나가 되기 마련입니다. 남녀노소, 적서, 신분, 지위고하를 가리지 않게 됩니다. 왜냐하면 모두가 한 성령을 똑같이 모두가 체험하기 때문입니다.

넷째, 베드로는 이러한 사건에는 하늘과 땅에서 놀라운 초자연적인 현상이 일어난다고 말합니다(19-20절). 오순절에 불의 혀 같은 것이 보이고, 바람 같은 소리가 있고, 방언하는 현상이 이런 것이었습니다. 성령이 임하는 때에는 우리가 평상시에 알지 못하고 체험하지 못하는 여러 초자연적 사건이 일어날 수 있습니다. 우리가 이것을 너무 자연적인 일로 해석해서는 안 됩니다. 우리는 하나님의 초자연적 역사에 마음의 문을 열어야 합니다.

다섯째, 그렇다면 우리가 어떻게 해야 이러한 성령을 경험할 수 있을까요? 본문 마지막 부분에 나오는 요엘서에는 "누구든지 주의 이름을 부르는 자는 구원을 받으리라."고 말합니다(21절). 본래 요엘서에서 주는 하나님을 가리킵니다. 하지만 여기서는 사도행전에서 인용할 때 여기서 베드로가 말하는 "주"는 바로 예수님입니다. 누구든지 말세에, 심판의 날에 주의 이름을 부르면 구원을 얻는다는 것입니다. 이것을 성령 받는 것과 연결시키면 누구든지 회개하고 예수를 주로 부르면 성령을 경험할 수 있다는 것입니다(행 2:38). 성령 받기를 사모하면서, 주님께 나아가 자신의 모습을 내 놓고 간구하면 그곳에 성령이 임합니다.

적용과 실천

본문은 우리에게 어떤 교훈을 줍니까? "이런 현상은 일시적으로 이천 년 전 예루살렘의 마가 다락방에서만 일어난 일이니 앞으로는 절대로 이런 일이 일어나기를 기대하지 마시오." 그런 것입니까? 우스운 일이지만 기독교 역사 이천 년 동안 많은 사람들이 이렇게 생각해 왔습니다. 신앙 선배들도 그렇게 해석하고 여러 학자들도 그렇게 해석하니 이 해석에 도전하지 못한 것입니다. 하지만 특별한 언급이 없는 한 성경의 내용은 후대에 모범과 교훈을 위해서 주어진 것입니다. 오순절 사건은 단순히 하늘에서 이루어진 사건이 아니라 신자들이 체험한 사건이고, 이러한 체험이 후에 사마리아와 에베소와 이방인 지역으로 퍼지는 것을 볼 때 사도들과 첫 제자들의 체험은 우리의 모범을 위해서 주어진 것이 분명합니다. 우리는 체험만을 추구하는 신앙을 가져서는 안 되지만 하나님이 주시는 성경적 체험 일부러 거부할 필요도 없습니다. 하나님은 우리에게 때로 전혀 기대하지 않았던 체험도 주시고, 우리가 이전에 경험하지 못했던 미지의 세계로 인도해 가십니다.

11 우리가 믿는 "이 예수"
(2:22-36)

    기독교는 예수교입니다. 불교와 유교는 그 종교의 창시자보다도 그 가르침에 핵심이 있는 반면, 기독교는 그 창시자인 예수에 그 핵심이 있습니다. 기독교인은 우선적으로 예수를 따르는 자이고, 그러는 가운데 자연스럽게 예수의 가르침을 받아들이는 것입니다. 그래서 신약 성경은 그리스도인의 윤리를 가르치기 전에 그리스도인이 되는 것을 먼저 말합니다. 예를 들어, 요한은 복음서에서 먼저 예수의 표적을 통해서 사람들의 믿음을 촉구하여 제자가 되는 것에 대해서 말한 다음(1-12장), 그 제자의 윤리에 대해서 말합니다(13-17장). 바울도 로마서에서 먼저 그리스도를 믿는 신앙에 대해서 말한 다음(1-11장), 이어서 그리스도인이 따라야 할 윤리를 말합니다(12-16장).

    기독교의 핵심인 예수에 관해서 사람들이 다양한 생각을 가지고 있습니다. 첫째, 예수를 세계 삼대 성인 중의 한 인물로 보는 것입니다. 이것은 비기독교인 일반인들이 주로 생각하는 것입니다. 둘째, 예수에 대한 모든 이야기는 신화라는 것입니다. 오래전 기자들(피터 갠디와 티모씨 프리크)이 쓴 『예수는 신화다』라는 책에서 그들은 예수 이야기는 꾸며낸 것이고, 예수는 만들어진 신이라고 주장합니다. 셋째, 예수는 혹세무민(惑世誣

民)하고 유대인의 율법을 어겨 로마 당국자들에게 의해 십자가형에 처해진 인물이라는 것입니다. 이것은 당시 유대인들이 생각했던 예수입니다.

본문에서 베드로는 자기가 믿는 예수를 "이 예수"라고 하면서(32, 36절) 그를 하나님이 "주와 그리스도"가 되게 했다고 말합니다. 여기서 "주"라는 말은 유대인들이 구약 성경을 읽을 때 "야웨"를 지칭할 때 흔히 쓴 단어입니다. 즉 이 말은 예수는 하나님과 함께 신이라는 것입니다. 또 "그리스도"라는 말은 유대인들이 고대하는 메시아를 헬라어로 번역한 말입니다. 베드로에게 있어 예수는 신적 메시아였습니다. 우리는 베드로가 말하는 "주와 그리스도"로 고백한 "이 예수"가 어떤 분인지 살펴보겠습니다.

나사렛 예수

본문에서 베드로는 예수를 "나사렛 예수"라고 소개합니다(22절). 예수는 히브리어로 여호수아의 헬라어 음역인데, 당시 많은 유대인 남성의 이름이었습니다. 그래서 사람을 구별해서 부를 때 어느 지역 출신을 같이 불렀습니다. 나사렛 예수는 나사렛 출신의 예수라는 뜻입니다. 예수가 이 이름을 가지고 태어난 것은 마태복음에 나타난 바와 같이 그가 구원의 과업을 이룰 인물이기 때문입니다(마 1:21).

나사렛 예수는 "사람"입니다. 한글 개역개정역에는 나오지 않지만 헬라어 원문 성경에는 예수를 소개하면서 뒤에 "사람"이라는 단어가 나옵니다. 사실 서양에서 예수가 태어난 해를 기점으로 역사를 기술해서 "그리스도 이전"(Before Christ)과 "주님의 해"(Anno Domini)로 나눈 것입니다. 그런데 처음에 이것을 나눈 사람이 예수가 태어난 원년을 잘못 계산

했습니다. 예수의 생년월일을 정확히 알 수 없으나 학자들은 대략 B. C. 4년경에 태어난 것으로 봅니다.

신약 성경을 종합적으로 보면, 예수는 다윗 왕과 연관된 장소인 베들레헴에서 다윗 왕가에서 태어났고, 헤롯 대왕의 박해를 피해 이집트로 피신 갔다가 후에 갈릴리 나사렛에서 정착하여, 공생애를 시작하기까지 아버지 요셉의 직업인 목수 겸 석수로 30년 간 일했습니다. 그런데 나사렛은 갈릴리 지역의 조그만 동네 지명으로 구약 성경에도 나오지 않고, 구약 성경에서 메시아와도 어떤 연관성이 있는 동네로 언급된 곳도 아닙니다. 그래서 당시 유대인들은 나사렛에서 메시아가 나오리라고는 상상하지 못했습니다(요 1:46).

예수는 30살까지는 아버지 요셉과 어머니 마리아를 섬기며 보통 유대인으로 살았습니다. 예수의 어린 시절에 대한 것은 알려진 것이 많이 없는데, 누가복음 2:41-51에는 유일하게 그가 12살 때 명절에 예루살렘에 올라갔다 때에 발생한 사건이 보도되어 있습니다. 이때 예수는 보통 유대인 소년처럼 부모에게 순종하는 삶을 살았고(눅 2:51), 하나님과 사람에게 동시에 사랑을 받으면서 자랐습니다(눅 2:52). 신약 외경에는 예수의 어린 시절에 대한 여러 에피소드가 기록되어 있지만, 사복음서에 나오는 예수의 유별난 행동을 어린아이의 모습에 투영해서 그린 것으로 그 진정성을 신뢰할 수 없는 것들입니다.

예수는 30세 쯤 되었을 때 공생애를 시작했습니다(눅 3:23). 예수는 하나님의 나라에 대해서 가르쳤고, 하나님의 나라가 임한 증표로 치유와 축귀를 행했습니다. 누가는 하나님이 예수로 하여금 "큰 권능과 기사와 표적을" 행하게 하여 그가 하나님이 보내신 자라는 것을 증언하게 했다고 말합니다(행 2:22). 예수는 또 당시 유대인 당국자들의 위선을 꼬집는 설교를 했습니다. 또 유대인들의 관습을 거스르는 행동을 많이 했습니다. 이를 듣기 싫어하고, 보기 싫어했던 유대인 당국자들은 예수를 죽일 모의를 하고, 결국 로마인들에게 예수를 죽여 달라고 청원하여 그가 십자가 처형을 당하도록 했습니다.

주와 그리스도

앞의 내용만 있다면, 예수는 아무리 좋게 보아도 유대인들의 모함을 받은 유대인 순교자에 불과합니다. 본문에서 베드로가 예수를 소개하는 초점은 하나님이 그를 살리셨다는 것입니다. "하나님께서 그를 사망의 고통에서 풀어 살리셨으니."(24절) "이 예수를 하나님이 살리신지라."(32절) 누가는 시편 16편을 인용하면서 다윗이 이미 그리스도의 부활을 말했다고 해석합니다(31절). 베드로가 말하는 "이 예수"는 십자가를 지고 죽었다가 다시 살아나신 그 예수입니다. 베드로는 자신과 사도들이 바로 예수 부활의 증인이라고 말합니다(32절).

그런데 바로 이 십자가를 지고 부활했다는 이 예수가 유대인들과 헬라인들에게 모두 예수를 받아들이는데 있어 걸림돌이 되었습니다. 유대인들에게는 나무에 달린 자마다 저주를 받은 자(신 21:23)이기 때문에 십자가형에 처해 죽임을 당한 예수를 메시아가 아니라고 생각했습니다. 헬라인들에게 있어 예수는 인간으로서, 삶의 지혜보다는 보이지 않는 하나님의 통치를 말하는 허무맹랑한 사람으로 보였을 것입니다.

그런데 베드로와 사도들과 함께 우리는 '이 예수'를 믿습니다. 그분은 유대인들에 의해 십자가에 못 박힌 분입니다. 우리는 다른 예수를 믿지 않습니다. 지금 사람들이 따르는 예수 중에는 "만들어진 예수"가 많습니다. 어떤 사람이 믿는 예수는 자신의 욕심이나 이상을 실현해 줄 만들어진 신입니다. 그것은 십자가에 달리지 않은 예수로 자신의 희망을 성취하기 위해 노예로 만든 신입니다. 이단과 사이비 종교의 예수는 어떤 면에서 인간이 마음대로 부릴 수 있는 예수입니다.

우리는 십자가에 달려서 우리의 죄를 대속하시고, 부활하셔서 모든 잘못된 인습으로부터 우리를 해방하시며, 우리를 하나님의 나라 백성으로 만든 그리스도이신 예수를 믿습니다. 초대 그리스도인들은 그분을 "주"로 불렀습니다. 그는 하나님과 함께 이 세상을 창조한 창조자이며 모든 피조물의 주인입니다. 우리가 예수를 "주와 그리스도"로 믿는다는 것은 이러한 고백을 하는 것입니다.

적용과 실천

여러분에게 예수는 어떤 분입니까? 공자나 소크라테스와 같은 인류의 스승 중 한 명입니까? 여러분에게 예수는 공자와 같이 여러분 인생에 있어서 도움이 되는 말을 해주는 스승일 뿐입니까? 아니면 여러분에게 예수는 인류 역사상 최대의 혹세무민한 자입니까? 저는 예수가 여러분에게 "주와 그리스도"이기를 바랍니다. 그것이 베드로를 비롯한 사도들의 신앙이었고, 우리 선배들의 신앙이었고, 또 우리의 신앙이 되어야 합니다.

12 성령 체험의 길 1, 회개
(2:37-41)

　톨스토이는 그의 책 『참회록』에서 자신의 인생을 동양의 한 우화를 빗대어 말합니다. 어떤 나그네가 초원에서 맹수에게 쫓기다가 맹수를 피하려고 물이 없는 웅덩이로 뛰어들었습니다. 그런데 그 웅덩이 속에는 용이 입을 벌리고 먹잇감을 기다리고 있었습니다. 이 나그네는 이 상황에서 가까스로 우물 중턱에 있는 관목 가지를 잡을 수 있었습니다. 양손으로 가지를 붙잡고 있었는데 손목의 힘이 차츰 빠져 이제 더 이상 관목 가지를 잡고 지탱할 수 없는 지경에 이르렀습니다. 그런데 이때 설상가상으로 검은 쥐와 흰 쥐가 나타나 관목 가지를 갉고 있는 것이었습니다. 이러한 상황에서 이 나그네는 죽음이 엄습함을 느낍니다. 그런데 그 관목 가지에 꿀이 떨어져 있는 것을 발견한 그 사람은 혀끝으로 그 꿀을 핥고 있습니다.

　톨스토이는 하나님 품을 떠나 인생의 의미를 발견하지 못하고 자살충동을 느끼고 있던 자신의 처지가 이 우화에 나오는 나그네 같다고 했습니다. 맹수에게 쫓기는 것은 삶의 의미를 발견하지 못하고 도망가는 자신의 모습입니다. 그래서 피하려고 하니 웅덩이 속에 용이 입을 벌리고 있는 것처럼 자신의 앞에는 죽음밖에 없었습니다. 죽음밖에는 다른 길이 없는데 역시 살고 싶은 마음에 관목 가지를 붙잡고 있습니다. 이때 흰쥐(낮)와 검은 쥐(밤)가 관목을 갉아 먹듯이 인생은 가만히 있어도 죽음을 향하여 달려갑니다. 죽음을 앞 둔 그 시점에서도 자신은 꿀을 핥는 등 조그만 향락에 빠져 그것에 몰두하더라는 것입니다.

사실 대문호 톨스토이는 인간으로서 정말 겸허하고 위대한 사람이었습니다. 그의 『참회록』을 읽어 보면 그가 얼마나 솔직하게 자신의 죄를 고백하는지 놀라울 정도입니다. "나는 전쟁에서 많은 사람을 죽였고, 사람들을 죽이기 위해 결투를 신청하기도 했다. 나는 노름에서 큰 손해를 본 일도 있다. 농부들의 피땀의 결정을 무위도식하면서 그들에게 벌을 주었다. 간음도 하였다. 살인도 하였다. 기만, 절도, 만취, 폭행… 내가 범하지 않은 죄란 거의 없는 것같이 생각된다."(『참회록』, 크리스챤다이제스트, 1987, 39). 그런데 교회와 그리스도를 떠나 고민하고 방황하던 자신의 모습을 위와 같이 그렸습니다.

인생을 진지하게 살려고 고민하는 사람이라면 자신을 깊이 돌아보게 되고 그러면서 삶의 덧없음을 한 번쯤은 느끼게 됩니다. 인생에 대해서 진지하게 고민했던 톨스토이는 『참회록』에서 깊이 고민하지 않고 올바른 삶을 사는 무식한 농부들을 오히려 부러워했습니다. 하지만 지성인으로서 인생에 대한 진지한 고민은 의미 있는 것이었고 그것이 결국 그를 위대한 사람으로 만들었습니다.

우리가 어찌할꼬?

오늘 우리가 상고해 보고자 하는 사도행전 2장 37절에는 바로 인생에 대해서 진지한 고민에 빠진 사람들이 나옵니다. 이들은 유대인들로서 자신들은 하나님의 선민이며, 율법을 지켜 행함으로 하나님께 영광을 돌린다는 자부심을 가지고 있던 사람들이었습니다. 그래서 이들은 자신들의 판단에 따라, 스스로 하나님의 아들이라고 주장하여 율법을 어겼다고 생각하는 예수를 십자가에 못 박도록 빌라도에게 내 주었습니다. 결국 예수는 십자가에 못 박혀 처형되었습니다. 그런데 오순절 날 예루살렘에 왔다가 놀라운 광경을 목격하고 말았습니다. 예수를 따르던 그 무리들이 전혀 배우지 않은 언어를 갑자기 말하는 것이었습니다. 갈릴리 시골 출신의 사람들이 "하나님의 큰 일"(행 2:11)을 말하는 것이었습니다. 누가는 "하나님의 큰 일"이 무엇인지 구체적으로 말하고 있지 않지만 유대인들이 이 말을 알아들은 것으로 보아 구약 성경에 기록된 하나님의 역사 혹은 메시아 예수에 관계된 놀라운 말씀들일 것으로 생각됩니다. 여기서도 사람들의 의견은 갈라져 어떤 사람들은 이것이 "새 술에 취한 것"이라고 그리스도인들을 조롱했습니다.

이때 베드로가 나타나 구약 성경을 통해서 예수님이 바로 메시아라는 것을 증언합니다. 유대인들이 율법을 어겼다고 십자가에 못 박은 예수가 바로 그리스도라는 것입니다. 예수 당시에는 이런 복음을 전할 때 반발하던 이들도 성령의 역사를 목도하고 성령을 받은 이들이 "하나님의 큰 일"을 말하는 것을 듣고는 이제 들을 귀가 열렸습니다. 2장 37절에 보면 "그들이 이 말을 듣고"라는 말이 나오는데 여기서 "듣고"는 단순히 누가 말하는 것을 그냥 듣고 앉아 있었다는 것이 아닙니다. 성경에 나오는 다른 표현으로 하면 "청종(聽從)하다"라는 말입니다. 즉 이들은 순종하려고 들은 것입니다. 혹은 듣고 순종한 것입니다. 사람은 누구나 자신의 말을 하려고 합니다. 성경을 읽을 때도 설교를 들을 때도 실상 마음속에서는 하나님께 혹은 설교자에게 계속 말을 합니다. 하지만 진실로 인생에 대해서 고민할 때에는 하나님의 말씀을 듣게 됩니다. 여기에 나오는 유대인들이 바로 그랬습니다.

이들은 베드로의 설교를 듣고 이제 이렇게 말합니다. "형제들아! 우리가 어찌할꼬?" "우리는 이제 어떻게 살아야 합니까?" "우리는 이제 어떻게 하면 좋습니까?" 이것은 하나님 말씀을 들은 모든 사람들의 공통된 고백입니다. 존 번연(John Bunyan)의 『천로역정』 서두에 보면 저자는 자신이 꿈꾸는 첫 장면을 이렇게 묘사합니다.

> 나는 꿈을 꾸었습니다. 그리고 보십시오. 저는 남루한 옷을 입은 한 사람을 보았습니다. 그 사람은 어느 한 장소에 서서 자신의 집 반대 방향으로 얼굴을 향하고, 손에는 책을 한 권 들고, 등에는 큰 짐을 지고 있습니다. 내가 자세히 보니 그 사람은 책을 열어 그 안에 있는 내용을 읽었습니다. 그 책을 읽고 그는 울며 떨었습니다. 더 이상 서 있을 수가 없어 그는 흐느끼는 외침을 토해 냈습니다. '나는 이제 어찌할꼬?'(What shall I do?) (John Bunyan, *Pilgrim's Progress*, Middlesex, England: Penguin, 1965, 39.)

여기에 나오는 "나는 이제 어찌할꼬?" 이 말은 사도행전 2:37의 "우리가 어찌할꼬?"에서 나온 말입니다. 다른 점은 대명사를 일인칭 복수 "우리"에서 일인칭 단수 "나"로 바꾼 것뿐입니다. 모든 진지한 인생살이를 하려고 하는 사람들은 하나님의 말씀 앞에 이제 "내가 어떻게 해야 합니까?"라는 고백이 나옵니다.

"우리는 이제 어떻게 해야 합니까?"는 하나님 편에서 보면 매우 긍정적인 고백입니다. 이것은 진리에 순종할 마음을 표시한 것이기 때문입니다. 이렇게 되기 전에 유대인 청중들은 대부분 굳은 마음의 소유자들이었습니다. 예수님은 이들을 향해서 길가 혹은 돌밭 같은 마음이라고 지적하기도 했습니다(마 13:4-5, 19-21). 그런데 이들이 하나님의 말씀을 청종하는 태도가 되자 베드로의 설교에 마음이 찔렸습니다. 여기서 "찌르다"라는 동사는 다름 아닌 "칼로 찌르다"는 말입니다. 가슴이 칼로 찔리는 것과 같이 아프고 괴롭게 되었다는 것입니다. 이것이 바로 "우리는 이제 어떻게 살아야 합니까?"라는 고백에 앞서 있던 사람들의 상태였습니다. 하나님 앞에서 우리의 마음이 찔리지 않으면 그 사람의 마음은 돌 같이 굳어버린 것입니다. 하나님의 말씀 앞에 설 때마다 우리는 마음이 찔리는 경험을 해야 합니다. 그때 비로소 복음이 그 사람 마음속에 들어갈 수 있는 것입니다.

회개하여 성령을 받으라!

"우리는 이제 어떻게 해야 합니까?"라는 질문에 대해서 베드로의 대답은 단호했습니다. "베드로가 이르되 너희가 회개하여 각각 예수 그리스도의 이름으로 세례를 받고 죄 사함을 받으라. 그리하면 성령을 선물로 받으리니."(38절) 이 한 구절의 말씀 속에는 어떤 사람이 그리스도인이 되는 필수적이고 기본적인 절차가 망라되어 있습니다.

먼저, 올바른 삶을 살려면 회개해야 합니다. 이미 그리스도인이 된 사람들에게는 이 말이 너무도 자연스럽게 들립니다. 하지만 이것을 당시의 유대인들에게 한 것이라는 점을 생각해 보아야 합니다. 이들은 율법을 적극적으로 지키면 자동적으로 하나님 백성으로서 할 도리를 다 한 것이라고 생각했습니다. 그런데 베드로는 세례 요한이나 예수님처럼 이들에게 회개하라고 합니다. 회개하지 않으면 천국에 들어가지 못한다고 말씀하신 예수님처럼 베드로도 사람들에게 회개를 요청합니다. 그러면 회개가 무엇입니까? 헬라어에서 회개(悔改)란 지금까지의 길을 완전히 돌이키는 것을 말합니다. 회개에는 후회하는 것(悔)과 다른 방향으로 돌이키는 것(改)이 있습니다. 회개란 예수님 없이 산 모든 인생이 무의미하다는 것을 인정하는 것입니다. 이것이 없으면 회개가 아닙니다. 여기에 이제는 예수님의 인도하심에 따라 새 길을 가겠다는 것이 회개입니다.

다음으로, 세례란 회개의 공적 표시로 받는 것입니다. 교파에 따라 이것을 물로 씻는 예식(세례) 혹은 물에 잠기는 예식(침례)이라고 다르게 이해합니다. 어쨌든 중요한 것은 씻든 잠기든 회개하는 것을 공적으로 표시하는 것이 세례입니다. 자신의 신앙을 공적으로 고백하는 것이지요. 그런데 지금은 세례가 너무 형식화 되어서 신앙 고백 없이도 세례를 받는 경우가 많습니다. 하지만 당시에 세례를 받는다는 것은 대단한 결단을 요구하는 것이었습니다. 이제 유대교인으로 살던 것을 완전히 돌이켜 그리스도인으로 살겠다는 결심을 표현하는 것입니다. 지금으로 말하자면 이제 우주와 삶의 중심에 자신을 두던 삶에서 그리스도를 거기에 놓는 것입니다.

그렇게 될 때 방금 백이십 명의 제자들이 성령을 경험했듯이 회개한 각 사람이 성령을 경험하게 될 것이라는 것입니다. 누가는 성령을 여러 곳에서 "선물"로 표현하고 있습니다(행 10:45; 11:17). 성령은 예수님이 승천하신 다음 사람이 받을 수 있는 가장 큰 선물입니다. 이 말은 성령이 무슨 물질이라는 뜻이 아닙니다. 우리가 그리스도 안에서 삶을 새롭게 사는데 있어서 필수불가결한 분이 바로 성령이라는 것입니다. 이분은 예수를 믿기만 하면 모든 사람에게 주어지는 하나님의 놀라운 선물입니다. 사도행전은 바로 성령을 선물로 받아 인생을 새롭게 가꾸어 나간 사람들의 이야기입니다.

베드로는 "회개하고 세례를 받으라!"는 말 이외에 다른 여러 말로 엄중하게 예수님에 관한 것을 증언했습니다(40절). 그리고 이 "패역한(구부러진) 세대에서 구원을 받으라!"고 했습니다. 복음서에서 예수님이 말씀하셨듯이 베드로도 역시 "이 세대" 즉 종말의 시대를 악한 시대라고 보았습니다(눅 9:41; 11:29). 유대교 자체에 구원의 빛이 있다고 믿지 않은 것입니다. 인류가 만든 다른 종교, 다른 철학에 사람이 구원을 얻을 만한 어떤 선한 것이 없다는 것입니다. 바로 거기에서 벗어나야만 구원이 있다는 것입니다. 이 메시지를 듣고 결국 삼천 명이나 되는 사람들이 새롭게 예수의 제자가 되기로 결단했습니다. 놀라운 일이 일어난 것입니다.

모든 백성에게 한 약속

본문 중에 중요한 한 포인트를 제가 말하지 않고 남겨두었습니다. 그것은 39절 말씀입니다. "이 약속은 너희와 너희 자녀와 모든 먼 데 사람 곧 주 우리 하나님이 얼마든지 부르시는 자들에게 하신 것이라." 즉 복음을 받아들여 성령을 경험하는 이 약속은 이스라엘 민족에게만 주어진 것이 아니라 사마리아 사람과 땅끝에 있는 모든 이방 족속, 곧 우리에게까지 주어진 약속이라는 것입니다. 이 얼마나 놀라운 말씀입니까!

지금부터 백년 쯤 전에 피어선(Arthur T. Pierson) 목사님은 바로 이 복음이 이스라엘이나 유럽이나 미주 대륙에만 주어진 것이 아니라 모든 먼 데 사람에게까지 주어졌다는 것을 깊이 깨달았습니다. 그래서 교통편이 좋지 않던 그 시절에 일본에 와서 그 복음을 전하기도 하셨고 급기야는 우리나라에까지 와서 복음을 전하다가 연로한 육체에 병을 얻어 소천하셨습니다. 하지만 돌아가시면서 한국에 성서 학원을 세우라는 유지를 남겨 서울에 '피어선기념성서학원'이 세워졌고 그것이 나중에 평택대학교가 되었습니다. 백 년 전 피어선 목사님의 비전은 분명했습니다. 사람이 회개하고 세례를 받고 성령을 체험하려면 기록된 하나님 말씀을 들어야 한다는 것입니다. 로마서 10장 17절 말씀처럼 믿음은 '들음'에서 나는 것입니다. 그래서 그는 무엇보다 하나님의 말씀이 이 한반도에 들려지기를 소망했습니다. 그래서 그 기관 명칭도 다름 아닌 '성서 학원'으로 정한 것입니다.

적용과 실천

우리가 그리스도인이 될 때 우리는 말씀 앞에서 이런 고백이 나와야 합니다. "우리는 이제 어떻게 해야 합니까?" "나는 어떻게 해야 구원을 받을 수 있습니까?" 그리스도인이 된 우리는 이제 이런 고백이 나와야 합니다. "주님, 이제 나는 무슨 비전으로 오늘을 살아야 합니까?" 37절에 "우리가 이제 어찌할꼬?"라는 말이 나옵니다. 그리스도인이 아닌 사람은 "이제 어떻게 해야 참 삶을 살 수 있습니까?"라고 읽을 수 있고, 그리스도인이 된 사람들은 "이제 어떤 비전으로 살아야 합니까?"라고 읽을 수 있을 것입니다. 여러분은 어떤 뜻으로 이것을 읽으십니까? 이 말 속에서 하나님의 비전을 발견하시는 여러분이 되시기를 바랍니다.

13 교회의 원형질 네 가지
(2:42)

　서울 장충동에 가면 족발집이 연이어 있는데 대부분의 가게 간판에 원조라는 이름이 붙어 있습니다. 속초 초당에 있는 순두부 집에 가도 마찬가지입니다. 그런데 진짜 원조는 한 가게입니다. 원조의 맛은 무언가 다릅니다. 다른 가게에서 흉내 내기는 하지만 원조의 맛을 그대로 내지는 못합니다. 그래서 사람들은 원조를 찾는 것이지요. 교회에도 원조가 있고 원형이 있습니다. 그것은 바로 초기 교회입니다. 이 교회는 가정 교회요 잘 짜인 조직체도 아니었지만 초기 교회는 말 그대로 후대 모든 교회가 본받아야 할 원조 교회입니다. 이 교회야 말로 후대의 모든 교회들이 그 맛을 살리려고 하는 원형적 교회입니다.

　초기 교회의 원형은 사도행전에 나와 있습니다. 베드로의 설교를 듣고 마음에 찔려 회개한 사람들은 하루에 삼천 명이나 되었습니다(2:41). 이때 이들이 한 일이 무엇입니까? 초기 교회 사람들이 설교 말씀을 듣고 회개한 다음 가장 먼저, 반복적으로 한 일이 무엇입니까? 그것이 바로 여기에 나와 있습니다. "그들이 사도의 가르침을 받아 서로 교제하고 떡을 떼며 오로지 기도하기를 힘쓰니라."(2:42)

　먼저, 우리 한글 개역개정판을 보면 사람들이 사도들의 지도를 받아 교제와 식사와 기도에 전념한 것으로 되어 있는데 이것은 원문의 의미와는 약간 다릅니다. 원문을 그대로 번역하면 이렇습니다. "이들이 사도의 가르침을 받는 것과 교제하는 것과 떡을 나누는 것과 기도하는 일에 전념했습니다." 무엇이 다릅니까? 초대 교회 사람들은 어떤 교직자의 인도함에 따라 모든 일을 한 것이 아니라 성령의 인도함을 따라 교육과 교제와 애찬과 기도에 전념한 것입니다. 사도의 가르침을 받는 것이 교회 안에서 이루어지는 모든 일을 통제하는 것이 아니라 이것은 교회의 중요한 일의 한 요소일 뿐입니다. 교회의 모든 일은 사람의 주도에 의해서가 아니라 성령의 인도하에 이루어졌다는 말입니다.

교회의 네 가지 주요 활동

그러면 구체적으로 초대 교회 사람들이 처음에 교회를 형성해서 행했던 주요 활동은 무엇입니까?

첫째, 사도의 가르침을 받는 것입니다. 먼저, 여기서 사도의 가르침을 받는 사람들은 이미 그리스도인이 된 사람들입니다. 아직 그리스도인이 되지 않은 사람들에 대해서는 사도들은 하나님의 말씀을 선포(설교)했습니다. 이것은 헬라어로는 '케리그마'인데, 선포 혹은 설교라는 뜻입니다. 그런데 이렇게 선포를 통해서 크리스천이 된 사람들에게 필요한 것이 그 선포 내용에 대해서 배우는 것입니다. 그것은 헬라어로 '디다케'인데 가르침이라는 뜻입니다. 정상적인 교회는 이렇게 '케리그마'와 '디다케'가 같이 있어야 합니다. 교회는 아직도 예수를 모르는 사람들에게 하나님의 말씀을 선포해야 하고, 예수를 믿는 사람들에게는 선포의 내용을 가르쳐야 하는 것입니다.

그렇다면 그 선포의 내용이 무엇입니까? 그것은 다름 아닌 예수 그리스도에 대한 것입니다. 이것이 곧 복음입니다. 교회가 가르쳐야 하는 것은 바로 예수 그리스도의 복음입니다. 예수는 어떤 분이고, 왜 이분이 십자가에 달렸으며, 어떻게 부활했고, 후에 어떻게 재림하실 것이며, 우리가 예수를 믿을 때 어떤 일이 일어나는지를 선포해야 합니다. 그런데 이 선포의 내용이 왜곡된 경우가 많습니다. 어떤 사람은 복(福)을 복음이라고 하고, 심지어 효(孝)가 복음이라고 주장하는 사람까지 있는 지경입니다. 복음과 선포의 내용은 베드로가 선포한 것처럼 "그런즉 이스라엘 온 집은 확실히 알지니 너희가 십자가에 못 박은 이 예수를 하나님이 주와 그리스도가 되게 하셨느니라 하니라."(행 2:36)가 되어야 합니다.

둘째, 서로 교제하는 것입니다. 여기서 교제라는 헬라어는 '코이노니아'입니다. '코이노니아'는 한 단어에 여러 가지 뜻이 들어 있기 때문에 다른 언어로는 한 단어로 표현하기 어렵습니다. 일례로 한글 개역개정판 성경에 '코이노니아'는 교제, 교통, 나눔, 사귐, 참여, 참예 등 다양하게 번역되어 있습니다. 우리말로 교제는 주로 이성 교제 등 사람 간의 사귐에 주로 쓰입니다. 그런데 '코이노니아'는 신약 성경에서 이것보다 그 쓰임새의 폭이 훨씬 더 넓습니다. 영적인 교제와 물질적인 부조를 비롯해서 상대방에게 마음을 여는 것도 '코이노니아'입니다. 이미 '코'라는 접두어가 "같이"라는 뜻을 포함하고 있음에도 불구하고 "서로"라는 부사가 한 번 더 사용되어 교제는 상호 간에 대등한 관계에서 진행되는 것임을 본문은 가르쳐 줍니다.

가르침만 있고 교제가 없는 교회는 학교식 교회입니다. 담임 목사는 성경 선생님으로 성경만 가르치고, 성도들은 경쟁적으로 성경을 배웁니다. 여기에서는 공부를 잘하고 순종 잘하는 좋은 학생과 같은 사람은 일급 성도이고, 그렇지 못한 사람은 이급 성도가 됩니다. 요즈음 대형 교회에 가면 다른 성도와 교제는 하지 않고 숨어서 큰 교회 목사님의 쌈박한 설교만 듣고 신앙생활을 하려는 사람들이 있습니다. 이것은 초기 교회의 원형적 신앙 형태가 아닙니다. 사실 가르침을 받는 모임(敎會)이라기보다는 교제하는 모임(交會)이라는 말이 원형적 교회의 특성을 더 잘 나타냅니다. 사실 교회의 성서 원어인 '에클레시아'는 가르침과는 아무 상관없는 말입니다. 오히려 이 단어는 헬라 문화권에서 투표권을 가진 시민의 모임이라는 뜻으로 쓰이던 것이 구약 성경을 헬라어로 번역하면서 하나님 백성의 모임을 표현 할 때 이 단어를 쓰게 된 것입니다. 신약 성서 저자들은 새 하나님의 백성이 하나님을 예배하고 성도 간의 교제하기 위한 모임에 이 단어를 쓴 것입니다. 그래서 이 단어는 교제하는 모임이라고 쓰는 것이 지금 우리가 쓰는 가르치고 배우는 모임이라는 것보다 신약 성경의 쓰임새에 더 가깝습니다.

셋째, 기도하는 것입니다. 원형적 교회가 힘쓴 또 한 가지 일은 기도하는 것이었습니다. 사도행전 저자가 쓴 누가복음을 보면 예수님의 사역은 기도로 시작해서 기도로 마칩니다. 예수님은 세례를 받으실 때(3:21), 열두 제자를 선택하실 때(6:12), 베드로가 신앙 고백하기 전(9:18), 변화상 사건에서(9:28), 주기도문을 가르치시기 전(11:1), 겟세마네 동산에서(22:40) 기도합니다. 예수님을 본받은 제자들도 사도행전에 보면 모든 중요한 순간마다 기도합니다. 오순절 성령 강림을 위해(1:14), 정규 기도 시간에(3:1), 스데반이 순교할 때(7:55-60), 바울이 성령 세례를 체험할 때(9:11, 17) 등 모든 중요한 일은 기도로 성취됩니다.

기도하는 것을 배우지 못한 신앙인은 온전한 신앙인이라고 할 수 없습니다. 또 전심으로 기도하지 않는 교회도 그렇습니다. 사실 기도하는 일에 몰두한 경험이 없는 사람은 아직 신앙의 진수를 맛보지 못한 사람입니다. 기도 안에 참 행복과 평안이 있습니다. 초기 교회 사람들은 단순히 기도한 정도가 아니라 기도에 전념했습니다. 이것은 목사나 전도사의 일상이 아니라 모든 신자의 모습입니다. 기도에 전념하는 것은 특별한 직책이나 은사를 받은 사람이 하는 것이 아니라 모든 그리스도인들이 가야하는 길입니다.

넷째, 떡을 떼는 일입니다. 초기 교회 사람들이 전념해서 한 일 중 하나는 성도의 집에 모여서 떡을 떼는 일이었습니다(행 2:46). 여기서 떡을 떼는 일을 무슨 일입니까? 공식적인 성만찬입니까? 이것은 분명히 요즈음 교회에서 행하는 성만찬 예식 같은 것은 아니었습니다. 이것은 성도의 집에서 음식을 나누는 일이었습니다. 다른 말로 하면 애찬이라고 할 수 있을 것 같습니다. 서로 사랑하는 마음으로 음식을 같이 나누는 일, 이것이 초기 교회에서 힘썼던 일입니다.

왜곡된 신앙 유형

우리는 초기 교회의 원형에 대해서 말씀을 나누었습니다. 그런데 여기서 벗어난 우리의 모습은 없는지 반성해 보아야 하겠습니다.

먼저, 자유방임주의가 있습니다. 이것은 초기 교회의 원형적 교회 요소를 무시하는 것입니다. 자기 마음대로, 자기 좋은 대로, 자기 편한 대로 신앙생활 하는 것입니다. 예를 들어, 이런 생각을 하는 것입니다. "꼭 교회에 가서 목사의 말을 들어야 하나? 나 나름대로 하나님만 잘 믿으면 되지. 꼭 교회에 와서 누구와 어울려야 되나? 어울리다가 괜히 상처만 받지. 난 기도 타입의 신자가 아니야. 말씀 타입이지. 구질구질하게 꼭 우리 집과 마음을 열어 보여야 되나? 개척 교회는 그래서 싫다니까." 자유방임주의는 분명히 초기 교회의 신앙이 아닙니다. 신앙의 원형을 유지하는 것이 후세대 그리스도인들이 따라가야 할 모범임을 잊지 말아야 하겠습니다.

다음으로, 율법주의 혹은 형식주의가 있습니다. 율법주의는 초기 교회의 원형적 모습을 따라 신앙생활 해야 한다는 것에는 지적으로 동의하지만 그 내면적 의미에 대해서는 관심이 없고 외형만 따라가는 것입니다. 하나님 말씀을 배우는 것에만 관심이 있고, 그것을 실천하려는 마음이 없으면 그것은 율법주의입니다. 모이는 것에만 관심이 있고, 실제로 성도 간 교제가 없다면 그것도 율법주의입니다. 기도가 독백으로 끝난다면 그것 또한 형식주의입니다. 성도 간에 마음을 열지 않고 밥만 같이 먹는 것 또한 마찬가지입니다.

마지막으로, 개인주의입니다. 성도가 하나님과 교제하는 것은 개인적인 것이기 때문에 교회 생활을 그렇게 중요하게 여기지 않는 것이 개인주의입니다. "성경을 혼자 읽으면 되지 꼭 누구에게 배워야 하나? 설교 전문 사이트에 가면 좋은 가르침이 넘쳐나는데. 구역 모임에 꼭 참석해야 되나? 그거 구시대적 유물 아니야? 기도는 골방에서 하는 것인데 꼭 교회에 가서 합심 기도 해야 되나? 교회에서도 수준이 맞는 사람끼리 어울려야지. 나하고 맞지 않는 구역 식구하고는 못 어울리겠다." 신약 성경 어디에서도 개인주의는 용납되지 않습니다. 신앙인이라면 모두 자신이 몸인 교회의 일부요, 다른 성도는 한 몸의 일부분임을 잊지 말아야 하겠습니다.

적용과 실천

왜곡된 신앙 행태를 과감히 벗어버리고 초기 교회의 원형적 모습을 되찾읍시다. 우리는 이 원형적 모습을 그대로 간직하고 있습니까? 그렇지 않다면 어디에 잘못이 있는지 잘 살펴보고 본 구절이 보여주는 모습대로 우리의 신앙을 고칩시다.

14 코이노니아가 샘솟는 교회
(2:43-47)

여러분은 코이노니아라는 말을 들으면 무엇이 연상됩니까? 미국 기독교인들은 이 단어를 예배 마치고 스낵과 차 한 잔 마시는 교제 시간(fellowship hour)이 생각날 것입니다. 우리 한국 교회에서는 예배와 교육과 선교 등에는 미치지 못하지만 그 다음으로 필요한 성도 간의 교제를 생각할 것입니다. 우리는 예배 마치고 커피숍에 가서 차 한 잔 하면서 대화하는 것을 코이노니아라고 생각합니다.

그런데 코이노니아는 우리가 생각하는 것보다 훨씬 중요한 것입니다. 코이노니아는 우리가 매주 예배 시간마다 고백하는 사도신경에 나옵니다. 바로 "성도의 교제"(communion of the saints)입니다. 이것은 라틴어 communionem에서 나온 말인데 영어로는 communion으로 번역하고, 가톨릭교회에서는 "통공"으로, 개신교에서는 "교제"로 번역합니다. 또 축도의 원형인 고린도후서 13:13에 보면 "성령의 교통"이 나오는데, 여기서 교통은 헬라어 코이노니아의 번역입니다. 이렇게 코이노니아는 예배의 시작과 끝에 모두 등장하는 **기독교 핵심 가치 중의 하나**입니다.

코이노니아는 헬라어입니다. 그런데 이 단어를 번역하지 않고 굳이 설교 제목에까지 그대로 쓰는 이유는 코이노니아는 함의가 풍성해서 우리말이나 영어로 한 단어로 번역하기가 어렵기 때문입니다. 실제로 개역개정판 신약 성경에 나오는 번역만 보더라도 이렇게 다양합니다. 교제(고전 1:9), 사귐(요일 1:3), 친교(갈 2:9); 교통(고후 13:13), 참여함(고후 8:4), 연보(롬 15:26); 참여자(고전 9:23; 빌 1:7; 계 1:9); 참여하다(엡 5:1; 빌 4:14; 계 18:4); 참여(교제)하는 자, 동료(partner), 동역자(고전 10:18; 10:20; 고후 1:7; 8:23; 몬 1:17). 이 중에서 신약 성경에서 말하는 코이노니아의 핵심적인 것을 네 가지로 간추려 보겠습니다. 이것이 충만한 교회가 좋은 교회입니다.

코이노니아는 인격체 간에 "나와 너"로 만나는 것이다

요한일서 1장 3절은 이렇게 말합니다. "우리가 보고 들은 바를 너희에게 전함은 너희로 우리와 사귐(코이노니아)이 있게 하려 함이니 우리의 사귐(코이노니아)은 아버지와 그의 아들 예수 그리스도와 더불어 누림이라." 이 구절에서 요한은 전도의 목적이 코이노니아에 있다고 말합니다. 아니 그게 무슨 말입니까? 전도의 목적이 그 사람을 구원받게 하는데 있는 것이지, 어떻게 사귐에 있습니까? 사실, 전도에 있어 구원은 중간 단계의 목표입니다. 요한은 최종 목적을 말하고 있는 것입니다. 무엇 때문에 우리는 구원받습니까? 그것은 바로 우리가 영원히 하나님과 사귀고, 성도 간에 사귐을 갖기 위해서입니다.

여기서 코이노니아는 예배 후에 일상생활에 관해서 잡담을 나누는 것이 아닙니다. 이것은 삶을 공유하고 깊은 곳에서 하나가 되는 것입니다. 수직적인 교제(신자와 하나님)와 수평적인 교제(성도 간)가 이루어지는 곳이 바로 교회입니다. 그래서 교회는 가르치는 모임(敎會)이라기보다는 사귀는 모임(交會)입니다.

코이노니아는 서로 관계 속에서 삶을 같이하는 것입니다. 여기서 중요한 것은 '서로'(co)입니다. 일방적으로 관계가 이루어지는 것은 코이노니아가 아닙니다. 첫째, 한 지체가 다른 지체를 지배하는 것은 코이노니아가 아닙니다. 교회에서 사역을 감당하기 위해서는 위계질서가 필요할 때도 있지만, 사귐에 있어서는 위계가 있어서는 안 됩니다. 초기 교회에서도 서로를 위계가 없는 의미로 "형제"라고 불렀습니다. 둘째, 마틴 부버(M. Buber)의 『나와 너』라는 책에서 그는 세 가지 관계를 말합니다. (1) 나와 그것(사물)의 관계. (2) 나와 너의 관계. (1)은 지배이고, (2)가 바로 코이노니아입니다. 그래서 코이노니아의 대척어는 무교제가 아니라 지배 혹은 사물화입니다. 셋째, 사람 관의 관계에서 아부도 코이노니아와 대척되는 것입니다. 아부는 힘이 약할 때 힘센 사람을 이용하는 것입니다. 넷째, 사람에게 뿐만 아니라 하나님께 아부하는 것도 코이노니아가 아닙니다. 다섯째, 하나님을 "아빠" 아버지로 부르지 못하고 엄친으로 두려워만 하는 것도 코이노니아가 아닙니다. 하나님을 유교 문화의 가부장처럼 생각하는 사람은 하나님과 코이노니아 하기 어렵습니다. 여섯째, 하나님은 이스라엘에게 계약의 하나님입니다. 계약의 기본 전제는 상호 파트너로 인정하는 것입니다. 하나님은 인간을 철저하게 파트너로 인정합니다. 그러기에 하나님과 인간 사이에 코이노니아가 생기는 것입니다.

코이노니아는 완전히 하나되는 깊은 관계 속에서 삶을 나누는 것이기에, 진정한 코이노니아가 있으면 거기에는 반드시 기쁨이 따르게 마련입니다. 요한일서 1장 4절에는 "우리가 이것을 씀은 우리의 기쁨이 충만하게 하려 함이라"고 했습니다. 북한과 같은 전체주의 체제에서는 관계 속에 기쁨이 있기 어렵습니다. 거기에는 예속이 있을 뿐 상호적인 교제가 없기 때문입니다. 우리가 교회에서 기쁨이 없다면, 교회에 하나님과의 교제 혹은 성도간의 진정한 교제가 없기 때문일 것입니다. 하나님과 인격적으로 만날 때 반드시 따라오는 감정은 회개와 함께 기쁨입니다. 하나님은 우리를 교제할 수 있는 완전한 인격체로 대우해 주시기에 우리는 하나님을 만나면 기쁩니다. 사람 간의 관계에서도 마찬가지입니다. 어떤 사람과 아무런 격의 없이 진정한 소통이 되는 만남을 가질 때 기쁨이 있습니다.

코이노니아는 참여하고 연대하는 것이다

신약 성경에서 코이노니아가 가장 많이 사용된 용례 중 하나는 참여함입니다. 핍박에 참여함(마 23:30; 히 10:33); 복음을 위한 일에 참여함(빌 1:5); 고난 혹은 위로에 참여함(고후 1:7; 빌 3:10; 벧전 4:13); 신성한 성품(벧후 1:4); 혹은 영광에 참여함(벧전 5:1) 등이다.

코이노니아는 참여자 간에 서로 연대하는 것입니다. 우상 제사나 그 성찬에 참여하면(고전 10:16, 18) 우상과 연대하는 것입니다. 복음을 위한 일에 참여하면(빌 1:5), 우리는 복음의 주인인 주님과 연대하는 것입니다. 박해에 참여하면(마 23:30; 히 10:33), 그 핍박당하는 자와 연대하는 것입니다.

우리 주님도 우리가 당하는 박해에 참여하여 우리와 연대합니다. "사울아 사울아 네가 왜 나(내 제자가 아니라)를 박해하느냐?"(행 22:7) 프랑스 주간지 샤를리가 테러 당하자 그들과 연대하는 사람들이 "나는 샤를리다"(je suis Charlie)라는 피켓을 들고 나왔습니다. 일본인 기자가 테러로

살해당하자 일본인들은 "나는 겐지다"(私は源氏だ)라는 피켓을 들고 나와 연대를 표현했습니다. 마찬가지로, 우리는 사탄과의 싸움에 있어서 주님과 연대하고, 형제와 연대해야 합니다.

코이노니아는 물질의 나눔이다

코이노니아는 본래 상업 용어였습니다. 첫째, 코이노니하는 사람이라는 헬라어 코이노노스는 동업자입니다(고후 8:23). 둘째, 코이노니아는 연보, 헌금입니다(롬 15:26; 고후 9:13). 셋째, 코이노니아는 영적인 것과 함께 물질을 나누는 것입니다(행 2:42-47). 지교회인 안디옥 교회는 모교회인 예루살렘 교회가 재정적으로 어려움에 처하자 바울과 바나바를 보내 예루살렘 교회를 돕습니다(행 12:25). 바울의 선교를 받은 마게도냐와 아가야 성도들이 예루살렘 교회의 가난한 자들을 위하여 헌금하는데(롬 15:26) 그것이 바로 코이노니아입니다.

그런데 코이노니아는 단순히 물질을 나누는 것만은 아닙니다. 성령 없이 물질적 나눔만 목표로 한 것은 공산주의의 이상입니다. 물질적 나눔 없이 영적인 것만 나누는 것은 반쪽짜리 코이노니아입니다. 성령 충만하여 영적인 하나됨과 물질을 나누는 것이 크리스천의 코이노니아입니다.

또 코이노니아는 디아코니아(섬김, 봉사)로 나타나야 합니다. "성도 섬기는 일(디아코니아)에 코이노니아 함"(고후 8:4)이라는 문구가 있습니다. 교회 일을 하는 데 있어서, 효과만을 위해서 하는게 아니라 서로 코이노니아 되게 하라는 것입니다. 성경은 물질 혹은 헌금으로 섬기는 디아코니아(롬 15:31; 고후 9:1, 12, 13)에 대해서 말합니다.

코이노니아는 성령의 하나되게 하는 사역이다

고린도후서 13장 13절에는 축도의 원형이 나옵니다. 신자를 구원하기 위해 예수님이 하신 일은 은혜를 베푸신 일이고, 하나님 아버지가 하신 일은 사랑이고, 성령이 하시는 일은 아버지와 아들이 하신 일을 유효하게 하는 것입니다. 그것은 바로 코이노니아입니다. 성령은 신자를 하나님과 교제하게 하시는 사역을 하시고, 신자 간에 하나되는 사역을 하십니다.

신약 성경에는 하나될 수 없는 짝들이 하나라고 선언한 내용이 여러 번 나오는데 모두 성령의 사역과 관계되어 있습니다. 그것들은 유대인/헬라인, 종/자유인이 한 성령으로 세례 받음(고전 12:13); 자녀/늙은이/젊은이 모두가 예언함(행 2:17-18); 성령의 기름 부음 안에서 모두가 평등함(요일 2:20, 27)입니다.

성령은 하나님의 자녀가 서로 코이노니아 하면서 하나되는 사역을 합니다. 그리스도인 간에 하나되는 사역을 깨는 것은 성령의 사역이 아닙니다. 디오드레베는 으뜸 되기를 좋아하여 다른 크리스천들과 교제를 깹니다(요삼 1:9). 현재도 다른 그리스도인들을 이렇게 비난하고 교제의 악수를 하지 않는 경우가 있습니다. 베드로와 바울은 사역에 있어서 경쟁자였습니다. 베드로는 예수님의 수제자였고, 바울은 초대 교회의 영웅이었습니다. 하지만 이들은 코이노니아를 깨뜨리지 않았습니다. 갈라디아서 2장 8-9절에 보면, "베드로에게 역사하사 그를 할례자의 사도로 삼으신 이가 또한 내게 역사하사 나를 이방인의 사도로 삼으셨느니라. 또 기둥과 같이 여기는 야고보와 게바와 요한도 내게 주신 은혜를 알므로 나와 바나바에게 친교의 악수를 하였으니 우리는 이방인에게고, 그들은 할례자에게로 가게 하려 함이라."

몇 년 전 유명한 토레이 1세(장로교 목사)의 가족이 오십 여 명 모였는데, 백 년의 세월 동안 교파는 서로 달라졌지만, 그리스도 안에서 하나 되는 데는 문제가 없었다고 합니다. 성령은 하나되게 하는 사역을 하십니다. 하지만 성령은 어떤 인물이나 직분자를 중심으로 하나되게 하는 것이 아닙니다. 그리스도 안에서 하나되게 하는 사역을 합니다. 토레이 4세에 의하면 자기 가족에는 어떤 교파를 택하라는 교훈은 없었다고 합니다. 그리스도 안에서 옳은 것을 택하면 되는 것이고, 교파는 각자의 상황에 따라 택했습니다. 실제로, R. A. 토레이 1세는 장로교 목사, 2세는 선교사, 3세는 성공회 신부, 4세는 동방 정교회 신부가 되었습니다. 중요한 것은 성령 안에서 하나되는 것입니다.

적용과 실천

코이노니아는 교회의 핵심 가치요, 크리스천이 절대적으로 실천해야 할 일입니다. 이것은 부차적인 것이 아닙니다. 교회가 교회(交會)가 되지 않는 한 그것은 진정한 교회가 될 수 없습니다. 우리 교회는 코이노니아가 풍성한 교회입니까? 여러분 여기서 개인적으로 하나님을 만나는 사건이 있었습니까? 우리 교회는 성도 간의 교제가 샘솟는 교회인가요? 이러한 교제 가운데 기쁨이 충만한 경험을 해 보셨습니까? 만약 그렇지 않다면 우리는 이런 교회를 만들어 가야 할 것입니다.

15 | '그날' 이후의 일상
(3:1-10)

'그날'은 어떤 특별한 경험을 한 날입니다. 그런데 초기 교회 그리스도인들에게 있어 '그날'은 다름 아닌 오순절을 가리킵니다. 그들에게 있어 오순절은 말 그대로 '그날'이었습니다. 사람들은 그날 '하늘의 불'을 경험했고 이것은 절대로 잊을 수 없는 일이었습니다. 그렇다면 그날 이후에 사람들은 어떻게 되었습니까? 사람들이 그날 이후 일상으로 돌아가 생활한 장면을 기록한 것이 사도행전 3장 이후이고 본문은 그 서두에 해당하는 부분입니다.

일상으로 돌아왔을 때 초기 교인들은 어떤 생활을 했을까요? 마가의 다락방에 계속 머물러 있었습니까? 아니면 산 속으로 들어갔습니까? 유대교의 모든 풍습을 버리고, 성전을 버리고 교회당을 건축했습니까? 우리는 사도행전 3-4장에 나오는 베드로와 요한과 초기 교인들의 일상의 단면을 보고 우리는 '그날' 이후 어떻게 살아야 할 것인가를 교훈 얻으려고 합니다.

어제와 같은 일상

먼저, 누가는 베드로와 요한이 기도 시간에 성전에 올라갔다고 기록합니다(1절). 유대인들에게는 하루에 세 번 3, 6, 9시에 성전에서 기도하는 시간이 있었습니다. 유대인 시간 계산법은 오전 6시가 기준 0시이므로 본문에 나오는 제 9시는 오후 3시를 가리킵니다. 베드로와 요한은 늘 하던 대로, 기도 시간에 맞추어 성전에 기도하기 위해 올라가고 있었습니다. 그런데 거기에 날 때부터 못 걷게 된 사람이 있었습니다. 사실 사람들이 그를 이곳에 데려다 놓은 것입니다. 그곳이 구걸하기 딱 좋은 곳이었기 때문이지요. 사람들은 하나님께 예배하러 갈 때 마음에 걸리는 것이 없이 가기를 원합니다. 불구자가 구걸하는 걸 보고 그냥 지나쳐 가면 양심이 편치 않은 것입니다. 사람들은 그 심리를 잘 알고 있었을 것이고 그래서 이 사람을 그곳에서 구걸하게 데려다 놓았을 것입니다.

베드로와 요한이 다가오자 이때 선천성 불구자는 다른 사람들에게 하듯이 구걸을 합니다. 그러자 베드로와 요한은 무엇을 줄 것처럼 그를 주목해 봅니다. 특히 이들은 선천성 불구자에게 "우리를 보라"고 합니다(4절). 대개 사람들은 구걸하는 사람에게 무엇을 주지 않을 때 눈을 맞추지 않습니다. 눈을 맞추었다는 것은 무엇을 주겠다는 암묵적 약속이기 때문입니다. 이러자 그는 이 사람들이 자신에게 무엇인가 줄 사람들이구나 하고 베드로와 요한을 바라봅니다.

그런데 베드로와 이 사람들은 매우 실망스러운 말을 합니다. "은과 금은 내게 없다."(6절) 그가 바라는 것은 "은과 금"인데 자기가 바라는 것이 없다는 것입니다. 그러면 쳐다보지나 말지 돈을 줄 것처럼 쳐다보고 또 자기들을 보라고 해 놓고 돈은 없다고 합니다. 이런 사람처럼 얄미운 사람은 없을 것입니다. 차라리 모른 척 하고 지나갔으면 상처나 받지 않았으련만 무엇을 주려고 하는 듯 행동 하다가 줄 것이 없다고 한 것입니다.

예수 이름으로

여기까지만 보면 베드로와 요한은 '그날' 이후 전혀 달라진 점이 없는 것처럼 보입니다. 그런데 다음 구절을 보면 베드로가 '그날' 이후에 달라진 점이 있는 것을 볼 수 있습니다. 베드로는 "내게 있는 이것을 네게 주노니"라고 말합니다(6절). 베드로는 이제 자신에게 줄 것이 있다는 것을 알았습니다. 그전에는 잘 알지 못했던 것입니다. 그것이 무엇입니까? 그것은 다름 아닌 "나사렛 예수 그리스도의 이름"이었습니다. 자신은 아무 힘이 없었지만 예수 이름에는 권세가 있다는 것을 깨달은 것입니다. 운동을 잘하려면 힘을 빼야 한다고 합니다. 힘이 들어가면 부드럽게 몸을 놀리지 못해 공을 차도, 목표하는 곳에 잘 도달하지 못합니다. 힘을 빼고 공을 결대로 차면 오히려 공이 정확하게 나가는 것입니다. 그리스도인이 된다는 것이 무엇입니까? 그전보다 의지가 강해지고 인내력이 강해져서 죄의 유혹을 이길 힘이 더 커진 것입니까? 아닙니다. 그리스도인이 된다는 것은 자신의 능력과 힘으로 무슨 일을 할 수 없다는 것을 깨닫는 것입니다. 즉 자신의 힘을 빼는 것입니다. 그리고 모든 일을 "예수 이름으로" 하는 것입니다. 모든 능력의 근원이신 예수의 이름으로 하는 것입니다.

베드로는 바로 그날 이후 바로 이것을 깨달았습니다. 그래서 베드로는 이렇게 말합니다. "나사렛 예수 그리스도의 이름으로 일어나 걸으라." 나아가 이 말씀을 확실히 믿어 베드로는 담대하게 그 사람의 "오른손을 잡아 일으키니 발과 발목이 곧 힘을 얻고 뛰어 서서 걸으며 그들과 함께 성전으로 들어가면서 걷기도 하고 뛰기도 하며 하나님을 찬송"했습니다(7-8절). 신적 치유가 일어난 것입니다. 누가는 이것이 의학적인 치유나 우연히 일어난 것이 아니라는 것을 보여주기 위해 베드로가 그 사람의 손을 잡아당길 때 "곧" 즉 갑자기 이런 신유의 기적이 일어났다고 합니다.

사실 베드로가 지금 하고 있는 일을 바로 예수님이 평상시에 하던 사역을 그대로 하고 있는 것입니다. 예수는 없지만 그의 이름으로 믿음으로 할 때 예수님이 행하시던 일이 똑같이 지금도 일어나는 것입니다. 예수와 우리가 다른 점은 예수님은 스스로의 신적 능력으로 사람들을 치유하신 반면, 우리는 예수 이름으로 하는 것입니다. 신약 성경에서 구원이라는 말은 영혼의 구원뿐만 아니라 육체의 치유와 마음의 치유 등 모든 것을 하나님이 본래 만드셨던 모습으로 회복시키는 것을 말합니다. 그래서 하나님의 나라가 선포되는 곳에는 영적 회개와 육체의 치유와 마음의 치유가 일어납니다. 그가 구걸한 것은 동전 몇 푼이었지만 베드로와 요한은 이 사람에게 하나님의 나라를 선포해 치유해 줌으로써 보다 근본적인 선물을 준 것이다. 이 사람은 그것을 깨달았습니다. 그래서 9절에 보면 이 사람은 치유를 받은 다음 "하나님을 찬송"했다고 합니다. 지금도 우리는 치유의 복음을 선포해야 합니다. 그러면 많은 사람들이 하나님 앞에 무릎을 꿇고 기적적으로 치유를 베푸신 하나님을 찬양할 것입니다.

사람들의 반응

그렇다면 이러한 신유와 그것에 대한 반응으로 하나님을 찬양한 것에 대해서 사람들은 어떻게 반응했습니까? 먼저, 10절에는 일반 백성들은 "심히 놀랍게 여기며 놀라니라."고 기록되어 있다. 그렇습니다. 치유 받은 사람이 방금 전까지 성전 앞에서 구걸하던 사람임을 모두 다 알고 있는데, 바로 그 사람이 뛰어 돌아다니면서 하나님을 찬양한 것입니다. 이 사람들의 반응은 어떻게 보면 중립적입니다. 기적이 일어난 사실은 인정합니다. 하지만 이것이 하나님께로부터 온 것인지 확인하지 않습니다. 우리 많은 사람들의 태도가 이와 같습니다. 신유는 인정합니다. 하지만 그것에 직접 관여되는 것은 원치 않습니다.

본문 뒤 구절들에 보면 유대인 당국자들은 못 마땅해 했다고 합니다(행 4:1-7). 사두개인들은 부활을 믿지 않는데 자기들이 믿지 않는 부활을 말하기 때문에 싫어한 것입니다. 우리의 태도가 이와 같은 경우가 많습니다. 그냥 자신들이 싫어하는 말을 하면 싫은 것입니다. 그것이 진실이든 거짓이든 상관없습니다. 대제사장을 비롯한 유대인의 관원들과 원로들이 모여서 행한 심문에서도 이들은 병자가 치유된 것을 기뻐하지도, 그 기원을 따져보는 것에도 관심이 없었습니다. 다만, 이것이 자신들이 믿고 있는 바와 다르면 싫어한 것입니다. 이들도 그가 기적적으로 치유된 것을 잘 알고 있었습니다. 이들은 이것이 모든 사람에게 알려진 일이고 자신들도 그 사실을 목도했기 때문에 이것을 어쩔 수 없어 인정한 것입니다. 하지만 이것이 퍼지는 것을 우려하여 베드로와 요한을 불러 이렇게 말합니다. "도무지 예수의 이름으로 말하지도 말고 가르치지도 말라."(행 4:18)

이에 대해서 베드로와 요한의 태도는 어떠했습니까? "하나님 앞에서 너희의 말을 듣는 것이 하나님의 말씀을 듣는 것보다 옳은가 판단하라. 우리는 보고 들은 것을 말하지 아니 할 수 없다."(행 4:19-20)고 합니다. 얼마나 담대한 태도인가요! 베드로는 예수님이 십자가에 달리기 전날 밤에 체포되는 것이 두려워 예수를 세 번이나 부인했던 사람이었습니다. 그런데 이들이 갑자기 당시 최고 재판정에서 이렇게 담대해졌던 것입니다. 무엇 때문인가요? 믿는 구석이 있었기 때문이었습니다. 그것은 바로 이들이 예수의 부활을 목격했고, 오순절에 성령을 받았기 때문입니다. 결국 사도들은 놓여나서 동료 신자들과 같이 간절히 기도하고 다시금 성령의 충만을 경험했습니다(행 4:23-31).

적용과 실천

우리 신앙의 표준은 초기 기독교인들의 신앙입니다. 사도들은 성령을 체험한 후 모든 일을 예수 이름으로 담대하게 행했고, 예수를 증거 했으며, 박해를 받았지만 결국 풀려나 감사의 기도를 했습니다. 사도들이 '그 날' 이후 달라진 점은 자신들이 이제는 예수 안에 있다는 것을 안 것입니다. 예수 밖에 있을 때 얼마나 무능한지도 알게 되고 또 예수 안에 있을 때 무엇을 할 수 있는지도 깨닫게 된 것입니다. 예수 안에서 이들은 치유의 기적도 행하고, 예수 안에서 박해도 담대히 받고, 예수 안에서 진리를 담대히 말하기도 합니다. 그렇다면 우리의 일상은 얼마나 사도들과 초기 기독교인들을 닮아 있습니까? 우리는 이들과 거꾸로 행하고 있는 것은 아닌지요? 그렇다면 우리 자신을 고쳐 우리도 사도들처럼 '그날' 이후에 모든 것을 예수 안에서 행하는 사람이 되어야 하겠습니다.

16 무엇이 사람을 다시 숨 쉬게 하는가?
(3:11-26)

사도행전 3:19에는 "새롭게 되는"이라는 말이 나옵니다. 한글 개역에서는 이것을 "유쾌하게 하는"이라고 번역했고, 천주교 성경에서는 "생기를 찾을"이라고 번역했습니다. 저는 이것을 "다시 숨 쉬는"으로 번역하고자 합니다. 모든 번역이 지금 상태는 무엇인가 잘못되어 있다는 것을 전제하고 있습니다. 그래서 새롭게 되는 것이 필요하다는 것이지요. "다시 숨 쉬는"은 문자적 번역입니다. 지금 상태는 숨을 쉬지 못하고 있는 상태라는 것이지요. 사람들이 숨을 못 쉬는 상태인 것은 "그들이 생명의 주(주인, 창시자, 주권자)를 죽였다"(15절)는 사실에 있습니다. 이것은 하나님을 대적하는 일이었습니다.

회개하라, 돌이키라

다시 숨을 쉬려면 어떻게 해야 할까요? 다시 숨을 쉬는 유일한 방법은 회개입니다. 여기서 회개하라, 돌이키라는 동사(19절)는 명령형입니다. 26절에서도 돌이키라는 것은 명령입니다. 선택이 아닙니다. 예수를 죽인 유대인이 살 수 있는 방법은 한 가지, 회개뿐입니다. 다른 방법은 없습니다. 무지해서 하나님을 모르고 제 멋대로 살던 이방인이 사는 방법도 하나 밖에 없습니다. 회개입니다. 베드로는 오순절 설교에서도 자신의 설교를 듣고 "우리가 어찌할꼬?" 하는 사람들에게 제시한 것도 바로 "회개"입니다(행 2:38). 이렇게 회개에 우리가 살고 죽는 것이 달려 있습니다.

신천지나 구원파에는 회개가 없습니다. 그들은 깨달으면 되지 회개할 필요가 없다고 말합니다. 하지만 베드로는 신앙의 출발점이 회개라고 누누이 말하고 있습니다. 회개하다, 돌이키다는 말은 모두 방향을 돌이키는 것을 말합니다. 그러려면 지금까지 자신이 살아온 것이 잘못 되었다는 것을 인정해야 합니다. 회개는 첫 번째 돌이킴을 가리킬 수도 있고, 중간에 잘못한 것을 돌이키는 것을 가리킬 수도 있습니다. 회개는 그 악함을 버리는 것이기도 합니다(26절). 악한 행동과 마음에서 돌아서는 것이 회개입니다.

비신앙인들은 회개라는 말에 거부 반응을 일으키는 경우가 많습니다. "내가 무슨 죄가 있다고? 아니 내 기억에도 없는 무슨 원죄(original sin)까지 있어? 사람은 본디 선한 것이지 무슨 죄 타령이야?"라고 말하는 것입니다. 하지만 죄에 대한 회개 없이는 그리스도인이 되지도 못하고, 회개 없이는 교회 안에 부흥도 없습니다. 부흥의 때에는 항상 회개가 넘쳐흐르게 됩니다.

그러면 우리는 구체적으로 무엇을 회개해야 합니까? 문맥에서 보면 회개는 각각 자신의 악한 행동을 돌이키는 것입니다. 그런데 여기서 악한 행동이란 직접적으로는 무지에 의해서 예수를 십자가에 못 박도록 내어준 행동을 말하는 것 같습니다. 간접적으로는 악으로 향해 있는 우리의 마음을 돌이키라고 베드로는 촉구하고 있습니다. 기본적으로 사람의 마음은 악으로 향해 있습니다. 그것을 중간에 깨닫고 돌이켜야 하는 것입니다. 보통 사람의 마음은 선한데 중간에 한두 번 실수한 것이 아닙니다. 사람의 마음은 근본적으로 악을 향해 있는데 그것을 돌이켜야 한다는 것이지요.

회개의 결과

회개의 결과는 죄 씻음, 혹은 죄 제거입니다. 죄는 우리를 사망에 이르도록 괴롭히는 존재입니다. 회개할 때 우리가 지은 죄가 제거됩니다. 이때 비로소 우리가 다시 숨 쉴 수 있습니다. 올바로 살 수 있습니다. 회개한 이후의 삶은 바로 우리가 주님과 동행하는 것입니다(20절). 회개한 사람에게 하나님은 메시아 예수를 보내주십니다. 이것은 미래의 일만이 아닙니다. 지금 예수님과 동행할 수 있는 것입니다. 베드로는 이 예수가 바로 구약 성경에 예언된 메시아임을 자세히 설명합니다(21-25절).

예수의 치유

회개한 사람은, 회개한 이후에 무엇이 그를 다시 숨 쉬게 합니까? 본문 앞 구절인 사도행전 3:15에 의하면 예수의 이름을 믿음으로 경험되는 치유가 사람을 다시 숨 쉬게 합니다. 유쾌함은 치유 받는 데서 얻을 수 있습니다. 병에 걸렸다가 나아보지 않은 사람은 그 유쾌함을 경험할 수 없습니다. 극도의 고통을 이기고 나면 짜릿한 기쁨이 옵니다. 등산할 때 가파른 길을 오를 때는 힘들지만 정상에 오르면 기쁘고 유쾌합니다. 유쾌함은 치유 받음에서 얻을 수 있는 것입니다.

그런데 사람들은 한 선천성 불구자가 베드로와 요한의 말에 일어난 것을 보고 놀라고 곧바로 이들을 주목합니다. 하지만 베드로와 요한은 자신들을 주목하는 시선을 예수께로 돌립니다. 예수를 믿는 믿음이 이 사람을 건강하게 만들었다는 것입니다. 치유자는 예수이고, 그 치유는 이 사람의 믿음을 통해서 이루어졌다는 것입니다. 육체의 병이든 정신적인 병이든 예수와 접촉해서 치유가 일어나야 참 유쾌함이 있습니다. 예수는 치유자입니다. 예수의 이름은 능력이 있는 것입니다. 신약 성경에서는 예수를 통해 병이 치유 받고 유쾌함을 얻은 예를 수없이 발견할 수 있습니다. 날 때부터 맹인이었던 사람(요 9:1-41)과 삭개오(눅 19:1-10)가 일례입니다.

올바른 지식

베드로와 요한은 자기들을 주목하는 유대인들에게 그들이 유쾌하지 않은 삶을 살고 있음을 보여줍니다. 그들은 구약의 하나님이 보내신 예수를 빌라도가 놓아주려 했는데도 예수를 거부하고 오히려 악한 자를 놓아 주었다고 말합니다. 이것은 엄청난 실수이고 잘못된 행동입니다. 하지만 베드로는 이들을 심하게 꾸짖지 않고 이들이 그렇게 한 것은 무지의 소치였다고 말합니다(17절). 그러므로 무지를 깨닫고 돌이킬 길이 있는 것입니다.

베드로는 이 모든 것이 선지자들을 통해서 예언된 메시아의 갈 길이었다고 합니다. 비록 사람들이 무지에 의해서 예수를 십자가에 못 박도록 내 주었지만 그것은 그리스도가 고난 받아야 한다는 구약의 말씀이 이루어진 것이라고 말합니다. 베드로는 이 말을 함으로써 올바른 성경 지식이 삶을 유쾌하게 한다는 것을 암시합니다. 올바른 하나님 말씀에 대한 지식은 때와 사리를 분별하게 해서 사람을 온갖 잘못된 굴레로부터 해방시킵니다. 그래서 사람은 참 해방감을 맛봅니다. 진리가 사람을 자유하게 하는 것입니다(요 8:32).

적용과 실천

이 시대의 특징 중 하나는 모두가 자신이 옳다고 하면서 회개가 없는 것입니다. 자신이 자신의 삶의 주인으로 사는 시대입니다. 하지만 회개해야 새로 숨을 쉴 수 있습니다. 회개해야 유쾌한 삶을 살 수 있습니다. 아직도, 한 번도 회개하지 않았다면 여러분의 삶을 돌아보며 회개하세요. 회개했지만, 악함을 버리지 못했다면 다시 회개하고 유쾌한 삶을 되찾아 사시기 바랍니다.

17. 하나님 앞에서 판단하라!
(4:1-22)

제가 정말 되고 싶지 않은 직업 중 하나는 판사입니다. 이 일을 하면 "내가 정말 올바로 판단한 것일까?" 하는 질문이 저를 늘 괴롭힐 것 같습니다. 그런데 가만히 생각해 보니 저는 날마다 제 일의 판사가 되어서 삽니다. 일상적으로 하는 내 판단이 옳거니 하고 사는 것이지요. 우리가 과연 올바로 판단하고 사는지를 본문을 통해 고민해 보려고 합니다. 본문의 주제는 올바른 판단입니다. 예수 이름으로 병이 나은 것에 대해서 유대인 지도자들은 그 사실 여부를 따지지 않고, 이런 일이 더 이상 퍼지지 못하도록 하기 위해 이를 정치적으로 해결하려 합니다. 반면, 베드로는 그들의 판단에 대해서 그것이 정말 하나님 앞에서 바른 일인지 스스로 판단해 보라고 말합니다.

산헤드린 공의회

본문의 내용을 요약하면 이렇습니다. 사도들이 부활을 증언하면서 병자를 치유하자 유대인 당국자들이 그들을 체포하여 산헤드린 공의회를 엽니다(5절). 그들은 사도들에게 질문합니다. "무슨 권세와 누구의 이름으로 이 일을 행하였느냐?"(7절) 이 치유는 나사렛 예수의 이름으로(10

절) 그 사람이 구원(치유) 받은 것이라(9, 12절)고 베드로는 대답합니다. 여기서 질문과 대답은 의외로 단순합니다. 어떤 행동에는 그 근원적인 권위가 있기 마련인데, 무슨 권위로 이 일을 한 것인가 하고 산헤드린 공의회 의원들이 물었고, 그 대답은 바로 예수의 권위였다고 한 것입니다.

너무나도 단순하게 대답하고, 또 병 나은 사람이 그곳에 있었기에 할 말을 잃은 산헤드린 공의회 의원들은 그들을 "공회에서 나가라!"(15절)고 명령하면서 "도무지 예수의 이름으로 말하지도 말고 가르치지도 말라!"(18절)고 합니다. 하지만 베드로는 "하나님 앞에서 너희 말을 듣는 것이 하나님의 말씀을 듣는 것보다 옳은가 판단하라!"(19절)고 하면서 "우리는 보고 들은 것을 말하지 아니할 수 없다."(20절)고 말합니다. 산헤드린 공의회 의원들은 결국 그들을 위협하여 놓아줄 수밖에 없었습니다(21절). 베드로와 요한은 성령이 충만하여 이런 말을 했고(8절), 또 성령이 충만하여 담대하게 말했습니다(13절).

정치적 판단 vs. 코람데오 판단

여기서 산헤드린 공의회는 정치적인 판단을 했습니다. 첫째, 기적이 일어난 사실은 알되 그 사실을 진리로 받아들이지 않았습니다(16절). 둘째, 사람들을 의식하는 판단을 했습니다. 그들은 일반 백성을 두려워했습니다(21절). 셋째, 베드로와 요한을 문자도 배우지 못하고, 무식한 사람들로 보았습니다(13절). 사두개인들(제사장들)은 현실 권력자이기에 죽어서 심판받거나, 이 세상에서와 다르게 운명이 뒤바뀌는 것을 싫어했습니다(2절). 병자의 치유가 일어나면 사람들이 그 치유 사역자에게 관심이 몰리기 때문에 권력자들은 자신들의 권력이 약화될까 봐 이를 싫어했습니다. 그래서 이런 정치적 판단을 했던 것입니다. 이러한 정치적 판단은 산헤드린이 예수를 죽이기로 모의했을 때 가야바가 한 것이기도 합니다. "한 사람이 백성을 위해서 죽어서 온 민족이 망하지 않게 되는 것이 너희에게 유익한 줄을 생각하지 아니하는도다."(요 11:50)

반면, 베드로와 요한은 코람데오 판단을 하라고 촉구합니다(19절). 예수를 믿지 않는 유대인들도 하나님을 두려워하는 사람이라면, 하나님 앞에서, 즉 코람데오의 정신으로 판단하라는 것입니다. 이에 유대인 당국자들은 대답할 말을 찾지 못했고, 단지 사도들을 위협해서 풀어줄 수밖에 없었습니다. 일반 백성들은 병자가 치유된 일을 하나님이 하신 일로 여겼기에, 당국자들은 그들의 눈치를 보며 판단한 것입니다(21절).

이 이야기는 우리의 이야기다

이 사건을 현대 교회의 이야기로 읽어 보겠습니다. 오늘날에도 사도행전에서 예수의 제자들이 행했던 치유, 방언 등을 싫어하는 사람들이 있습니다. 이런 성령의 역사를 싫어하는 사람들은 자신들의 권력을 이용해서 이런 역사를 인정하는 사람들을 박해합니다. 여기에는 적극적인 박해(그것은 성경에 위배된다)와 소극적인 박해(그건 성경에 있지만 내 스타일이 아니다)가 있는데, 그 뿌리에는 모두 성령의 역사를 싫어하는 마음이 자리 잡고 있습니다.

성령의 초자연적 역사를 싫어하는 사람들이 흔히 하는 말은 이런 것이 있습니다. "그것을 인정하는 것은 지금도 계시가 계속된다는 것이다. 그것은 신사도 운동이다. 그것은 우리 교회 전통이 아니다. 그것은 특정 교파의 가르침이다. 그것은 내 신앙 스타일이 아니다. 내가 존경하는 목사님도 방언은 못했다." 이것에 대한 본문에 의거한 저의 답변은 이렇습니다. 첫째, 이 모든 것은 예수의 능력과 이름(권위)으로 되는 것입니다(10절). 둘째, 하나님 앞에서 성경을 따르는 것이 올바른 것인지, 인간을 따르는 것이 올바른 것인지 판단하십시오(19절).

그들이 싫어한 것과 오늘날 현대 교회가 싫어하는 성경적 진리는 어떤 것이 있습니까? 그들이 싫어한 것은 죽은 자의 부활 교리와 신유와 방언과 함께 상호적인 교제(가부장제에 입각한 상명하복의 유교적 원리에 익숙한 사람들은 성경에서 말하는 민주적, 상호적 교제의 원리를 싫어한다)와 교회의 주인이 한 분 주님이라는 것과 모든 사람이 교회의 주인이라는 것(특정 그룹의 사람이 교회를 이끌어가는 것이 더 편하다고 느끼는 사람들이 있다) 등이 있습니다.

그렇다면 이 중에서 여러분은 과연 어디에 속한 사람입니까? 우리 교회에도 성령 사역을 반대하는 사람이 있습니까? 우리 교회에 성령의 치유, 방언, 예언 등을 싫어하는 사람이 있습니까? 우리 교회에 성령을 체험한다고 체험하지 못한 사람을 박해하는 사람이 있나요? 우리 교회도 유교적 가부장제를 따라 진정한 상호 교제를 반대하는 사람이 있나요? 이 질문들을 통해서 우리 자신을 돌아보았으면 합니다.

적용과 실천

사도행전을 대하는 두 가지 입장이 있습니다. 하나는 사도행전의 이야기를 특수한 "그들만의 이야기"로 읽는 것입니다. 사도행전에 나타나 있는 여러 사건들은 너무도 특수해서 요즘 우리들의 삶과 연관성을 발견하기 어렵다는 것입니다. 하지만 이러한 입장은 누가가 본래 사도행전을 쓴 의도와 상당히 다른 것입니다. 누가는 제 2세대 제자들에게 예수의 행함과 가르침을 따름과 아울러(행 1:1), 사도들의 행함과 가르침을 따라 살라고 사도행전을 기록한 것입니다.

다른 하나는 사도행전을 "그들의 이야기는 우리들의 이야기"라고 읽는 것입니다. 최근에 멘지스(Robert P. Menzies)라는 신약 학자는 사도행전을 이렇게 읽을 것을 제안합니다. 첫째, 긍정적인 면에서 사도행전은 오늘 교회의 이야기가 되어야 합니다. 사도행전은 옛 교회의 특수한 이야기가 아니라 우리가 본 받아야 할 모델 이야기입니다. 둘째, 부정적인 면에서도 사도행전 이야기는 현대 교회의 반면교사로 읽어야 합니다. 여기에는 반면교사로 삼아야 할 인물들이 있습니다. 이 교훈에 따라 우리는 무엇인가 올바로 판단해야 할 때 오늘날에도 이렇게 외쳐야 합니다. "하나님 앞에서 너희의 말을 듣는 것이 하나님의 말씀을 듣는 것보다 옳은가 판단하라!"(19절)

18 | 성령 체험의 길 2, 한마음 기도
(4:23-31)

우리 민족의 소원은 통일입니다. "우리의 소원은 통일. 꿈에도 소원은 통일. 이 정성 다해서 통일. 통일을 이루자. 이 겨래 살리는 통일. 이 나라 살리는 통일. 통일이여 어서 오라. 통일이여 오라." 그렇다면 우리 크리스천의 소원은 무엇이어야 하겠습니까? 그것은 바로 성령 충만입니다. 우리의 소원 노래 가사를 그대로 대입해서 불러보면 이렇습니다. "우리의 소원은 성령 충만. 꿈에도 소원은 성령 충만. 이 정성 다해서 성령 충만. 성령 충만 체험하자. 이 교회 살리는 성령 충만. 우리 교회 살리는 성령 충만. 성령 충만 어서 체험하자. 성령 충만 체험하자." 사도행전에 보면 성령 충만 체험이야 말로 예수님의 제자들이 한 사역의 기본 전제입니다. 지금도 마찬가지입니다. 우리가 하나님의 일을 감당하는데 있어 성령 충만은 기본 조건입니다.

한마음 기도와 성령 충만 체험

그러면 우리는 어떻게 성령 충만을 체험합니까? 누가복음과 사도행전에서 성령 충만 체험은 기도와 밀접하게 연관되어 있습니다. "그들이 듣고 한마음으로 하나님께 소리를 높여 이르되…"(4:31) "빌기를[기도하기를] 다하매 …무리가 다 **성령이 충만하여**…"(행 4:24) "[제자들과 여러 사람들이]…오로지 기도에 힘쓰더라."(행 1:14) "그들이 다 **성령의 충만함을 받고**…"(행 2:4) "…[예수가] 기도하실 때에 하늘이 열리고 **성령이 비둘기 같은 형체로 그의 위에 강림하시더니**…"(눅 3:21-22) "…너희 하늘 아버지께서 구하는 자에게 **성령을 주시지** 않겠느냐…"(눅 11:13) "그들이[베드로와 요한이] 내려가서 그들을 위하여 **성령 받기를 기도하니**."(행 8:15)

위 구절들을 통해서 볼 때, 성령 충만 하기 위해서는 기도해야 합니다. 예수님도, 그의 제자들도 오순절에도 또 본문에서도 성령 충만하기 위해서 한 일은 바로 기도였습니다. 지금, 많은 사람들이 성령 충만을 체험하지 못하는 것은 기도하지 않기 때문입니다. 특별히 본문에 보면 제자들은 "한마음으로" 기도했습니다. 그 기도가 없기 때문에 사람들은 성령 충만을 체험하지 못하는 것입니다. 그러면 한마음 기도 어떻게 할 수 있을까요?

하나님을 부르기

먼저, 기도는 하나님을 부르는 것으로 시작합니다. 예수님은 평상시 하나님을 "아버지"로 부르면서 기도했습니다. 이런 관습에 따라 초대 교회는 하나님을 "아빠 아버지"라고 친근하게 부르면서 기도했습니다(롬 8:15; 갈 4:6). 본문에 보면 예루살렘 교회 성도들은 유대인들의 전통적인 관습에 따라 하나님을 "대주재여"라고 부르면서 기도합니다. 요즘 "주재(主宰)"라는 명사는 잘 쓰지 않지만, "주재하다"("중심이 되어 맡아 처리하다")라는 말은 "회의를 주재하다"라는 말로 쓰입니다. 이것을 명사로 쓰면 "어떤 일을 중심이 되어 맡아 처리함"이 되는데, 이것을 사람에게 사용하면 그렇게 하는 이를 가리킵니다.

예루살렘 교회 성도들은 여기서 왜 하나님을 "대주재"라고 부르며 기도했을까요? 그것은 나중에 기도할 내용과 관계가 있습니다. 지금 이들이 이해하는 하나님은 과거에 천지를 창조하신 분일 뿐만 아니라, 현재 인간 만사를 주관하는 분입니다. 하나님은 바로 창조주이십니다. "천지와 바다와 그 가운데 만물을 지으신 이시요."(24절)

25-26절은 현재에도 세상만사를 주관하는 하나님을 묘사하고 있습니다. 시편 2편을 인용하면서 이 기도는 지금 예루살렘 교회가 처한 현실과 그것에 대한 하나님의 역사를 묘사하고 있습니다. "어찌하여 열방[이방인]이 분노하며 족속들[백성들: 유대인들]이 허사를 경영하는고. 세상의 군왕들[헤롯 왕가]이 나서며 관리들[본디오 빌라도를 비롯한 로마 관리들]이 함께 모여 주와 그의 그리스도[메시아]를 대적하는도다."

27절에 보면 이 시편 말씀을 그때 상황에 적용합니다. "헤롯과 본디오 빌라도는 이방인과 이스라엘 백성과 합세하여 하나님께서 기름부으신 종 예수를 거스"르기 위해 이 도시에 모였습니다. 그리고 28절에서 누가는 그것이 하나님이 미리 정해 놓으신 섭리였음을 말합니다. "하나님의 권능과 뜻대로 이루려고 예정하신 그것을 행하려고." 여기서 오해하지 말아야 할 것은 헤롯과 빌라도가 하나님의 뜻을 행하기 위해서 모인 것이 아니라, 그들의 악한 행동도 하나님이 예정하신 섭리 가운데 있었다는 말입니다. 그들의 행동은 악입니다.

우리는 기도할 때 반드시 기도의 대상자를 염두에 두고 해야 합니다. 예루살렘 교회 성도들이 생각하는 하나님은 천지를 창조한 세상의 주인일 뿐만 아니라, 지금 예수를 십자가에 못 박은 사람들을 향해 그들이 잘못된 행동을 했다고 꾸짖는 하나님이기도 합니다. 우리가 기도할 때,

지금도 역사하셔서 정의를 행하시는 하나님을 전제해야만 그 하나님과 교통할 수 있습니다.

많은 사람들이 기도를 하지 못하는 이유는 바로 이 하나님과 올바른 관계를 맺지 않고 있기 때문입니다. 기도자가 먼저 세상만사의 주관자인 하나님과 인격적인 관계를 맺어야 기도가 가능합니다. 그런 관계가 되면 그 하나님을 부르면서 기도하게 되어 있습니다. 여러분은 기도할 때 하나님을 얼마나 자주 부릅니까? 하나님을 부르지 못하는 것은 쑥스러워서가 아니라 그 하나님과 관계가 없거나, 그 하나님이 전혀 느껴지지 않아서일 것입니다.

"대주재여"를 좀 더 익숙한 말로 하면 "주여"입니다. 나의 주인이신 "주님", 이렇게 부르면서 기도합시다. 우리는 기도할 때 우리의 기도를 들으시는 주님이 어떤 분인가를 전제하는 가에 따라 다르게 기도하게 됩니다. 하나님이 정의 편에 서 있는 분이고, 지금도 기도를 들으시고, 그 기도에 응답하시며, 하나님이 모든 일의 주관자라고 생각하면 기도에 있어서 하나님께 절대 의존하게 될 것입니다. 하지만 하나님이 살아 계신지도 명확하게 인식하지도 못하는 사람에게 기도는 하소연이나 기원 정도밖에 되지 않습니다. 그런 사람은 기도라는 형식은 취하되, 사실상 하나님이 기도에 응답해 줄 것에 대한 기대는 크게 안 합니다. 하나님이 그냥 자신의 삶에 방해나 되지 않았으면 하고 기도하는 것입니다.

간구하기

하나님이 어떤 분인지 전제되어 있으면 그 하나님께 이제 구체적인 기도 제목을 가지고 기도하게 되어 있습니다. 29-30절이 바로 기도의 내용입니다. 여기서도 먼저 주의해서 보아야 할 것은 예루살렘 성도들은 기도의 내용을 말하기에 앞서 기도의 대상자인 하나님을 다시 한 번 부른다는 것입니다. "주여"(Lord). 여기서 말하는 "주여"는 우리가 흔히 말하는 "주인, 주님" 그런 뜻의 말입니다. 그래서 우리가 기도할 때 "주여" 하는 것은 지극히 성경적인 것입니다.

두 번째 주목해야 할 말은 "이제도"입니다. 하나님은 아브라함의 하나님이요, 이삭의 하나님이요, 야곱의 하나님임과 아울러 "우리의 하나님"이기도 합니다. 그분은 과거에 역사하셨던 분만이 아니라 바로 "지금"도 역사 하시는 분입니다. 그래서 예루살렘 교회 성도들은 지금 역사하시는 바로 그 하나님께 기도하고 있는 것입니다.

예루살렘 성도들의 기도의 내용은 세 가지였습니다. 첫째는 예수를 죽였던 유대인들과 로마인들의 기세가 아직도 등등한 상황에서, 또 바로 직전에 유대인 산헤드린 공의회가 "베드로와 요한"을 체포하여 심문한 상황에서, 이들의 기도는 "그들의 위협함을 굽어보시옵고"라고 하는 것입니다. 우리는 우리가 당하는 일을 하나님이 신원해 달라고 기도할 수 있습니다. 하나님은 지금도 인간의 생사여부를 관장하는 분이시기에 하나님께 우리의 안전을 보장해 달라고 기도할 수 있습니다.

둘째는 "종들로 하여금 담대히 하나님의 말씀을 전하게 하여 주시오며"(29절)입니다. 이들의 기도는 개인의 부와 건강보다도 하나님의 말씀 사역을 잘 감당하게 해 달라는 것이었습니다. 그런데 여기서 주목해서 볼 단어는 "담대히"입니다. 사도행전에 "담대히 말하기"는 성령 충만과 연관되어 있기 때문입니다. 바로 앞 에피스드에서 베드로와 요한은 산헤드린 공의회에 출석해서 "담대하게 말" 했습니다(행 4:13). 그런데 베드로가 바로 그 말을 하기에 앞서 "성령이 충만하여"(행 4:8) 했다고 되어 있습니다. 본문 4:31에도 "다 성령이 충만하여 담대히"라고 되어 있습니다. 그래서 "담대히" 하나님의 말씀을 전하게 해 달라는 기도는 곧 성령 충만을 위한 기도이기도 했던 것입니다.

셋째는 표적과 기사를 통해서 예수의 이름이 나타나게 해 달라는 기도였습니다. "손을 내밀어 병을 낫게 하시옵고 표적과 기사가 거룩한 종 예수의 이름으로 이루어지게 하옵소서."(30절) 이것은 주기도문에 "[당신의=아버지의] 이름이 거룩히 여김을 받으시오며"라는 기도와 맥을 같이합니다. 우리의 기도는 결국 하나님의 영광, 예수를 드러내는 일에 우리를 종으로 써달라는 기도가 되어야 하겠습니다.

소리 높여, 한마음으로 기도하기

이들이 기도할 때 "소리 높여" 했습니다. 기도를 잘 못하는 사람의 특징은 기도를 소리 높여 하지 않는 것입니다. 주로 묵상으로 하는 것입니다. 기도할 때 우리는 기본적으로 소리 내어 하는 기도, 즉 발성 기도를 해야 합니다. 글을 쓰면서 마음이 정리되듯이, 소리를 내서 기도하면서 자신의 기도 내용이 정리됩니다. 자신이 자신의 기도 소리를 들어야 그것이 자신에게도 각인이 됩니다. 과거에는 책을 소리 내서 읽어서 그것이 그 사람의 사상이 되었습니다. 지금도 유대인의 공부법 중의 하나는 성경을 소리 내어 읽는 것입니다. 기도에 있어서도 마찬가지입니다. 우리는 소리 내어 기도해야 합니다.

그런데 사람들은 왜 소리 내어 기도하지 않을까요? 일단은 기도에 간절함이 없기 때문입니다. 간절하면 하나님을 소리 내어 부르게 되어 있습니다. 어차피 하나님이 기도를 안 들어 주셔도 자신의 인생이 큰 변화가 없다고 생각하면, 기도가 간절해지지 않고 소리도 내지 않게 됩니다. 다음은, 잘못된 교회의 가르침과 관습 때문입니다. 성경이 가르치는 기도는 신구약을 막론하고 소리 내어 기도하는 것입니다. 그런데 기독교 역사상 소리 내지 않고 기도하는 세상 풍습이 들어왔습니다. 우리는 소리 내어 기도해야 합니다.

또 한 가지는 "한마음으로" 기도해야 합니다. 이것이 흔히 우리 한국 교회에서 말하는 합심(合心) 기도입니다. 우리는 신학 사상에 있어서는 모든 성도가 "한마음"이 되기 어렵습니다. 하지만 기도에 있어서는 우리는 한 하나님께, 한마음으로 기도할 수 있습니다. 한마음으로 기도하는 것은 통성(通聲) 기도와 통합니다. 목소리를 합해서, 한마음으로 기도하면 기도가 서로에게 힘이 됩니다. 하나님은 이런 기도를 들으십니다. 이것이 바로 성령 충만에 이르는 기도입니다.

적용과 실천

한 마디로 말해, 성령 충만을 체험하려면 "한마음 기도"를 해야 합니다. 뒤집어 말하면 지금 우리가 성령 충만 하지 않은 것은 한마음 기도를 하지 않기 때문입니다. 기도 없이 성령 충만 체험하기 어렵습니다. 여러분 중에 이른바 은혜 체험이 평생 한 번도 없는 분이 있을 것입니다. 그런 분은 거의 분명히, 통성 기도 할 수 없는 사람일 것입니다. 그렇다면 그분이 성령 체험 하지 못하는 이유는 분명합니다. 기도할 줄 모르기 때문입니다. 여러분이 성령 체험하려면 먼저 기도하는 것을 배우세요. 그러면 기도가 왜 성령 충만에 이르는 길일까요? 성령 충만이란 성령의 충만한 인도를 받는 일인데, 그러려면 자신을 하나님께 내어 놓아야 하는데 기도가 바로 그런 행위이기 때문입니다. 기도는 자신을 하나님께 오픈 시키는 일, 즉 하나님께 우리의 마음의 문을 여는 것입니다. 또 기도는 실제로 하나님과 교통하는 사건입니다.

19. 자발적인 희년 실행
(4:32-37)

초기 예루살렘 교회에는 두 가지 큰 사건이 있었습니다. 하나는 오순절 날에 예수의 약속을 기다리던 제자들에게 성령이 임한 사건이고(행 2:1-13), 다른 하나는 이 사건 이후에 베드로의 설교를 듣고 사람들이 회개한 후 갑자기 "믿는 사람들이 함께 모여 있어 모든 물건을 서로 통용하고 또 재산과 소유를 팔아 각 사람의 필요를 따라 나누어 주며"(행 2:44-45) 재물을 공유하는 일이 일어난 사건입니다. 그런데 이 사건이 단순히 해프닝으로 일어난 것이 아니라 그 사건 후에도 이런 모습이 지속되었다는 것을 우리는 주목해야 합니다. 예루살렘 교회가 탄생한 후 교회는 외부의 박해에도 불구하고 굳건히 서 갑니다. 이때 외부적으로는 유대인 당국자들이 교회를 박해했지만 내부적으로는 결속력이 더 강해져 갔습니다. "믿는 무리가 한마음과 한 뜻이 되어 모든 물건을 서로 통용하고 자기 재물을 조금이라도 자기 것이라 하는 이가 하나도 없더라. 사도들이 큰 권능으로 주 예수의 부활을 증언하니 무리가 큰 은혜를 받아 그 중에 가난한 사람이 없으니 이는 밭과 집 있는 자는 팔아 그 판 것의 값을 가져다가 사도들의 발 앞에 두매 그들이 각 사람의 필요를 따라 나누어 줌이라."(행 4:32-35)

자발적 희년 실행 사건

누가는 본문을 통해 예루살렘 교회의 모습을 유토피아적으로 그린 것이 아닙니다. 누가는 실제 역사적 사건을 기록하고 있고, 또 이 사건을 기록한 것은 후대의 신자들이 그 사건의 의미를 깨닫고 실천하게 하기 위한 것이었습니다. 우리는 각자의 입장에서 이 본문을 읽기 전에 누가가 어떤 의도로 이 사건을 기록했는지를 밝혀내야 합니다. 누가는 이 사건을 통해 예수님이 가르친 하나님의 나라가 예루살렘 공동체를 통해서 실현된 것을 보여주려 했습니다. 누가복음에 기록된 예수가 생각하는 하나님의 나라는 가난한 자, 소외된 자가 없이 모두가 하나님의 통치 아래 영적으로, 물질적으로 하나가 되는 것이었습니다. 본문은 그것이 실현되었음을 보여줍니다.

다른 측면으로 보면 본문은 예수님이 선포한 희년이 실현된 모습을 그리고 있습니다. 다른 복음서들과는 달리 누가복음에서 예수님은 자신의 사명이 이 땅에 희년을 선포하기 위한 것이라고 말합니다. 예수님은 이사야서를 인용하면서 이렇게 말씀하십니다. "주의 성령이 내게 임하셨으니 이는 가난한 자에게 복음을 전하게 하시려고 내게 기름을 부으시고 나를 보내사 포로 된 자에게 자유를, 눈 먼 자에게 다시 보게 함을 전파하며 눌린 자를 자유롭게 하고 주의 은혜의 해를 전파하게 하려 하심이라."(눅 4:18-19) 여기서 "은혜의 해"는 다름 아닌 희년을 가리킵니다. 레위기 25장에서 희년은 안식년을 일곱 번 지낸 후의 그 다음해 즉 50년 째 되는 해로서 이때에는 남에게 팔았던 땅도 되돌려 받고, 종살이 했던 것으로부터도 풀려나는 기쁨의 해였습니다. 그래서 희년은 자연스럽게 경제 정의가 실현되는 해였습니다.

본문은 바로 이러한 희년이 실현된 것을 보여주고 있습니다. 구약에서 희년이 선포된 때처럼 하나님의 백성 가운데 가난한 사람이 한 사람도 없어진 것입니다. 모두가 자유인이 되고 땅을 되돌려 받아 새롭게 시작하는 때처럼, 모든 재물을 공동 소유하게 되어 가난의 문제가 해결된 것입니다. 그런데 예루살렘 교회에서 일어난 사건이 구약에서 말하는 희년과 다른 것은 이 희년이 단순히 희년이 되었을 때 이런 일이 일어난 것이 아니라는 점입니다. 희년이 되지 않았음에도 불구하고 성령으로 충만한 신자들이 자발적으로 희년의 정신을 실행한 것입니다. 사실 누가복음 4:19에 나오는 "은혜의 해"라는 말은 "자발적으로 받아들이는 해"라고도 번역할 수 있습니다. 그것에 따라 예루살렘 교인들은 새 하나님의 백성으로서 자발적으로 희년을 선포하고 그 정신을 실천한 것입니다. 나아가, 예루살렘교회에서는 이것이 백성에게 땅을 공평하게 나누어주는 것을 넘어 재산을 공동 소유함으로써 극빈을 없애는 놀라운 사건이 된 것입니다.

이렇게 예루살렘 교회에 재물을 상통한 일은 단순한 해프닝이 아니라 희년의 정신이 자발적으로 실천된 사건임을 볼 때 우리는 이러한 일을 사실이 아니라거나, 유토피아적인 상상 속의 일이라거나, 오늘날에 전혀 적용할 수 없는 일이라고 말할 수는 없는 것입니다. 이것은 예루살렘 교회에서 각 사람이 사적인 재물을 다 내놓아 물건을 필요에 따라 나누어 쓴 사건이 있었고, 그것은 구약에 언급되었고, 예수가 말한 희년이 실현된 것입니다. 또 이러한 일은 그리스도인으로서 할 수 있는 일이고, 또 누가는 그러한 일이 교회 안에서 계속 일어나기를 희망한 것입니다.

그런데 세속화된 현대 교회는 이 사건을 유토피아적이라는 미명을 붙여 실현 불가능한 일이라고 생각합니다. 우리 한국 기독교가 정말로 사회에 영향을 미치려면 단순히 "예수 믿으면 죽어서 천당 간다"는 것만을 외쳐서는 안 됩니다. 물질적인 나눔의 정신이 없이 영적인 것만 말 할 때 세상 사람들은 교회에 등을 돌리게 될 것입니다. 하지만 예루살렘 교회처럼 교회가 스스로 희년을 선포하고 물질을 나누는 모습을 보일 때 세상 사람들이 기독교에 대해서 마음의 문을 열게 될 것입니다. 사도행전 2:47에는 이러한 사건이 있었을 때 신자들은 비신자들로부터도 칭송을 받았다고 했습니다. 우리도 비신자들로부터 인정을 받으려면 교회가 영적인 은혜를 주는 단체이면서 동시에 물질을 나누는 공동체가 되어야 합니다.

사건 해석

이제 해결해야 할 더 어려운 문제가 하나 남아 있습니다. 이 말씀을 적용할 때 우리는 구체적으로 어떻게 해야 할까요? 지금까지 저는 예루살렘 교회에서 이루어진 상통의 모습은 하나님의 나라가 교회 공동체 안에 실현된 것이고, 희년이 자발적으로 이루어진 것으로서 후대의 교회가 따라야 할 모범이라고 했습니다. 하지만 누가는 이러한 아름다운 모습이 자발성이 없이 강제로 되어야 하는 것은 아니라고 보았습니다. 그것은 그 뒤에 나오는 예를 보면 분명합니다.

이 사건 이후에 두 가지 예가 나옵니다. 하나는 긍정적인 예이고 다른 하나는 부정적인 예입니다. 바나바는 긍정적인 예의 인물로 그는 신자가 된 이후 자기의 재산을 팔아 사도들에게 맡기고(행 4:36-37) 나중에 안디옥 교회의 초대 사역자가 된 인물입니다. 부정적인 예는 아나니아와 삽비라 부부의 경우인데(행 5:1-11), 이 부부도 바나바처럼 자기 밭을 팔아 사도들에게 맡겼지만 자발성이 없이, 분위기에 휩쓸려 하다 보니 결국 그 판값의 일부를 감추어 하나님을 속이고 성령을 시험하는 결과를 낳아 벌을 받고 말았습니다. 그러므로 지금도 예루살렘 교회의 모습이 아무리 이상적이고 아름다운 모습일지라도 그것을 강제적으로 할 수도 없고 해서도 안 됩니다. 신앙이 없는 공산주의가 이것을 강제로 하려고 했다가 실패했습니다. 신앙이 있다고 해도 자발성이 없으면 이러한 일은 이루어지지 못하는 것입니다.

그렇다면 이렇게 자발적으로 자신의 재산을 모두 교회에 내 놓고 서로 나누어 쓰는 것은 어떻게 일어날 수 있을까요? 사실 타락한 인간의 본성으로 모든 교우가 이런 생각을 가지고 실천한다는 것은 있을 법한 일이 아닙니다. 본문의 배경을 보면 이러한 일이 일어나기 전에 사도들과 예루살렘 교인들은 외부 세력의 박해에서 하나님이 사도들을 풀어준 것에 감사하는 기도를 뜨겁게 한 후 성령의 충만함을 경험하게 됩니다 (행 4:31). 곧 물질의 유무상통은 성령 충만의 한 결과였던 것입니다. 교우 모두가 성령으로 충만하지 않고는 이러한 일이 일어날 수 없습니다. 이것을 뒤집어서 말하면, 현대 교회에 이러한 사건이 잘 일어나지 않는 것은 교회가 예루살렘 교회처럼 성령 충만 하지 않기 때문이라고 할 수 있습니다. 성령 충만 하면 자신의 가장 소중한 물질을 내 놓을 수 있는데 우리는 성령 충만 하지 않기 때문에 그런 마음이 들지 않는 것입니다.

예루살렘 교인들이 재물을 사도들 곧 교회 앞에 아무 조건 없이 내놓은 것은 바로 그들의 삶 전체를 하나님 앞에 내놓은 것입니다. 현대 교회에서 부자가 많은 액수의 헌금을 하기도 하고 이것을 사람들이 신앙이 좋은 것이라고 칭찬하기도 하지만 사실 재산을 다 내놓는 일은 거의 없는 일입니다. 우리는 본문 말씀을 숙고해 보면서 왜 그럴까를 깊이 숙고해 보아야 할 것입니다.

적용과 실천

제가 신학교 학생 시절 어느 교회에서 교육 전도사를 할 때 중고등부 학생들에게 기도에 대해서 설교하면서 마가복음 14:37에 나와 있는 예수님의 말씀 "한 시"(한글 개역)가 "한 시간"(개역 개정판)이라는 것을 말한 적이 있습니다. 즉 예수님은 본문에서 제자들에게 "한 시간" 동안도 깨어 기도하지 못하는가 하고 책망한 것입니다. 그래서 저는 우리가 시험에 들지 않고 살려면 하루에 한 시간을 기도해야 할 것이라고 말했습니다. 그런데 설교를 마친 후 한 교사가 저에게 와서 이렇게 말했습니다. "전도사님, 중고등부 학생들에게 하루에 한 시간 동안 기도하라고 하면 어떻게 합니까? 현실성 있게 (좀 줄여서) 말씀하셔야죠." 그분의 말을 들으니 한편으로는 제가 좀 더 현실성 있게 학생들의 처지를 고려해서 말했더라면 더 좋았겠다는 생각도 들었습니다. 하지만 다른 한편으로 저는 현대 우리의 성서 해석이 너무 현실 적합성에 집착하는 것이 아닌가 하는 생각도 들었습니다. 이렇게 해석하다보면 성서 진리의 날카로움이 무디어질 가능성이 많습니다. 교회를 개혁하기 위해서는 현실 적합성을 따지기에 앞서 우리가 생각하는 성서의 진리가 오늘에도 실현될 수 있다는 강한 확신이 있어야 합니다.

교회에서 경제 공유는 오늘날에 그대로 일어나는 경우가 드뭅니다. 그래서 우리는 우리 현실에 맞게 이 말씀을 재해석해서 받아들입니다. 예루살렘 교회 성도가 완전히 자기 재물을 하나님께 다 드린 일을 우리는 교회에 많은 액수의 헌금을 하면 될 것이라고 바꿉니다. 하지만 이 말이 틀리다는 것은 본문 자체에 의해 증명됩니다. 아나니아와 삽비라가 밭을 팔아 사도 앞에 가져온 돈은 액수로 보면 적지 않은 것이었습니다. 부동산을 판 값 아닙니까? 그런데 이 부부는 벌을 받았습니다. 바로 하나님을 속였기 때문이었습니다. 우리는 성경의 진리를 너무 현대화하고, 감소주의적으로 해석해서 받아들이지는 않는지요? 사도행전의 역사가 이 땅에 다시 일어나기 위해서는 현실을 보기보다 성서를 보고 오늘에 그것이 아무리 래디컬 할지라도 그대로 적용하는 용기가 필요합니다.

20 교회를 정결케 하시는 하나님
(5:1-11)

　아나니아와 삽비라 부부는 교회에 헌금 약속을 그대로 실행하지 않고 일부만 했다가 베드로 사도를 통해서 즉결 심판을 받고 죽습니다. 본문에는 해석상 난제가 많이 있습니다. 우리는 본문을 읽으며 이런 질문들을 할 수 있습니다. "첫째, 어떤 사람이 이런 잘못을 했다고 하나님이 이렇게 즉각 즉사의 벌을 줄 수 있는가? 둘째, 지금도 이런 일이 일어나는가? 십일조를 반만 하는 사람은 이런 벌을 받는가? 셋째, 베드로는 아나니아가 죽었을 때 그의 아내인 삽비라에게 연락도 안하고 아나니아의 장례를 치렀는가?"

　또 한 가지 어려움은 본문이 무엇을 교훈하기 위한 것인가 하는 것입니다. 첫째, 이것이 헌금에 대한 본문이며, 그 교훈은 헌금을 제대로 안하면 벌 받는다는 것이라는 해석이 있습니다. 둘째, 이것은 성령 혹은 하나님을 속인 문제에 대한 것으로, 그 교훈은 하나님을 속이면 즉시 벌 받는 것이라는 해석이 있습니다. 셋째, 이 본문은 사탄이 충만한 문제에 대한 것인데, 그 교훈은 성령 충만과 비교되어 사탄이 충만하여 이런 일을 했기에, 지금도 사탄이 충만하여 하나님을 대적하면 벌 받는 것이라는 해석이 있습니다. 본문을 차근차근 살펴보면서 이 본문이 무엇에 대한 교훈인가를 찾아봅시다.

헌금에 대한 문제

먼저, 이 본문을 헌금에 대한 문제로 풀어 보겠습니다. 초기 교회에서는 교인들이 경제 공동체를 이루어 서로 물건을 통용하는 일이 있었고(4:32-35), 바나바는 이러한 원리를 잘 행한 인물로 소개됩니다(4:36-37). 본문에 소개되는 아나니아는 이러한 바나바에 대비되어 있습니다(5:1-2). 바나바는 밭을 팔아 그 값을 사도들 앞에 가지고 왔지만(4:37), 아나니아는 "그 값에서 얼마를 감추"었습니다(5:2). 아나니아는 이스라엘이 여리고 성을 부술 때 그 중 얼마를 감추었다가 벌을 받은 아간과 비견될 수 있습니다(수 7:1-26).

여기서 우리는 헌금에 대한 교훈을 얻을 수 있습니다. 우리도 헌금하는데 있어서 올바르지 못한 태도로 할 수 있습니다. 첫째, 그것은 사람에게 보이려고 헌금하는 것입니다. 다른 사람이 헌금 하니까 안 할 수는 없고 사람에게 보이려고 거짓 헌금을 하는 것입니다. 바나바가 "사도들의 발 앞에 두"었다는 것은 그들의 권위 하에 헌금을 했다는 것인데, 곧 하나님의 대리자 앞에 한 것은 하나님께 한 것입니다. 아나니아는 거짓 헌금을 통해서 하나님께 가는 영광을 자신이 가로챈 것입니다. 둘째, "마음에 두었다"(4절)는 말은 "계획했다"는 것인데, 이것은 의도적인 범죄입니다. 아나니아는 사탄의 인도에 따라 의도적으로, 교회를 어지럽게 하려고 이렇게 했습니다.

왜 헌금을 속인 것을 예루살렘 교회의 첫 문제로 다루고, 또 이렇게 큰 벌을 받은 것을 누가는 기록한 것일까요? 그 이유는 돈(헌금)과 신앙이 밀접한 관계가 있기 때문입니다. 어떤 사람을 알려면 그 사람이 돈을 어떻게 쓰는 지를 보면 되고, 어떤 사람의 신앙을 알려면 그 사람의 헌금하는 태도를 보면 됩니다. "네 보물 있는 곳에는 너희 마음도 있느니라."(눅 12:34)는 주님의 말씀도 이와 맥을 같이 합니다. 디모데전서 6:10에는 이것이 더 분명하게 나타나 있습니다. "돈을 사랑함이 일만 악의 뿌리가 되나니 이것을 탐내는 자들은 미혹을 받아 믿음에서 떠나 많은 근심으로써 자기를 찔렀도다." 누가는 이것을 잘 간파한 사람이었습니다. 그는 바리새인들의 신앙을 그들의 돈에 대한 태도와 연결시켰습니다. 하나님과 재물을 겸하여 섬길 수 없다는 예수님의 가르침을 바리새인들이 비웃은 것은 바로 "바리새인들은 돈을 좋아하는 자들"(눅 16:14)이기 때문이라고 합니다. 얼마나 날카로운 분석입니까? 사실 돈을 쓰는 것을 보면 그 사람이 어떤 인품의 사람인지를 알 수 있습니다. 과부가 두 렙돈의 헌금을 했을 때 주님께서 칭찬하셨던 것처럼(눅 21:1-4) 돈에 대한 태도와 돈을 사용하는 것은 우리의 신앙과 밀접한 관련이 있는 것입니다.

정직에 대한 문제

다음으로 본문의 문제를 크리스천의 정직에 대한 문제로 풀어 보겠습니다. 아나니아의 행동은 첫째로 하나님을 속인 것입니다(4절). 사도들 앞에서 혹은 교회 공동체 앞에서 행한 것은 교회의 머리이신 주님과 하나님께 대해 행한 것과 마찬가지입니다. 고린도전서 3:16-17에 의하면 이제 성도 전체가 "성전"이기 때문에 공동체 앞에서 행한 것은 곧 하나님 앞에서 행한 것입니다. 둘째, 아나니아의 행동은 주의 영(성령)을 시험한 것입니다(9절). 이러한 태도는 성령의 인도하심을 받고 성령에 매여 하는 것이 아니라 성령을 자신의 종으로 부리려고 한 태도입니다. 셋째,

아나니아의 행동은 사탄이 마음에 가득하여 성령을 속인 것입니다(3절). 이러한 태도는 성령이 충만한 성도들의 태도와 대비됩니다(4:31).

우리도 부지불식간에 이런 사람이 될 수 있습니다. 우리 마음을 사탄이 사로잡을 수 있고 또 우리가 사탄에게 우리의 마음을 완전히 내주어 사탄의 하수인으로 행동할 수 있습니다. 이 본문을 읽으면서 이런 생각을 해 봅니다. 아나니아와 삽비라 부부 중 한 사람만이라도 서로에게 정직하게 쓴 소리를 했다면 어떻게 되었을까? 본문에 보면 아나니아의 행동을 "그 아내도" 알고 있었고(2절), 그들은 "함께 꾀하여"(9절) 이런 일을 한 것입니다. 부부는 삶에 대한 해석도 같이 하는 경우가 많습니다. 하지만 성경에서 벗어나는 행동을 할 때 한 편에서 과감하게 "아니오!" 할 수 있다면, 그 부부는 신앙적으로 살 수 있습니다.

하나님의 주권적 개입

우리는 본문을 각각 헌금에 대한 태도와 정직에 대한 문제로 풀어 보았습니다. 하지만 아직 한 가지 중요한 문제가 남았습니다. 헌금과 정직에 대한 태도가 잘못되면 지금도 즉시 그것으로 즉사의 벌을 받는가 하는 문제입니다. 이것은 아마도 이렇게 해석해야 할 것 같습니다. 하나님은 판사가 법에 근거하여 기계처럼 어떤 죄에는 어떤 벌을 주듯이 하는 분은 아니라는 것입니다. 하나님은 그때의 상황과 그 사람의 마음을 보시고, 상황에 적합하게 주권적 결정을 하는 분입니다. 초기 교회에서 돈에 대한 문제로 교회가 깨끗함을 유지하지 못하는 것을 하나님은 심각한 문제로 여기셔서 이런 벌을 준 것입니다. 하나님은 똑같은 사건에 대해서 자동적으로 똑같은 벌을 주시는 것이 아니라 그 상황에 가장 적합하게 판단을 하신다는 것입니다. 초기 교회에서 물질에 대한 정직이 중요할 때 하나님은 이런 판단을 하신 것입니다. 그래서 우리에게는 하나님을 두려워하는 마음이 있어야 합니다(5, 11절). 하나님이 그런 두려움을 주십니다. 하나님은 직접 교회를 깨끗하게 하십니다. 성경에서 이 원칙은 변하지 않습니다. 다만, 하나님이 어떤 일을 하실 지는 주권적으로 결정하십니다. 우리는 두렵고 떨림으로, 하나님 앞에서 양심을 지키면서 신앙생활 해야 합니다.

적용과 실천

이 본문에는 여러 난제가 얽혀져 있습니다. 지금 이런 범죄를 저지른다고 하나님께서 꼭 이런 처벌을 내리는 것은 아닙니다. 하나님은 주권적으로 교회를 깨끗하게 하시기 위해 판단하셨습니다. 하지만 한 가지 잊지 말아야 하는 것은 우리는 하나님을 두려워해야 한다는 것입니다. 하나님은 교회의 주권자이신데, 우리가 그것을 침범하면 하나님의 심판이 있다는 것도 기억해야 합니다.

21 성령 체험의 길 3, 자아 깨뜨리기
(5:12-32)

사도행전에는 성령 체험에 이르는 길이 여러 본문에 제시되어 있습니다. 이전 본문에 제시된 길은 더불어 기도에 매진할 때(1:12), 회개할 때(2:38), 한마음으로 기도할 때(4:24)입니다. 성령 체험과 연관하여 본문의 내용을 한마디로 말하면, 자아가 깨질 때입니다. 성령 체험은 "하나님이 자기에게 순종하는 사람들에게" 주어집니다(32절). 뒤집어 말하면, 성령을 체험하지 못한 사람들은 하나님의 말씀에 순종하지 않은 사람들입니다. 스데반의 말로 하면 이들은 "성령을 거스르는"(행 7:51) 사람들입니다. 본문 문맥에서 보면 이들은 하나님이 아니라 사람에게 순종하는 사람들입니다(행 5:29). 우리는 본문을 통해 사람들이 어떻게 구체적으로 하나님께 순종하지 않아 성령을 체험하지 못하는지, 또 하나님께 순종하지 않던 사람들이 어떻게 회개하여 하나님께 순종하여 성령 체험할 수 있는지를 고찰해 보겠습니다.

성령을 거스르는 자들, 하나님께 순종하지 않는 자들

문맥에서 보면 하나님께 순종하지 않고 성령을 거스르는 사람들은 대제사장을 비롯한 산헤드린 공회원들입니다(5:27). 이들 중에는 사두개파도 있었고(5:17), 성전 수비대장도 있었고(5:24), 이스라엘 백성의 원로들도 있었고(5:21), 또 대제사장과 친한 사람들도 있었습니다(5:21). 산헤드린 공회원 중에는 바리새인들도 있었을 것입니다. 그런데 이들이 하나님께 순종하지 않는 자들이라는 것이 언뜻 이해되지 않습니다. 이들은 제사장이 주축이 된 무리였기에 제사를 잘 드렸을 것입니다. 기독교적으로 적용해서 말하면 이들은 주일 예배, 수요 예배 및 각종 예배에 빠지지 않는 사람들입니다. 또 이들은 자신들이 만든 전통에도 충실한 사람들입니다. 이들은 안식일, 정결례법 등 모든 종류의 율법을 충실히 지키려고 했던 사람들입니다. 이들을 크리스천적으로 말하면, 주일 성수, 십일조, 금주금연, 지도자(목사)에게 순종하는 사람들입니다. 또 산헤드린 공회원들 중에는 바리새파도 있었기 때문에 이들은 성경을 연구하고 실천하는데 열심을 가진 사람들이었을 것입니다. 크리스천으로 말하면 이들은 제자 훈련을 잘 받고, 성경 공부에 열심히 참여하는 사람들입니다.

그런데 베드로는 왜 이들을 향해 "하나님께 순종하지 않는 사람"(32절)이라고 했을까요? 바로 다음 에피소드에 나오는 가말리엘의 말을 빌리면 이들은 "하나님을 대적하는 자"(5:39)이고, 스데반의 연설을 빌리면 이들은 "항상 성령을 거스르는"(행 7:51) 사람들입니다. 이들이 왜 하나님께 순종하지 않는 사람들인가는 스데반의 말을 통해서 알 수 있습니다. "목이 곧고 마음과 귀에 할례를 받지 못한 사람들아!"(행 7:51) 이것은 구약 성경에서 이스라엘 백성을 향해서 한 말입니다.

출애굽기 32:1 이하에 보면 모세가 산에 올라갔다 지체하자 유대인들은 자신들을 섬길 금송아지를 만듭니다. 이들을 향해 하나님이 하신 말씀이 바로 "내가 이 백성을 보니 목이 뻣뻣한 백성이로다."(출 32:9)

이 어구는 구약 성경에서 계속 사용됩니다(출 33:3, 5; 34:9; 신 9:6, 13; 31:27; 대하 30:8; 사 48:4). 목이 곧다는 말은 우리말에도 '목이 뻣뻣하다'라는 말로 쓰이고 그것은 교만하다는 뜻입니다. 이런 사람들은 하나님이 아무리 자신을 보여줘도 하나님을 의지하지 않고 자신의 힘으로 살려는 사람들입니다.

"마음의 할례"라는 말은 신명기 10:16에 나옵니다. "그러므로 너희는 마음에 할례를 행하고." 할례는 남성 성기의 표피를 베어내는 것인데, 여기에서는 마음과 귀에 할례를 받으라고 합니다. 이것은 몸에 칼을 대서 힘을 죽인다는 의미입니다. 그래서 마음과 귀에 할례를 받는다는 것은 하나님 앞에서 겸손하게 된 상태가 되는 것입니다. 신명기 10:16 하반 절에는 "다시는 목을 곧게 하지 말라"라는 말을 통해 우리는 마음의 할례를 행하는 것과 목을 곧게 하지 않는 것이 서로 연결되어 있다는 것을 알 수 있습니다. 바울이 에베소 교회에서 석 달 동안 설교할 때 "어떤 사람은 마음이 굳어"(행 19:9) 순종하지 않았다는 말이 나옵니다. 마음이 굳은 것, 마음에 할례를 받지 못한 것은 마음이 딱딱해져서 하나님의 말씀에 순종하지 않는 상태를 가리킵니다.

우리 한국 교회에서는 "마음의 할례를 받아야 한다." 혹은 "마음의 굳은 것이 부드러워져야 한다."는 성경의 용어를 나름 우리의 문화에 맞게 풀어써서 "[자아가] 깨져야 한다."는 말을 써 왔습니다. 하나님 앞에서 깊이 회개하지 않은 사람을 우리는 아직 깨지지 않은 사람이라고 합니다. 저는 이것이 우리 문화에 맞는 좋은 표현이라고 생각합니다. 자아가 깨지는 것, 그것은 마음이 부드러워 지는 것이고, 겸손해지는 것입니다.

하나님 앞에서 자아를 깨뜨리는 것이 곧 성령 체험의 길입니다. 또 성령 체험할 때 자아가 깨집니다. 그런데, 어떤 사람들은 자신의 자아를 사랑하고 더 견고히 하면서 하나님을 섬겨야지 왜 멀쩡한 자아를 깨뜨려야 하느냐고 반문할 수도 있을 것입니다. 하지만 마음의 할례를 받지 못한 자아는 저절로 하나님을 대적하는 상태가 됩니다. 기본적으로 이런 마음은 자아 중심적이며, 이기적입니다. 우리가 깨져야 할 자아에는 다음과 같은 유형이 있습니다.

깨어져야 할 자아

첫째, 그것은 인생의 주어가 자신인 자아입니다. 크리스천으로서 깨어져야 할 가장 기본적인 자아는 인생의 주어가 "나"인 자아입니다. 성경 요절인 요한복음 3장 16절의 주어는 "하나님"입니다. "하나님이 세상을 이처럼 사랑하사…" 바울이 크리스천이 되고난 이후 가졌던 자아관은 "그리스도의 종"입니다. 곧 자신이 아니라 그리스도가 그 사람의 주인이라는 것이지요. 자아가 깨지지 않은 것은 바로 자신이 자신의 삶의 주인인 삶입니다. 교회에 다니는 많은 사람들이 아직도 자신의 삶의 주인을 자신으로 유지하고 있습니다. 정확히 말하면 이런 사람은 아직 크리스천이 아닙니다. 크리스천이란 예수를 "주"와 "그리스도"로 고백한 사람입니다.

우리의 인생관이 예수를 만나 깨져서 완전히 다시 세워지지 않은 모든 자아는 깨져야 합니다. 크리스천 중에서 점잖고, 남에게 해를 끼치지 않지만, 자아가 강한 사람이 많습니다. 자신이 그렇게 살기 때문에 자아가 깨져야 할 필요성을 별로 느끼지 못하는 것이지요. 하지만 그들은 아직 자아의 실상을 하나님 앞에서 제대로 보지 못한 사람들입니다. 암흑 속에서는 티가 보이지 않지만 빛 앞에서는 점과 티가 보이듯이, 하나님 앞에서 우리는 우리 자아의 실상이 낱낱이 보입니다.

둘째, 그것은 예수보다 중요한 것을 추구하는 자아입니다. 깨져야 할 자아의 요소 중에는 욕심이 있습니다. 잠언 4:23은 "모든 지킬 만한 것 중에 더욱 네 마음을 지키라. 생명의 근원이 이에서 남이니라."고 말합니다. 이 세상에 지킬 것은 하나, 우리의 마음입니다. 그 마음이 하나님을 떠날까, 그 마음이 하나님을 배반할 까를 돌아보면서 우리는 하나님께 향한 마음을 지켜야 합니다. 그런데 그 마음이 아니라 무엇인가 더 중요한 다른 것을 지키는 사람들이 있습니다. 그것은 보통 죽어서 못 가지고 가는 것들입니다. 재산, 스펙, 의리, 자아 신뢰 등입니다. 우리는 이런 것들을 지키려고 했던 것을 회개해야 합니다.

또 사람들은 자신들이 좋아하는 이데올로기를 예수보다 성경보다 더 지키려고 하고, 그 자아를 포기하지 않는 경우가 있습니다. 정치 이데올로기, 여성주의 이데올로기, 평화 이데올로기 등 그 자체로는 나쁜 것이 아니지만 그것을 지키는 것이 마음을 지키는 것보다 더 중요하게 된 자아는 마땅히 깨져야 합니다. 저는 민주, 개혁, 평화를 좋아합니다. 하지만 이 이념을 지키기 위해 예수나 교회를 버릴 수는 없습니다. 또 이 모든 이념들은 예수 안에서 새롭게 이해되어야 합니다. 예수는 우리가 가지고 있는 어떤 이념보다 분명 크신 분입니다. 간디는 산상 수훈의 무저항 비폭력은 좋아했지만, 예수를 믿지는 않았습니다.

셋째, 그것은 하나님과 실제 교제가 없는 자아입니다. 신앙생활이란 삼위일체 하나님과 말씀과 기도를 통해 실제로 교제하면서, 그분의 말씀대로 서로 사랑하는 것입니다. 그런데 교회 생활을 하면서 실제로 예수와의 만남이 없고, 그 만남을 통해서 우리의 삶에 아무런 변화가 없는 자아는 깨져야 합니다. 이런 사람은 신앙생활이 아니라 종교 생활 하는 것입니다.

베드로와 바울은 각각 이런 자아가 깨져 새로운 자아가 되는 체험을 했습니다. 베드로는 두 가지 면에서 자아가 깨졌습니다. 첫째, 베드로는 나름대로의 이데올로기를 가지고 예수를 따랐습니다. 그것은 예수님을 정치적 메시아라고 생각한 것입니다. 그런데 그가 죽는다고 하자 베드로는 반발합니다. 마가복음 8장 32절에 보면 베드로가 "항변하매"로 되어 있는데, 원래 이 말은 33절에 나오는 예수가 베드로를 "꾸짖어"라는 단어와 똑같은 단어입니다. 베드로와 예수가 한 판 붙은 것입니다. 나중에 베드로는 예수가 유대인과 이방인 모두를 죄에서 구원하기 위해 십자가를 졌다는 것을 깨달았습니다. 둘째, 베드로는 자신의 신념으로 예수를 배반하지 않고 끝까지 따르겠다는 자아의 확신이 있었습니다. 하지만 결국 그는 예수를 하루 밤 사이에 세 번이나 부인했습니다(막 14:66-72). 이것을 통해 그는 자아의 부족함을 깨닫고 자아가 깨졌습니다.

바울은 유대교적인 의에 사로잡혀 예수는 이단의 괴수이고, 그를 따르는 자들을 이단이라고 생각해서 예수를 따르는 자들을 잡아다가 옥에 가두었습니다. 그런데 그 일을 행하러 다메섹에 거의 도착했을 때, 예수를 만났습니다. "사울아 사울아 네가 왜 나를 박해하느냐?" 이 체험은 자아가 깨지는 체험이었습니다. 나중에 갈라디아서 2:20에 보면 바울은 이렇게 자아가 깨졌습니다. "내가 그리스도와 함께 십자가에 못 박혔나니 그런즉 이제는 내가 사는 것이 아니요 오직 내 안에 그리스도께서 사시는 것이라…."

우리 주위에 보면 이런 체험을 한 사람들이 한 둘이 아닙니다. 우리 교회에서도 이렇게 자아가 깨진 체험을 한 사람이 많이 있을 것입니다. 여러분 그런 분들의 간증을 들어보세요. 그런데, 아직도 이렇게 자아가 깨지는 경험을 못한 사람들이 있습니다. 왜 그럴까요? 여러분의 자아가 부흥회의 말씀에도, 찬송에도, 간증에도 변화되지 않을 만큼 강하기 때문입니다. 여러분이 자아가 깨져야 한다는 그 사실을 아직도 받아들이지 않기 때문입니다. 어느 때까지 자아가 깨지지 않은 상태로 종교 생활 하시렵니까? 특히 자아가 깨진 경험이 없는 사람이 교회에서 중직을 맡으면 어떻게 되겠습니까? 우선, 그런 사람들은 중직을 내려놓으세요. 교회일 하는 것보다 여러분 자아가 깨지는 것이 먼저입니다. 그리고 자아가 충분히 깨질 때 그때 일해도 늦지 않습니다.

적용과 실천

자아가 깨져야 성령을 체험하고, 그래야 성령의 인도함을 받고, 성령 충만한 삶을 살 수 있습니다. 베드로는 성령 충만을 체험한 다음(행 2:4; 4:8), 성령의 인도를 받았습니다(행 10:19). 바울도 성령 충만을 체험한 다음(행 9:17; 13:9), 성령의 인도를 받았습니다(행 20:22).

자아를 깨뜨리기 위해서는 먼저, 마음으로 회개하고, 다음으로, 성령의 개입으로 깊이 회개해야 합니다. 다윗은 시편 51편에서 이러한 마음을 "상하고 통회하는 마음"이라고 표현했습니다. 이것은 자신의 죄가 너무 커서 하나님 앞에서 미안하고 죄송해서 통회하는 마음이 되는 것, 다른 사람들에게 비난을 받아 마음이 상해서 아픈 마음이 되는 상태를 말합니다. 놀라운 것은 하나님은 이런 상태가 된 마음을 가진 사람에게 은혜를 주신다는 것입니다. 다윗은 시편 51:17에 이렇게 고백합니다. "하나님께서 구하시는 제사는 상한 심령이라. 하나님이여 상하고 통회하는 마음을 주께서 멸시하지 아니하시리이다."

22 가말리엘, 차선의 길을 제시한 사람
(5:33-42)

사도행전에서 가말리엘만큼 규정하기 어려운 캐릭터는 없을 것입니다. 예수 믿는 사람들을 긍정도 부정도 하지 않는다는 면에서, 또 사도들을 부정적인 결과를 가져온 유대 혁명가들과 비교한다는 면에서 그는 회색분자로 보입니다. 반면 산헤드린 공의회가 사도들을 고소한 사건에서 그의 말을 통해 그들이 결국 풀려나게 되었다는 측면에서 그는 참 지혜자로 보이기도 합니다. 가말리엘에 대한 해석이 어려운 또 한 가지 이유는 해석자 자신의 처지에 따라 그의 말을 해석하려고 하기 때문입니다. 어떤 일의 선명성이 요구되는 상황에서는 가말리엘은 회색분자로 보이고, 무엇인가 협상해야 하는 상황에서는 그는 지혜자로 보입니다.

우리는 누가가 본문에 왜 가말리엘의 기사를 포함시켰을까를 생각하면서 이 문제를 풀어보려고 합니다. 본문은 제자들의 복음 전도 활동에 대한 평가에 있어 유대인들의 입장이 갈린 상황에서 벌여진 일을 기록한 것입니다. 일반 백성은 그들이 행하는 표적을 보고, 또 말씀을 듣고 회개하고, 성령을 체험하여 방언을 하는 등 이들에게 적극적이고 긍정적인 호응을 한데 반해(행 6:1), 유대인 당국자들(산헤드린)은 그들의 가르침과 행동을 보고 분노해서 그들을 죽이려고 합니다(33절).

이런 상황에서 가말리엘의 입장이 최선은 아니지만 차선은 된다는 입장

으로 누가는 이 기사를 여기에 포함시킨 것입니다. 당시의 최고의 율법 교사였던 랍비 가말리엘도 지켜보자는 입장인데, 유대 당국자들도 최소한 그러한 입장을 견지하고 예수의 제자들을 관찰하자고 제안하는 것입니다. 가말리엘은 기독교인이 아닌 지도자들의 객관적인 판단과 부합합니다. 아가야 총독인 갈리오(행 18:12-17)도 바울의 행동에 대해서 이렇게 평가합니다. "만일 문제가 언어와 명칭과 너희 법에 관한 것이면 너희가 스스로 처리하라. 나는 이러한 일에 재판장 되기를 원하지 아니하노라 하고."(15절) 베스도도 바울의 문제에 대해서 이렇게 말합니다. "원고들이 서서 내가 짐작하던 것 같은 악행의 혐의는 하나도 제시하지 아니하고 오직 자기들의 종교와 또는 예수라 하는 이가 죽은 것을 살아 있다고 바울이 주장하는 그 일에 관한 문제로 고발하는 것뿐이라."(행 25:18-19)

사건의 전개와 결말

본문을 자세히 살펴보겠습니다. **첫째, 사도들이 복음을 전하는데 있어 당돌한 태도를 보이자 대제사장과 사두개인들은 노했습니다(33절).** 이렇게 기독교들이 은혜 받는 것에 왜 사람들은 노하는 것일까요? 이런 일은 성경과 기독교 역사 속에서 늘 발생했던 일입니다. 사도행전에 보면 그런 일은 시기심에서(5:17), 혹은 자기 마음이 찔려서(7:54) 일어납니다. 오늘날에도 은혜 받는 사람을 보고 화를 내는 신자들이 교회 안에서 있는데, 그것은 그런 은혜를 체험하지 못한 자신이 자동적으로 제 2급 신자로 취급될 것 같은 두려움이 생기기 때문입니다.

둘째, 이렇게 화내는데 대해서 바리새인이요 율법 교사인 가말리엘의 충고가 이어집니다(34-39절). 그는 가말리엘 1세(장로)로 바울의 스승(행

22:3)이었으며, 유명한 랍비 힐렐의 손자로 알려진 사람으로 사람들에게 존경을 받았습니다. 먼저, 가말리엘은 사건을 이렇게 설명합니다. "이 사람들에 대하여 어떻게 하려는지 조심하라."(35절)고 말하면서 당시 실패한 혁명가들인 드다와 갈릴리의 유다를 예로 들면서 잘못된 사람들은 하나님의 원리에 따르면 저절로 사라지게 되는 것이라고 말합니다(36-37절). 가말리엘의 충고가 이어집니다. "이 사람들을 상관하지 말고 버려두라."(38절) 그 이유는 이들의 행동이 하나님께로부터 왔으면 막을 수 없기 때문이다.

셋째, 가말리엘의 충고에 따라서 "그들"은 사도들을 놓아줍니다(40절). 본문에 보면 그들은 가말리엘의 말에 설득되었습니다(헬라어 원문에는 39절). 들어보니, 성경적으로 또 상식적으로 그의 말이 옳은 것입니다. 그런데 이들은 사도들을 그냥 풀어주면 될 것을 그들을 굳이 불러 "채찍질하며 예수의 이름으로 말하는 것을 금하고" 놓아줍니다.

넷째, 사도들은 기뻐하면서 공회를 떠납니다(41-42절). 사도들은 억울하게 채찍질을 당했지만, 예수 이름 때문에 불명예를 얻는 것은 신앙적으로 볼 때 합당한 일로 여겨, 기뻐하면서 산헤드린 공의회장을 떠납니다.

오늘날의 해석

오늘날에도 이와 비슷한 상황이 있을까요? 저는 이것에 가장 부합하는 상황은 20세기 성령 운동이 아닐까 생각합니다. 성령 운동에서 하는 행동과 가르침은 예수의 첫 제자들의 그것들과 비슷합니다. 이들은 모두 성령 충만에 대해서 말하고, 또 표적과 기사가 지금도 나타나야 한다고 말합니다.

그런데 이 운동에 대한 여러 반응이 있습니다. 첫째, 오순절 운동, 신오순절 운동(은사 갱신 운동), 제삼물결 운동 등의 성령 운동은 일종의 "사도행전 29장 운동"이었다는 것입니다. 그래서 이 운동을 통해서 교회가 새롭게 되었고, 교회가 부흥했다는 것입니다. 둘째, 은사중지론자들이라고 불리는 사람들은 이 운동을 정죄합니다. 그런 일은 초대 교회에나 있었던 일이지 지금은 일어나지 않는다고 하면서 이런 운동을 하는 사람들을 이단이나 사이비로 몰아붙이고 있습니다. 가말리엘의 말을 이 상황에 적용하여 이 문제를 해결한다면 이렇게 말할 수 있습니다. "하나님의 주권에 맡겨라. 조심하라. 상관하지 말고 버려두라. 이 운동이 하나님께로부터 나왔다면 사람이 어찌할 수 없을 것이고, 사람에게서 그 근원이 있다면 결국은 사라질 것이다."

이것을 우리 교회에 적용하여, 성령 체험하지 못한 사람, 성령에 대해서 무관심한 사람에게는 어떻게 해야 할까요? 저는 누가를 대변해서 이렇게 말하겠습니다. "가말리엘, 아가야 지방 로마 총독 갈리오, 로마 총독 베스도 등은 모두 당대의 지도자들로 상식이 있는 사람들이었다. 이 사람들은 모두 지도자들로 예수에 대해서는 잘 몰랐지만, 상식과 양심이 있던 사람들이었다. 우리에게도 아직 성령 체험은 없지만, 사회생활 경험을 통해 상식과 양심이 있는 사람들의 증언과 행동이 필요하다. 성령 체험하는 것을 반대하는 것에 대해서 객관적으로 말해 줄 필요가 있다."

적용과 실천

가말리엘의 조언은 최선책은 아니었지만 차선책은 되었습니다. 그는 예수를 믿는 신앙에는 이르지 못했지만, 유대교에 속한 상식인으로서 기독교의 발흥을 보면서 그것을 지켜보자고 합니다. 누가가 말하고자 했던 바는 최소한 이런 태도가 있어야 기독교를 올바로 이해할 수 있다는 것입니다. 교회 안에서 벌어지는 성령 운동에 대해서도 마찬가지입니다. 자신이 아직 체험이 없을지라도 열린 마음으로 지켜보면 그 운동에 대해서 이해할 수도 있고, 자신도 그러한 체험을 할 수도 있을 것입니다.

그런데 이러한 입장도 자신이 어떤 태도를 가지고 상대방을 대하는가에 달려 있습니다. 일전에 평택대학교 채플에 와서 어떤 젊은 크리스천이 기도 응답에 대한 간증을 했습니다. 자신이 어떤 차를 가지고 싶어 기도했더니, 어떤 분이 그 차를 살 정확한 액수의 돈을 줬다는 것입니다. 이에 대해서 제가 수업 시간에 학생들에게 물어보니 이렇게 상반된 대답을 했습니다. "하나님의 신묘막측한 은혜의 선물이다." 한 불신자는 이렇게 반응했습니다. "왜 기도하나? 그 시간에 열심히 돈을 벌어서 차를 사지."

지금까지 성령 체험에 대한 여러 가지 반응이 있었습니다. 이것에 대한 긍정적인 반응과 질시와 화냄의 반응이 있었습니다. 최소한도로 말해, 우리는 가말리엘의 충고를 들어야 합니다. 하지만 이것은 최소한의 것입니다. 가말리엘은 크리스천의 모델은 아닙니다. 크리스천의 모델은 사도들, 스데반, 빌립 등과 같은 사람입니다. 하지만 성령 운동에 대해서 아직 미심쩍은 사람은 이것이라도 받아들여야 합니다.

23. 예루살렘 교회가 직면했던 도전과 적절한 응전
(6:1-7)

  살아 있는 생명체에는 문제가 생기기 마련입니다. 사람을 예로 들면, 살아 있는 사람은 건강하다가도 병들고, 아프다가 회복합니다. 사람이 모인 단체에는 구성원들 간에 갈등이 생기는 것이 일상입니다. 부부 간에도, 형제간에도, 친구 간에도 오래 접촉하다 보면 갈등이 생깁니다. 교회에도 문제가 발생합니다. 바울이 교회에게 보낸 편지들은 대부분 발생한 교회 문제에 대한 해결책을 제시한 것입니다. 사도행전에 있는 예루살렘 교회처럼 모두가 성령 충만한 교회에도 문제가 발생합니다. 이것은 유기체인 교회의 정상적인 모습입니다. 사실, 교회에 문제가 발생하는 것이 문제가 아니라 그것을 어떻게 해결하느냐 하는 것이 관건입니다. 문제가 도전이라면, 해결책은 응전입니다. 교회는 도전에 올바로 응전하면 올바로 성장하고, 그렇지 못하면 쇠퇴하게 됩니다. 그래서 우리는 예루살렘 교회가 직면한 문제가 무엇이었고, 그들이 그것을 어떻게 슬기롭게 해결했는지, 그리고 그 결과는 무엇이었는지를 살펴보고, 이것이 우리에게 어떤 교훈이 될 수 있는지를 숙고해 보고자 합니다.

문제

예루살렘 교회 성도 수가 증가하여 일상적인 일에서 문제가 발생했는데, 가난한 과부들을 구제하는데 있어서 한 그룹의 사람들이 (비의도적으로) 빠뜨려진 것입니다. 그들은 헬라어를 모국어로 쓰는 사람들이었습니다.

예루살렘 교회에는 헬라파(헬라어를 모국어로 쓰는 유대인 크리스천)와 히브리파(아람어를 모국어로 쓰는 유대인 크리스천)가 있었습니다. 예루살렘에 원래 거주하던 히브리파와 이방 지역에서 태어나 헬라어를 모국어로 쓰는 사람들이 한 교회에 모였습니다. 교회에도 문화, 나이, 성별, 언어에 의한 그룹이 존재할 수 있습니다. 본문은 이렇게 그룹이 언어를 쓰는 것으로 나누어진 것에 대해서는 비판하지 않습니다. 하지만 자신의 이익을 따라 파가 나누어지는 것에 대해서는 바울은 혹독한 비판을 가합니다. 바울은 이런 일을 당 짓는 일이라고 합니다(고후 12:20; 갈 5:20; cf. 고전 1:10-13). 육체의 일은 "우상 숭배와 주술과 원수 맺는 것과 분쟁과 투기와 분냄과 당 짓는 것과 분열함과 이단과… 이런 일을 하는 자들은 하나님의 나라를 유업으로 받지 못할 것이요."(갈 5:20-21)

여기서 문제는 신학적인 것이 아니라 일상적인 일을 하는 시스템이었습니다. 다수파인 히브리파에 비해 소수파인 헬라파 과부들(경제적 약자들)이 약자들을 위한 식사 공급에서 (비의도적이라도) 홀대되는 것이었습니다. 그래서 헬라파 사람들에게 불만이 생기게 된 것이지요. 성경은 이렇게 궁시렁 거리는 소리를 내는 것을 대부분 나쁘게 봅니다(민 11:1). 그런데 본문에서는 이렇게 된 것이 하나님께 대한 불만도, 사도들에 대한 불만도 아니라 교회 시스템에 대한 것이었기에 이러한 불만에 대해서 부정적 평가를 하지 않습니다.

해결

사도들은 교인 총회를 소집하여 다음과 같은 해결책을 제시합니다. "사도들은 말씀 봉사자들이다. 식탁 봉사 문제는 다른 이들이 맡아주어야 하는데, 너희 중에서 성령과 지혜가 충만한 사람 일곱을 선택하라." 이렇게 제시된 해결책에 따라 무리가 그런 사람 일곱을 선택했고, 사도들은 그들을 인정하여 기도하고 안수했습니다. 열두 사도는 이 문제를 질질 끌지 않고 즉각적으로 해결책을 제시했습니다. 여기서 사도들은 스스로 일곱 일꾼을 선택하지 않고, 교인 총회를 소집해서 그들에게 이것을 맡겼습니다. 이것은 오늘날 장로 교회의 공동 의회와 같은 것입니다.

사도들이 제시한 것은 바로 자신들은 기도와 말씀 사역으로 부르심을 받았지, 이제 커진 교회에서는 식탁 사역으로 부름 받지 않았다는 것입니다. 여기서 두 사역 모두를 같은 단어인 '사역'(헬, 디아코니아)이라고 표현합니다. 다만, 사도들은 예수로부터 말씀을 직접 듣고 배운 자들로서 기도하면서 그 말씀 사역을 전하는 것이 자신들의 사역의 요체라고 말합니다. 그리고 사도들은 이 식탁 봉사 사역을 위한 사람들을 뽑아달라고 하고, 교인 총회는 일곱 사람을 뽑았습니다. 그런데 일곱 일꾼은 그 이름으로 볼 때 모두 헬라파 출신이었습니다. 어려움에 처했던 사람들 중에서 지도자를 뽑아 그것을 해결한 것입니다. 최종 해결은 사도들이 그들을 안수해서 공적으로 인정한 것입니다. 사도들은 회중의 뜻을 존중했고, 회중은 사도들의 권위를 인정해서, 이제 사도들의 권위로 일곱 지도자들을 임명한 것입니다.

그 결과, 하나님의 말씀이 흥왕하여 교회가 더 성장했습니다. 심지어 제사장의 무리도 신앙을 받아들였습니다. 도전을 받은 교회가 올바로 응전하면 그 교회는 올바로 성장하게 됩니다. 그런데 여기서 교회가 성장한다는 말을 "하나님의 말씀이 흥왕한다"고 표현하고 있습니다. 하나님의 말씀이 의인화되었습니다. 교회 성장은 하나님의 말씀이 힘을 얻어 사람을 변화시키는 것입니다. 누가는 이렇게 교회가 위기를 극복하고 성장하는 것을 하나님의 말씀이 흥왕한다고 표현합니다(행 12:24; 19:20). 지금도 어떤 교회가 성장한다는 것은 그 교회에 말씀에 순종하는 사람들이 더 많아지는 것을 말합니다.

해석

교회에서 '밥퍼' 섬김이를 뽑을 때도 성령 충만한 사람을 선택해야 할까요? 헌금 계수하는 집사를 뽑는데도 성령과 지혜가 충만한 사람이라는 자격이 필요할까요? 이에 대한 상식적인 대답은 "꼭 그래야만 하는 것은 아니야."이지만, 성경의 대답은 "물론이지요." 입니다.

사도행전 6:1에 보면 예루살렘 교회에 첫 내부 문제가 일어납니다. 교회가 하는 중요한 일 중 하나인 구제에 있어서 당시 비주류인 헬라어를 쓰는 유대인 과부들이 구제 명단에서 빠지는 일이 발생한 것입니다. 그때 사도들은 이 일을 할 사람을 뽑아야 하겠다고 결정하고, 성도들에게 사람을 추천해 달라고 요청합니다. 그런데 그러한 사람의 조건이 "성령과 지혜가 충만하여 칭찬 받는 사람"이었습니다(3절). 지금으로 말하자면, 교회에서 밥 푸는 일 봉사, 헌금 계수하는 일 봉사를 하는 사람을 뽑는데, 이런 조건을 내건 것입니다. 그리고 이런 조건에 맞는 일꾼을 뽑아서(5절) 예루살렘 교회는 "하나님의 말씀이 점점 흥왕하여"(7절) 놀랍게 성장했습니다.

왜 밥을 푸는데도 성령 충만하고 지혜가 충만하고 칭찬받는 사람이 필요할까요? **첫째, 교회 사역에서는 단순한 일에도 그 사람의 성품이 드러나기 때문입니다.** 교회에서 하는 일은 어떤 것이든 예수님을 높이고, 상황에 잘 맞는 말을 지혜롭게 하고, 사람들을 존중해서 칭찬받는 사람이 해야 문제가 생기지 않습니다. 밥 푸는 일을 하더라도, 인상을 쓰고 하거나, 자기가 좋아하는 사람은 많이 주고, 싫어하는 사람을 조금 주면 문제가 생깁니다. 예루살렘 교회에서 생긴 일이 바로 이것입니다. 같은 유대인이었지만, 유대 지역에서 태어나 히브리말(아람어)을 하는 사람과, 이방 지역에서 태어나 헬라어를 모국어로 하는 사람이 있었는데, 아무래도 소수파인 헬라어를 모국어로 하는 사람에게 국물을 조금 주거나 아예 '국물도 없는(?)' 일이 벌어진 것입니다. 사실 어떻게 보면 조그만 일 같지만 성령 충만하지 않고, 다른 사람에게 칭찬받는 사람이 아니면 교회에서는 문제가 생깁니다.

둘째, 성령 충만하지 않은 사람은 밥을 푸면서도 불평불만을 표출할 가능성이 높습니다. 주일 점심을 '어느 놈이 국수를 먹자고 했어?' '어느 사람이 밥을 먹자고 했어?' '어느 놈이 이렇게 밥을 먹는데 사람당 2800원이면 될 것을 비싸게 3000원에 계약했어?' 결국은 이 모든 불만은 목사에게 향합니다. "담임 목사가 바로 이렇게 했다. 담임 목사가 이권을 챙긴다." 일전에 어느 교회에 담임 목사에게 불만이 있는 분이 있었습니다. 이분이 생각하는 교회는 '담임 목사도 엘리트, 부교역자도 엘리트, 성도도 엘리트'가 되는 교회였습니다. 그런데 전도사들을 보니 자기가 생각하는 엘리트가 아니었습니다. 그래서 사람들에게 불평하기 시작했습니다. "우리 교회 전도사는 우리 교회 격에 맞지 않는다." 그는 담임 목사님께 와서도 그렇게 말했습니다. 그 사람의 말을 알아들었다는 뜻으로 그 목사는 "알았어요."라고 했는데, 한 달이 지나자 "담임 목사가 전도사를 갈아 치운다고 나에게 약속을 해놓고 약속을 안 지킨다."라고 말하고 다녔고, 급기야는 사람들을 모아 시위를 하려고까지 했습니다. 결국 그분은 그런 운동을 하다 호응하는 사람이 별로 없어 스스로 지쳐서 그 교회를 떠났습니다.

셋째, 왜 사람들에게 칭찬 받는 사람을 교회 일꾼으로 뽑아야 할까요? 그래야만 다른 사람을 존중하는 태도로 일해서 사람에게 상처주지 않으면서 일할 수 있기 때문입니다. 교회 사역을 하면서 열심히 하지만 다른 사람에게 쉽게 상처를 주는 사람들이 있습니다. 사실, 교회에서 사역이 사람을 세워주는 것인데, 이런 행동 자체가 주님의 사역이 아닙니다. 우리는 소위 나대는 사람, 자신을 자랑하는 사람, 남에게 피해를 주는 사람을 좋아하지 않습니다. 이것을 극복하고 성령 충만해야 사람들에게서도 칭찬을 받을 수 있고 사역의 올바른 열매를 거둘 수 있습니다. 그래서 우리는 교회 일꾼으로 이런 사람을 뽑아야 합니다.

적용과 실천

인간 사회에, 교회에도 문제가 발생하지만 크리스천은 모든 해결책을 성경에서 찾아야 합니다. 이것을 사람의 지혜로 해결하려 하면 결국은 올바른 해결책이 되지 않습니다. 예루살렘 교회가 닥친 도전에 올바르게 응전했듯이, 우리 교회도 닥친 도전에 올바르게 응전하여 이 문제를 해결합시다. 그러면 우리 교회 앞날이 밝을 것입니다.

24 스데반 같은 교회 일꾼
(6:8-15)

스데반은 기독교 역사상 첫 순교자였습니다. 동시에 그는 말씀 사역자였습니다. 그는 예루살렘 교회에서 일곱 일꾼의 하나로 선택되어 사도행전에 나오는 설교 중 가장 긴 설교를 했습니다. 비록 짧은 사역이었지만, 그는 말씀 사역에 있어서도 큰 족적을 남겼습니다. 그는 어떤 이력을 소유했기에 교회 사역을 잘 할 수 있었을까요? 저는 본문과 문맥을 통해서 스데반이 어떤 이력을 갖추고 사역을 했는가를 7가지 뽑아 보았습니다.

성령을 체험한 사람

스데반의 핵심 이력은 "지혜와 권능이 충만"한 것입니다(8절). 이미 교회 일곱 일꾼의 기본 이력은 성령과 지혜[혹은 믿음]가 충만하다고 인정된 사람(행 6:3, 5)이었습니다. 이것이 교회 일꾼의 가장 기본적인 이력이고 이것이 없으면 모든 다른 이력은 무의미한 것입니다. 바울은 고린도 교인들에게 신자가 하나 되어야 함을 역설할 때 "우리가 유대인이나 헬라인이나 종이나 자유인이나 다 한 성령으로 세례를 받아 한 몸이 되었고 또 다 한 성령을 마시게 하셨느니라."(고전 12:13)고 말합니다. 즉 신자의 공통 토대는 바로 공통 성령 체험이라는 것입니다.

한국 교회에서 최근 많은 사람이 성령 체험 없이 교회 일꾼이 된 것이 문제입니다. 변호사는 고시를 패스해야만 하는 공통 체험이 있기에 동질감이 있습니다. 의사도 의대를 나와 의사 국가 고시를 패스해야 하는 공통 체험이 있기에 동질감이 있습니다. 사관 학교 생도는 4년 동안의 군대 학교에서의 공통 체험이 있기에 생도들 간에 동질감, 혹은 동기 의식이 생깁니다.

초기 교회 그리스도인들은 성령 체험으로 동질감을 느꼈습니다. 그런데 이런 체험 없이 교회 사역을 하는 사람이 있습니다. 그러면 배가 산으로 가듯이 그 사람은 엉뚱하게 일하게 되어 있습니다. 성령을 체험해야 영적인 일을 알 수 있는데, 성령을 체험하지 못하면 교회는 그 사람의 육적인 욕망을 위한 기관으로 이용됩니다. 집사나 권사나 장로가 성령 체험 없이 교회 일을 하게 되면, 성령 체험한 목사의 사역을 방해하게 됩니다. 목사가 성령 체험 없이 사역자가 되면, 교회 사역은 일종의 종교 사업이 됩니다.

성령과 지혜로 말하는 사람

성령이 충만한 스데반은 또한 성령과 지혜로 말하는 사람이었습니다(10절). 그래서 적대자들과 논쟁을 해서 이겼습니다. "예수쟁이들은 말을[혹은 말만] 잘한다."는 말이 있는데, 그것은 맞는 말입니다. 진정한 예수쟁이라면 자신의 재능이 아니라 성령과 성령이 주시는 지혜로 말하기 때문에 다른 사람과 논쟁해서 이길 수 있습니다. 이 요소를 오늘날의 말로 하면 "소통 능력"이라고 할 수 있습니다. 다른 사람의 말을 알아듣고 또 다른 사람을 설득하는 능력이 교회 일꾼의 표준 이력입니다. 그런데 그것은 단순히 말을 잘 하는 것이 아니라 성령과 지혜로 말함으로 그렇게 되는 것입니다. 또 이것은 전도 능력이라고도 할 수 있습니다. 제가 아는 어느 교회는 전도 30명을 장로 임직의 자격 조건으로 하는 것을 보았습니다. 성령의 능력으로 전도하지 못하는 사람이 교회 일꾼이 될 때 교회는 영혼을 구원하는 일보다는 일반 봉사 단체처럼 사회봉사하는 일에만 힘쓸 가능성이 많습니다.

성경으로 복음을 전할 수 있는 사람

스데반은 성경을 해석해서 예수를 전할 수 있는 사람이었습니다. 자신을 모함하는 소리를 듣고, 그는 구약 역사를 해설하면서 복음을 전했습니다. 그것은 사도행전에 기록된 가장 긴 연설입니다(행 7장). 또 다른 일곱 일꾼 중의 하나였던 빌립도 에디오피아 내시 간다게에게 구약 이사야서 53장 7,8절에 대한 질문을 받고, "이 글에서 시작하여 예수를 가르쳐 복음을 전"했습니다(행 8:35). 교회의 모든 일꾼은 성경을 통해서 복음을 전할 수 있어야 합니다. 최근 이러한 능력 없이 교회 일꾼이 된 경우가 많습니다. 성경을 한 번도 읽어 보지 않고, 성경에 대한 교육도 받지 않고 교회의 일꾼이 되면 안 됩니다.

지도자에게 순종하는 사람

스데반은 스스로 교회 일꾼이 된 것이 아니라 성도들의 추천과 사도들의 안수로 일꾼이 되었습니다. 그것은 먼저, 사람들의 인정을 받은 것입니다. 사도행전 6:3에서 교회 일꾼의 기본 자격은 "칭찬 받는 사람"입니다. 교회 일꾼은 하나님에게 뿐만 아니라 사람에게 칭찬 받는 사람이 되어야 합니다.

그런 다음 스데반은 당시 교회 지도자들인 사도들의 안수를 받았습니다. 안수를 받는다는 것은 안수하는 자의 권위하에 있다는 뜻입니다. 교회 일꾼은 교회 지도자의 권위에 순종하는 사람이어야 합니다. 사실, 과거에는 교회 일꾼의 요소로 이 점을 지나치게 강조하여 부작용도 있었습니다. 그것은 성도를 교회 담임 목사에 예속시키는 것입니다. 그런데 요즈음에는 교회 일꾼의 가장 기본적인 요소인 "순종"을 가르치지 않다 보니, 권위를 무시하는 교회 일꾼이 많아졌습니다. 스데반이 그들에게 안수를 받았다는 것은 그가 사도들의 권위를 인정하고 그들에게 순종했다는 뜻입니다. 지금 한국 교회에는 메신저에게 순종하지 않는 일꾼이 너무나 많이 생겼고, 그 결과 교회가 병들었습니다. 하나님의 메신저를 무시하는 것은 그를 보내신 하나님을 무시하는 것입니다. 저는 지금까지 메신저를 무시하고 메시지를 올바로 받는 사람을 보지 못했습니다.

제대로 헌금하는 사람

교회 일꾼의 표준 이력 중 본문에 나와 있지 않지만 전제되어 있는 것은 바로 헌금을 제대로 하는 사람입니다. 예루살렘 교회에 구제에 대한 문제에 앞서 큰 사건은 바로 아나니아와 삽비라가 자신의 재산을 헌금하기로 약속했다가, 다 하지 않고 그 가운데 얼마를 감추었다가 벌을 받고 죽은 사건입니다. 우리는 이 사건을 대할 때마다 헌금 제대로 안했다고 죽으면, 과연 누가 살 수 있는가 하는 생각이 들기도 합니다.

한 가지 확실한 것은 일곱 일꾼은 이 헌금의 문제를 통과한 사람이었다는 것입니다. 제가 단순히 신학자로 있을 때는 헌금과 신앙에 관계에 대해서 잘 몰랐습니다. 헌금을 잘 하는 신자도 있고, 잘 못하는 신자도 있는데 그것은 그 사람의 신앙의 본질과 상관이 있는지 몰랐습니다. 그러다 목회를 하면서 헌금과 신앙이 밀접한 관계에 있다고 확신하게 되었습니다.

헌금을 제대로 하지 않는 사람이 교회 일꾼이 되면, 도리어 자신이 교회 헌금을 좌지우지하려는 경향성이 있습니다. 헌금을 제대로 하는 사람은 어차피 그 돈은 하나님께 바쳐진 것이기 때문에 자신이 그 헌금에 대해서 더 이상 관심을 두지 않습니다. 그런데 이상하게 헌금도 제대로 하지 않는 사람은 헌금에 대해서 왈가불가하는 경우가 많습니다.

거짓 증인과 싸우는 사람

성령을 받은 사람이 사역할 때 반드시 직면하는 것은 성령을 받지 못한 사람들에게 박해를 받는 것입니다. 성령을 받아 성령과 권능의 사역을 하고, 성령과 지혜로 말하는 스데반에게, 성령 받지 못한 적대자들이 거짓 증인을 세워 스데반을 산헤드린 공회에 넘깁니다.

이들은 사람들을 매수하고(11절) 충동질하여(12절) 거짓 증인을 내세웁니다(13절). 그들의 거짓 증언은 이런 것입니다. "이 사람이 모세와 하나님을 모독하는 말을 하는 것을 우리가 들었노라."(11절) "이 사람이 이 거룩한 곳[성전]과 율법을 거슬러 말하기를 마지 아니하는도다."(13절) "그의 말에 이 나사렛 예수가 이곳[성전]을 헐고 또 모세가 우리에게 전하여 준 규례를 고치겠다 함을 우리가 들었노라."(14절) 이것은 완전히 거짓말이든지(11절) 혹은 완전히 곡해한 것입니다(13, 14절). 스데반은 이런 거짓 증인들과 싸웁니다. 우리는 여기에 나오는 거짓 증인들처럼 매수당하면 안 됩니다. 성령 받지 않은 거짓 지도자들의 하수인이 되면 안 됩니다. 거짓 증언과 거짓 증인과 그들을 하수인으로 부리는 사람과 우리는 싸워야 합니다.

박해 속에서도 천사의 얼굴을 유지하는 사람

마지막으로, 교회 일꾼 표준 이력서 내용으로 스데반의 천사의 얼굴을 들 수 있습니다. 자신을 모함하는 거짓 증인들과 심문하는 대제사장 앞에서 스데반의 얼굴은 천사의 얼굴과 같았습니다. 교회 일을 하다보면 어려움을 당하고 힘든 때가 있습니다. 그런데 스데반 같이 성령 충만하여 사역을 하면 결국 사람의 박해에 그 얼굴이 일그러지지 않고 천사의 얼굴을 유지하게 됩니다. 우리도 성령 충만하면 사람의 호불호에 매이지 않을 수 있습니다. 하나님만 바라보면 천사의 얼굴이 됩니다(행 7:56).

적용과 실천

우리는 스데반을 예로 들어 교회 일꾼이 갖추어야 할 표준 자격 요건 7가지를 찾아보았습니다. 여기까지 듣고 여러분 중에 아마도 이런 반응이 나오지 않을까 생각합니다. "이제 교회 일 못하겠다. 나는 이 자격 요건을 도저히 맞출 수 없다." "나는 비록 부족하지만 이런 일꾼이 되어야 하겠다." "니는 그렇게 생각하나? 나는 아니야. 그냥 니가 뭐라고 말해도 나는 내식대로 살래."

제가 말하고 싶은 것은 교회 일꾼은 이런 자격을 갖추어야 하기 때문에 이런 자격을 갖추지 않은 사람은 사역을 그만 두라는 것이 아닙니다. 제가 말하고 싶은 것은 이런 것입니다. **첫째, 사역이 하나님과의 사귐보다 앞서면 안 됩니다. 둘째, 교회에서 하나님의 말씀을 전하는 사람에게 순종하세요.** 교인이 비전 메이커가 되면 안 됩니다. 목사에게는 매우 큰 권한이 부여되어 있습니다. 배의 선장에게는 비행기 기장과 같이 막강한 권한이 주어져야 합니다. 기장과 선장은 사람들의 생명을 책임지는 사람입니다. 그래서 탑승자들은 그에게 권한을 주어 자신의 생명을 지키려고 하는 것입니다. 목사는 영적인 생명을 다루는 사람입니다. 기본적으로 성도는 목사의 메지지를 열린 마음으로 들으려고 해야 하고, 중요한 일에 순종해야 합니다. 목사를 인정하지 않으면 여러분은 하나님의 메시지를 받지 못하고, 여러분의 신앙은 병들어 갑니다. **셋째, 주님만 바라보면서 즐겁게 교회 봉사하는 일꾼이 되세요.** 중요하지 않은 일에 목숨 걸지 말고, 영혼을 살리는 일에 매진하고, 여기서 은혜 체험하고 행복하게 교회 생활하세요. 이런 일에 방해꾼이 되지 마세요. 매일 매일 기도하면서, 말씀 들으면서 하나님께 물어보세요. 하나님의 음성을 듣지 않고 정치적으로 행동하지 마세요.

25 역사란 무엇인가?
(7:1-35)

저명한 역사학자 카(E. H. Carr)는 『역사란 무엇인가?』라는 책에서 역사는 역사가와 사실들 간의 상호 작용이며 과거와 현재의 끊임없는 대화라고 말합니다. 또 다른 유명 역사가 토인비(A. Toynbee)는 『역사의 연구』라는 책에서 역사는 문명사라고 하면서 인간의 역사는 "도전과 응전"의 역사라고 말합니다. 어떤 사람은 삶과 역사는 우연히 일어나는 일의 연속이라고 생각하고, 그래서 어떤 사람은 삶과 역사는 운명에 의해서 좌우된다고 믿습니다.

그렇다면 성경은 역사를 어떻게 볼까요? 성경 전체를 통해서 볼 때 어떤 이는 역사를 하나님의 언약사라고 하고, 또 다른 사람은 하나님의 인간에 대한 사랑 이야기라고도 하고, 또 하나님의 인간 구원사라고도 합니다. 아마도 이 모든 것이 나타나 있는 것이 성경의 요절인 요한복음 3장 16절일 것입니다.

스데반의 설교에는 그의 역사관이 나타나 있습니다. 스데반은 예수에 대해서 말하기에 앞서 길게 이스라엘 역사를 요약적으로 서술합니다. 그는 유대인의 조상 아브라함에서 시작하여 모세의 역사와 그 후속 역사에 대해서 말하면서, 이스라엘 역사를 하나님께 대한 불순종의 역사로 규정합니다(행 7:51-53). 그러면 그의 역사관은 어떻게 정리할 수 있을까요?

역사의 주관자는 하나님

스데반이 이스라엘 역사를 요약적으로 기술하면서 보여준 그의 역사관은 한 마디로 말해, 역사의 주관자는 하나님이라는 것입니다. **첫째, 아브라함과의 관계에서 하나님은 주도적으로 아브라함을 이끕니다.** 아브라함이 유대인의 조상이 된 것은 영광의 하나님이 그에게 주도적으로 나타나서(2절) 된 것이고, 그가 팔레스타인에 정착한 것도 하나님이 옮긴 것입니다(4절). 또 이스라엘이 하나님의 백성이 된 것도 하나님이 주도적으로 "할례의 언약을 아브라함에게" 주었기에 된 것입니다(8절). 또 유대인들이 이집트에서 고통을 당할 때도 "…하나님이 그와 함께 계셔서 그 모든 환란에서 건져 내"신 것입니다(10절).

둘째, 모세와의 관계에서도 하나님은 그를 주도적으로 이끕니다. 모세의 아름다운 모습을 보고 그를 출애굽 시킬 지도자로 선택하신 이는 하나님입니다(20절). 또 광야에서 모세에게 주도적으로 나타나서 자신을 계시하신 이도 하나님입니다(30절). 그리고 모세를 통해서 이스라엘 민족을 출애굽 시키려고 가시나무 떨기 가운데 나타나신 분도 하나님입니다(35절). 하나님은 모세에게 이렇게 선언합니다. "내가 너를 애굽으로 보내리라."(35절)

셋째, 스데반이 자세히 언급하지는 않았지만, 모세 이후의 이스라엘 왕정 역사를 보아도 인간이 주도해서 역사가 변화된 것이 아니라 하나님이 세계를 변화시켰음을 알 수 있습니다. 이스라엘 왕정 역사를 보면, 남 유다와 북 이스라엘은 모두 하나님을 배반한 역사였습니다. 북 이스라엘 왕들은 19명의 왕을 거쳐 호세아 왕을 마지막으로 주전 722년 아시리아에 의해 멸망했습니다. 왕들은 대부분 극악했습니다. 아시리아는 악한 왕국에 대한 하나님의 심판의 도구였습니다. 남 유다는 총 20명의 왕을 거쳐 시드기야를 끝으로 주전 586년 바벨론에 의해 멸망했습니다. 그때 페르시아 제국이 메데와의 통일을 이룬 후(주전 549년) 바벨론을 정복했습니다(주전 539년). 페르시아 왕 고레스는 유대인들의 귀환을 허락하는 칙령을 내렸습니다(주전 538년). 그런데 이스라엘의 귀환은 인간의 노력으로 된 것이 아니라 하나님의 섭리 가운데 기적을 통해서 되었습니다. 구약에 나타난 이스라엘 왕정사를 통해서도 우리는 역사의 주관자는 하나님이라는 것을 분명히 확인할 수 있습니다.

역사의 변수는 하나님께 순종 여부

역사를 하나님이 주도하신다면 인간의 역할은 무엇입니까? 이때 인간의 역할은 별로 없다고 생각하는 사람들이 있습니다. 하지만 본문에 보면, 인간이 역사를 주도하는 것은 아니지만, 인간은 주도하는 하나님의 행동에 응답하는 존재입니다. 하나님의 도전에 인간이 응전하는 것이지요.

먼저, 하나님의 도전에 대한 아브라함의 응전이 있었습니다. 하나님의 명령에 따라 아비 친척 집을 무작정 떠나(3-4절) 하나님과의 언약에 따라 아들 이삭에게 할례를 행합니다(8절). 역사에 있어서 아브라함의 역할은 하나님의 주도적인 인도하심에 대한 순종입니다(창 15:6). 로마서 4:3은 이것을 하나님이 의로 여겼다고 합니다. 야고보서 2:23-24는 이러한 실천을 하나님이 의롭게 여겼다고 합니다.

다음으로, 모세도 하나님이 나타나셔서 소명을 줄 때 그것에 순종하여 받아들였습니다. 하나님께 순종하여 "이 사람[모세]이 백성을 인도하여 나오게 하고 애굽과 홍해와 광야에서 사십년간 기사와 표적을 행"했습니다(행 7:36). 모세는 때로 하나님의 명령에 거역하기도 했지만, 백성들과 하나님 중간에 서서 그들을 인도하여 결국 출애굽 시켜 가나안 땅까지 인도했습니다.

이것을 통해 볼 때, 역사는 미래에 열려 있습니다. 크리스천의 역사관은 운명론이 아닙니다. 역사는 하나님이 이끌어 가시지만, 우리가 하나님의 도전에 어떻게 반응하는가에 따라 우리의 삶이 달라질 수 있습니다. 구약의 예언서는 주로 이런 내용입니다. 예언서에는 미래에 대한 절대 예언보다는 현재의 삶에 대한 도전을 하는 것입니다. 그 도전에 어떻게 응전하는 가에 따라 그 사람의 미래의 삶이 달라지는 것입니다. "너는 내게 부르짖으라 내가 네가 응답하겠고 네가 알지 못하는 크고 비밀한 일을 네게 보이리라."(렘 33:3) "여호와께서 말씀하시되 오라 우리가 서로 변론하자. 너희의 죄가 주홍 같을지라도 눈과 같이 희어질 것이요. 진홍 같이 붉을지라도 양털 같이 희게 되리라."(사 1:18) "너희가 즐겨 순종하면 땅의 아름다운 소산을 먹을 것이요 너희가 거절하여 배반하면 칼에 삼켜지리라. 여호와의 입의 말씀이니라."(사 1:19-20)

스데반이 이러한 역사관에 따라 설교를 통해서 유대인들에게 말하고자 했던 바는 이렇게 하나님의 주도적인 인도와 인간의 응답으로 역사가 이루어지는데 유대인 조상들은 마음과 귀에 할례를 받지 않아 하나님의 음성을 듣지 않았습니다. 오히려 하나님이 보내신 선지자들을 박해하고 죽였습니다. 심지어 하나님이 보내신 메시아를 죽였습니다(행 7:51-53). 이러한 행동은 그들의 책임인데, 이제 설교를 듣는 사람들도 메시아를 죽인 책임이 있는 것입니다. 지금도 하나님은 역사하셔서 교회와 개인의 역사에 개입하십니다. 그것에 교회와 개인이 어떻게 반응하는가에 따라 교회와 개인의 역사가 달라집니다.

적용과 실천

성경에 나타난 역사란 하나님이 주도적으로 그의 백성 사랑의 역사라고 할 수 있습니다. 또 역사란 하나님의 사랑의 행위에 인간의 순종으로 응답하는 것에 따라 만들어지는 것이라고 할 수 있습니다. 우리가 어려운 일을 당할 때 하나님께 부르짖으면 하나님이 그 소리를 들으시고 역사하시는 분이십니다(34절). 하나님은 인간이 부르짖으면 돌보십니다. 인간이 하나님을 의지하고 매달릴 때 인간의 역사가 달라집니다. 하나님은 목석 같이 외부의 자극에 전혀 반응하지 않는 분도 아니며, 원칙을 지키기 위한 원칙주의자도 아닙니다. 하나님은 사랑이라는 중심을 가지고 인간의 반응에 따라 역사하십니다. 하나님은 그 밤낮 부르짖는 택한 그의 백성의 원한을 풀어주기 위해 움직이는 분입니다(눅 18:7-8).

26 하나님이 사랑하는 광야 교회
(7:36-43)

본문은 스데반의 설교 중 모세에 관한 부분입니다. 스데반은 하나님의 백성의 역사를 요약하면서 해석합니다. 그는 구약의 핵심 인물로 아브라함과 모세를 듭니다. 모세는 하나님 백성의 관리자와 해방자로 부름받았습니다. 그래서 그는 백성들을 이끌고 출애굽하여 가나안으로 가기 위해 백성들을 광야로 이끌었습니다.

광야에서 이스라엘 백성들은 모세를 거역했습니다. "그들의 말이 누가 너를 관리와 재판장으로 세웠느냐 하며 거절하던 그 모세를 하나님은 가시나무 떨기 가운데서 보이던 천사의 손으로 관리와 속량하는 자로 보내셨으니 이 사람이 백성을 인도하여 나오게 하고 애굽과 홍해와 광야에서 사십 년간 기사와 표적을 행하였느니라. 이스라엘 자손에 관하여 하나님이 너희 가운데서 나와 같은 선지자를 세우리라 하던 자가 곧 모세라. 시내 산에서 말하던 그 천사와 우리 조상들과 함께 광야 교회에 있었고 또 살아 있는 말씀을 받아 우리에게 주던 자가 이 사람이라. 우리 조상들이 모세에게 복종하지 아니하고자 하여 거절하며 그 마음이 도리어 애굽으로 향하여."(35-39절)

주님은 "광야 교회"도 사랑하신다

그런데 놀라운 일은 그렇게 하나님과 모세를 배반하고 거절한 이 무리를 스데반은 "광야 교회"라고 부른다는 것입니다. 본래 이 말은 신명기 9:10과 18:16에서 "[여호와의] 총회"라고 표현한 것입니다. 그 뜻은 부름받은 하나님의 백성의 모임(히, 카할)입니다. 스데반은 이것을 하나님 백성의 모임이라는 뜻으로 "교회"(헬, 에클레시아)라고 부릅니다. 이러한 표현은 놀라운 것인데, 그 이유는 하나님을 배반하고, 하나님의 지도자를 거역한 자들의 모임을 여전히 "교회"라고 부르기 때문입니다.

호세아서에는 이러한 유대인들을 남편 호세아를 버리고 바람난 그의 아내 고멜로 표현하고 있습니다. 그런데 그 하나님은 여전히 바람난 하나님의 백성을 사랑하십니다. 사실, 이것이 신구약 성경의 요지입니다. "하나님은 그의 백성을 어떤 경우에도 사랑하신다."(요 3:16) 구약에서 선민 이스라엘을 사랑하는 모습을 보여주신 하나님은, 신약에서는 그것을 통해 "세상", 즉 모든 사람을 사랑하는 것을 보여줍니다.

그런데 문제가 많은 교회도 사랑하나요? 물론입니다. 바울은 에베소서 5:25-27에서 남편이 아내를 얼마나 사랑해야 하는지를 교훈하면서, 교회의 주인이신 예수님이 교회를 얼마나 사랑하는지를 이같이 말합니다. "남편들아 아내 사랑하기를 그리스도께서 교회를 사랑하시고 그 교회를 위하여 자신을 주심 같이 하라. 이는 곧 물로 씻어 말씀으로 깨끗하게 하사 거룩하게 하시고 자기 앞에서 영광스런 교회로 세우사 티나 주름 잡힌 것이나 이런 것들이 없이 거룩하고 흠이 없게 하려 하심이라." 우리 주님은 교회를 정말 사랑합니다. 그래서 타락한 교회가 망해야 한다느니, 타락한 교회는 버려야 한다는 말을 주님은 받아들이지 않습니다. 주님은 어떤 경우에도 교회를 버리지 않습니다. 우리도 비록 부족하더라도 그 교회를 사랑해야 합니다. 주님도 여전히 사랑하는 그 교회를 버린다는 것은 그 교회의 주인인 예수님을 버리는 것입니다.

저는 일전에 한 기독교 매체와 인터뷰를 했습니다. 그 중에 한국 교회의 현황과 미래에 대한 질문이 있었습니다. "한국신약학회 회장으로서 현재 우리나라 기독교 현황을 어떻게 보시는지요?"라는 질문에 대해서 저는 이렇게 답했습니다.

> 한국 교회의 현황을 보면 긍정적인 면과 부정적인 면이 다 있을 것입니다. 기독교 매체나 SNS를 보면 부정적인 보도가 압도적으로 많습니다. 저는 그러한 부정적인 면을 인식하면서도 우리 한국 교회의 현황을 긍정적으로 봅니다. 그 이유는 서구 교회에 비해서 우리는 아직도 복음을 체험적으로 아는 이가 많기 때문입니다. 초기 교회에서 신약 성서 저자들은 그리스도인의 하나됨을 말할 때 동일 체험으로 그 하나됨의 당위성을 말합니다. 예를 들어, 바울은 고린도전서 12:13에서 이렇게 말합니다. "우리가 유대인이나 헬라인이나 종이나 자유인이나 다 한 성령으로 세례를 받아 한 몸이 되었고 또 다 한 성령을 마시게 하셨느니라." 바울이 말하려고 한 것은 그리스도인의 하나됨의 근원은 한 성령 체험이라는 것입니다. 우리 한국 교회는 성령을 체험한 교회이고 지금도 여전히 성령을 체험하는 교회입니다. 그래서 저는 한국 교회를 전반적으로 긍정적으로 봅니다.

또 "그렇지만 한국 교회의 미래도 이렇게 긍정적일까요?"라는 질문에 대해서는 이렇게 답했습니다.

한국 교회의 미래는 우리 크리스천이 어떻게 하는가에 달려 있습니다. 미래는 결정된 것이 아니라 열려있습니다. 한국 교회의 미래에 대해서 부정적으로 보는 사람들은 대개 그 원인으로 한국 교회의 타락을 듭니다. 교회 지도자들이 타락하고 욕심을 부리는 것이 바로 한국 교회의 쇠락을 가져온다는 것입니다. 예, 저는 이 견해에 일정 부분 동감합니다. 하지만 한국 교회가 만약에 쇠락한다면, 이것이 결정적인 요인은 되지 않을 것입니다. 비록 부족하고 욕심이 있더라도 하나님의 백성은 하나님이 이끄시고 보호하기 때문입니다. 사도행전에 보면 스데반이 그렇게 하나님을 배반하고 모세를 못살게 굴었던 이스라엘 백성의 무리를 "광야 교회"(행 7:38)라고 합니다. 하나님은 그 무리 가운데 함께 하셨다는 것입니다. 물론 그들은 하나님의 말씀에 순종하지 않아 20세 이상의 성인들은 여호수아와 갈렙을 제외하고는 모두 가나안에 들어가지 못하는 벌을 받았습니다. 하지만 하나님은 그 "광야 교회"를 버리지 않으셨습니다. 우리 한국 교회가 쇠락한다면, 그 결정적인 이유는 동일한 성령 체험한 그리스도인의 수가 줄어드는 것이 될 것입니다. 지역 교회에서 이제 성령 체험한 사람보다는 종교 생활 하는 사람들이 늘어나고 있습니다. 그리고 그들이 교회의 지도력을 형성해 가고 있는데, 이것이 계속되면 어떤 내외적인 폭풍에 의해 교회는 주저앉을 수 있습니다. 비유적으로 말하면, 애가 생산되지 않는 집안이 망하는 것이지, 성격 나쁜 사람이 많은 집안이 망하는 것은 아닙니다. 성격이나 성품은 고칠 수 있지만, 애를 낳지 않으면 그 집안의 대가 끊어지는 것이지요.

교회가 우상 숭배하면 그에 상응하는 벌을 받는다

광야에서 고생하던 유대인들은 모세가 하나님의 말씀을 받으러 호렙산에 올라간 사이, 자신들을 이끌어 줄 새로운 신을 구합니다. 그들은 그들을 기적을 일으켜 출애굽 시켜 준 하나님을 잊어버리고 애굽 땅에서 섬기던 이방 신들을 구하고, 또 심지어 송아지로 금 신상을 만들기도 합니다. "아론더러 이르되 우리를 인도할 신들을 우리를 위하여 만들라. 애굽 땅에서 우리를 인도하던 이 모세는 어떻게 되었는지 알지 못하노라 하고 그때에 그들이 송아지를 만들어 그 우상 앞에 제사하며 자기 손으로 만든 것을 기뻐하더니."(40-41절)

이에 대한 하나님의 반응은 심판입니다. 42절에 보면 "하나님이 [유대인들을] 외면하사 그들을 그 하늘의 군대 섬기는 일에 버려두셨으니"라고 합니다. 외면하고, 버려두는 것은 하나님의 심판입니다. 하나님의 백성에게 심판은 하나님께로부터 떨어지는 것입니다. 바울도 로마서 1:24, 26, 28절에서 "하나님께서…내버려 두셨으니"라는 말을 이방인에 대한 심판의 말로 씁니다.

스데반은 하나님이 하나님의 백성을 이렇게 심판한 것을 아모스 5:25-27을 인용하여 예를 듭니다. "이스라엘 집이여 너희가 광야에서 사십 년간 희생과 제사를 내게 드린 적이 있었느냐?"(42절). 여기서 그 대답은 "없었다."는 것입니다. 오히려 그들은 이방신을 섬겼다는 것입니다. "몰록의 장막과 신 레판[토성]의 별을 받들었음이여. 이것은 너희가 절하고자 만든 신상이로다."(43절) 여기서 몰록의 장막과 신 레판은 앞에서 말한 "하늘의 군대"를 말합니다. 모두 별의 힘을 섬기는 것입니다.

현재 우리에게 우상은 별이나 금송아지 같은 형상이 아닙니다. 이들은 모두 그들을 다스리는 힘이라고 생각되는 것이었습니다. 지금 우리에게 우상은 우리의 생각과 행동을 사로잡고 있는 힘입니다. 그것은 사상이 될 수도 있고, 돈이 될 수도 있고, 사람이 될 수도 있습니다. 어떤 것이든 자신의 자유로운 사고를 억압하고 있으면 그것이 곧 우상입니다. 여러분을 사로잡고 있는 힘은 무엇입니까? 유대인들은 외적으로 여호와 하나님을 버리고, 그런 우상들을 섬긴 것은 아닙니다. 겉으로 보기에는 여호와를 섬기는 것 같지만, 그러한 우상도 같이 섬긴 것입니다. 그런데 하나님은 질투하시는 하나님이시라, 자신과 함께 다른 신을 섬기는 것을 용납하지 않습니다. 하나님은 그런 사람들을 심판하십니다.

그 벌과 심판은 무엇입니까? "내가 너희를 바벨론 밖으로 옮기리라." 아모스서에 보면 거기에는 지명이 "다메섹"으로 나와 있습니다. 북 이스라엘 선지자였던 아모스는 그들이 범죄하면 이스라엘 경계를 넘어 이방 지역인 "다메섹"으로 포로가 되어 끌려가는 벌을 받는다고 한 것입니다. 남 유다는 후에 바벨론 포로가 되었는데, 그래서 스데반은 그것을 상기시키면서 하나님이 우상 숭배 한 하나님의 백성을 바벨론 포로 생활을 하게 한다고 말하고 있는 것입니다. 스데반 당시 유대인들에게 이 말은 너희가 예수를 거역하면 그에 상응한 벌을 받는다는 것입니다.

그러면 이 말은 지금 우리에게는 어떤 의미일까요? 우리가 우상을 섬기면 "바벨론 포로"와 같은 벌을 받나요? 기독교 역사를 보면 교회가 타락하면 이방인들의 지배를 받는 경우가 많았습니다. 이슬람이 일어나 교회를 지배한 것이 한 예입니다. 우리 한국 교회도 우상을 섬기면 우리의 신앙생활의 자유가 사라지는 날이 올지도 모릅니다. 그렇지 않다고 해도, 하나님이 외면하셔서 그냥 죄짓는 모습 그대로 놓아두는 벌을 받을 수 있습니다.

그렇지 않기 위해서 우리는 우상 숭배를 버려야 합니다. 중요한 것은 우리가 무슨 우상 숭배를 하고 있는가 하는 것입니다. 우상 숭배의 요체는 힘을 숭배하는 것입니다. 자신의 힘이 부족하니 힘 있는 것을 섬겨서 살아보겠다는 것입니다. 성경은 하나님 이외에 어떤 것도 섬겨서는 안 된다고 합니다. 하나님의 힘만이 진짜 힘이고 다른 모든 것은 가짜이기 때문입니다. 그런데 하나님의 힘은 보이지 않기에 사람은 일상생활 속에서 보이는 힘을 섬기기 마련입니다.

현대 한국 교회에서 힘은 목사나 장로의 힘입니다. 목사가 모든 힘을 휘둘러 신처럼 된 교회에서 목사에게 굴종하는 것이 우상 숭배가 될 수 있습니다. 마찬가지로, 어떤 교회에서는 장로 혹은 장로단이 모든 힘을 휘둘러 사람들을 거기에 줄 세우는 경우가 있는데, 이것이 곧 우상이 될 수 있습니다. 어떤 경우에는 자신의 신념이 우상이 될 수도 있습니다. 자신의 신념을 절대화 하면 우상이 될 수도 있습니다.

실제로 사람이 힘으로 밀어 붙이면 많은 사람들이 그리로 끌려옵니다. 그 힘을 따라가면 안전할 것 같기 때문입니다. 하지만 하나님 이외의 어떤 힘에도 우리는 끌려가면 안 됩니다. 그 힘은 안전하지도 않습니다. 그 힘을 숭배하고 따라가는 것이 바로 우상 숭배입니다. 실제로 유대인들은 광야 생활을 통해서 거의 다 우상 숭배를 했고 그래서 성인들은 살아서 가나안 땅에 들어가지 못했습니다. 오직 여호수아와 갈렙만 살아서 가나안에 들어갔습니다. 이것을 비유적으로 생각해 보면, 우상 숭배하면 이 땅에서 하나님의 나라를 맛보지 못하게 됩니다. 삶이 지옥이 됩니다.

적용과 실천

현대 교회 시대는 광야 교회 시대와 닮았습니다. 우리는 더 이상 "애굽을 향"하면 안 되고, "가나안을 향하여" 가야 합니다. 애굽을 버리고, 가나안을 미리 맛보면서 살아야 합니다. 하나님은 "광야 교회"를 사랑하십니다. 하나님은 우상 숭배를 미워하시고 벌하십니다.

27 | 작은 예수 스데반
(7:44-53)

　바둑에는 복기라는 것이 있는데 게임이 끝난 다음 바둑을 다시 한 번 두면서, 이때 다른 선택을 했으면 어떻게 되었을까 생각하며, 자신의 선택의 잘잘못을 스스로 따져보는 것입니다. 인생도 복기할 수 있습니다. 살아온 과거를 뒤돌아보면서 자신의 선택의 잘잘못을 가려 보는 것입니다.
　저는 오늘 불경건하게도(?) 성경에 나오는 스데반의 삶을 복기해 보려고 합니다. 사도행전 7장에서 스데반의 순교 기사를 접하면서 우리는 이런 생각을 해 봅니다. "이렇게 설교를 잘 하고, 성령 충만했던 스데반이 죽지 않고 살아서 예루살렘 교회의 기둥이 되었다면 좋았을 텐데. 그는 죽음이 아니라 삶을 선택할 수는 없었을까? 그는 왜 죽음의 길을 갔나? 어떻게 했으면 그는 살 수 있었을까?" 한 마디로 말해, 그는 설교 한 편 한 것 때문에 죽었습니다(52절). 그렇다면 그의 설교를 복기해보면 그가 살 수 있었던 지점을 발견할 수 있을 것입니다. 그가 자아실현을 위해 살려고 했다면 그는 죽지 않고 살 수 있었을 것입니다. 하지만 그는 기꺼이 예수의 제자로서 작은 예수로 살려 했기에 죽음의 길을 알면서도 선택했습니다.

예수님처럼 유대인들을 거스르는 설교를 해서

스데반이 죽은 것은 단순히 설교를 해서가 아니라 당시 유대인들을 거스르는 설교를 했기 때문입니다. 그것은 그의 성전관이 예수님과 같이 래디컬했기 때문입니다. 유대인들은 하나님과 함께 하나님의 처소라고 여겨지는 성전을 거룩하게 여겼습니다. 당시 타 종교는 여러 곳에 성전이 있었지만, 유대교에만 오직 한 곳, 예루살렘에 성전이 있었습니다. 시편에는 성전을 사모하는 것과 하나님을 예배하는 것이 동일시되어 있습니다(시 5:7; 18:6).

그런데 예수님은 요한복음 2:19에서 당시 유대인이라면 도저히 할 수 없는 말씀을 하십니다. "너희가 이 성전을 헐라. 내가 사흘 동안에 일으키리라." 물론 여기서 성전은 건물이 아니라 예수의 육체를 가리킵니다. 하지만 "성전을 헐라"는 말 자체가 매우 래디컬한 말입니다. 요한복음 4:20 이하에 보면 예배 장소에 대해서 예수님과 사마리아 여인 간의 대화가 있습니다.

여인은 예배할 장소 논쟁을 벌이자, 예수님은 예루살렘이나 그리심 산이나 장소가 중요한 것이 아니라 "영과 진리로" 예배하는 것이 관건이라고 합니다. 참 예배는 성전에서 하는 것이 아니라 성령 안에서 하는 것이라는 말은 매우 래디컬한 것입니다. 마음이 중요하지 장소가 중요하지 않다는 것입니다. 예수님을 따라 스데반도 건물 성전과 하나님이 정말 계신 성도로서의 성전을 구별합니다.

> 다윗이 하나님 앞에서 은혜를 받아 야곱의 집을 위하여 하나님의 처소를 준비하게 하여 달라고 하더니 솔로몬이 그를 행하여 집을 지었느니라. 그

러나 지극히 높이신 이는 손으로 지은 곳에 계시지 아니하시나니 선지자가 말한바(46-48절).

스데반은 성전을 "손으로 지은 곳"이라고 말합니다. 이 말은 유대인들이 "우상"을 가리킬 때 전형적으로 썼던 말입니다. 예를 들어, 42절에도 이스라엘 사람들이 만든 금송아지를 "손으로 만든 것"이라고 표현하고 있습니다. 스데반이 말하려고 한 바는 건물 성전 자체는 얼마든지 우상이 될 수 있다는 것입니다. 건물 성전 자체가 거룩한 것이 아니라 하나님이 거룩하다는 것입니다.

그러면서 스데반은 구약 성경을 인용합니다. "주께서 이르시되 하늘은 나의 보좌요 땅은 나의 발등상이니 너희가 나를 위하여 무슨 집을 짓겠으며 나의 안식할 처소가 어디냐 이 모든 것이 다 내 손으로 지은 것이 아니냐 함과 같으니라."(49-50절) 사실 구약 성경에도 하나님이 인간이 만든 단순한 건물에 거할 수 없다는 사상이 나옵니다. 솔로몬이 성전을 지은 다음 이렇게 말합니다. "하나님이 참으로 땅에 거하리이까 하늘과 하늘들의 하늘이라고 주께서 용납하지 못하겠거든 하물며 내가 건축한 이 성전이오리이까"(왕상 8:27). 하지만 당시 유대인들은 성전을 절대화해서 그것을 우상화하면서도 실상 하나님은 잘 몰랐습니다. 예수님처럼 스데반은 이 점을 지적하고 있습니다.

예수님처럼 진정한 신앙과 종교 생활을 분리하는 설교를 해서

스데반이 미움을 받은 것은 진정한 신앙과 종교 생활을 분리하는 설교를 했기 때문입니다. "목이 곧고 마음과 귀에 할례를 받지 못한 사람들아!"(51절) 이것은 전형적인 선지자적 설교입니다. 스데반이 밋밋한 설교를 했으면 살 수 있었을 텐데, 그들의 형식에 치우친 마음을 지적했기에 그들의 미움을 샀고 결국 죽게 되었습니다. 그가 죽은 것은 이런 설교를 했기 때문입니다. 할례를 받는 것은 하나님 백성의 표시이기에 할례를 받지 않는 자는 하나님 백성이 아닙니다. 진정한 할례는 육체의 할례가 아니라 마음의 할례인데, 그렇다면 마음의 할례를 받지 않으면 하나님의 백성이 아니라는 것입니다. 구약 성경에도 이미 "마음의 할례"(레 26:41; 겔 44:7, 9)와 "귀의 할례"(렘 6:10)라는 용어가 나옵니다.

그런데 당시 바리새인들은 내용 없는 형식적인 경건을 실행하고 있었는데 이에 대해서 예수님은 신랄하게 비판했습니다. 손 씻기와 속의 더러움(눅 11:37-41)과 외적인 십일조와 내적인 사랑(눅 11:42-42)과 율법교사의 실천 없는 가르침(눅 11:45-46)에 대해서 예수님은 비판했습니다. 이것은 종교 생활 하는 사람의 마음을 거스르는 설교입니다. 스데반은 형식(육체의 할례)은 있지만, 내용(마음의 할례)은 없는 자들을 비판하고 있습니다.

여러분의 교회 생활은 신앙생활입니까? 종교 생활입니까? 종교 생활 하는 사람의 특징 중 하나는 선포되는 말씀에 은혜를 받지 못하는 것입니다. 종교 생활 하는 사람의 또 다른 특징은 기도 가운데 살아계신 하나님의 음성을 듣지 못하는 것입니다. 또 종교 생활 하는 사람은 다른 성도에게 거침이 됩니다. 또 종교 생활 하는 사람의 특징은 성령 충만한 사람을 박해하는 것입니다. 뜨겁게 예수 믿는 사람을 열성파라고 몰아 정죄하고 자신은 어떤 열정도 없는 것입니다. 종교 생활 하는 사람의 특징은 어떤 사람의 아바타가 되고, 사람을 바라보며 신앙생활 하는 것입니다. 종교 생활 하는 사람의 특징은 결국은 자신이 신이고, 자신이 종교입니다.

유대인들을 예수를 죽인 당사자로 지목하는 설교를 해서

스데반이 결정적으로 죽게 된 것은 바로 유대인들을 예수님을 죽인 당사자로 지목하는 설교를 했기 때문입니다. "너희 조상들이 선지자들 중의 누구를 박해하지 아니하였느냐. 의인이 오시리라 예고한 자들을 그들이 죽였고 이제 너희는 그 의인을 잡아 준 자요 살인한 자가 되나니."(52절) 스데반은 "종교 생활 하는 이들, 당신들이 바로 예수를 죽인자요"라고 말합니다. 이런 설교를 오늘날에 했다고 해도 목사가 쫓겨날 것입니다. 그런데 바로 당사자들 앞에서 이런 말을 합니다.

예수님도 자신의 말을 받아들이지 않는 유대인들을 향해 이렇게 말했습니다. "내 말이 너희 안에 있을 곳이 없으므로 나를 죽이려 하는 도다."(요 8:37) 베드로도 "…너희가 법 없는 자들의 손을 빌려 못 박아 죽였으나"(행 2:23)라고 말하고 있습니다. 우리는 유대인도 아니요, 예수님 당시에 살았던 사람도 아니기 때문에, 우리는 예수 죽인 것과 아무 상관이 없다고 말할 수 있을지 모릅니다. 하지만 이사야서 53:5-6에 따르면, 죄를 짓는 모든 사람은 예수를 죽이는데 참여한 것입니다. "그가 찔림은 우리의 허물 때문이요. 그가 상함은 우리의 죄악 때문이라. 그가 징계를 받으므로 우리는 평화를 누리고 그가 채찍에 맞음으로 우리는 나음을 받았도다."

여러분이 하나님 앞에서 참으로 한 번도 회개하는 일이 없었다면 여러분은 크리스천이 아닙니다. 자신의 죄에 대한 깨달음과 뉘우침과 동시에 하나님의 사랑을 경험하지 못했다면 여러분은 아무리 오래 교회

다녔어도 종교인일 뿐입니다. 말씀 앞에서 깊이 회개하고 울어야 합니다. 하나님이 어떤 분인지 정말 경험해야 합니다. 자신의 죄 때문에 예수가 십자가에 달렸다는 것을 마음으로 느껴 봐야 합니다. 죄를 움켜지고 괴로워하면서 살아계신 용서의 하나님을 만나야 합니다.

유대인들의 속마음을 드러내 보이는 설교를 해서

스데반은 "모세를 모독한다(6:11), 율법을 거스른다(6:13), 모세가 준 규례를 고친다(6:14)."라는 모함을 받습니다. 물론, 이것은 매수당하여 거짓 증언에 의한 것입니다. 이에 대해 스데반은 그들이 그렇게 소중하게 여긴다는 율법을 사실상 지키지 않는다고 말하여 그들의 속마음을 꿰뚫어보는 설교를 합니다. "너희는 천사가 전한 율법을 받고도 지키지 아니하였도다." 이 말은 "내가 아니라 바로 너희가 율법을 지키지 않는 사람이다."라는 것입니다.

이들은 율법 지키기에 그렇게 열을 올리는 사람들이었는데, 이들이 율법을 지키지 아니하였다니요? 율법은 살아 있는 하나님과 관계 속에서 하나님의 명령을 지키는 것인데, 이들은 하나님이 보내신 선지자들과 그의 아들인 의인 예수를 죽였습니다. 그들은 율법을 지키지 않은 것입니다. 물론, 예수님도 이런 설교를 하셨습니다. "모세를 믿었더라면 또 나를 믿었으리니 이는 그가 내게 대하여 기록하였음이라. 그러나 그의 글도 믿지 아니하거든 어찌 내 말을 믿겠느냐 하시니라."(요 5:46-47)

여러분에게 율법, 곧 성경은 무슨 의미입니까? 성경이 말하면 그대로 하나님의 말씀으로 듣고, 성경이 말하면 그대로 행할 마음이 있습니까? 여러분 중에 많은 분들이 성경 말씀에 전혀 관심이 없이, 그냥 자신의 철학으로, 자신의 경험으로 인생을 살 뿐입니다. 여러분이 성경을 정규적으로 읽지 않는다면 어떻게 성경을 믿는다고 하겠습니까? 여러분이 성경을 풀어서 말하는 진리의 말씀을 받아들이지 않는다면 성경을 믿지 않는 것입니다.

나는 작은 예수, 작은 스데반인가?

스데반이 살려고 했다면 이와 같은 설교를 안 했으면 됩니다. 하지만 스데반은 기꺼이 이런 설교를 했고 순교했습니다. 그래서 그는 예루살렘 교회의 노(老) 집사가 되지는 못했지만, 기독교 역사의 "첫 순교자"라는 놀라운 영예를 얻었습니다. 스데반의 순교를 통하여 또 다른 박해가 일어나 사람들이 예루살렘에서 흩어져 다른 지역에서 자연스럽게 복음을 전하다가(행 8:4) 안디옥 교회 등 이방 지역에 교회가 생겨났습니다. 또 바울도 이 순교 사건을 목도한 사람으로서 후에 회심하고 이 사건을 새롭게 해석했고, 자신도 기꺼이 순교자가 되기로 결심했을 것입니다.

스데반이 작은 예수의 삶을 살았다는 것이 극명하게 드러난 것은 그의 죽음에서의 말과 행동입니다. 예수처럼 스데반은 자신을 죽이는 자들을 용서해 달라고 하나님께 기도합니다. 예수가 "아버지 저들을 사하여 주옵소서. 자기들이 하는 것을 알지 못함이니이다."(눅 23:34)라고 했듯이, 스데반은 "주여 이 죄를 그들에게 돌리지 마옵소서."(행 7:60)라고 기도합니다. 예수처럼 스데반은 자신의 영혼을 맡기는 기도를 합니다. 예수가 "아버지 내 영혼을 아버지 손에 부탁하나이다."(눅 23:46)라고 했듯이, 스데반도 "주 예수여 내 영혼을 받으시옵소서."(행 7:59)라고 말합니다.

우리가 죽어야 할 때 살아남은 것은 아닌가요? 우리가 바른 말을 하면 손해 볼 것 같아 듣기 좋은 말만 하여 오늘까지 살아남은 것은 아닌지요? 사람과의 관계가 끊어지는 것을 무릅쓰고 바른 말을 했는지요? 그냥 자신이 죽고, 예수가 살고 성도가 살아야 하는데 자신만 산 것은 아닌지요? 우리 자신의 삶을 되돌아보았으면 합니다.

적용과 실천

스데반은 왜 죽었습니까? 작은 예수로 살았기 때문입니다. 우리도 작은 예수로 살려면 십자가를 질 각오를 해야 합니다. 또 한 가지, 스데반의 설교를 들은 우리 앞에는 두 가지 길이 있습니다. 하나는 "마음이 찔려"(7:54) 스데반을 돌로 쳐 죽이는 것입니다. 다른 하나는 "마음에 찔려"(2:37) 회개하는 것입니다. 둘 다 마음에 찔렸는데, 한 그룹은 스데반을 죽였고, 한 그룹은 회개를 했습니다. 스데반의 설교를 읽은 여러분은 어떻게 반응하시겠습니까?

28 코람데오 플러스 1
(7:54-60)

"코람데오? 이게 영어야 독일어야?" 교회에서 이 말을 곧잘 사용합니다. 어느 교회 성가대 이름은 "코람데오 찬양대"입니다. 또 중고등부 이름이 "코람데오"인 곳도 있습니다. 제 카톡 친구의 카톡명이 코람데오일 정도입니다. 코람데오는 라틴어입니다. 우리도 식자들이 유식함을 드러내고 싶을 때 혹은 중요한 말을 할 때 한자어를 썼듯이, 서양에서는 중요한 용어나 중요한 문서를 라틴어로 쓰는 경향이 있습니다.

코람데오의 신앙

코람데오는 존 칼빈을 비롯한 종교 개혁자들이 표방했던 삶의 원칙이었습니다. 그 뜻은 '하나님(의 현존) 앞에서'(in the presence of God)입니다. 누가 보든지 보지 않든지 하나님이 면전에 계시다고 생각하고 행동하겠다는 것입니다. 이것은 하나님 앞에서 양심대로 행동하는 삶을 지칭합니다. 주위에 보면 많은 그리스도인들이 코람데오의 삶을 표방하고 있고, 그러한 삶을 사모하고 있습니다.

코람데오는 기본적으로 경건한 유대인의 삶의 원칙이었습니다. 그래서 사도들이 유대인 지도자들을 비판할 때 이러한 삶의 원칙대로 살지 않은 것을 책망했습니다. 유대인 지도자들이 예수의 이름으로 말하지도 말고 가르치지도 말라고 했을 때, "베드로와 요한이 대답하여 이르되 하나님 앞에서 너희의 말을 듣는 것이 하나님의 말씀을 듣는 것보다 옳은가 판단하라."(행 4:19) 공회 앞에서 대제사장의 심문을 받은 때에, "베드로와 사도들이 대답하여 이르되 사람보다 하나님께 순종하는 것이 마땅하니라."(행 5:29) 시몬이 베드로에게 돈을 드려 성령받는 능력을 사려할 때, 베드로가 "하나님 앞에서 네 마음이 바르지 못하니 이 도에는 네가 관계도 없고 분깃 될 것도 없느니라."(행 8:21)

코람데오는 경건한 기독교인의 삶의 원칙이기도 합니다. 코람데오의 삶의 원칙을 따르면 신앙생활에 있어 이런 장점이 있습니다. 이것은 감정이나 상황에 따라 달리 행동하는 신앙이 아니라 원칙과 정직성에 기초한 삶의 원칙에 따라 행동하는 신앙, 사적인 정이나 의리에 의해서가 아니라 공적 올바름을 추구하는 신앙, 자신의 사적인 이익을 추구하지 않고 사리를 올바로 분별하는 신앙입니다. 우리 주위에 보면 많은 유명하고, 훌륭하다는 신앙인들이 이러한 신앙을 표방하고 있고, 그것을 자랑스러워하고 있고, 이것을 최고의 삶의 원리로 알고 있고, 많은 사람들이 이러한 신앙을 추종하고 있습니다.

코람데오를 넘어서

그런데 사도행전을 읽다 보면 이 원리만으로 해결 되지 않는 삶의 원리가 있다는 것을 발견합니다. 사실, 유대인 바울은 코람데오의 원리대로 살았습니다. 바울이 체포된 상태에서 유대인들에게 자신의 삶을 간증하면서 이렇게 말합니다. "나는 유대인으로 길리기아 다소에서 났고

이 성에서 자라 가말리엘의 문화에서 우리 조상들의 엄한 교훈을 받았고 오늘 너희 모든 사람처럼 하나님께 대하여 열심히 있는 자라. 내가 이 도를 박해하여 사람을 죽이기까지 하고 남녀를 결박하여 옥에 넘겼노니."(행 22:3-4) 바울은 경건한 유대인으로 나름대로의 코람데오의 원리대로 살았지만 기독교를 박해하고 말았습니다.

그러면 이것은 기독교인 이전의 바울이었기 때문에 그렇다고도 할 수 있습니다. 하지만 알렉산드리아 출신 아볼로는 그리스도인이 되어 훌륭한 코람데오의 삶을 살았지만(18:24-28), 바울은 아볼로가 가르친 에베소 청중들에게 그의 삶의 원칙에서 부족한 것을 발견하고 이렇게 묻습니다. "너희가 믿을 때에 성령을 받았느냐?"(행 19:2) 우선, 성령에 대한 이야기는 나중에 하기로 하고, 여기서 중요한 것은 성경 박사요 능력 있는 설교 사역자였던 아볼로에게 그것 이외에 또 하나의 삶의 원리가 필요하다는 것입니다. 저는 이러한 삶의 원칙을 '코람데오 플러스'라고 부릅니다. 코람데오의 삶의 원칙을 버리는 것이 아니라, 그것만 가지고는 사도행전에 나오는 모델 제자들의 삶이 다 설명이 안 된다는 것입니다. 우리가 사도행전적 교회를 만들려면, 코람데오는 물론, 코람데오 이상의 삶을 살아야 합니다.

코람데오의 원칙과 그것을 넘어선 삶의 원칙을 가진 사도행전에 나오는 대표적인 인물이 바로 본문에 나오는 스데반입니다. 사도행전 7장 전체가 스데반의 설교인데, 2-50절까지는 스데반이 이스라엘 역사를 자신의 관점에서 요약하는 부분입니다. 51-53절은 선지자 스데반이 설교를 듣고 있는 유대인들의 죄를 신랄하게 지적하는 부분입니다. "목이 곧고 마음과 귀에 할례를 받지 못한 사람들아. 너희도 너희 조상과 같이 항상 성령을 거스르는도다."(51절) 이 구절은 스데반이 코람데오의 원칙으로 말하는 것입니다. 유대인들이 하나님 앞에서 올바른 행동을 하지 못했다는 것을 스데반은 신랄하게 비판합니다.

그런데 54-60절에 보면 코람데오를 넘어서는 삶의 원칙이 나옵니다. 이전 구절에서 스데반은 무엇을 보고 말하는 것이 아니라 성경의 원칙에 따라 말했습니다. 그런데 이 구절에서는 "하나님의 영광과 및 예수께서 하나님 우편에 서신 것을 보고"(55절) 말합니다. 그것은 바로 성령 충만해서 말하는 것입니다.

코람데오 플러스

사도행전이 제시하는 제자들의 삶의 원칙은 '코람데오 플러스', 곧 성령 충만하여 행하는 것입니다. 그러면 이러한 삶은 코람데오의 삶의 원칙과 무엇이 달라집니까? 원리 원칙에 충실하지만 그것에 완전히 노예가 되지 않고 상황에 따라 하나님의 사랑으로 판단합니다. 유대인들의 죄를 지적하는 데는 신랄했지만, 그들이 자신을 돌로 칠 때 스데반은 "주여 이 죄를 그들에게 돌리지 마옵소서."(60절)라고 하여, 그들을 용서해 달라고 하나님께 기도합니다. 인생의 생사화복이 삼위일체 하나님께 속한 것임을 알고 스데반은 "주 예수여 내 영혼을 받으시옵소서!"(59절)라고 말합니다.

이것은 예수님이 십자가를 질 때 똑같이 했던 행동입니다. "아버지 저들을 사하여 주옵소서. 자기들이 하는 것을 알지 못함이니이다."(눅 23:34) "아버지 내 영혼을 아버지 손에 부탁하나이다."(눅 23:46) 이러한 예수님의 행동도 사실 항상 성령 충만한 상태(눅 4:1)에서 하신 것입니다. 성령 충만에서 나오는 행동, 그것이 바로 코람데오 플러스입니다.

공관복음서에 보면 예수님은 이 땅에 계실 때 신성을 어느 정도 포기하시고 인성으로 성령 충만하여 이러한 용서와 하나님께 대한 의탁을 한 것입니다.

예루살렘 교회에서 일꾼을 뽑을 때의 원칙도 이와 같습니다. 우리가 흔히 이 일꾼들을 집사라고 하는데, 헬라어 원문 성경에는 집사라는 말은 나오지 않습니다. 이들에게 요구되는 인격은 "성령과 지혜가 충만하여 칭찬 받는 사람"(행 6:3)입니다. 그리고 실제 뽑은 사람은 "믿음과 성령이 충만한 사람"(행 6:5)입니다. 여기서 지혜나 믿음은 같은 것입니다. 즉 코람데오에 필요한 인격의 요소입니다. 하나님의 성품처럼 신실한 것과 하나님을 경외하는 지혜, 이것이 바로 코람데오를 행할 성품입니다. 이것은 일반 유대인 지도자가 될 성품에 꼭 들어맞는 것입니다. 여기에 기독교적으로 추가된 것이 바로 성령 충만입니다. 누가복음과 사도행전에는 성령 충만이라는 어구가 14번 나오는데, 핌플레미는 능력 충만을, 여기에 쓰인 플레레스는 인격화된 성품을 지칭할 때 쓰였습니다. 바로 이것이 성령 충만, 곧 코람데오를 넘어서는 삶의 원리와 원칙입니다.

그렇다면 이렇게 코람데오를 넘어서면 그렇지 않은 삶과 무엇이 달라집니까? 기본적으로 코람데오의 신앙을 갖게 됩니다. 하나님 앞에서 정직한 행동을 하는 것입니다. 하나님의 말씀의 원리 원칙에 충실하게 행동하는 것입니다. 여기에, 성령의 인도함에 따라 그때그때 하나님의 사랑에 의한 행동을 하게 됩니다. 특히 스데반처럼 하나님의 마음으로 용서와 긍휼의 마음을 갖게 됩니다. 어떤 사람의 잘못을 지적하는 것은 할 수 있지만, 그 사람을 정죄하는 것은 올바른 크리스천의 태도가 아닙니다. 또 말씀도 좋아하고, 성령도 좋아합니다. 성령의 구체적인 인도를 받습니다. 바울은 심지어 이런 성령의 인도를 받습니다. "성령이 아시아에서 말씀을 전하지 못하게 하시거늘."(행 16:6) "비두니아로 가고자 애쓰되 예수의 영이 허락하지 아니하시는지라."(행 16:7) 결국 하나님의 뜻은 그 시간에 바울이 마케도니아, 곧 유럽에 복음을 전하는 것이었습니다.

미국 아틀란타에서 목회하는 한 목사가 교회를 개척하여 2년만에 수백 명이 모이는 교회로 성장하자, 교계 신문 기자가 "이 교회의 비전과 장래 계획이 뭡니까?" 하자, "그런 건 없습니다. 그냥 성령이 인도하시는 대로 갑니다. 계획도 내년 계획밖에는 없습니다."라고 말했습니다. 이것이 바로 코람데오 플러스 신앙입니다.

코람 호모

그런데 우리는 왜 코람데오를 넘어서지 못하고, 코람데오를 최고의 삶의 원칙으로 하면서 사는 걸까요? 코람데오를 추구하는 사람들은 코람호모를 넘어서는 삶을 살려고 하는 것입니다. 코람호모(coram homo)는 한마디로, "사람 앞에서" 사는 삶입니다. 이것은 이 세상의 사람들의 삶의 원리입니다. 좋은 쪽으로 말하면, 남 앞에서 부끄럽지 않게 살려는 것이지요. 그런데, 인간은 기본적으로 이기적이기 때문에 이러한 삶의 원칙은 결국 이기적인 삶의 원칙이 되기 쉽습니다. 그래서 이것을 극복하고자 기독교인들은 코람호모가 아니라 코람데오의 삶의 살고자 하는 것이지요.

코람호모의 삶의 대표적인 것이 인류애적(humanitarian) 삶입니다. 많은 크리스천들이 여기에 빠져 있습니다. 이런 사람들은 정의를 추구하고, 인간애를 주장하지만 결국 세상 사람들과 생각이 별로 다르지 않고,

사람에게 대한 동정심은 있지만, 그 동정심이 결국 사람의 영혼을 살리지는 못합니다. 이 중에서 일부는 이른바 '가나안 신자'(교회 안나가 신자)가 됩니다. 그래서 보수적인 신앙인들이 이러한 신앙에 빠지지 않고자, 코람데오를 기치로 걸고 하나님 앞에서의 신앙만을 외칩니다. 이 사람들은 대개 성령을 싫어하고, 용서를 좋아하지 않습니다. 이들도 정의를 외치지만 시편 기자가 꿈꾸었던 "인애와 진리가 같이 만나고 의와 화평이 서로 입맞추"(시 85:10)지 못합니다. 한국 기독교의 약점만 보고, 어떻게 교회를 살려야 할지를 알지도 못합니다.

또 한 부류의 크리스천들은 이도 저도 다 세속적인 것이고, 오직 영적인 것, 하늘의 것만 바라보고, 이 땅의 것을 완전히 무시하고 살려고 합니다. 이들에게 이 땅의 삶은 의미가 없는 것이고, 오직 하늘의 것, 전도, 선교 이런 것만 가치 있다고 하면서 삽니다. 이들은 일상 속에서 역사하시는 하나님을 만나지 못합니다. 자신들처럼 살지 않는 사람을 정죄하기에 바쁩니다. 또 하나의 부류는 안하무인 크리스천들이 있습니다. 성령 충만을 외치지만, 이기심 충만, 지배 욕구 충만, 콤플렉스 충만이 있습니다. 이러한 지도자들이 우리 주위에 비일비재합니다. 이런 여러 가지 잘못된 삶의 태도를 고치고 우리는 코람데오를 넘어선 성령 충만의 삶을 살려고 합니다. 그것이 바로 우리 교회가 꿈꾸는 것입니다. 사도행전에서 제자들이 걸어갔던 그 길을 가려고 합니다.

적용과 실천

우리 교회는 코람데오 플러스 이 원리를 추구하고 실행하는 교회가 되려고 합니다. 그래서 모두가 와서 기쁘고 행복한 교회가 되려고 합니다. 창조 명령, 사랑 명령, 선교 명령을 균형 있게 따르는 교회가 되려고 합니다. 성령 안에서 누리는 의와 평강과 희락이 있는 교회가 되기 원합니다.

29 흩어지는 교회
(8:1-8)

"오직 성령이 너희에게 임하시면 너희가 권능을 받고 예루살렘과 온 유대와 사마리아와 땅끝까지 이르러 내 증인이 되리라 하시니라."(행 1:8) 이것은 사도행전의 핵심 구절입니다. 우리는 이 말씀이 어떻게 성취되었을까 궁금합니다. 실제로 오순절 날 예루살렘에 성령이 임해서 제자들이 권능을 받고 증인이 되었습니다. 그런데 그들은 여전히 예루살렘에 머물러 있었습니다. 반전은 바로 본문 말씀에 있습니다. 예루살렘을 넘어 온 유대와 사마리아에 복음을 전하게 된 것은 제자들이 스스로 한 것이 아니라 예루살렘에 있는 교회에 큰 박해가 일어나서 그렇게 된 것입니다. 사람들은 박해 때문에 그곳에 머물러 있을 수 없었고, 흩어지게 되었습니다. 즉 하나님의 주도로 그들은 유대와 사마리아에 가서 복음을 전하게 된 것입니다(1절).

모두 다 유대와 사마리아 땅으로 흩어졌는데 사도들만 예루살렘에 남았습니다. 언뜻 이 말은 잘 이해되지 않습니다. "사도들이야말로 가장 큰 박해를 받을 수 있는 인물들인데 어떻게 그들이 남고 일반 성도들이 피신을 했을까?" 사도들은 목숨을 걸 각오를 한 것 같습니다. 한국 전쟁 때 목사님들이 피난가지 않고 교회를 지킨 것과 마찬가지요.

이때 사울(후에 바울)은 교회 박해의 선봉에 섭니다(3절). 바울은 스데반이 돌에 맞아 죽을 때 돌은 던지지 않았지만, 그를 죽이는 일에 동의했습니다(1절). 참 이상하죠? 바울과 같은 훌륭한 인물이 어떻게 스데반을 돌로 쳐 죽이는 일에 동조했을까요? 저는 처음에는 잘 이해가 안 되다가 최근에야 비로소 이 말씀이 실제로 이해되었습니다. 아무리 훌륭한 사람이라도 은혜 체험하지 못한 사람은 은혜 받지 못한 마음으로 판단하게 되어 있습니다. 은혜 받지 못한 그에게는 이게 마땅하다고 생각된 것입니다.

만약 우리 교회 어떤 교인이 저를 축출하는 운동을 하거나 혹은 그것에 동의하는 사람이 있다고 가정해 봅시다. 그러면 누가 그렇게 할까요? 저와 안 친한 사람일까요? 제가 설교하는 것에 은혜 받지 못하는 사람일까요? 물론 답은 두 가지가 다 될 수 있지만, 가능성이 더 많은 것은 두 번째입니다. 스데반이 설교하는 것에 은혜 못 받은 사람이 그를 죽였듯이, 목사가 설교하는 것에 은혜 받지 못하는 사람이 그를 축출하려 할 것입니다. 왜 그렇습니까? 그 성도들은 그 목사의 설교에 은혜를 체험하지 못해서 그가 하나님의 사람이라고 인정하지 않을 것입니다. 바울도 은혜 체험하기 전에는 스데반의 죽음을 마땅히 여겼을 뿐만 아니라 교회 박해의 선봉에 섰던 것입니다. 여러분도 은혜 체험하지 못하면 얼마든지 이런 행동을 할 수 있습니다. 그리고 속으로는 그것이 하나님을 위한 것이라고 생각할 수 있습니다.

은혜 체험하기 전에 하는 여러분의 모든 행동은 하나님을 위한 것이 될 수 없습니다. 왜냐하면 여러분이 옳다고 생각하는 그것이 하나님의 관점이 아니라 바로 변화되지 못한 여러분의 세상적 관점이기 때문입니다. 사도행전 9장에서 바울은 변화됩니다. 그 이전에 8장에서의 바울은 완전히 교회 박해자요, 교회를 잔멸하는 자였습니다. 지금, 여러분은 어디에 있습니까? 사도행전 8장의 바울입니까? 9장의 바울입니까?

흩어지는 교회

그런데 이렇게 교회를 박해한 것 때문에 복음이 예루살렘에만 머물러 있지 않고 사마리아와 땅끝까지 전파되었습니다. 사탄이 교회를 박해하게 한 것이 사실상 하나님의 계획이 이루어진 계기가 되었습니다. 놀라운 하나님의 섭리가 아닙니까? 지금도 세상이 교회를 박해하는 것을 걱정할 필요는 없습니다. 그것이 바로 교회가 바로 서는 계기가 될 수도 있기 때문입니다.

박해가 나자 성도들이 흩어집니다. 1절에 보면 사람들이 "다 유대와 사마리아 모든 땅으로 흩어지니라."고 했습니다. 4절에 보면 "그 흩어진 사람들이 두루 다니며 복음의 말씀을 전할새"라고 하여 흩어진 것이 복음을 전하는 계기가 되었음을 볼 수 있습니다. 여기서 '흩어지다'로 번역된 헬라어 '디아스페이로'는 동사로는 신약 성경에서 사도행전 8장 1, 4절과 11장 19절에만 쓰인 단어입니다. 하지만 명사형인 '디아스포라'는 많이 나옵니다. 본래 이 말은 하나님의 백성인 유대인들이 유대 지역이 아니라 다른 지역에 흩어져 있는 것을 말할 때 쓰였습니다. 본문에서는 이제 새 하나님의 백성인 그리스도인들이 예루살렘을 떠나 다른 지역에 흩어진 것을 말할 때 쓰였습니다.

이렇게 하나님의 백성이 흩어져서 새로운 교회를 형성했습니다. 이것은 흩어지는 교회입니다. 사람들이 흩어져서 무엇을 합니까? 본래 모였을 때의 일을 그대로 합니다. 본문 5-7절에 보면 흩어진 사람 중에 예루살렘 교회의 일곱 일꾼 중 하나인 빌립이 있습니다. 빌립은 예루살렘 교회에서 하던 대로 사마리아에 가서 같은 일을 합니다. 바로 말과 표적을 통해서 전도를 하는 것입니다(행 2:42-47).

교회가 진짜 교회인지 가짜 교회인지는 박해를 받아 흩어져 봐야 알 수 있습니다. 가짜 교회는 흩어지면 사라집니다. 5장에서 가말리엘이 말했듯이, 혁명가 드다나 갈릴리의 유다도 그가 죽자 그를 따르던 모든 사람들은 흩어져 사라져 버렸습니다(행 5:36-38). 그런데 예수의 제자들은 어떻게 됐습니까? 사도들도 아니고 일곱 일꾼이나 평범한 성도들도 흩어지자 전도하기 시작했고, 그래서 나중에 이방인 선교의 센터인 안디옥 교회가 생겼습니다.

그래서 하나님은 교회에 박해를 허용하시는 것 같습니다. 박해가 있어봐야 진짜 신앙인과 가짜 신앙인이 구별됩니다. 저는 사회 관계망 서비스(SNS)에서 한국 교회는 망할 것이라는 말을 많이 듣습니다. 그 이유는 한국 교회 지도자들이 타락해서 교회가 망할 것이라는 것입니다. 하지만 저는 이 말을 믿지 않습니다. 왜냐하면 어떤 교회가 타락했다고 교회가 무너지는 것이 아닙니다. 사도행전 7:38에는 "광야 교회"라는 말이 나옵니다. 스데반은 하나님을 수시로 반역한 광야 생활에서의 사람들을 하나님의 백성이라고 인정한 것입니다. 부족해도, 하나님의 백성은 하나님이 이끄시고 지킨다는 의미에서 한국 교회 지도자들이 부족해도 주님이 교회를 깨끗하게 하시면서 한국 교회는 생존할 것입니다.

하지만 하나님의 백성이 아닌 자들이 교회에 나와서 종교 생활을 하는 자들이 많아지고, 나중에는 그들이 주류가 되고, 그래서 성경에서 말하는 은혜와 복음을 받아들이지 않으면 그 교회는 망할 것입니다. 그것은 이 사람들이 본래 하나님의 백성이 아니기 때문에 하나님의 지키심을 받지 못하기 때문입니다. 요체는 우리가 은혜를 받아 하나님의 백성이 되는 것입니다. 그러면 어떤 박해가 와도 그것을 이길 수 있고, 오히려 교회는 더 성장해 나갈 수 있습니다.

결국, 가말리엘의 예언이 성취되었습니다. 예수의 제자의 무리는 하나님께로부터 기원한 것이었기에 인간의 박해가 그것을 무찌를 수 없었습니다. 박해로 인해 흩어지자 그들은 흩어지는 교회가 되었습니다.

모이는 교회

그런데 이렇게 흩어지는 교회가 된 것은 그 이전에 예루살렘 교회가 올바로 모이는 교회였기 때문입니다. 모이는 교회에서 올바른 신앙을 배우지 못하면 흩어지는 교회에서는 힘을 발휘하지 못합니다. 좋은 흩어지는 교회가 되려면 먼저 모이는 교회가 되어야 합니다. 예루살렘 교회는 모여서 은혜를 체험하고, 그 체험한 은혜를 나누는 교회였습니다. 그들은 모두 오순절 날 성령을 체험했습니다. 혹은 그 성령 받는 모습을 보고 마음이 열려, 베드로의 설교를 듣고 은혜를 받았습니다. 그들은 모여서 기도하고, 삶을 나누고, 능력이 나타나는 삶을 살았습니다(2:42-47).

모이는 교회에서 기쁨이 있었듯이(2:46), 흩어지는 교회에서도 똑같이 "큰 기쁨"(8:8)이 있었습니다. 올바른 교회의 표지 중의 하나는 기쁨입니다. 그런데 본문에 보면 그 기쁨이 교회에만 머물러 있지 않고, 밖에까지 영향을 미쳐 "그 [사마리아] 성[도시]에 큰 기쁨이 있더라."(8절)라고 말하고 있습니다. 놀라운 일입니다. 교회의 기쁨이 세상으로 확산된 것입니다. 우리 교회 여름 수련회에 참석했다가 은혜를 체험한 어느 성도에게 전과 후가 무엇이 달라졌는지 물으니, 주위 환경은 달라진 것은 없는데, 미래의 삶에 대한 두려움이 없어졌다고 했습니다. 바로 그것입니다. 은혜 받으면 미래에 대한 두려움이 없어집니다. 기쁨이 모든 두려움을 몰아내기 때문입니다.

스데반이 작은 예수였듯이, 빌립도 작은 예수였습니다. 6절에 보면 "무리가 빌립의 말도 듣고 행하는 표적도 보고 한마음으로 그가 하는 말을 따르더라."고 되어 있습니다. 사도행전 1:1에 보면 누가는 복음서에서의 예수님의 활동을 이렇게 요약합니다. "예수의 행하시며 가르치"심. 빌립도 말과 행함으로 복음을 전하는 사람이 되었습니다. 우리도 올바로 모이는 교인이라면 흩어져서 작은 예수가 되어야 하고, 또 반드시 그렇게 됩니다.

우리 한국 교회가 지금 부족한 것은 흩어진 교인들이 작은 예수가 되지 못한 것입니다. 교회에서는 예수의 제자 같으나, 흩어지면 공자의 제자나 무당의 제자 혹은 사무라이의 제자가 되는 것입니다. 교회에 나오지만 세계관과 생각은 공자의 통치 이데올로기나, 무당의 기복주의, 혹은 사무라이의 의리를 추구하지 기독교의 진리를 보여주지는 못합니다. 왜요? 성령을 체험하지 못했기 때문입니다. 바울도 성령을 체험하기 전에는 스데반의 살인을 정당화하는 사람이었고, 교회의 박해자였습니다. 요체는 그가 성령을 체험하고 변화되자 완전히 다른 사람이 된 것입니다.

적용과 실천

우리는 결론적으로 이런 질문을 해야 하겠습니다. "여러분은 흩어지는 교회에서 기쁨이 넘치는 열매를 맺는 삶을 살고 있습니까?" "모이는 교회에서 은혜를 체험하고 있습니까?" 모이는 교회에서 성령 충만함을 받고 교회가 조직되었을 때(행 6장), 다음 단계로 흩어지는 교회가 되었습니다. 성도들이 성령 충만하지 않았다면 복음을 전할 수 없었을 것입니다. 사람들은 흩어졌지만 성령 충만의 결과로 자동적으로 복음을 전했습니다(4-5절). 이제 기도를 통해서 성령의 충만함을 받고, 우리가 모이는 교회이든지, 흩어지는 교회이든지 주님이 인도하시는 대로 사는 우리가 됩시다.

30 | 하나님 나라의 비전으로 움직이는 교회
(8:9-13)

우리 교회는 이런 교회를 꿈꿉니다. 첫째, 교회를 살찌우는 것이 아니라 하나님 나라를 선포하는 교회. 둘째, 교회 속에서 하나님의 나라가 이루어져 모든 이가 참 안식을 누리는 교회. 셋째, 빛과 소금의 사명을 다함으로 세상을 변화시키는 교회. 한마디로 말해, 우리 교회의 비전은 하나님 나라 비전입니다. 교회에 와서 하나님 나라를 체험하고, 하나님 나라의 원리대로 살고, 그렇게 살므로 세상을 변화시키는 것입니다. 오늘 우리는 이 비전의 성경적 근거를 발견해 보려고 합니다.

하나님 나라를 맛보지 못한 사람들의 행동

하나님 나라에 대해서 말하기에 앞서 본문에 보면 하나님 나라를 모르는 사람들의 행동 양식이 나타나 있습니다. 9-11절 말씀이 바로 그것입니다.

> 그 성에 시몬이라 하는 사람이 전부터 있어 마술을 행하여 사마리아 백성을 놀라게 하며 자칭 큰 자라 하니 낮은 사람부터 높은 사람까지 다 **따르며** 이르되 이 사람은 크다 일컫는 하나님의 능력이라 하더라. 오랫동안

> 그 마술에 놀랐으므로 그들이 **따르더니**.

여기서 중요한 동사가 두 개 있습니다. 하나는 "놀라다"입니다. 사람들은 시몬의 마술에 놀랐습니다. 이 말은 어떤 것에 매료되어 정신이 나갈 정도가 되는 것을 말합니다. 사람들은 그의 마술에 매료되었습니다. 둘째, "따르다"입니다. 이 말은 영어로 follow가 아니라 listen to(혹은 heed)입니다. 이 말은 어떤 사람에 매료되어 그 사람의 말에 주의를 기울이고, 그 사람의 말을 듣는 것을 말합니다. 하나님의 나라를 모르는 사람은 이런 마술에 주의를 기울이게 되어 있습니다. 마술은 가짜 기적 혹은 출처가 마귀인 기적입니다. 이천 년 전에는 신기한 이런 마술을 따랐습니다. 사실, 지금도 사람들은 파쇼를 따르고 있습니다. 북한에는 지금 김일성, 김정일, 김정은을 따르는 사람들이 있습니다.

오늘날의 마술은 무엇이고, 누가 마술사이겠습니까? 현대에는 여전히 힘이 마술입니다. 사람들은 지금도 여전히 권력과 힘에 매료됩니다. 힘을 쓰는 사람에게 사람들은 주의를 기울이고, 그 사람의 말을 듣고 따라갑니다. 또 현대에는 엔터테인먼트가 마술입니다. 방탄소년단이라는 20대 초반 이른바 '아이돌'(우상) 그룹에 온 세상 사람들이 매료되었습니다. 사람들이 인생을 살아보고 산전수전 다 겪은 현자에게서가 아니라 인생을 조금밖에 살아보지 않은 아이들에게서 인생을 배우게 되는 꼴입니다. 때로 정치, 종교 지도자들의 카리스마가 마술입니다. 사람들은 이들을 거의 우상처럼 따릅니다.

하나님 나라의 능력을 맛보지 못하면 이러한 힘에 끌리게 되어 있습니다. 자신도 모르게 그 힘에 끌려갑니다. 과거나 현대나 힘이 우상입니다. 힘을 좇아가는 것이 바로 우상 숭배입니다.

하나님 나라 맛보기

그런데 이렇게 마술에 매료된 사람들에게 예루살렘 교회 일곱 일꾼 중의 하나인 빌립이 나타납니다. 예루살렘에 박해가 있어 북쪽으로 피하다가 사마리아에 다다른 것입니다. 그는 예루살렘 교회에서 하나님의 나라를 맛 본 사람입니다. 성령과 지혜가 충만한 사람으로 뽑힌 사람입니다. 그는 예루살렘 교회에서는 평범한 사람이었을 수 있습니다. 그런 사람이 많았기 때문입니다. 하지만 하나님의 나라를 전혀 모르는 지역에 가자 그의 말과 행동이 확 드러났습니다.

12절에 보면 "빌립이 하나님 나라와 및 예수 그리스도의 이름에 관하여 전도함을 그들이 믿고 남녀가 다 세례를 받으니."라고 되어 있습니다. 여기서 "전도함"이라는 말은 "복음 전함"입니다. 빌립은 하나님 나라와 관계하여, 또 예수 그리스도와 관계하여 복음을 전한 것입니다. 하나님 나라 관점에서 말하면, 빌립은 구약 성경에 나타난 하나님 나라에서부터 시작하여 예수 그리스도가 어떻게 하나님 나라 복음의 정점이 되는 지를 본 구절을 통해서 설명한 것입니다. 나중에 바울도 구약 성경에서 시작하여 예수로 마치는 하나님 나라 복음을 전했습니다(행 28:23, 31).

이스라엘 역사를 보면 이스라엘은 하나님이 직접 왕으로 통치하는 나라였습니다. 고대 사회에서는 드물게 이스라엘에는 왕이 없었습니다. 모세가 출애굽 시키고, 여호수아와 갈렙이 지도권을 이어받은 후 이스라엘은 왕이 아닌 사사(재판관)가 다스렸습니다. 이 시대에는 왕이 하나님의 전권을 받아 서양의 황제나 동양의 천자(天子)처럼 대리 통치하는 것이 아니라, 하나님이 때와 시간마다 주시는 능력으로 이스라엘을 인도했습니다. 사사는 세습도 되지 않았고, 또 황제와 같은 신분도 아니었습니다.

이스라엘 사람들은 외침을 받으면서 다른 나라들처럼 왕이 있었으면 했습니다. 하나님 자신이 왕으로 이스라엘을 직접 통치하신다고 해도 그들은 보이는 왕을 원했습니다. 하나님은 마지못해 이스라엘에게 왕을 허용했습니다. 그렇게 허용하시면서 하나님은 사무엘에게 이렇게 말했습니다. "여호와께서 사무엘에게 이르시되 백성이 네게 한 말을 다 들으라. 이는 그들이 너를 버림이 아니요 나를 버려 자기들의 왕이 되지 못하게 함이니라."(삼상 8:7) 초대 왕 사울도 하나님의 통치를 올바로 구현하지 못했습니다. 다윗 왕조도 불순종을 거듭한 끝에 바벨론에게 망했습니다. 결국, 인간 왕정은 실패했습니다.

유대인들은 바벨론 포로가 되어 타국의 지배를 받았습니다. 포로 귀환 후 이스라엘은 하나님의 나라를 열망했습니다. 인간이 아니라 하나님이 직접 통치하시는 나라를 갈망했습니다. 그들은 하나님이 보내주시는 메시아를 통해서 그러한 나라가 올 것이라고 믿었습니다. 그러한 삶이 수백 년간 지속되었을 때, 예수님이 나타나서 이렇게 말씀하셨습니다. "때가 찼고 하나님의 나라가 가까웠으니 회개하고 복음을 믿으라."(막 1:15)

이제 예수님의 현존으로 인해 하나님 나라가 사람들에게 임했고, 사람들은 그 나라를 맛보았습니다. 예수님 시대에 그 나라는 예수님의 죄와 인습으로부터의 해방 사역을 통해 나타났습니다. 예수님의 치유 사역을 통해서 나타났습니다. 또 예수님의 먹고 마시며 하나되는 축제 사역을 통해서도 나타났습니다. 예수 승천 이후, 교회 시대에는 성령 체험을 통해 하나님 나라를 맛보게 되었습니다.

우리는 지금 하나님 나라를 맛봅니다. 첫째, 개인적으로 지금 우리는 개인의 마음속에 실현되는 하나님 나라를 맛봅니다. 예수의 죄로부터 해방, 인습으로부터 해방, 질병으로부터 해방이 우리에게 체험됩니다. 지금 우리는 성령 체험을 통해 이러한 하나님 나라가 마음속에 실현되는 것을 맛봅니다. 둘째, 교회 생활을 통해 이러한 하나님 나라가 실현되는 것을 보고, 기뻐합니다. 인간이 아니라 하나님이 통치하는 것을 개인적으로 맛봅니다. 교회를 통해 다 중심적 공동체가 실현되어 참 기쁨을 맛봅니다(고전 12:13-26). 개인적으로, 또 교회적으로 이 나라를 맛본 사람들의 모임이 바로 교회입니다. 교회는 이 하나님 나라를 체험하고 실현하는 중심이 되어야 합니다.

하나님 나라를 맛본 사람은 이제 마술사 시몬에 끌리는 것이 아니라 전도자 빌립에 끌립니다. 그의 하나님 나라 선포에 마음이 끌립니다.

	마술사 시몬	빌립
놀라게 함	마술로 사람들을 놀라게 함(9절)	능력과 큰 권능으로 시몬을 놀라게 함(12절)
따름	마술을 보고 그의 말에 주위를 기울임(10절)	말과 표적을 보고 사람들이 빌립을 따름(6절)
상태	악독이 가득하여 불의에 매인 바 됨(23절)	성령과 지혜(혹은 믿음)가 충만함(행 6:3, 5)
자의식	자칭 큰 자(9절)	성령에 순종하는 자(29절)
사명	돈 벌이(18-20절)	복음 전도(12절)

세상을 놀라게 하는 하나님 나라의 복음

빌립은 하나님의 나라를 체험하고 전파하는 자로서, 그가 가는 곳에는 그 능력이 나타났습니다. "그 나타나는 표적과 큰 권능"(13절)이 있었습니다. 마술사 시몬도 아마도 귀신에 의해서 마술을 행해서 사람들을 놀라게 했는데, 이제 빌립에게 따르는 표적과 권능을 통해서 마술사 시몬이 놀랐습니다.

사실, 복음에 따르는 능력이 나타나야 하고, 그 능력은 능히 사람들을 놀라게 하는 것입니다. 이 능력은 초자연적인 기적일 것입니다. 마술사 시몬이 하는 것보다 더 큰 기적이었을 것입니다. 힘 대결에서 이긴 것입니다. 모세가 이집트 마술사들을 그 능력에서 이겼듯이 빌립이 그 능력에서 시몬을 이겼습니다. 지금도 이런 기적이 우리에게 많이 일어나야 합니다.

오늘날에는 사람들이 마술에 놀라지 않습니다. 오늘날에는 사람들이 돈에 놀라고, 욕심을 버리는 것에 놀랍니다. 법정 스님이 무소유로 사람들을 놀라게 했다면, 기독교인 지도자는 그것보다 더한 것으로 세상을 놀라게 할 수 있어야 합니다. 최근 지구촌교회 진재혁 목사님은 담임 목사직을 사임하고 아프리카 선교사로 간다고 합니다. 소망교회 김지철 목사님은 교회에서 제공하는 은퇴 전별금을 받지 않겠다고 선언했습니다.

우리는 세상과는 다른 공동체 삶의 모형을 통해서 세상을 놀라게 할 수 있습니다. 한국 기독교 초기에(1908년) 김제 금산교회에서는 머슴이 장로가 되고, 주인이 집사가 되었던 교회가 있습니다. 지주 조덕삼이 아니라 머슴 이자익이 공동 의회 투표에서 장로가 되었는데, 조덕삼은 그것을 하나님의 인도하심으로 받아들였고, 후에 이자익을 신학교에 보내 2대 담임 목사로 청빙했습니다. 현대에는 독재가 아니라 다 중심, 참여적 교회, 지배가 없는 교회, 차별이 없는 교회로 사람들을 놀라게 할 수 있습니다.

무엇보다도 우리는 일상을 삶을 통해 사람들을 놀라게 해야 합니다. 행복하게 삶으로써 사람들을 놀라게 해야 합니다. 지금 세상에는 참된 행복이 없습니다. 이런 때 무엇보다도 개인적으로, 공동체적으로 행복하게 삶으로써 세상을 깜짝 놀라게 해야 합니다. 예수님은 모두가 다 행복한 하나님의 나라를 꿈꾸었습니다. 교회가 그것을 보여주어야 합니다. 교회에 그 나라가 나타나야 합니다.

적용과 실천

지금까지 말한 것이 바로 우리 교회의 하나님 나라 비전입니다. 정말 아름다운 비전입니다. 여러분도 이 비전에 참여하지 않으시겠습니까? 이런 비전 있는 교회가 실제로 세워지고 운영될 때 우리 모두는 놀라운 행복을 누리고, 이것을 보는 외부인들이 깜짝 놀랄 것입니다. 우리 모두 사람을 놀라게 하는 교회를 만들어 갑시다.

31. 사마리아 사람들의 성령 체험
(8:14-17)

사도행전에는 2장을 비롯해서 8장, 19장 등에는 예루살렘과 사마리아와 에베소에 성령이 임한 것이 기록되어 있습니다. 신약 학자 마이클 그린(Michael Green)은 이렇게 성령이 폭발적으로 임한 후 첫 삼십 년이 이후 기독교 역사를 결정했다고 말했습니다. 초기 교회에서는 오순절에 임한 성령과 그 후에 사마리아와 땅끝에서 임한 성령으로 인해 놀라운 교회 성장이 일어났습니다. 그런데 그 후 교회는 이러한 능력을 상당한 정도로 잃어버렸습니다. 교회에서 성령 체험하는 일이 흔치 않았습니다. 교회 생활은 성령의 역동적인 체험으로 이루어지기보다는 목사의 설교와 성만찬을 거행하는 것과 교회법을 따르는 것으로 대체되었습니다. 교인들과 목사들은 이러한 것에 익숙하여 교회 생활은 의례히 그런 것이려니 했습니다.

그런데 백 년 전에 한 사건이 일어났습니다. 신학 대학도 아닌 성경학교만을 잠시 이수한 흑인 목사 시무어(W. Seymour)가 1906년 4월쯤 미국 L.A.의 허름한 아주사 거리에서 기도회를 시작했습니다. 그런데 놀라운 일이 일어났습니다. 사람들이 사도행전에 기록된 것과 같은 성령을 체험하는 일이 폭발적으로 일어난 것입니다. 이 모임은 몇 달 만에 수백 명으로 성장했고 얼마 지나지 않아 미국 전역과 세계에 선교사를 파송했습니다. 이 일은 너무나 놀라운 일이었기에 당시의 신문들은 이 일을 대서특필했습니다. 그런데 대부분은 혹평이었습니다. 흑인과 백인이 같이 예배를 드릴 뿐만 아니라 예배 중에 흑인 남성이 백인 여성과 허그를 하고 방언을 하는 등 미풍양속을 해치는 일이 발생했다는 보도였습니다. 심지어 경찰이 교회에 와서 이것 때문에 교인들을 감옥에 가두기까지 했습니다.

그런데 이때 시무어 목사가 주창한 것이 바로 초대 교회의 사도들의 신앙으로 돌아가자는 것이었습니다. 단체 이름도 사도적 신앙 선교회(Apostolic Faith Mission)였습니다. 교회가 관습에 젖어 잊어 버렸던 사도들의 신앙을 되찾자는 운동이었습니다. 그리고 그 사도들의 신앙은 바로 오순절에 임한 성령에 그 핵심이 있다는 것을 시무어 목사는 간파했습니다. 그래서 이 운동을 오순절 운동이라고 했습니다. 처음에는 이 운동이 기존 교회에서 제대로 대우받지 못했던 낮은 계층의 사람들에게서 주로 호응이 있었습니다. 주로 흑인들, 남미계 이민자들이 여기에 모였습니다. 하지만 곧 이 운동은 백인들을 비롯한 모든 인종과 모든 계층의 사람들에게 퍼졌고 급기야는 기존 교회도 이 운동을 받아들이게 되었습니다. 20세기 교회 성장 바로 이 운동이 이끌었습니다. 우리나라에서도 급성장한 교회의 상당수는 바로 이 오순절 운동의 영향을 받은 교회들입니다.

사마리아에 임한 성령

그런데 이것이 본문과 무슨 관계가 있습니까? 초기 교회에서 오순절 날 예루살렘에서 성령이 임한 후 다른 곳, 다른 시간에 성령이 임한 최초의 사건이 바로 사마리아에 임한 성령 사건입니다. 만약 성령이 오순절에 그것도 주로 사도들과 120명의 부활의 증인들에게만 임했다면 성령 받는 사건은 하나의 역사적 사건으로만 받아들일 수 있을 것입니다. 하지만 누가는 성령 받는 것이 초기 교회 어떤 특정 시점과 특정한 사람들에게만 임했던 것이 아니라 "예루살렘과 온 유대와 사마리아와 땅끝까지 이르러" 나타나기를 소망했기 때문에 이 기사를 포함시킨 것입니다. 후에는 소아시아 지방에 있는 에베소에 임한 성령에 대해서도 19장에 기록하고 있습니다.

요지는 초기 교회 성도들처럼 신앙생활하려면 우리도 지금 성령을 체험해야 한다는 것입니다. 사실 사마리아 사람들은 처음에는 주 예수 그리스도의 이름으로 세례를 받아 구원받았지만 성령을 체험하지는 못했었습니다. 에베소 교인들은 예수를 믿었지만 성령이 있음도 들어보지 못했다고 말했습니다. 바울이 "너희가 믿을 때에 성령을 받았느냐?"라고 묻고, 에베소 교인들은 "아니요, 우리는 성령이 있다는 것조차 들어보지 못했습니다."(행 19:2)라고 대답했습니다. 우리 중에도 예수를 믿고 구원받았지만 성령 체험하는 것을 들어보지도 느껴보지도 못한 사람들이 많습니다. 이러한 사람들에게 바울은 오늘도 질문합니다. "여러분이 믿을 때에 성령을 받았습니까?"

본문 14절에 보면 사마리마 사람들이 "하나님의 말씀을 받았다"고 했습니다. 이 말은 이 사람들이 예수를 그리스도로 믿었다는 뜻입니다(행 11:1). 이들은 빌립의 전도를 받고 예수를 믿은 자들입니다(12절). 이제 이들은 천국백성이 된 것입니다. 그런데 이들이 예수를 믿었다는 소식을 예루살렘에 있는 사도단이 듣고 사도의 대표인 베드로와 요한을 사마리마에 급파했습니다. 왜 그랬습니까? 새신자 교육을 하기 위해서였습니까? 이들이 다른 교파에 들어가지 못하게 하여 자신들의 수하에 놓기 위해서입니까? 아닙니다. 예수를 갓 믿은 사람들에게 성령 체험이 있다는 것을 전파하고 또 그것을 체험하게 하기 위해서였습니다. 이들은 사마리아에 도착하자 곧바로 사마리아에서 예수를 믿은 사람들에게 성령받기를 기도합니다.

사실 교회에서 많은 문제는 성령 체험이 없는 것에서 발생합니다. 성령을 체험하면 인본주의적 그리스도인이 영적인 그리스도인이 됩니다. 성령을 체험하면 영적인 깊은 세계에 들어가기를 소망하게 됩니다. 성령을 체험하면 삶이 불평보다는 기쁨으로 가득 차게 됩니다. 성령을 체험하면 하나님의 임재를 동시에 체험하여 구원의 확신이 생깁니다. 성령을 체험하면 복음을 담대히 전하고자 하는 열망이 생깁니다. 성령을 체험하면 놀라운 교회 성장이 일어납니다.

성령 체험의 본질과 체험 방법

사도행전에서 누가는 성령 세례를 받는다, 성령을 받는다, 성령을 체험한다는 말을 교환적으로 사용하고 있습니다. 누가복음과 사도행전에 보면 누가는 예수를 성령으로 세례 주는 분으로 소개합니다. 그리고 예수님은 제자들에게 성령의 세례를 줄 것을 약속합니다. 여기서 성령으로 세례를 받는다는 말은 성령을 받는다, 성령이 임한다, 성령이 충만하게 된다는 등 다양한 표현으로 쓰입니다. 요체는 성령의 은혜에 우리의 몸이 한 번 깊이 잠기는 것입니다. 세례를 받을 때 몸이 물에 잠기듯이 최초로 성령의 역사에 우리의 몸이 깊이 잠기는 체험이 바로 성령 체험입니다.

어떤 사람은 이렇게 말할지 모릅니다. "로마서에 보면 성령이 없으면 그리스도의 사람이 아니라고 했기 때문에 예수를 믿으면 성령을 받은 것인데, 무슨 성령을 또 받으라고 하는 것인가?" 잘 지적했습니다. 로마서에서 성령이 어떤 사람 속에 거한다는 말은 성령을 마음속에 받아들여 예수를 그리스도로 영접한다는 말입니다. 하지만 사도행전에서 성령을 받는다는 말은 "오직 성령이 너희에게 임하시면 너희가 권능을 받고"(행 1:8)에서처럼 성령의 능력을 체험하는 것입니다. 또 요엘서에 있는 "내 영으로 모든 육체에 부어주리니"라는 말씀처럼 성령이 신자의 몸에 여러 현상으로 임하는 체험이 바로 성령 체험입니다. 본문에도 사람들에게 성령이 몸에 임하는 것을 사람들이 목도할 수 있는 현상입니다. 이러한 성령을 체험한 사도들은 완전히 달라졌습니다. 마음과 몸으로 하나님의 임재를 통전적으로 체험한 이들은 담대한 신앙을 갖게 되었고 세상을 뒤흔드는 사람들이 되었습니다.

적용과 실천

여러분은 다음의 세 종류 중에 하나에 속할 것입니다. 첫째, 아직도 그리스도의 제자가 되기로 결단하지 않은 채 교회당을 왔다갔다 하는 사람입니다. 저는 오늘 처음 교회에 나온 사람을 나무라는 것은 아닙니다. 하지만 수년을 교회 뜰을 밟으면서 아직도 그리스도의 제자가 되어 그의 말씀대로 살기로 결단하지 않았다면, 여러분 오늘 결단해야 합니다. 예수의 제자가 되는 것은 이제 자신의 삶의 주인이 자신이 아니라 바로 그분이라는 것입니다.

둘째, 또 우리 중에는 예수를 믿었지만 자신을 위해서 믿는 사람이 있습니다. 본문 앞뒤에 나오는 마술사 시몬이라는 사람이 바로 그런 사람이었습니다. 이 사람은 마술을 행하여 큰돈을 벌고 있던 사람인데, 빌립이 와서 더 큰 기적과 축사가 일어나는 것을 보고 세례를 받고 예수를 믿기를 결정했습니다. 그런데 베드로와 요한이 와서는 안수하고 기도하자 사람들이 성령으로 세례를 받는 것을 보고 그 능력을 돈으로 사려고 했습니다. 어떤 사람은 예수도 믿지 않으면서 "할렐루야 분식점"을 내려고 교회에 나옵니다. 무엇 때문입니까? 장사하기 위해서입니다. 혹시 우리 중에도 더러운 이익 때문에 신앙생활 하는 사람은 없습니까? 우리는 이 부분에서 자신을 돌아보아야 합니다.

셋째, 우리 중에는 예수를 올바로 믿고 신앙이 성장하고 인격화되어 모범적인 신앙인이지만 성령을 체험하지 못한 사람이 있습니다. 사도행전에 나오는 에베소 교인들이 그랬습니다. 이들은 위대한 성경 교사였던 아볼로에게 배워서 성경 말씀도 잘 알고 있었고 아마도 그렇다면 성화된 그리스도인이었을 것입니다. 그런데 이들은 성령에 대해서 들어보지 못한 것입니다. 들어보지도 못했으니 체험했을 리는 만무합니다. 바로 그때 바울이 그곳에 가서 성령 세례를 소개해주고 안수하자 성령의 능력이 그들에게 임했습니다.

여러분은 어떤 상태에 있는 신자입니까? 더 이상, 하나님과 세상에 양다리 걸치는 유사 신앙인에 머무르지 맙시다. 더 이상 자신의 사적 이익을 위해 그리스도를 따른다고 말하지 맙시다. 더 이상 무기력한 그리스도인에 머무르지 맙시다. 우리 모두 초기 교회가 체험했던 그 성령을 체험합시다. 우리 모두 성령 체험을 목말라합시다. 우리 모두 머리를 하나님께 숙이고 그분의 은혜가 임하도록 우리의 몸과 마음을 하나님께 맡깁시다. 전통과 인습에 머물지 말고 성경에 있는 것을 적극적으로 체험하려는 신앙인이 됩시다.

32 | 우리 시대의 마술사 시몬은 누구인가?
(8:18-25)

　영어 단어 시모니(Simony)는 본문에 나오는 시몬(Simon)과 돈(money)을 합성해서 만든 단어입니다. 시몬은 사도들이 안수하자 사람들이 성령을 받는 것을 보고, "아 이거 하면 돈 벌이가 되겠구나!" 생각하고 사도들에게 그 권능을 사려고 합니다. 여기에서 유래해서 이 단어는 주로 "성직 매매"라는 뜻으로 쓰입니다. 그런데 본문에서 시몬이 사려고 했던 것은 성직이 아니라 성령 체험을 주는 "권능" 혹은 "권세"입니다. 물론, 그런 능력을 하나님은 아무에게도 주시지도 않거니와, 사람이 그것을 사고 팔 수 있는 것은 더더욱 아닙니다.

　이 단어가 생겨나게 된 배경에는 어느 시대든 종교의 본질에는 관심이 없고 종교를 이용해서 자신의 사익을 얻으려고 하는 사람들이 많기 때문입니다. 지금도 Simony가 있고, 마술사 시몬을 따르는 "시몬주의자들"이 계속 있습니다. 시몬주의자는 교묘하게 크리스천의 옷을 입고 있기 때문에, 우리는 그들을 신실한 크리스천이라고 오인하기도 합니다. 그래서 우리는 과연 누가 오늘날의 시몬인가를 본문을 통해서 밝혀내고, 우리가 어떻게 거기에 빠지지 않을 수 있을지를 생각해 보겠습니다.

마술사 시몬은 누구인가?

첫째, 시몬은 마술사 출신 크리스천이었습니다(행 8:9). 그는 예수를 믿고 세례도 받았고, 예수의 제자 빌립을 따라다니기도 했지만, 마술적 세계관을 버리지는 않았습니다. 마술사 시몬이 크리스천이 된 이후에도 본래 마술사의 세계관을 버리지 않았다는 증거는 그의 생각에 나타나 있습니다. 그는 사람이 가진 재능이나 영적인 역사도 다 돈으로 바꿀 수 있다고 보았습니다. 그에게 있어서 마술은 돈벌이 수단이었는데, 그는 기독교를 더 큰 마술을 부리는 종교로 생각했던 것 같습니다. 그래서 그는 빌립을 통해 나타나는 기적에 매료되었고, 베드로와 요한의 안수로 사람들이 성령을 받는 것을 보고, 이 마술은 굉장한 마술이고, 이 능력이 있으면 돈벌이가 되겠구나 하고 생각한 것이지요.

둘째, 마술사 시몬은 성령 체험에 놀라워하기는 했지만, 그는 성령 체험을 받아들인 사람이 아니라 구경꾼이었습니다. "시몬이 사도들의 안수로 성령 받는 것을 보고…"(18절) 그는 예수를 믿되 자신의 세계관은 그대로 유지하기를 원했습니다. 그래서 자신이 완전히 변하는 성령받기는 거부한 것입니다. 다만, 그러한 능력이 있으면 돈벌이가 되겠구나 하는 생각을 한 것이지요.

셋째, 오늘날로 말하면 마술사 시몬은 자본주의에 입각해서 사는 소시민이라고 할 수 있습니다. 사실, 그는 무엇을 공짜로 얻으려고 한 사람은 아니었습니다. 무엇이든 정당하게 돈을 주고 교환하려고 한 사람이었습니다. 그런 면에서, 그는 오늘날로 말하면 자본주의자입니다. 자본주의자의 입장에서 보면 그가 베드로와 요한을 통해서 하나님이 주신 성령 체험의 권능을 돈으로 사려고 한 것은 그리 이상하지도 나쁜 것도 아닙니다.

사실, 당시나 지금이나 일반인의 시각으로 보면 마술사 시몬은 극악한 사람은 아닙니다. 그에게는 겸손한 모습과 솔직한 모습도 보입니다. 그는 사마리아에서 마술을 행하여 일약 스타가 된 사람이었고, 사람들로부터 그 능력을 인정받았음에도 불구하고, 기독교인이 되어서 빌립을 따르고, 나중에는 베드로와 요한에게도 공손하게 대합니다. 요즘으로 말하자면 사회적인 명사가 교회에 나와 겸손하게 목사님 말씀도 잘 듣고 공손한 것이지요.

그런데, 베드로는 시몬을 극악한 사람이라고 말합니다. 첫째, 베드로는 마술사 시몬의 기본 사고가 하나님 나라와는 전혀 관계없는 마술적 세계관에서 온 것이라고 보았습니다. "베드로가 이르되 네가 하나님의 선물을 돈 주고 살줄로 생각하였으니 네 은과 네가 함께 망할지어다."(20절) 여기서 '멸망'은 요한복음 3장 16절에 쓰인 영생의 대척어입니다. 구원받지 못한다는 것이지요. 성령을 돈벌이로 이용하려는 생각, 그것은 멸망할 생각입니다. 베드로는 직접적으로 그에게 이렇게 심판을 선포합니다. "하나님 앞에서 네 마음이 바르지 못하니 이 도에는 네가 관계도 없고 분깃 될 것도 없느니라."(21절) 시몬의 문제는 마음이 "똑바르지 못하다"는 것입니다. 그는 마음이 굽어 있어, 사심으로 종교를 가진 것입니다.

둘째, 베드로는 시몬이 이러한 생각을 한 것은 본래 그의 마음이 완전히 부패된 상태였기 때문이라고 진단합니다. "내가 보니 너는 악독[쓴 담즙]이 가득하여 불의에 매인 바 되었도다."(23절) 시몬의 마음은 부패하고, 구부러진 것이었습니다. 베드로는 아나니아에게서 "네 마음에 사탄이 가득"한 것을 봅니다(행 5:3). 마찬가지로, 시몬에게서 매우 악독한 상태와 불의에 완전히 포로가 된 상태를 봅니다.

정리해 보면, 마술사 시몬은 크리스천이 되었지만 이전에 가졌던 세계관을 버리지 않았기에, 성령 체험을 일종의 마술로 여기고, 당시 마술사들의 풍습대로 그 능력을 돈으로 사려고 한 사람이었습니다. 당시 일반인들이 보기에 이러한 행동은 큰 문제가 없었지만, 베드로가 보기에 이런 사람은 완전히 사탄에 매인 사람이었습니다.

오늘날의 마술사 시몬은 누구인가?

그렇다면 오늘날에도 이러한 일이 있지 않을까요? 일반인들이 보기에는 아무 문제없는 크리스천이지만, 성경적으로 볼 때 시몬같이 악독이 가득하고 불의에 매인 바 된 사람이 있을까요? 제가 보기에는 현대 교회에서 마술사 시몬 같은 사람이 많이 있습니다.

오늘날의 시몬은 누구이겠습니까? 먼저, 아닌 것부터 살펴보겠습니다. 첫째, 오늘날에는 마술이 다 가짜라는 것을 알기에 오늘날에는 마술사는 엔터테이너일 뿐입니다. 그래서 마술사 출신의 크리스천이라고 해서 오늘날의 시몬은 아닙니다. 둘째, 요즘에는 영적인 것에 별 관심이 없어서 영적인 능력을 돈으로 사려 하는 사람은 별로 없습니다. 실례로, 제가 교회에서 많은 집회를 했고, 그 집회를 통해서 사람들이 성령의 은사를 체험한 경우가 있지만, 지금까지 한 사람도 저에게 돈을 싸들고 와서 그 능력을 사겠다고 한 사람은 없었습니다. 그래서 영적인 권능을 돈으로 사겠다는 사람으로서의 시몬은 별로 없습니다.

그렇다면 오늘날의 시몬은 누구입니까? 요즘에는 시몬이 다른 이름으로 가장하여 있기 때문에 누가 시몬인지 구별하기 어렵습니다. 하지만 그 외모가 아니라 그 생각을 분석해 보면 누가 시몬인지 알아낼 수 있습니다. 무엇보다도 시몬의 최종 목적은 돈으로 대표되는 사익(私益)입니다. 예수를 믿고 세례를 받고 교회에 다니면서 다른 사람과 같이 종교 생활을 다 하지만 신앙을 이용해서 사익을 얻으려는 것입니다. 그는 마음이 완전히 쓰디쓴 담즙 상태이고, 불의에 완전히 사로잡혀 있는 사람입니다.

우리는 크리스천이라도 어느 정도 돈을 추구하고, 실수를 하고, 불의를 행합니다. 그런데 시몬의 경우는 그렇게 부족해서 실수를 하는 정도가 아니라 완전히 불의에 매여 불의의 종이 된 상태입니다. 이런 사람이 크리스천 공동체에 남아 있으면 그 악이 전파되고, 교회가 순수성을 유지하기 어렵습니다. 그래서 베드로는 심하다 싶을 정도로 시몬에게 심판을 선포합니다. 우리도 시몬이 교회에 침투하면, 이것을 심각하다고 보고 퇴치해야 합니다. 이것은 시몬주의입니다.

첫째, 시몬주의는 돈에 대한 태도에서 가장 분명하게 나타납니다. 겉으로는 여러 모습으로 보이지만, 최종 목표는 사익을 얻으려고 하는 것이 전형적인 시몬주의입니다. 어떤 사람이 시몬주의자인가 보려면 그 사람이 돈 쓰는 것을 보면 됩니다. 시몬주의자가 돈을 쓰는 것도 결국은 더 많은 돈을 얻기 위해서입니다. 마술사 시몬은 솔직하게 돈을 좋아하는 것을 말하지만 요즈음 시몬주의자는 오히려 그 반대로 말하는 경우가 많습니다.

둘째, 우리 문화에서 어떤 사람이 시몬임을 가장 확실히 알 수 있는 것은 그 사람이 남을 지배하기 위해서 권력을 추구하는가를 보면 됩니다. 시몬주의자는 힘을 숭배하며, 힘없는 사람들을 지배하고, 힘없을 때는 권력자에게 아부하는 사람입니다. 한 교수에게서 이런 말을 들었습니다. "강사일 때 30m 앞에서 뛰어와서 인사를 하더니, 우리 학교 교수가 되더니

본체만체하더라." 물론, 인사를 받으려고 기다리는 사람도, 그렇게 인사하는 사람도 다 문제입니다. 또 힘쓰던 어떤 사람은 이렇게 말합니다. "나에게 그렇게 잘하던 사람이 힘이 떨어지니 배반하더라." 여기서도 그렇게 잘하기를 기대하는 것도 자신의 힘을 사용하려고 하는 것이요, 힘이 없을 때 배반하는 것도 힘을 숭상하는 것입니다. 힘에 대한 숭배, 그것은 시몬주의 현상입니다.

셋째, 성(性)을 잘못되게 쓰는 것도 시몬주의입니다. 성폭력과 성추행은 나쁜 마음이 있는 상태에서 힘의 위계가 클 때 흔히 발생합니다. 이것은 힘으로 남을 지배하는 것입니다. 그래서 가부장제적 행동과 성폭력은 그 뿌리가 같은 것입니다. 힘에 의한 지배입니다. 과거에 영웅호색이라는 말이 있는데 사실 과거의 영웅은 권력자일 뿐입니다. 또 영웅들이 정치적인 일의 스트레스를 약자를 지배하면서 풀려고 해서 일어났던 일들이 성폭력입니다.

리처드 포스터는 『돈, 권력, 섹스』라는 책을 썼는데, 잘못 사용하면 이 세 가지가 악의 삼둥이가 될 수 있음을 통찰했습니다. 수년전 청년들에게 인기를 끌었던 목사가 성 스캔들에 걸렸는데, 그는 지식인이었지만 의외로 가부장제적 지배자였습니다. 이것은 하나의 극명한 예입니다. 우리는 한 가지를 보면 나머지는 수면 아래 숨어 있는 것을 알 수 있습니다.

정리하자면, 오늘날의 시몬주의는 신앙이라는 이름으로 다음과 같은 것을 행하는 것입니다. 힘이 없을 때는 적극적으로 아부합니다. 힘 있는 사람이 원하는 것은 아첨이든, 몸이든 뭣이든 바칩니다. 힘이 생기면 지배합니다. 자신의 권력 내에 있는 것은 다 자신의 것이기에, 그것을 부정하는 사람은 다 내칩니다. 겉으로는 돈에 무관심한 것처럼 행동하지만 속으로는 돈에 민감한 것을 넘어 교환 가치로서 최고인 돈을 추구합니다. 교회 재정에 대해서는 말이 많지만, 정작 자신은 헌금을 최소한도만 합니다. 신앙의 열심을 내지 않습니다. 최종 목적이 신앙적인 것이 아니기에 교회에서 영적인 일에는 무관심합니다. 이 종교 생활을 통해서 무엇인가 얻을까를 잽니다. 착하게 살라는 윤리적인 설교에는 감동이 되지만, 회개하고 성령을 받으라는 설교에는 반감이 생깁니다.

그러면 어떻게 할 것인가?

베드로가 시몬에게 한 말은 단순합니다. 회개하라는 것입니다. "그러므로 이 악함을 회개하고[이 악함에서 돌아서고] 주께 기도하라. 혹 마음에 품은 것[의도]을 사하여 주시리라."(22절) 시몬은 악한 마음에서 악한 말을 했습니다. 그리고 그것에 대한 심판의 메시지를 베드로에게서 들었습니다. 하지만 회개할 기회는 있습니다. 첫째, 회개는 그 악함에서 돌아서는 행동입니다. 행동 없이는 회개한 것이 아닙니다. 그리고 주님께 회개하는 기도를 해야 합니다. 둘째, 마음속에 있는 악한 의도를 버리면 사함을 받을 수도 있다는 것입니다. 그러려면 자신이 그렇게 악한 의도가 있다는 것을 인정해야 되고, 깨달아야 합니다. 그래야 사함을 받을 수 있습니다

이러한 베드로의 회개 요구가 있자 시몬은 이렇게 말합니다. "시몬이 대답하여 이르되 나를 위하여 주께 기도하여 말한 것이 하나도 내게 임하지 않게 하소서 하니라."(24절) 이것이 시몬의 회개의 표시일까요? 아마도 아닐 것입니다. 출애굽기 8:8에 보면 애굽 왕 바로는 개구리 천지가 되는 일이 모세를 통하여 일어나자 "여호와께 구하여 나와 내 백성에

게서 개구리를 떠나게 하라"고 요청합니다. 물론, 바로는 이때 회개하지 않은 것입니다. 다만, 이 상황을 모면하려고 한 것입니다. 시몬도 스스로 회개하면 될 것을, 벌만 받지 않게 해달라고 요청한 것은 회개한 것이 아닌 것입니다.

우리 중에 시몬과 같은 사람이 있다면, 회개해야 합니다. 완전히 길을 돌이켜야 합니다. 그렇지 않으면 베드로의 심판의 말대로 "멸망"합니다 (행 8:20). 문제는 오늘날의 시몬은 자신이 시몬인 것을 모른다는 것입니다. 우리 중에 시몬과 같은 사람에게 아부하고 따르려는 사람이 있다면 역시 회개하고 길을 돌이켜야 합니다. 돈, 권력, 섹스를 추구하는 사람을 따르는 사람도 시몬주의자고, 시몬의 제자입니다. 회개하지 않는다면 시몬과 같은 심판을 받게 될 것입니다.

33 전도자 빌립이 전한 복음
(8:26-40)

어떤 사람의 별명은 그 사람의 이름보다도 더 그 사람의 특징을 잘 나타냅니다. 사람들은 야구 선수 이승엽을 국민 타자로, 안성기를 국민 배우로, 문근영을 국민 여동생으로 부릅니다. 수영 선수 박태환과 피겨 스케이터 김연아를 국민 남매라고 합니다. 선동열은 얼마나 귀한지, 국보급 투수라고 불립니다. 이런 사람들은 모두 그렇게 불릴만한 능력과 자질이 있는 사람들입니다.

신약 성경에 나오는 인물을 보면 이름과 함께 별명 혹은 칭호가 따라다니는 사람들이 있습니다. 바울 하면 사도, 스데반 하면 순교자, 예수의 제자 요한 하면 사랑의 사도, 사가랴의 아들 요한 하면 세례자 등입니다. 예루살렘 교회의 일곱 일꾼 중의 하나였던 빌립은 전도자입니다. 요즈음 교회에 전도왕이 많습니다. 이른바 진돗개 전도왕, 아줌마 전도왕, 의사 전도왕 등입니다. 그런데 그 원조가 바로 빌립입니다. 빌립은 전도왕보다도 더 명예로운 호칭인 "전도자"(행 21:8)라고 칭해졌습니다. 한글 개역개정판 사도행전 21:8에는 빌립은 집사라고도 칭해져 있는데 그것은 원문에 없는 것을 의미상 첨가한 것입니다. 원문에는 일곱 명의 일꾼 중의 하나인 전도자 빌립이라고 기술합니다.

사도행전 8장은 전도자 빌립이 사마리아와 유대 지역에서 전도한 내용을 담고 있습니다. 흥미로운 것은 사도들에게 주님께서 말씀하신 사도행전 1:8의 약속이 사도들에 의해서가 아니라 예루살렘 교회의 일곱 일꾼 중의 하나였던 빌립에 의해서 성취되었다는 것입니다. 예수님의 약속에 따라 성령을 체험하고 유대와 사마리아 지역에 와서 처음으로 전도한 이는 빌립이었습니다. 그래서 그 사람의 이름은 영원히 전도자로 기억되는 것입니다.

성령에 이끌리어

그런데 빌립이 유대와 사마리아 지역에서 전도자가 된 것은 그가 계획해서 된 것이 아니었습니다. 외적으로는 스데반의 순교 후 예루살렘에 박해가 일어나서 교인들이 박해를 피해 흩어지는 과정에서 자연스럽게 일어난 것입니다. 스데반이 순교를 한 그 날 "예루살렘에 있는 교회에 큰 박해가 있어 사도 외에는 다 유대와 사마리아 모든 땅으로 흩어지니라."(행 8:1) "그 흩어진 사람들이 두루 다니며 복음의 말씀을 전할 새" 빌립은 사마리아 성에 내려가서 복음을 전파해서(8:4-5) 결국 많은 사람들이 예수를 믿었습니다.

그런데 이때 빌립은 성령에 이끌리어 유대 북쪽에 있던 사마리아에서 유대 남쪽의 가자(가사) 지역에 복음을 전하게 되었습니다. "주의 사자"가 빌립에게 직접 가자로 내려가는 길까지 가서 복음을 전하라고 합니다(26절). 여기서 "주의 사자"가 다름 아닌 "성령"임을 알 수 있습니다(29절). 또 빌립이 에디오피아 내시를 전도하고 세례를 준 후 성령은 빌립을 다른 곳으로 인도합니다. 그래서 빌립은 성령에 이끌려서 전도를 한 것입니다.

신구약 성경을 읽다보면 하나님은 고춧가루 뿌리듯 은혜를 주시는 분이 아니라 인류 구원을 위한 구체적인 계획을 가지고 있다는 것을 알 수 있습니다. 하나님은 예수를 통하여 예루살렘, 유대와 사마리아, 땅끝이라는 복음의 확장 지도를 제자들에게 보여 주셨습니다. 그 지도를 완성해 가는 분이 바로 성령이었습니다. 빌립을 인도해서 사마리아와 유대 지역에 전도를 하게 한 것입니다. 성령이 주권적으로 하나님의 뜻을 이루어 나간다는 것이 사도행전의 중요한 가르침입니다.

사도행전 29장을 쓰고 있는 우리에게도 이것은 마찬가지입니다. 하나님은 우리 각자에게 뜻을 가지고 있으시고, 그 뜻은 성령을 통해서 우리가 깨닫게 되고, 우리는 그 음성에 순종함으로 하나님의 뜻이 이루어지는 것입니다. 우리는 지금 얼마나 성령의 음성을 듣고 있습니까? 이성이나 경험으로만 하루하루의 인생길을 걸어가고 있지는 않으신지요? 그것은 전형적인 그리스도인의 삶이 아닙니다. 자신의 이성과 경험을 뛰어넘는 하나님의 직접적인 개입이 날마다 우리의 삶에 이루어져야 합니다.

에디오피아 내시

빌립이 전도한 이는 에디오피아 내시입니다. 당시 에디오피아에는 왕이 있었지만 지나치게 종교적이어서 일상적인 일에는 관심을 두지 않았고, 그래서 왕의 어머니가 여왕이라는 직책으로 대신 통치했습니다. 여왕을 모셔야 하니, 지근에서 모시는 사람은 내시가 맡았습니다. 본문에 나오는 이 사람은 바로 이런 사람이었는데, 그는 간다게로 불리며 여왕의 모든 국고를 맡은 관리였습니다. 이것을 통해 이 사람이 고위 직책을 가진 사람이었고 여왕의 신임을 받았던 사람임을 알 수 있습니다.

이 사람은 평상시 유대교에 관심이 있던 자로서 이방인으로서 유대교에 귀의한 '하나님을 두려워하는 자들' 가운데 한 사람이었을 것입니다. 그래서 먼 길이고, 많은 비용이 드는 여행이었지만 예루살렘까지 하나님을 예배하기 위해 방문한 것입니다. 그는 예루살렘에 와서 유대인의 축제에 참석하고 돌아가던 길이었습니다. 아마도 이 사람은 유대인들이 쓰는 아람어는 하지 못했을 것이고, 또 히브리어 성경도 읽을 수 없었을 것입니다. 하지만 당시 헬라어로 번역된 구약 성경(칠십인 역 성서)은 읽을 수 있었습니다. 귀국하는 길에 그는 이사야서를 읽고 있었습니다.

요즘 우리는 성경을 눈으로 읽는 경우가 많지만 당시에 책을 읽는다는 것은 큰 소리를 내어 읽는다는 것을 의미했습니다. 이 사람은 수레를 타고 큰 소리로 이사야서를 읽고 있었습니다. 이때 성령은 빌립에게 그 수레로 나아가라고 명령합니다. 성령은 어떤 타이밍에 어떤 사람에게 무엇을 말해야 하는지를 정확히 알고 있는 분입니다. 그래서 빌립은 에디오피아 내시에게 묻습니다.

> 빌립: 당신이 지금 읽는 것이 무슨 뜻인지 압니까?
> 내시: 지도해 주는 사람이 없으니 어떻게 알 수 있겠습니까?

빌립은 질문을 잘 했고, 이제 내시가 궁금해 하는 것을 대답해 줄 기회를 얻었습니다. 내시는 빌립에게 수레에 올라타라고 말하고 자기가 읽은 성경 구절을 보여주었습니다. 그것은 유명한 고난당하는 야웨의 종의 노래(사 52:13-53:12) 중의 한 구절이었습니다. 여기서 고난의 종은 본래 바벨론 포로 시기에 활동했던 무명의 예언자를 지칭했던 것이었는데, 신약 성경에서는 이것을 십자가를 지고 고난당하는 메시아 예수를 지칭하는 것으로 봅니다.

어쨌든 에디오피아 내시는 이 구절을 읽고 빌립에게 질문합니다. 사실 이 구절의 뜻이 무엇인가를 질문하지 않을까 기대되었는데, 그 내시는 여기서 말하는 고난당하는 종이 누구인지를 질문합니다. 선지자 자신을 지칭하는 것인지, 아니면 다른 사람을 지칭하는 것인지 묻습니다. 이것만 보면 내시는 벌써 반은 그리스도인이 된 것 같습니다. 올바른 질문을 하고 있으니까요. 바로 이 고난당하는 종은 구약에 예표 되었는데, 그분이 바로 그리스도이신 예수라는 것이 답이었습니다.

빌립은 이 질문에 대해서 입을 열어 대답합니다. 빌립은 답한 내용을 자세히 말하지 않습니다. 단순히 "이 글에서 시작하여 예수를 가르쳐 복음을 전"합니다(35절). 빌립은 구약 성서를 하나님의 말씀으로 믿는 이방인에게 그 말씀을 풀어서 전도를 했습니다. 그런데 결국 전도의 내용은 예수 그리스도였습니다. 이사야서 본문이 지칭하는 분이 바로 예수라는 것입니다. 전도란 예수를 전하는 것입니다. 예수가 바로 구약 성서에 예언되었던 그 메시아라고 말하는 것입니다.

메시아 예수

예수 자신과 사도들은 복음서와 사도행전에서 누누이 예수는 구약 성경에 예언된 대로 오신분이라는 것을 강조합니다. 그 중에서도 예수는 고난당하는 종 메시아라는 것이 계속해서 나타납니다. 이사야서 52-53장에 걸쳐서 나오는 고난당하는 여호와의 종이 바로 예수라는 것입니다(막 10:45; 눅 22:37; 요 1:29; 행 3:13; 벧전 2:22-25). 빌립도 이사야서 53:7-8로 시작해서 복음을 설명했습니다.

그렇다면 빌립은 고난당하는 메시야를 어떻게 설명했을까요? 본문에는 그 설명 자체는 자세히 나와 있지 않습니다. 빌립은 예수가 왜 메시아로서 고난당해야 했는지를 그 내시에게 설명했을 것입니다. 신약 성경을 토대로 예수가 메시아로서 왜 고난당해야 했는지를 요약해 보면 다음과 같습니다.

첫째, 죄의 용서를 위해서. 예수의 고난과 죽음은 대속적입니다. 예수는 사람들이 지은 죄 값을 대신 치루기 위해 고난당하고 죽임을 당한 것입니다. "인자가 온 것은 섬김을 받으려 함이 아니라 도리어 섬기려 하고 자기 목숨을 많은 사람의 대속물로 주려 함이니라."(막 10:45) "…보라 세상 죄를 지고 가는 하나님의 어린 양이로다."(요 1:29) "이와 같이 그리스도도 많은 사람의 죄를 담당하려고 단번에 드리신 바 되셨고…"(히 9:28)

둘째, 육체의 치유를 위해서. 예수의 고난은 육체의 치유를 위한 고난입니다. 이사야서 53장 5절은 "그가 채찍에 맞음으로 우리가 나음을 받았도다."고 했습니다. 마태는 예수님이 병자를 고치시는 것은 바로 위 말씀이 이루어진 것이라고 하면서 이것을 약간 변형해서 이렇게 인용합니다. "우리의 연약한 것을 친히 담당하시고 병을 짊어 지셨도다 함을 이루려 하심이더라."(마 8:17)

셋째, 마음의 치유를 위해서. 예수의 고난은 사람들에게 참 평안을 주기 위해서였습니다. "그가 징계를 받음으로 우리가 평화를 누리고."(사 53:5) 그 평안은 바로 고난당하신 예수를 생각하면서 우리의 고난 속에서 위로를 얻는 것입니다. "…선을 행함으로 고난을 받고 참으면 이는 하나님 앞에 아름다우니라. 이를 위하여 너희가 부르심을 받았으니 그리스도도 너희를 위하여 고난을 받으사 너희에게 본을 끼쳐 그 자취를 따라오게 하려 하셨느니라."(벧전 2:20-21) "내가 너희에게 말하노니 기록된 바 그는 불법자의 동류로 여김을 받았다 한 말이 내게 이루어져야 하리니 내게 관한 일이 이루어져 감이니라."(눅 22:37) "우리에게 있는 대제사장은 우리의 연약함을 동정하지 못하실 이가 아니요 모든 일에 우리와 똑같이 시험을 받은 이로되 죄는 없으시니라. 그러므로 우리는 긍휼하심을 받고 때를 따라 돕는 은혜를 얻기 위하여 은혜의 보좌 앞에 담대히 나아갈 것이니라."(히 4:15-16)

적용과 실천

결국 어떻게 되었습니까? 내시는 빌립이 전도한 복음을 그 자리에서 받아들였고, 물가가 보이자 곧바로 세례를 받았습니다. 이방인, 그것도 흑인인 에디오피아(구스; 렘 13:23) 사람이, 거기에다 이스라엘 율법에 따르면 절대로 이스라엘 백성의 회중에 들 수 없는 내시(신 23:1)가 구원을 받은 것입니다. 이제 새로운 시대가 되었습니다. 외모로 하나님 백성을 삼는 시대가 아니라 그 사람의 마음의 믿음대로 하나님의 백성이 되는 시대입니다(사 56:3-8).

그 시대를 주님은 전도자 빌립을 통해서 열게 하셨습니다. 본문 마지막 절에 보면 빌립은 성령에 이끌리어 여러 곳에서 전도하다 결국 가이사랴에 이르렀는데, 그 후 빌립은 그곳에 머물렀던 것 같습니다. 바울이 3차 전도 여행을 마친 후 예루살렘에 오는 길에 빌립의 집에 들렀는데 그곳이 바로 가이사랴였습니다(행 21:8). 이제 더 이상 빌립의 전도 여정은 사도행전에 나오지 않지만 그의 별명이 전도자인 것을 보면 그가 초기 교회에서 전도왕이었던 것을 알 수 있습니다.

34 | 청년 사울의 회심과 소명
(9:1-18)

청년 시기는 18세기 독일 문학 운동을 지칭하는 "질풍과 노도"(Strum und Drang)의 시기라고 할 수 있습니다. 청년기는 힘이 주체할 수 없을 정도로 넘쳐흐르는 시기입니다. 또 이 시기는 정의를 위해서 목숨을 기꺼이 바치고자 하는 마음이 넘치는 시기이기도 합니다. 우리나라 근세 역사만 보더라도 4.19 운동과 80년대 민주화 운동을 다 젊은이들이 주도했습니다. 또 이 시기는 무엇엔가 목숨을 걸고 할 일을 찾는 시기이기도 합니다. 사실 이 시기를 어떻게 보내느냐에 따라서 나머지 인생이 결정된다고 해도 과언이 아닙니다.

신앙에 있어서도 마찬가지입니다. 청년기에 어떤 신앙 훈련을 받았느냐에 따라 그 사람의 나머지 신앙 인생이 큰 영향을 받습니다. 그래서 오늘은 이 청년기를 어떻게 보내야 위대한 인생을 살 수 있을까를 고민해 보려고 합니다. 청년 시기는 육체적으로는 피가 끓어오르는 시기이면서도 정신적으로 아직 미성숙한 시기입니다. 청년기에 인생의 모델이 될 만한 사람이 필요합니다.

청년 바울

저는 크리스천 청년의 모델을 청년 바울에게서 찾아보려 합니다. 바울이 회심하고 소명을 발견한 것은 분명히 청년 시절이었습니다. 이후 바울은 위대한 사도가 되었습니다. 사도행전 7:58에 보면 스데반이 사람들이 던진 돌에 맞아 순교할 때 바울은 돌 던지는 사람의 옷을 맡고 있었는데 누가는 바울을 "사울이라 하는 청년"이라고 기록하고 있습니다. 바울이 다메섹에서 회심한 것은 이 사건 후 그리 오랜 시간이 지나지 않은 때이기 때문에 바울이 회심한 것도 바로 청년기였습니다. 또 그가 장년 시기에 놀라운 사역을 하기 전에 회심 후 아라비아 사막에 가서 그 이후의 사역을 준비한 것도 바로 청년기였습니다(갈 1:17).

우리는 청년 바울이 어떻게 고뇌하고 그리스도의 사도가 되었는가를 고찰해 보겠습니다. 먼저, 바울이 청년기까지 무엇을 했나를 간단히 스케치해 보면 이와 같습니다. 바울은 히브리 식으로는 사울 왕처럼 그 이름이 사울이었고 헬라식 이름은 바울이었습니다. 바울은 유대인이었지만 디아스포라 유대인으로서 당시 로마의 관할 하에 있던 다소에서 로마 시민권을 가진 자로 출생했습니다(행 22:3). 아마도 그는 여기서 헬라식 교육을 받고 헬라식 문화를 습득했을 것입니다. 소년 바울은 이제 예루살렘에 와서 가말리엘이라는 유명한 랍비 문하에서 유대교의 율법을 배우면서 자랐습니다. 예루살렘으로 유학 가서 그는 구약 성서와 유대인의 전통을 습득했습니다.

바울은 유대교에서 율법을 잘 지키려고 스스로 구별된 무리라고 부른 바리새파의 일원이었습니다(행 23:6; 26:5). 예수 사역 당시 바리새파들이 자신들의 신념에 따라 예수의 가르침을 받아들이지 않고 예수와 그의 제자들을 박해했듯이 바울도 예수를 혹세무민하는 사람으로 생각했고 그 추종자들을 박해했습니다(행 8:1-3; 9:1-3; 22:4). 그는 스데반의 순교 장면에서 사람들이 돌을 던질 때 그 사람들의 옷을 맡아주는 역할을 하기도 했고, 실제로 예수 믿는 사람들을 박해하여 죽이고 옥에 가두기도 했습니다. 심지어 멀리 다메섹에 예수 믿는 사람들을 잡으러 원정 갈 정도였습니다.

바울이 생각하기에는 예수 믿는 집단들은 이 세상에서 쓸어 없애버릴 못된 가르침을 전파하는 무리였습니다. 스스로를 메시아요 하나님의 아들이라고 주장하는 예수는 혹세무민하는 사람으로, 그를 따르는 무리들은 율법을 모르는 무식쟁이들이라고 생각했습니다. 그는 정통 유대인으로서 마땅히 이들을 없애는 일에 적극적으로 관여해야 된다고 생각했습니다. 그것이 바리새인으로서 마땅히 해야 할 일이라고 보았습니다.

물론 바울은 후에 이것이 잘못된 것이라는 것을 깨닫고 후회하고 회개했습니다. 하지만 바울은 진리에 대해서 열정이 있었던 사람이었습니다. 무엇이든지 진리라고 믿으면 목숨을 걸고 하는 사람이었습니다. 이것이 청년 바울의 장점이었습니다. 바울은 젊은이답게 하나님을 위해서 무엇이 옳은 일인지 늘 관심을 기울여 왔고 그것을 위해서는 자신의 목숨을 조금도 아깝게 여기지 않았습니다. 자신이 믿고 행하는 것에 열정이 있었습니다. 바로 이것이 우리가 청년 바울로부터 배울 점입니다. 젊은이는 아직 미성숙하기 때문에 실수하는 것은 용납될 수 있습니다. 하지만 자신이 하는 일에 열정이 없는 청년은 지도자가 되기 힘듭니다. 하나님이 젊은이들에게 주신 특권은 바로 열정입니다. 무엇이든지 하고자 하는 것입니다. 경영학 분야 베스트셀러 저자인 공병호 박사는 "미래를 준비하는 자기 경영"이라는 글에서 이렇게 말합니다. "내가 좋아하는 단어는 세 단어가 있다. 열정, 호기심, 혁신이 그 세 가지다. 이 셋 중에서 가장 우선으로 꼽는다면 열정을 꼽을 것이다. 열정은 호기심과 혁신을 불러일으키는 원초적 에너지이다."(242-243쪽)

후에 체포되어 유대인들 앞에서 예수님에 대해서 증언할 때 바울은 스스로를 하나님께 대하여 "열심 있는 자"라고 말하고 있습니다(행 22:3). 현대에도 성공한 지도자는 무엇보다도 열정이 있는 자입니다. 시쳇말로 하면 성공하는 사람은 어떤 일에 미친 사람입니다. 하나님이 바울을 선택하신 이유는 바울이 하나님께 대하여 열정이 있던 자였기 때문일 것입니다. 바울의 그 열정은 그가 예수를 믿은 뒤에 그리스도를 위한 열정으로 바뀌었습니다. 바울은 변화된 후 그리스도를 위해 죽기로 결단한 사람이 되었습니다.

여러분은 지금 무엇에 미쳐 있습니까? 많은 젊은이들이 스스로에 미쳐 자기 속에 빠져 있습니다. 자기 세계 속에서 다른 사람을 받아들이지 않습니다. 혹은 자기 이익을 위해 미쳐 있습니다. 하지만 젊은이는 마땅히 옳은 일에 미쳐야 합니다. 예수 믿는 젊은이들은 예수 믿는 일에 미쳐야 합니다. 일반적으로 나이가 들수록 현실적이 되는데 젊은이만은 그래도 보다 이상적이고, 보다 옳은 일에 목숨을 바쳐야 합니다. 젊은이 중에 혹시라도 아무 것에도 미치지 않은 사람이 있습니까? 그것은 젊은이에게 가장 큰 위험입니다. 여러분은 위기에 처한 것입니다. 청년 바울처럼 열심이 있는 사람이 되십시오.

바울의 회심

바울은 열정이 있던 사람이었지만 그것만 가지고 그가 위대한 사람이 된 것은 아닙니다. 바울이 위대한 사람이 된 결정적인 요인은 바로 그가 청년기에 회심을 체험한 것입니다. 그는 극적으로 회심을 체험했습니다. 그는 예수님을 믿는 무리들을 박해하러 가다가 그 도상에서 극적으로 예수님의 음성을 들었습니다. "사울아, 사울아 네가 어찌하여 나를 박해하느냐?" 사실 사울은 예수님을 박해하지는 않았습니다. 그를 따르는 제자들을 박해했던 것이지요. 하지만 예수는 자기를 따르는 제자들을 박해하는 것과 예수를 박해하는 것을 똑같이 여깁니다. 이때 바울은 대답합니다. "주여, 당신은 누구십니까?" 예수님은 이렇게 대답합니다. "나는 네가 박해하는 예수다."

이때 바울은 깜짝 놀랐을 것입니다. 다른 사람도 아닌 자기가 죽여 없애려고 하는 무리의 괴수, 그것도 십자가에 달린 그 자가 나타난 것입니다. 하지만 바울은 율법을 믿고 있던 자로서 이분이 바로 자기가 그토록 고대하고 있던 그리스도라는 것을 이 말씀을 통해서 깨달았습니다. 예수님은 신적 자기 계시를 천명하는 형식으로 "나는…예수다"라고 말씀하신 것입니다. 바울은 신현현을 맛본 것입니다. 바울은 이것을 자신이 부활하신 주님을 만난 것이라고 말합니다(고전 15:8).

부활하신 주님을 만난 바울은 완전히 변했습니다. 그는 이제 자신이 박해하던 분을 주님으로 모시는 사람이 되었고 그분을 위해 목숨을 바쳐 일하는 사람이 되었습니다. 예수를 알기 전에 바울은 율법을 지킴으로 의를 이루려 했지만 마음속에는 고뇌로 가득 찼었습니다. 의를 이루려는 마음과는 달리 그리스도를 알기 전 자신의 마음속에는 온갖 나쁜 소욕으로 가득 차 있음을 발견합니다. 그래서 그는 이렇게 외칩니다. "오호라 나는 곤고한[비참한] 사람이로다. 이 사망의 몸에서 누가 나를 건져내랴."(롬 7:24) 하지만 그는 이제 그리스도 안에서 참 안식과 평안을 누립니다.

　기독교 역사는 회심한 사람들의 역사입니다. 어거스틴도 젊은 시절 방탕한 생활을 하다가 회개하여 그리스도의 품에 안기기 전까지는 참 안식을 누리지 못했다고 고백했습니다. 요한 웨슬리는 회심을 체험한 후 자신이 종의 믿음에서 아들의 믿음으로 바뀌었다고 했습니다. 『믿음으로 성공한 이 시대의 사람들』이라는 책에 등장하는 12명은 모두 회심한 사람들입니다. 열정과 회심과 비전은 모든 성공한 기독교 지도자의 공통점입니다. 여러분도 청년 시절, 회심해야 합니다. 인생의 행복/불행 여부는 바로 회심에 달려 있습니다. 회심하지 않은 사람은 인생의 방향이 올바로 설정되지 못한 것입니다. 부산으로 갈지 평양으로 갈지 알지 못하고 서울역에서 기차를 탄 것과 같습니다. 여러분의 삶의 목적과 목표가 무엇입니까? 여러분 자신입니까? 그렇다면 여러분은 아직 회심하지 못한 것입니다. 이제는 사나 죽으나 주의 것이요, 주를 위해 살기로 결단할 때 바로 회심한 것입니다.

　회심하기 위해서는 자기를 위해 살아온 과거와 단절해야 합니다. 아직 여러분은 과거가 그리 깊지 않기 때문에 단절하기가 어렵지 않습니다. 하지만 어른이 되면 갈수록 어려워집니다. 지금이 바로 여러분이 회심할 때입니다. 회심은 마음을 돌이키는 것, 인생의 방향을 완전히 전환하는 것입니다. 삶의 중심이 자신에서 하나님으로 옮겨지는 것입니다. 어떤 사람은 종교적으로만 그렇게 하고 실제로 마음의 주인은 계속 자신인 사람도 있습니다. 이런 사람은 아직 회심하지 못한 사람입니다. 회심은 자신의 삶의 주어가 "나"에서 "그"(주님)로 바뀌는 것입니다. 이제 자신의 삶이 자신을 만족시키고 배불리기 위한 것이 아니라 자신을 만드시고 자신을 사랑하는 분을 위해 살기로 마음을 고쳐먹는 것입니다.

바울의 소명

회심한 사람에게는 소명이 생깁니다. 예수님은 아나니아에게 "이 사람은 내 이름을 이방인과 임금들과 이스라엘 자손들 앞에 전하기 위하여 택한 나의 그릇이라."(행 9:15)고 했습니다. 바울은 회심하여 하나님이 쓰시는 그릇이 되었습니다. 그런데 특히 그가 헬라 문화와 유대 문화에 모두 익숙했고, 지성인이었기 때문에 유대인들과 이방인들과 왕들에게까지 예수의 이름을 전하는 소명을 받은 것입니다. 나중에 바울은 스스로를 그리스도의 "종과 증인"(행 26:16)으로 부르심을 받았다고 합니다. 또 바울은 자신이 사도로 부르심을 받았다고 합니다(고전 15:9). 신약 성서에 나오는 예수님의 제자 중에서 바울만큼 자신의 소명 의식이 분명한 사람은 없었습니다. 바울은 자신의 삶이 이제 자신을 위한 것이 아니라 그리스도를 위한 것이고 그리스도를 증언하는 것이라는 소명 의식이 분명했습니다. 이제 자신이 사는 것은 그리스도가 자신 안에 사는 것이고 자신은 그리스도를 위해서 사는 것이라고 힘주어 말합니다(갈 2:20).

여러분은 지금 무슨 소명으로 살고 있습니까? 여러분은 무슨 일을 위해서 부르심을 받았다고 생각합니까? 소명이 없는 사람은 행동이 방자해 집니다(잠 29:18). 여러분 매일 아침에 어떤 마음으로 잠에서 깹니까? 오늘도 하나님이 주신 소명을 이루기 위해서 힘차게 하루를 시작합니까? 아니면 현실을 보면서 불안하고, 일에 계획이 없이 분주합니까? 소명의 사람이 되십시오. 청년 시절, 회심하고 소명의 사람이 되십시오.

35 정상적인 교회
(9:19-31)

청년 시기는 18세기 저는 요즘 "우리 교회는 어떤 모습이 되어야 할까?"를 고민하고 있었는데, 사도행전 9:31에 그 그림이 나와 있는 것을 발견했습니다. 비록 단 한 절이지만 그 그림은 정말 생생합니다.

> 그리하여 온 유대와 갈릴리와 사마리아 교회가 평안하여 든든히 서 가고 주를 경외함과 성령의 위로로 진행하여 수가 더 많아지니라(개역개정판).

> 그러는 동안에 교회는 유대와 갈릴리와 사마리아 온 지역에 걸쳐서 평화를 누리면서 튼튼히 서 갔고, 주님을 두려워하는 마음과 성령의 위로로 정진해서, 그 수가 점점 늘어갔다(새번역).

여기에는 세 가지 그림이 그려져 있습니다. 첫째는 **평안(평화, 샬롬)한 교회**입니다. 둘째, 건물 이미지로 **잘 세워져 가는 교회**입니다. 셋째, 길을 가는 나그네 이미지로 **잘 진행해 나가는 교회**입니다. 그래서 수적으로 성장하는 교회입니다.

사실 이 구절은 사도행전에 나와 있는 요약 구절 중 하나입니다. 사도행전에서 누가는 몇 가지 사건을 기록한 후 그것을 한 두 구절로 요약하고 그 다음 사건으로 건너가는 습관이 있습니다. 예를 들어, 예루살렘 교회에서 일곱 일꾼을 뽑았더니 교회가 든든히 서가는 모습을 사도행전 6:7에 이렇게 묘사하고 있습니다. "하나님의 말씀이 점점 왕성하여 예루살렘에 있는 제자의 수가 더 심히 많아지고 허다한 제사장의 무리도 이 도에 복종하니라."

본문은 이 요약 구절 이후에 나온 사건을 요약하고 다음 사건으로 넘어가는 구절입니다. 여기에는 크게 보면 네 가지 사건이 나옵니다: 스데반의 체포와 연설과 순교(행 6:8-7:60); 빌립이 사마리아에 복음을 전하고 사람들이 성령으로 세례를 받음(8:1-25); 빌립이 에디오피아 내시에게 복음을 전함(8:26-40); 사울의 회심과 복음 전파와 박해 받음(9:1-30). 누가는 교회가 이러한 사건이 있은 후에 샬롬 가운데 성장해 가고 있다고 묘사하고 있는 것입니다. 이 그림이 바로 우리 교회가 나가야 할 모습입니다.

정상적인 교회

첫째, 우리는 평안한 교회를 꿈꿉니다. 여기서 평안이라는 말은 히브리어로 샬롬입니다. 샬롬은 유대인들이 매일 쓰는 인사말이기도 합니다. 우리말로 하면 안녕입니다. 우리는 사람을 만날 때마다 안녕하신지 묻고, 또 가족의 밤새 안녕을 빕니다. 유대인들도 사람을 만나면 먼저 샬롬을 외칩니다.

그런데 샬롬은 아무 일도 없는 고요함이 아니라 하나님의 품 안에 있을 때 하나님이 베풀어 주시는 평안입니다. 레위기 26:6-7에는 샬롬의 상태를 이렇게 묘사하고 있습니다. ("너희가 내 규례와 계명을 준행하면"[3

절],) "내가 그 땅에 **평화를** 줄 것인즉 너희가 누울 때 너희를 두렵게 할 자가 없을 것이며 내가 사나운 짐승을 그 땅에서 제할 것이요 칼이 너희의 땅에 두루 행하지 아니할 것이며 너희의 원수들을 쫓으리니 그들이 너희 앞에서 칼에 엎드러질 것이라." 우리 교회가 이러한 샬롬을 하나님께로부터 받았으면 좋겠습니다. 그런데 이러한 샬롬은 거저 주어지지 않습니다. 우리가 하나님의 말씀을 존중하고 그대로 행할 때 주어집니다. 곧 이 평안은 우리가 하나님의 품안에 거할 때만 얻을 수 있는 것입니다.

둘째, 우리는 교회가 아름다운 건물로 세워지는 것을 꿈꿉니다. 여기서 교회는 건물 이미지로 표현되어 있습니다. 물론, 여기서 교회는 교회당이 아니라 교인들을 말합니다. 교인들이 하나의 벽돌이 되어 아름다운 벽돌 교회로 세워지는 것입니다. 먼저, 여기서 사용된 동사의 태는 수동태입니다. 교회는 어떤 특정한 사람이 세우는 것이 아니라 하나님이 사람을 써서 세우는 것입니다. 주님이 직접 자신의 교회를 세우는 것입니다.

여기서 사용된 이미지를 확장하면 성도는 하나의 벽돌입니다. 그런데 벽돌 중에는 모퉁이 돌도 있고, 기초석도 있고, 일반 돌도 있습니다. 어쨌든 모든 돌이 사용되어 교회가 세워지는 것입니다. 우리는 어떤 돌이든 소중하다는 것을 기억해야 합니다. 베드로전서 2:6 이하에 보면 여기서 주님만이 모퉁이 돌(corner stone)입니다. 사실 그 돌은 건축자들이 버린 돌이었지만 하나님이 보배롭고 아름다운 모퉁이 돌로 삼으셨습니다. 신자는 돌로서 모퉁이 돌에 걸려 넘어져서는 안 되고 그 모퉁이 돌에 맞추어 자신의 위치를 설정해야 합니다. 한 마디로, 모퉁이 돌인 주님에 맞추어 우리 돌을 다듬어 건물을 만들어야 한다는 것입니다. 각 돌은 각자의 색깔을 버리지 않지만, 색깔이 다른 돌을 밀어내지 않고 각자의 위치를 차지하면 그것이 아름다운 집이 됩니다.

셋째, 나그네인 교회는 주를 두려워함과 성령의 위로로 행진해야 합니다. 여기서 교회의 이미지는 길을 가는 나그네입니다. 교회는 잠을 자거나, 앉아 있으면 안 됩니다. 교회는 행진해 나가야 합니다. 교회는 길을 가는 나그네인데, 아무 원칙 없이 나그네의 길을 가면 안 됩니다.

이렇게 교회가 나가는 데 있어 본문에는 두 가지 원칙이 제시되어 있습니다. 먼저, 주를 두려워하는 것입니다. 여기서 "주"는 하나님 아버지를 나타낼 수도 있고, 예수 그리스도를 나타낼 수도 있습니다. 구약에서 길을 가는 원칙(할라카)은 여호와를 두려워하는 것입니다. 잠언서는 하나님을 경외하는 것이 지식과 지혜의 근본이라고 말합니다(1:7; 9:10). 신약에서도 모든 윤리의 근본을 바울은 "그리스도를 두려워함으로 피차 복종하라"(엡 5:21)라고 말합니다. 크리스천 인생길의 윤리의 원천은 하나님과 예수님을 두려워하는 것입니다. 다음으로, 또 한 가지 길을 가는 나그네가 따라야 할 원칙은 "성령의 위로"입니다. 사도행전에 보면 사도들과 사역자들은 모든 일을 성령의 인도함을 받아서 행합니다. 빌립은 에디오피아 내시를 전도할 때 장소, 방법 등을 구체적으로 성령의 인도함을 받습니다. 우리 교회도 올바르게 길을 진행하려면, 성령의 인도함을 받아야 합니다.

넷째, 이런 교회는 양적(수적)으로 성장합니다. 요즘 어떤 크리스천은 양적 성장 없이 질적 성장을 하는 교회를 꿈꾼다고 합니다. 하지만 사도행전을 보면 건강한 교회는 반드시 양적 성장을 했습니다. 교회 성장은 회심 성장이기에 양적 성장 없는 성장은 성장이 아닙니다. 비록 우리가 분립 개척을 시켜주는 일이 있더라도 우리 교회는 양적 성장을 해야 합니다. 그렇지 않으면 건강한 교회가 아닙니다. 다만, 사람이 몰려오는 것은 꼭 성장은 아닙니다. 그냥 이동일 수 있습니다.

정상적인 교회가 되기까지

우리는 본문에 나와 있는 그런 교회를 마음속에 먼저 그리고, 그러한 교회가 우리 교회로 현실화 되는 것을 꿈꿉니다. 그런데 이런 교회는 저절로 된 것이 아닙니다. 이런 교회가 되기까지는 몇 가지 사건이 있었고, 교회가 그것을 잘 극복했기에 이런 교회가 될 수 있었던 것입니다. 사도행전 6:7 요약문 이후, 본문 이전까지 나오는 주요 사건 속에서 이런 교회가 되기까지 다음과 같이 네 가지 일이 있었습니다.

첫째, 스데반의 순교가 있었습니다. 이것을 오늘날에 적용하면 교회가 교회되려면 누군가는 희생해야 합니다. 이것은 초기 교회부터 현대 교회에 이르기까지 정상적인 교회가 되기 위해 치러야 하는 대가입니다. 아무도 희생하지 않는데 좋은 교회, 아름다운 교회가 될 수 없습니다. 우리 중에 누군가는 이름 없이 빛도 없이 살고, 한 알의 밀알이 되어야 합니다. 그런데 그러한 밀알은 아무나 될 수 없습니다. 스데반과 같이 오직 성령 충만한 사람만이 될 수 있습니다. 비록 설교 한 편하고 순교했지만, 스데반의 순교가 있었기에 초대 교회가 순수한 교회가 유지되었습니다.

둘째, 빌립의 사마리아 선교가 있었습니다. 그는 준비된 전도자였습니다. 우리 교회도 정상적인 교회가 되려면 빌립과 같은 준비된 전도자가 있어야 합니다. 그는 말씀에 능력이 나타나는 전도자였습니다. 또 그는 성경으로 복음을 전하는 전도자였습니다.

셋째, 마술사 시몬을 물리치는 교회의 징계가 있었습니다. 초기 교회는 복음이 돈에 오용되는 것을 결코 용납하지 않았습니다. 여기에는 관용이 없었습니다. 베드로와 요한은 마술사 시몬에게 심판을 선포합니다. 우리도 복음이 아닌 것이 교회에서 복음인 양 행세할 때 결코 용납해서는 안 됩니다.

넷째, 바울의 회심 사건이 있었습니다. 정상적인 교회라면 계속해서 회심 사건이 일어나야 합니다. 삶의 방향 전환을 하는 사람이 여기저기서 일어나서 간증이 생겨야 합니다. 종교 생활 하던 사람이 진정한 신자가 되어야 교회는 정상적인 교회가 됩니다. 회심 사건 없는 교회는 사람들이 예배당 뜰만 밟는 모임일 뿐입니다.

적용과 실천

드디어 이런 사건이 있은 후 교회는 평안과 든든히 세워짐과 길을 올바로 행진함 가운데 큰 성장이 있었습니다. 우리는 이런 교회가 되기를 꿈꿉니다. 먼저, 그림을 그립니다. 그리고 우리가 그 그림을 목표로 하여 살기만 하면 이러한 교회가 될 줄을 확신합니다.

36 작은 예수 베드로
(9:32-43)

사도행전에서 제자들의 행동의 모델은 예수입니다. 교회의 첫 순교자 스데반은 예수처럼 말하고 행동했고, 예수처럼 죽임을 당했습니다(행 7:1-60). 죽음을 앞둔 그의 기도는 예수가 십자가상에서 한 용서 기도(눅 23:34; 행 7:60)와 자신의 영혼을 하나님께 부탁하는 것으로 예수의 기도와 똑같은 것이었습니다(눅 23:46; 행 7:59). 스데반은 작은 예수로 살다가 작은 예수로 죽었습니다. 본문에 나오는 베드로는 어떤 삶을 살았을까요? 한 마디로 말해, 베드로의 행함도 예수의 행함과 똑같은 것이었습니다. 베드로도 작은 예수였습니다.

예수의 제자 베드로

첫째, 베드로가 애니아의 질병을 치유하는 방식은 예수님의 질병 치유 방식과 똑같습니다. 예수는 베데스다 못에서 38년 된 병자를 치유할 때 이렇게 말합니다. "일어나 네 자리를 들고 걸어가라."(요 5:9) 베드로는 중풍병에 걸려 8년을 누워 있는 애니아에게 이렇게 말합니다. "애니아야 예수 그리스도께서 너를 낫게 하시니 일어나 네 자리를 정돈하라."(34절) 한 가지 다른 점은 신적 메시아인 예수는 자신의 권위로 이렇게 말하지만 베드로는 예수의 권위로 이렇게 말한 것입니다. 베드로는 성전 미문에 앉아있던 병자를 고칠 때도 이와 같은 방식으로 했습니다. "나사렛 예수 그리스도의 이름으로 일어나 걸으라."(행 3:6)

둘째, 죽은 자를 살리는데 있어서도 베드로는 예수와 똑같은 방식으로 합니다. 회당장 야이로의 딸이 죽었을 때 예수는 이런 말로 그녀를 살립니다. "달리다굼 하시니 번역하면 곧 내가 네게 말하노니 소녀야 일어나라."(막 5:41) 죽은 나사로를 살릴 때도 하나님께 기도한 후 "큰 소리로 나사로야 나오라."고 말씀합니다(요 11:42). 선행과 구제가 많은 예수의 제자였던 욥바의 다비다가 죽었을 때 베드로는 "무릎을 꿇고 기도하고 돌이켜 시체를 향하여 이르되 다비다야 일어나라."(40절)고 합니다. 베드로가 기도하고, 죽은 사람의 이름을 부르면서 명령하는 것으로 죽은 사람을 살리는 것이 예수가 행한 것과 똑같습니다.

셋째, 예수가 치유를 통해서 믿음을 가르치고(막 5:34, 36), 또 예수가 치유 기적을 행하는 것을 보고 사람들이 예수를 믿었듯이(요 2:11; 4:53; 9:38; 11:45), **베드로의 치유 기적과 죽은 자를 살리는 일을 통해서 사람들이 예수를 믿었습니다(35, 42절).** 요한복음에서 예수가 표적을 행한 것은 사람들에게 자신의 본질을 알려 믿게 하려는 것이었듯이, 베드로의 치유도 그 목적이 예수의 이름에 권능이 있는 것을 알려 결국 사람들이 예수를 믿게 하는 것이었습니다.

넷째, 예수가 공생애를 시작할 때 성령이 충만하여(눅 4:1) 그 성령 충만함으로 끝까지 사역을 했고, 부활 후 승천하시기까지 여전히 성령을 통하여 사역을 했듯이(행 1:2), **베드로도 오순절에 성령의 충만함을 받고(행 2:4), 이어서 설교할 때 새로이 성령의 충만함을 받고 합니다(행 4:8).** 다만 원어와 누가의 신학을 분석해 볼 때 예수가 받은 성령 충만은 지속적인 것이었는데 반해('플레레스'라는 형용사 사용), 베드로가 받은 성령 충만은 일시적인 것이어서('핌플레미'라는 동사 사용) 계속 받아야 하는 것만 다른 것입니다.

요약해서 말하면, 베드로의 사역은 작은 예수로서 예수님이 하신 일을 그대로 이어 받고 따라하는 것이었습니다. 사실, 그것이 바로 제자입니다. 제자란 스승의 가르침을 받아들일 뿐만 아니라 스승의 행동도 그대로 따라하는 사람입니다. 예수의 말씀을 단순히 들은 사람과 그를 따르는 사람이 다른 점이 바로 이것입니다. 그렇다면, 예수의 제자인 우리는 모든 행동과 사역에서 예수를 따라서 해야 합니다. 베드로도 예수를 따라 행했고, 스데반도 작은 예수로 살았습니다. 그렇다면 예수의 제자인 우리도 작은 예수로 살아야 한다는 것은 자명한 일입니다. 우리가 삶의 모든 면에서 예수를 따라가야 하겠지만, 본문의 주제인 치유 문제에 있어서도 우리는 예수를 따라가야 합니다. 예수가 치유자였듯이, 그의 제자들 또한 베드로처럼 치유자가 되어야 합니다.

치유 사역 따라 하기

그런데 국민 의료 보험이 대부분의 질병을 커버하는 21세기 한국에서 기적적인 치유가 필요한가 하는 의문을 제기하는 사람이 있습니다. 예수와 베드로의 치유는 예수가 하나님의 아들이라는 것과 사도들의 사도성의 표시이기 때문에 사도 시대 이후에는 그러한 기적은 더 이상 일어날 수 없다고 생각하는 사람들이 있습니다. 또 기적적 치유는 성서 기록 당시 그곳의 사람들의 비과학적 세계관 속에 있었던 사상이지 현대 과학의 눈으로 보면 그러한 기적이 일어난다는 것을 불가능하다는 사람들도 있습니다.

사실 기적적인 치유가 사도 시대에만 국한되어 일어났다는 주장의 성서적 근거는 없습니다. 공관복음에서 기적적 치유는 하나님 나라 도래의 표징이기 때문에(마 12:28), 이러한 치유는 하나님 나라 복음이 여전히 선포되어야 할 교회 시대에 존속해야 함이 마땅한 것입니다. 또 바울 서신에서 기적적 치유는 성령이 교회에 부여한 은사이기에(고전 12:8-10) 이것 역시도 교회와 그 존속의 운명을 같이 하는 것이다. 또 야고보서 저자가 이것을 교회 지도자들의 일상적인 사역 중 하나로 언급하는 것으로 보아(약 5:13-18), 이것도 교회 시대에 계속해서 필요한 것입니다.

저는 기적적인 치유가 신약 시대에 있었던 것과 같이 지금도 그대로 있어야 한다고 생각합니다. 그 핵심적 논거는 치유가 종말론적 삶에 있어서 하나님이 하나님 백성 공동체에게 종말의 것을 이 땅에서 체험하는 선물이라는 데 있습니다. 그래서 예수의 하나님 나라 선포에서도 치유는 필수 요소였습니다. 복음서에 나타난 예수의 선포에 있어 치유는 선택 사항이 아니라 필수 요소라는 것은 분명합니다. 터너(Max Turner)라는 신약 학자도 예수의 하나님 나라에 관한 말씀을 들은 사람들은 기적 치유가 하나님 나라가 도래했다는 "상징" 일뿐만 아니라 하나님 나라의 "첫 열매"로 이해하여 기적적 치유가 종말에 하나님 나라가 선포되는 곳에 일어나는 핵심 요소의 하나로 봅니다. 이런 면에서 치유는 종말의 때인 교회 시대에 계속되고 있으며, 크리스천 공동체 안에서 그리스도가 재림할 때까지 하늘의 것을 이 땅에서 일부 맛보는 것으로써 계속될 이유가 충분합니다.

문제는 우리가 주님이 하셨고, 베드로가 행했던 치유 사역을 어떻게 계속 할 것인가 하는 것입니다. 본문에서 애니아의 치유와 다비다의 소생에 나타난 치유할 때의 공통적으로 나타나는 방법은 치유 선언입니다. 예수님이 치유를 선언했듯이, 베드로도 치유를 선언했습니다. "애니아야…일어나 네 자리를 정돈하라."(34절) "시체를 향하여 이르되 다비다야 일어나라."(40절) 우리도 치유를 선언할 수 있습니다. 다만, "예수 이름으로" 선언해야 합니다. 또 그 선언은 그냥 자동 치유를 의미하는 것이 아닙니다. 선언하기 전에 베드로는 예수가 이 사람을 치유하고자 한다는 것을 알았습니다(34절). 그래서 치유 선언은 현재 그리스도와 관계 속에서 그분의 뜻을 살펴서 하는 것입니다. 또 치유를 선언 하기 전 베드로는 무릎을 꿇고 기도했습니다(40절). 치유선언 하기 전 베드로가 기도했다는 것은 그에게 치유 능력이 있는 것이 아니라 하나님께 있다는 것을 고백하는 것이고, 동시에 그 시간에 하나님이 치유하실 지를 묻는 것이기도 합니다. 우리도 기도하면서, 예수 이름으로, 하나님의 뜻을 물어보고 치유 선언의 방식으로 지금도 치유할 수 있습니다.

적용과 실천

베드로는 예수님이 하나님 나라 전파와 함께 치유 기적을 행하신 것을 따라했습니다. 예수는 자신의 치유의 능력을 제자들에게 그대로 주었습니다(마 10:1, 8; 눅 9:1). 현대에도 하나님 나라가 전파되는 곳에 치유의 기적이 따라오고 그것을 통해 사람들이 예수를 믿게 되는 것은 자연스러운 일입니다. 예수의 제자 베드로가 작은 예수로 예수를 따르는 삶을 살았듯이, 우리도 그렇게 사는 것이 자연스럽고 마땅한 일입니다. 우리는 예수처럼, 베드로처럼 그렇게 살고 사역하면 됩니다. 치유 사역에 있어서도 그렇습니다.

37 성령 체험의 길 4, 말씀 경청
(10:1-48)

여러분은 저에게 이렇게 질문할 수도 있습니다. "신앙생활에 있어서 성령 체험이 정말 중요한 것인가요?" 제 대답은 "예 그렇습니다"입니다. "왜 그런가요?" "그 이유는 성령 체험이 하나님 백성의 표식이기 때문입니다." 그러면 "어떻게 성령 체험이 하나님 백성의 표식인가요? 술/담배 안하는 것 아닌가요? 세례 받은 것 아닌가요?"

사도행전은 성령 체험이 하나님 백성의 표식이라고 합니다. 요엘서 2장 28절 이하에 성령 체험이 말세 사건이라고 예언되었습니다. 그것은 말세가 되면 남녀노소를 막론하고 모든 하나님의 백성이 성령을 몸으로 체험하겠다는 것입니다. 그것이 성취된 것이 바로 예수 부활 후 첫 오순절 날이었습니다(행 2:1-4). 그런데 이때 성령을 체험한 예수의 제자들은 모두 유대인들이었습니다. 그들은 이 체험을 "생명 얻는 회개"를 가능케 하는 체험이라고 생각했습니다(행 11:18). 그것은 하나님의 선민인 유대인들에게만 주어진 것이라고 보았습니다. 그런데 본문에 보면 유대인이 아닌 이방인 고넬료 가정이 성령을 체험합니다. 이것을 통해 제자들은 이방인들도 하나님의 백성에 포함된다는 것을 뒤늦게 깨닫습니다. 이 사건을 유대인들에게 설명하는 사도행전 11:15-18에 보면 이것이 명확히 나타나 있습니다.

그렇다면 성령 체험은 무엇으로 됩니까? 이 질문에 대한 대답은 한마디로 "말씀 순종으로"입니다. 그것을 누가는 "[하나님의=복음의] 말씀을 받았다."(행 11:1), "베드로가 이 말을 할 때에"(행 10:44), "내가 말을 시작할 때에"(행 11:15)라는 말로 표현하고 있는데, 바로 그때 성령이 임했습니다. 그래서 오늘 전할 내용은 고넬료 집안과 베드로가 어떻게 해서 말씀 순종으로 성령을 체험했는지를 구체적으로 살펴보는 것입니다.

고넬료의 겸손한 순종

이방인 고넬료는 로마 백부장이었습니다. 그런데 그는 이방인으로서 유대교에 입교한 이른바 "하나님 경외자"였습니다. 그는 하나님 경외자로서 모범적인 삶을 살았습니다. 경건한 유대인처럼 그는 기도했고, 또 경건한 유대인처럼 그는 구제에 힘썼습니다. 이런 고넬료에게 천사가 나타나서 욥바에 있는 베드로를 청해서 말씀을 들으라고 합니다. 당시 사회적인 위치로 보면 고넬료는 로마 장교였고, 베드로는 평범한 어부였습니다. 또 유대교에서는 이단으로 여겨 정죄 받은 예수의 수제자였습니다. 고넬료가 그를 청해서 말씀을 들으면 그는 일반 유대인들에게서도 배척을 당할 것이 뻔합니다. 그럼에도 불구하고, 고넬료는 천사의 말씀에 순종합니다. 천사는 하나님의 대리자이기 때문입니다. 다 이해되지 않아도 하나님의 말씀에 순종한 것입니다. 고넬료가 보여준 것은 겸손한 순종이었습니다. 자신의 위치로 보나, 외적인 상황으로 보나 천사의 말을 순종하기 어려웠지만, 다만 천사의 말이기에 순종했습니다. 그것이 바로 하나님께 순종하는 길이었기 때문입니다. 결국 이 순종으로 그는 성령을 체험합니다.

베드로의 순종

고넬료 집안이 성령을 체험하는 데는 고넬료의 순종만 있었던 것은 아닙니다. 베드로의 순종도 있었습니다. 베드로는 유대인으로서 자신이 도저히 이해할 수 없는 하늘의 소리를 듣습니다. 그것은 구약 성경에 먹지 말라는 동물을 "잡아 먹으라!"는 것이었습니다. 베드로는 그럴 수 없다고 그 소리에 대꾸합니다. 율법을 어길 수 없다는 것이었습니다. 이런 소리가 세 번 있었고 베드로는 그 소리에 동일하게 반응했습니다. 그때 고넬료가 베드로를 청하려고 보낸 고넬료 사신 일행이 베드로에게 도착했고, 그때 베드로는 의심하지 말고 그들을 따라 가라는 성령의 음성을 듣습니다(행 10:19). 베드로는 이때까지도 이방인 구원을 향한 하나님의 뜻을 깨닫지 못했습니다. 오순절 이후에 자신을 인도하는 성령의 음성을 듣고 순종할 따름이었습니다.

여기에 베드로의 순종이 있었습니다. 자신이 100% 이해하지 못해도 성령의 음성을 듣고 순종하여 행동한 것입니다. 당시, 유대인들은 이방인의 집에 들어가지도 않았고, 그들과 먹고 마신다는 것은 상상하기 어려운 일이었습니다. 실제로 베드로는 예루살렘에 갔을 때 동료 유대인들에게서 그가 이방인과 식사를 같이 했다는 비난을 받습니다(행 11:1-2). 이 일의 파장을 베드로는 충분히 알고 있었을 것입니다. 그럼에도 불구하고 그는 성령의 명령에 순종합니다(행 11:12). 바로 여기에 성령이 임했습니다. 베드로가 성령의 말씀에 순종함으로 성령이 고넬료 가정에 임한 것입니다.

고넬료 온 가정의 베드로의 말씀 경청

결정적으로 성령 체험의 화룡점정이 된 것은 베드로 온 집안이 하나님이 보내신 사자 베드로의 말씀을 하나님의 말씀으로 여기고 경청한 것입니다. 그들은 이렇게 말합니다. "…이제 우리는 주께서 당신에게 명하신 것을 듣고자 하여 다 하나님 앞에 있나이다."(행 10:33) 이 얼마나 놀라운 말씀입니까? 그들은 베드로의 설교를 들으면서 하나님 앞에 있다는 의식으로 그 설교를 들은 것입니다. 마음이 완전히 열려서 하나님의 말씀을 들으려고 그들은 기다리고 있었습니다.

결국 그들은 베드로가 전하는 복음의 메시지를 듣습니다(행 10:36-43). 복음은 다름 아닌 예수의 행함과 가르침, 예수의 십자가와 부활에 대한 것입니다. 바로 이 말을 베드로가 할 때, 즉 고넬료 집안이 이 복음의 메시지를 순종으로 받을 때(행 11:1), 그들에게 성령이 임했습니다. 그 성령은 유대인 제자들에게 오순절에 임했던 것과 똑같은 성령이요 똑같은 방식으로 일합니다. "…성령이 그들에게 임하시기를 처음 우리에게 하신 것과 같이 하는지라."(행 11:15) 그들은 오순절 날 성령을 체험했던 유대인 제자들과 똑같이 "방언을 말하며 하나님 높임"을 성령 체험과 동시에 했습니다.

지금도 하나님의 말씀을 경청하고 그 말씀에 순종할 때 성령이 임합니다. 그런데 **이런 순종을 방해하는 것들**이 있습니다. **첫째, 선입견입니다.** 베드로에게는 유대인만 하나님의 백성이 될 수 있다는 생각이 있었습니다. 그에게는 유대인은 이방인과 식사를 같이 해서는 안 된다는 생각, 즉 선입견이 있었습니다. 이것을 베드로가 극복한 것은 황홀한 중에 들은 하나님의 음성과 성령의 인도하심이었습니다. 지금도 성령 체험을 마치 특정 교파나 광신도들만 하는 것으로 여기는 선입견이 있습니다. 하지만 사도행전에 보면 성령 체험은 그리스도인의 표식이었습니다. 그것은 바울 서신을 보아도 마찬가지입니다(고전 12:13).

둘째, 완악한 마음입니다. 만약 베드로나 고넬료가 황홀한 중에 들은 하나님의 말씀을 무시했다면 성령을 체험하지 못했을 것입니다. 그들의 부드럽고 겸손한 마음이 그들을 성령 체험으로 인도했습니다. 제가 번역한 피어슨의 설교집,『복음의 진수』에 보면 사도행전 본문으로 설교하는 내용이 나옵니다. 그것은 그가 스펄전이 담임했던 런던 메트로폴리탄 교회에서의 행한 첫 설교였습니다. 그 설교는 바로 모든 신자가 성령 체험을 해야 된다는 것입니다. 그 본문도 사도행전 10:29로, 바로 오늘 우리가 상고하는 이 본문이었습니다.

왜 성령 체험 못하나?

그렇다면 여러분은 지금까지 왜 이런 체험을 하지 못했습니까? **첫째, 말씀에 무관심하고, 말씀에 순종하지 않기 때문입니다.** 성령 체험 없이 신앙생활 하는 것이 당연하다고 하는 선입견과 무지 때문입니다. 크리스천에게 성령 체험은 선택 사항이 아니라 필수적인 것입니다. 성령 체험 없이 성령의 인도함을 받는 삶을 살기 어렵습니다. 성령 체험 없이 진정한 성령의 열매를 맺는 삶을 살기도 어렵습니다.

둘째, 기도하지 않기 때문입니다. 본문에는 고넬료와 베드로가 각각 환상을 보는 장면이 나오는데, 모두 기도 시간이었습니다. 고넬료는 제 9시 기도 시간에 환상을 보았습니다(행 10:3; cf. 행 3:1; 11:5). 베드로는 역시 제 6시 기도 시간에 환상을 보았습니다(행 10:9). 이것을 통해서 볼 때 말씀 순종은 기도와도 연관성이 있습니다. 기도하는 사람이 하나님과 교류가 있기에 하나님의 말씀에 순종하게 되는 것입니다. 기도하지 않는 사람은 자기 마음대로 사는 사람입니다. 기도하지 않는 사람이 하나님의 말씀에 순종할 수 없습니다.

성령에 대한 이해에 앞서 예수의 약속-제자들의 성령 체험-구약 성서적 근거 찾기의 과정을 거쳤습니다. 지금도 성령 체험은 어렴풋한 약속에 대한 이해-성령 체험-성경에 대한 깊은 이해로 이해가 이루어집니다. 그동안 우리는 성령 체험을 위해 말씀을 공부했습니다. 이것이 성령 체험의 기초가 됩니다. 하지만 말씀을 100% 이해해야 성령 체험을 하는 것은 아닙니다. 사실 체험하기 전까지는 말씀이 완전히 이해가 되는 것은 아닙니다. 다만, 자신이 이해하는 대로 하나님의 말씀에 순종하여 나갈 때 하나님은 성령 체험을 신자들에게 주시고, 그 체험을 통해서 말씀이 더 잘 이해되게 되는 과정을 거치는 것입니다. 이것을 우리는 말씀과 체험의 역동성이라고 할 수 있습니다.

적용과 실천

지금 여러분은 성령 체험하기를 원하십니까? 성경을 하나님의 말씀으로 받아들인다면 우리는 이 질문에 무조건 "예" 해야 합니다. 그렇다면 지금까지 여러분은 왜 성령 체험을 하지 못했을까요? 첫째, 말씀에 순종하지 않음으로. 둘째, 자신 나름대로 설정한 "내가 복음"을 따르므로. 이제 마음의 문을 열고 성령을 체험하십시오.

38 "우리 할례자들이 달라졌어요"
(11:1-18)

여러분이 사장님이라면 어떤 사람을 사원으로 쓰겠습니까? 미국의 한 저명한 기업가는 하는 일에 전문성이 있고, "내 생각도 틀릴 수 있다."(I could be wrong)고 생각하는 사람을 뽑겠다고 말했습니다. 자신의 생각이 틀릴 수 있다고 생각하는 사람은 남의 말을 경청하고 자신을 돌아볼 수 있는 사람입니다. 그래서 새로운 상황에 맞게 생각을 변화시킬 수 있는 것이지요. 그런데 일반적으로 사람들은 "내 생각이 틀릴 수 있다."는 생각을 잘 안하고 그런 말을 하기 싫어합니다. 자기 생각이 옳다는 그 신념 하나로 살아가는 사람이 많습니다. 사람들이 자살하는 이유 중 하나는 자신의 말과 행동이 옳다는 것을 보여주기 위해서입니다. 유서에 보면 가족에 대한 미안한 마음도 표현하지만 자신의 행동이나 말이 옳다는 내용도 많습니다.

우리의 생각이 바뀌기 어려운 것은 우리의 생각은 일생을 두고 형성된 것이기 때문입니다. 나름대로의 논리와 그것에 따른 체험과 증거를 가지고 있기 때문입니다. 잘 변화되지 않는 사람들은 각각 나름대로의 선을 가진 사람들입니다. 그런데 그 선이 최선을 얻는 것을 방해합니다. "선은 최선의 적이다." 혹은 "선은 위대함의 적이다."라는 말이 있듯이, 선(善) 경험은 최선(最善)을 얻는데 방해가 됩니다.

그래서 우리의 신앙이 더 깊은 세계로 들어가려면 우리는 날마다 변화되어야 합니다. 하나님이 만드신 우주, 그 중 지구도 시시각각으로 변화합니다. 살아 있기 때문입니다. 하나님은 기계가 아닙니다. 어떤 원칙을 기계처럼 적용하지 않으시고, 그 사람에 맞게, 상황에 알맞게 적용하시기에 늘 변하고 계시다고 할 수 있습니다. 그러므로 신자인 우리가 변화하지 않는다면 이상한 것입니다. 우리는 늘 하나님의 뜻에 따라 변화될 준비가 되어 있어야 합니다. 그런데 인간의 기본 속성 중 하나는 변화되기를 싫어하는 것입니다. "우리 아이가 달라졌어요." "우리 남편이 달라졌어요."라는 TV 프로는 있지만, "내가 달라질게요."라는 프로그램은 없습니다.

우리는 본문을 통해서 사람이 어떻게 그 생각이 달라졌는지 그 과정을 살펴보고 우리도 어떻게 변화될 수 있는지 그 해답을 찾아보려고 합니다.

변화된 사람 할례자들

본문에서 변화된 자들은 "할례자들"이라고 불리는 자들입니다. 여기서 베드로는 가이사랴에 있는 고넬료 집에 가서 설교하여 그들이 성령 받은 사건을 보고합니다. 이 말은 듣고 "할례자들"은 베드로를 비난합니다. 여기서 할례자들이란 유대인 크리스천으로, 그들은 할례를 비롯한 유대 율법을 크리스천이 된 이후에도 계속 지켜야 한다고 굳게 믿는 사람들입니다. 그들이 보기에 베드로는 복음을 전한다는 미명하에 이방인과 교류하지 말아야 한다는, 특히 이방인과 식사를 하지 말아야 한다는 율법과 유대인의 전통을 어긴 사람입니다. 그래서 "네가 무할례자의 집에 들어가 함께 먹었다."(3절)하고 비난한 것입니다.

그런데 이런 말의 배후에는 더 중요한 그들의 생각이 자리 잡고 있었습니다. "예수의 하나님 나라 복음은 유대인들에게만 해당되는 것이지 이방인들에게는 해당되는 것이 아니다." "예수는 이스라엘의 회복[해방]을 위해 오셨지 이방인들을 위해 오시지 않았다." 이런 생각입니다. 유대인들은 자신들만 하나님의 선택된 백성이고, 다른 모든 사람들은 하나님이 관심이 없는 사람들이라고 생각했습니다. 그들이 크리스천이 되었어도 여전히 그런 생각을 하고 있었던 것이지요. 이에 대해 베드로는 자신의 경험을 들어 이 문제를 그들에게 자세히 설명했고, 결국 그 설명을 들은 후 이들은 생각이 변화되었습니다. "그들이 이 말을 듣고 잠잠하여 하나님께 영광을 돌려 이르되 그러면 하나님께서 이방인에게도 생명을 얻는 회개를 주셨도다."(18절)

베드로의 설교

할례자들이 변화된 것은 베드로의 말이었습니다. "그들이 이 말[베드로의 말]을 듣고"(18절) 설득되어 생각이 변화된 것입니다. 그러면 베드로는 어떤 말로, 어떤 태도로, 어떻게 이들을 변화시키는 말을 했나요?

첫째, 말의 내용보다도 베드로의 태도가 그들을 변화시켰습니다. 베드로는 겸손하게 자신을 비난하는 사람들을 대했습니다. "베드로가 그들에게 이 일을 차례로 설명하여."(4절) 베드로는 자신을 비난하는 말에 흥분하지 않고, 이 일을 "차례로" 즉 한 점 한 점(point by point) "설명"했습니다. 베드로는 그들의 무지를 꾸짖지도 않고, "그것도 몰라"하면서 윽박지르지도 않고, 차근차근 설명해 나갔습니다. 바로 이것입니다. 사람을 변화시키는 데는 베드로의 겸손한 태도가 있었습니다. 아무리 옳은 말이라도 나쁜 태도로 말하면 다른 사람을 변화 시키기 어렵습니다.

둘째, 베드로는 논리와 자신의 체험을 통해 그들의 생각이 잘못되었음을 알려주었습니다. 무엇보다도 자신도 그들과 똑같이 생각했었는데, 그 생각이 어떻게 변화되게 되었는지를 간증하면서 그 생각이 잘못된 것임을 지적해 줍니다. 베드로도 그들과 똑같이 레위기 11:2-47과 신명기 14:4-20에 있는 음식 정결 규례를 잘 알고 있었고, 그것을 평생 지켜오고 있었습니다. 그런데 하나님의 개입으로 생각이 변화되었습니다. 하나님이 환상을 통해 구약 성경에 먹지 못하게 되어 있는 짐승들을 먹으라고 명령하고 베드로는 그럴 수 없다는 대화가 세 번이나 오갔습니다. 이때 "할례자들"은 "옳거니. 내 생각과 똑같네."라고 생각했을 것입니다. 그런데 하늘의 음성, 즉 하나님의 음성은 "하나님이 깨끗하게 하신 것을 네가 속되다고 하지 말라"는 것이었습니다. 이러자 할례자들은 동의할 수 없다는 눈치로 그냥 의아해 했을 것입니다.

그런데 그때 가이사랴에서 사람들이 와서 베드로를 초청합니다. 그때 성령의 명령이 떨어집니다. "아무 의심 말고 함께 가라."(12절) 이때 할례자들은 동의할 수 없었지만, "성령이 왜 그런 명령을 했다고?"하면서 그 다음 이야기를 경청했을 것입니다. 베드로는 그들을 따라가자 그들이 베드로를 부른 것은 천사의 음성에 의한 것이라고 했습니다. 베드로는 그들에게 설교하자 놀라운 일이 벌어집니다. "내가 말을 시작할 때에 성령이 그들에게 임하시기를 처음 우리에게 하신 것 같이 하는지라."(15절) 이방인인 유대인들처럼 성령을 받은 것입니다. 이것은 베드로가 상상할 수 없었던 일입니다. 왜냐하면 성령을 받는다는 것은 하나님 나라 백성이 되는 것인데, 이방인이 하나님의 백성이 된다는 것은 꿈에도 생각지 못했던 일이기 때문입니다. 베드로는 즉시로 이것이 예수님이 말씀하신 성령 세례에 대한 약속이 실현된 것이라는 것을 깨닫습니다(16절). 그리고 이렇게 결론 내립니다. "그런즉 하나님이 우리가 예수 그리스도를 믿을 때에 주신 것과 같은 선물을 그들에게도 주셨으니 내가 누구이기에 하나님을 능히 막겠느냐 하더라."(17절) 베드로의 생각이 변화된 것입니다.

이 설명과 간증을 듣고 "할례자들"도 변화되었습니다. "그들이 이 말을 듣고 잠잠하여 하나님께 영광을 돌려 이르되 그러면 하나님께서 이방인에게도 생명 얻는 회개를 주셨도다 하시니라."(18절)

"할례자들"은 잘못된 생각을 가지고 있었지만, 그들이 변화될 수 있었던 것은 그들도 기본적으로 "경청"하는 태도를 가지고 있었기 때문입니다. 우리도 자신이 한 경험과 일방적으로 받은 정보 등으로 얼마든지 잘못된 생각을 가지고 있을 수 있습니다. 그것은 잘못이지만 큰 잘못은 아닙니다. 참으로 잘못된 것은 경청하는 자세, 열린 자세를 갖지 않는 것입니다. 왜곡되게 해석한 정보를 퍼뜨리고 자신이 옳다는 마음과 자세만을 견지하는 것이 큰 잘못입니다. 이런 사람은 변화되기 어렵습니다. "내 생각이 틀릴 수 있어." "나는 내가 알고 있는 것으로 판단할 뿐이야" 하는 이런 자세가 필요합니다.

또 한 가지 할례자들이 변화될 수 있었던 것은 이들도 믿을 때 성령을 체험한 사람들이었다는데 있습니다. 베드로는 이들을 설득하면서 "성령이 그들에게 임하시기를 처음 우리에게 하신 것 같이 하는지라."(15절) 베드로와 할례자들은 성령 체험이라는 동일 체험이 있었고, 그 체험이 의미하는 바는 바로 이 체험은 오직 하나님의 백성들만 한다는 해석도 같았습니다. 그래서 베드로는 이것에 근거해서 이들에게 이방인에게도 하나님의 백성이 되는 하나님의 뜻이 이루어졌다고 설득한 것입니다.

여기서 변화된 사람들은 또 있습니다. 바로 고넬료 집안 사람들입니다. 본문에서는 그들이 주인공이 아닙니다. "할례자들의 변화"가 11장의 주 내용입니다. 그런데 10장에서는 그들이 주인공입니다. 고넬료는 이방인 백부장으로 하나님을 경외하는 사람이었습니다. 그는 구제와 기도의 사람이었습니다. 이것이 하나님께 상달되어 그는 이방인으로서 복음을 받아들이고, 성령을 받는 사람이 될 수 있었습니다. 그가 얼마나 겸손하고 열린 사람이었는가는 하나님의 사람 베드로가 초청되어 말씀을 듣는 그의 태도에 잘 나타나 있습니다. "이제 우리는 주께서 당신에게 명하신 모든 것을 듣고자 하여 다 하나님 앞에 있나이다."(행 10:33)

우리도 변화됩시다

베드로도, 그 설교를 들은 고넬료 가족도, 또 나중에 그 설명을 들은 "할례자들"도 변했습니다. 우리도 변해야 합니다. 우리 생각이 변해야 합니다. 어떻게요? 새해를 맞아 흔히 자신이 변하고 싶은 리스트를 써놓고 변하려고 결심하지만 작심삼일이라고 그 리스트에 쓴 대로 우리는 잘 변화되지 않습니다.

여기서 변화된 사람들은 모두 자신이 변하려고 해서 변한 것이 아니라 하나님이 주도적으로 그들을 변화시켰습니다. 베드로에게 하나님은 환상을 보여주시고, 성령의 음성을 들려주시고, 이방인에게 성령을 부어주시는 것을 보여 주시어 하나님이 이방인도 구원할 계획이 있다고 생각이 바뀌게 합니다. 또 할례자들에게는 베드로를 통해서 그들의 생각을 변화시킵니다.

우리가 변화하려면 변화시키는 하나님의 계획에 우리가 올라타야 합니다. 하나님이 우리 교회와 각 개인을 어떻게 변화시킬지 계획을 갖고 계실 것입니다. 우리는 이때 말씀을 통해서, 환상을 통해서, 여러 환경을 통해서 주어지는 변화의 물결에 올라타면 됩니다. 그러려면 딱 한 가지 생각이 있어야 합니다. "내 생각이 틀릴 수 있어." "내 생각이 틀렸네요." 이런 마음을 가졌기에 고집스러운 "할례자들"까지도 변화되었습니다. 우리 교회는 변화될 수 있고, 우리 각자도 좋은 사람으로 변화될 수 있습니다. "하나님은 우리 교회를 아름다운 교회로 변화시킬 수 있습니다." "하나님은 나를 변화시킬 수 있습니다."

39 그리스도인입니까?
(11:19-26)

역사에는 가정이 없다고 하지만 저는 이런 가정을 해봅니다. 만약 하나님이 유대인만 구원하고 이방인을 구원할 계획이 없으셨다면 우리 모두는 그리스도인들이 되지 못했을 것입니다. 그렇게 되었다면 우리에게는 구원도 없고 빛도 없고 어둠만 있는 삶이 됩니다. 이것은 그리스도인인 우리에게는 상상할 수도 없는 끔찍한 일입니다. 사실 이천 년 전에 첫 그리스도인들은 이방인들에게 구원이 계획되어 있는 것을 몰랐습니다. 예수님도 이방인들을 위해서가 아니라 우선적으로 유대인들이 바라던 하나님 나라를 선포하기 위해서 오셨다고 말씀하셨습니다(마 15:54). 하나님은 초기 교회에서 이방이면서 회당에 다니던 고넬료를 불쌍히 여겨 베드로를 통하여 그와 일가와 친구들이 성령을 받았습니다. 베드로는 예루살렘 교회에 이 사실을 보고했습니다. 그러자 예루살렘 교인들은 "이 말을 듣고 잠잠하여 하나님의 영광을 돌려 이르되 그러면 하나님께서 이방인에게도 생명 얻는 회개를 주셨도다."(행 11:18)고 했습니다.

역사의 주관자이신 하나님

누가는 본문에서 이런 와중에 또 다른 역사로서 이방인들에게 복음이 전파된 장면을 묘사합니다. 사도행전 8:4에 보면 스데반의 순교 후에 박해가 일어나 "흩어진 사람들이 두루 다니며 복음을 말씀을 전"했습니다. 이들은 이방인 지역에 가서 복음을 전했습니다(19절). 대부분의 사람들은 이방인 지역에 가서 회당에서 유대인들에게만 복음을 전했을 것입니다. 그런데 몇몇 사람들은 어떤 지역에 가서 헬라인들에게도 복음을 전했습니다. 이들은 자신들이 체험한 것을 말하지 않을 수 없었던 것입니다. 자신들이 알고 있는 신학으로는 유대인들에게만 복음을 전파해야 하는데 자신들도 모르게 이방인들에게 복음을 전하게 된 것입니다. 그런데 이들이 깜짝 놀라게도 하나님이 함께 하심으로 많은 사람들이 복음을 받아들이게 되었습니다.

이방인 선교가 시작된 것입니다. 흥미로운 것은 이방인 선교에 대한 신학이 정립되기도 전에 먼저 이방인 선교가 시작되었다는 것입니다. 그런데 좀 전에 말한 것처럼 가정을 해봅시다. 만약 예루살렘 교회에서 스데반이 죽은 후 큰 박해가 없었다면 사람들은 그곳을 떠나지 않았을 것이고 그렇게 되었다면 이방인 선교는 그렇게 빨리 시작되지 않았을 것입니다. 사람들은 이방인 선교를 해야 하느니 마느니 하면서 탁상공론으로 세월을 보냈을 수도 있었을 것입니다. 그런데 박해가 있었기에 그리스도인들이 예루살렘을 떠나 각지에 흩어져 전도자가 되었던 것이지요.

이방인 선교는 인간 편에서는 우연히 일어난 일일지 몰라도 하나님 편에서는 이미 세우신 계획이었습니다. 하나님은 아담이 타락한 이후 온 인류를 구원하실 프로그램을 가동하여 이스라엘 족속을 선택하시고 여기까지 온 것입니다. 이것은 개인의 삶 속에서도 마찬가지입니다. 여러분이 저를 만나고 제가 여러분을 우리 교회에서 만나기까지는 여러 가지 가정이 있어야 합니다. 그 중에 하나라도 엇갈려도 오늘 여기서 만나지 못했을 것입니다. 여기까지에는 하나님의 역사가 있었을 것입니다.

또 어떤 사람은 현재의 자신의 처지, 특히 초대 그리스도인들이 박해받은 것처럼, 자신이 희망하지 않는 현재의 위치에 대해서 불만을 가지고 있을 수 있습니다. 그런데 바로 그 속에 하나님의 인도하심이 있을지 모릅니다. 그리스도인들에게는 최소한도로 말해서 하나님이 허용하지 않으시면 오늘의 자신의 위치와 상황이 이루어지지 않습니다. 제가 아는 어느 집사님은 자신의 현재 처지를 만날 때 마다 비관합니다. 가정사에서 어려운 일이 많았던 것이지요. 하지만 이분이 그리스도인이 되었던 것은 가정사의 고난이 큰 몫을 했습니다. 바로 그것입니다. 하나님은 고난을 통해서 역사하십니다. 이때 너무 인간적으로 고난을 헤쳐 나가려고 발버둥치기보다는 옆에 계신 하나님의 손을 붙잡으십시오. 그것이 하나님이 바라시는 일입니다.

착한 바나바의 사역을 통한 교회 성장

초기 교회의 모 교회였던 예루살렘 교회는 이 소식을 듣고 깜짝 놀랐을 것입니다. 그래서 급히 바나바를 안디옥에 파송했습니다. 이 사람을 파송한 것은 바나바가 이방인 지역(구브로)에 살던 유대인으로 이방 사람들은 잘 이해하는 선한 인격의 소유자였기 때문이었습니다. 아니나 다를까 바나바는 선한 인격으로 목회를 잘했고 사람들에게 계속해서 주님 안에 거하라고 가르쳤고 안디옥 교회는 큰 무리의 사람들이 모이는 교회가 되었습니다.

그런데 바나바는 이제 큰 교회의 목회자가 되었지만 자신이 그 교회의 왕으로 군림하려 하지 않고 오히려 한때 예루살렘 교회에서 유대계 그리스도인들로부터 배척을 받아 고향에 내려가 있던(행 9:26-30) 바울을 불러들여 같이 목회를 했습니다. 바나바는 몸소 바울을 찾아 다소에까지 갔습니다. 그는 참으로 훌륭한 인격의 소유자가 아닐 수 없습니다. 자신보다 능력이 많은 사람을 직장 등에서 제거하려고 하는 것이 인지상정인데 바나바는 오히려 바울을 불러온 것이지요. 이 사람들은 명콤비가 되었을 것입니다. 바나바는 선한 인격자로, 바울은 열정적 전도자로 둘이 매우 훌륭한 목회를 했습니다. 이때까지 바울은 사실 회심한 후 오랫동안 무명으로 지냈습니다. 갈라디아서에 보면 이 시간이 17년 정도 됩니다(갈 1:18; 2:1). 이때 바울이 무슨 일을 했는지 바울의 편지에도 사도행전에도 기록된 것이 없습니다. 단지 아라비아 사막에 갔다고 했습니다. 아마도 그곳에 가서 선교 활동을 했었을 것입니다. 그는 무명이었습니다. 이때 안디옥 교회 초대 목회자인 바나바가 바울을 불러 동역을 청한 것입니다.

바나바와 바울의 사역을 통한 그리스도인 공동체 형성

바나나와 바울은 한 팀이 되어 성도들을 열심히 가르쳤고 드디어 처음으로 이 사람들을 사람들이 "그리스도인들"이라고 부르게 되었습니다. 여기에 처음으로라는 말을 쓴 것을 보면 사도행전을 쓸 당시에는 이 말이 기독교인을 가리키는 대표적인 말이 되었다는 것을 말합니다. 그런데 이 말은 기독교인들이 스스로 말한 것이 아니라 외부인들이 약간은 경멸조로 또 한편으로는 하나의 종교 집단으로 객관적으로 말한 것입니다.

당시에는 황제에게 속한 사람들을 아우구스타노니(Augustanoi)라고 불렀고, 헤롯 왕의 추종자들을 헤로디아노이(Herodianoi; 막 3:6, 12:13)라고 했고, 그리스도에 속한 자들을 크리스티아노이(Christianoi)라고 한 것입니다. 여기서 단순히 한 사람을 그리스도인이라고 하지 않고 집단을 그리스도인들이라고 한 것이 중요합니다. 혼자가 아니라 집단으로 어떤 자의식을 가진 사람들이 모이게 되었다는 것입니다.

그렇다면 오늘 한국 상황에서 그리스도인들이라고 하는 사람들은 어떤 정체성이 있는 사람들일까요? 술, 담배 안하는 사람들? 주일날 옆구리에 성경책 끼고 걸어가는 사람들? 할렐루야 아줌마, 즉 교회 구역장 가방 들고 사거리를 뛰어다니는 사람들? 회사 일은 열심히 안하고 신우회 활동만 열심히 하는 사람들? 성경적으로 사고 구조가 바뀐 사람들(세계관이 성서적인 사람들)? 본문에 보면 바나바와 바울이 이방인으로 이방적 세계관을 가졌던 사람들을 일 년 동안 꾸준히 가르쳤고 그래서 사람들이 제자들을 "그리스도인들"이라고 불렀다는 것입니다. 성서적 사고, 그리스도 중심적 사고를 하는 것이 바로 그리스도인들입니다. 바울이 갈라디아서 2:20에 말한 것처럼 "내가 그리스도와 함께 십자가에 못 박혔나니 그런즉 이제는 내가 사는 것이 아니요 오직 내 안에 그리스도께서 사시는 것이라. 이제 내가 육체 가운데 사는 것은 나를 사랑하사 나를 위하여 자기 자신을 버리신 하나님의 아들을 믿는 믿음 안에서 사는 것이라."

적용과 실천

그리스도인들은 기독교적 사고 방식을 가지고 세상을 따라가지 않고 하나님의 방식으로 사는 사람들입니다. 우리 각자는 그리스도인입니다. 그런데 우리 모두가 세상 사람들로부터 과연 조소든 칭찬이든 "그리스도인들"로 불릴 수 있을 만큼 우리는 성서적, 그리스도 중심적 세계관을 갖고 있습니까?

40 교회는 어떻게 세워지는가?
(12:1-25)

"교회는 어떻게 세워지는가?" 여러분은 이 질문에 뭐라고 답하시겠습니까? 옛날 교회 건물에 익숙한 사람은 아마도 이렇게 생각할 것입니다. "교회는 빨간 벽돌로 세워진다." 요즈음 건축하시는 분은 "교회는 철제 빔으로 세워진다."고 말할 겁니다. 아니면 외국 여행을 통해 유명한 성당이나 교회 건물을 보신 분들은 "교회는 성화와 스테인드글라스로 세워진다."고 생각할 수도 있을 것입니다.

반면, 교회를 건물이 아니라 사람들의 모임으로 구성된다는 것을 아는 사람들은 이렇게 생각할 사람들이 있을 것입니다. "교회는 뭐니 뭐니 해도 같이 모여서 음식을 나누어 먹는 것으로 세워진다. 같이 음식을 나누다보면 사람들이 친해지고 사람들이 몰려들게 되어 있다." 또 다른 사람은 "교회는 헌금 많이 내는 장로님이 계셔야 교회가 돈 걱정 없이 든든히 설수 있다."고 말할 것입니다. 나아가, 믿음이 좋은 사람은 "교회는 봉사하는 성도가 많아야 든든히 선다."고 할 것입니다. 에베소서 4:12에 "그리스도의 몸을 세운다."는 말이 나오는데, 이것은 교회 건물을 세운다는 말도 아니요, 교회가 사람들이 많이 몰려온다는 말만도 아니요, 교회가 교회다운 모습으로 올바로 서 있게 한다는 뜻입니다.

부활하신 주님의 주권적 개입으로 세워지는 교회

교회가 세워지려면 교인들이 교회에 애정을 가지고 열심히 출석하고 헌금 많이 하고 서로 교제하면 될 것 같다는 생각이 들 것입니다. 사실 사회봉사 단체인 라이온스 클럽은 이런 식으로 하면 든든히 서게 될 것입니다. 돈 많은 사장이 회장이 되어 기부금을 많이 내고, 회원들은 열심히 참여하여 사회봉사도 하고 친교도 하다보면 자연히 그 모임에 많은 사람이 몰려 올 것입니다. 특히 그 모임에 명사(名士)나 부자나 권력이 있는 사람이 있으면 더 잘 될 것입니다. 명사를 보러 오는 사람도 있게 되고, 권력에 줄을 대볼까 하는 사람도 오게 되고, 부자의 상에서 나오는 부스러기를 얻어먹으려는 사람도 생기게 되기 때문입니다.

사실, 교회나 기독교 단체도 이런 식으로 일시적으로 성황을 이루는 경우가 있습니다. 저는 신학대학원에 입학하면서 저의 집과 담을 연하고 있는 유명한 교회에 1년간 출석한 적이 있습니다. 그 교회 담임 목사님은 설교도 잘하시고, 또 그 교회의 수석 장로님은 대기업 오너였습니다. 예배를 마치면 유명한 목사님과 악수도 한번 하면 기분이 좋았고, 더구나 대기업 회장과 악수할 때는 내가 마치 그와 인척 간이라도 되는 기분이었습니다. 그런데 그 교회에는 그 회장이 해외에 출장가면 주일 예배 출석 인원이 상당한 정도로 줄어들었습니다. 처음에는 회장님 출장가실 때 같이 따라간 것이겠지 하고 생각했습니다. 하지만 회장님이 그 많은 인원을 데리고 출장 가시려면 비행기 값이 한두 푼이 아니었을 것이기 때문에 다 데리고 가지는 못했을 것입니다. 지금 생각하니, 교인 중에는 하나님께 예배하기 위해서가 아니라 예배 끝나고 교회 장로님인 회사 회장님께 눈도장 찍으려고 나온 회사 상무, 부장, 과장이 많았던 것 같습니다.

또 한 가지는 제가 이전 대학에 교수로 있을 때 그 곳에서 매 주 한 번씩, 인천 성시화 모임이라는 것이 있었습니다. 당시에 그 모임의 회장님이 제가 협동 목사로 있던 교회의 협동 장로님이셨고, 검찰청 인천 지청장이셨습니다. 그래서 그런지 그 모임에는 사람들이 몰려 문전성시를 이루었습니다. 인천 지역에 있는 웬만한 기관장은 다 오는 것 같았습니다. 그런데 그분이 인천에서의 임기를 마치고 다른 곳으로 전근 가면서 그 회장직을 다른 사람에게 물려 주셨는데 갑자기 인원이 줄어서 모임을 못할 지경에까지 이르렀습니다. 그 장로님이 회장으로 계실 때는 사람이 많이 와서 대학 주차장에 차댈 곳이 없을 지경이었는데 그분이 다른 곳으로 가신 후에는 차를 편안히 댈 수 있었습니다. 물론 저는 전보다 후가 더 좋았습니다. 차를 편안히 댈 수 있었으니까요.

어떤 사람들은 교회를 라이온스 클럽과 비슷하게 세워진다고 생각합니다. 한 두 사람이 큰 희생을 해서 헌금 많이 하면 된다고 생각합니다. 하지만 사도행전 12장을 읽으면서 이런 생각이 매우 잘못된 것이라는 점을 깊이 깨닫게 되었습니다. 사실 저는 "교회는 설교로 세워진다."는 생각을 쭉 가지고 있었습니다. 그리고 저는 할 수만 있으면 설교를 잘 준비해서 사람들이 은혜 받는 설교를 하려고 노력하고 있습니다. 그리고 사람들이 제 설교에 은혜 받았다고 하면 기분이 매우 좋았습니다. 하지만 교회가 설교 잘하는 것으로 세워지지는 않습니다. 교회가 세워지는 데는 설교 잘하는 것보다 더 근본적인 원리가 있습니다.

그것이 바로 본문에 나와 있는 원리입니다. 사도행전에 나오는 교회는 원시 교회의 개척 교회였습니다. 아직 세워야 할 것이 많았습니다. 구비되지 않은 것들이 많았습니다. 그래서 사탄은 여러 가지로 교회가 세워지지 못하도록 방해했습니다. 처음에는 주로 유대인들을 통한 박해로 교회를 무너뜨리려고 했습니다. 사도들을 잡아 가두면서 채찍으로 때리기도 하고, 복음을 전하는 스데반을 돌로 쳐 죽이기고 했습니다. 사울이라는 청년은 이 도를 없이하려고 스스로 이 도를 따르는 사람을 잡아다가 죽이려고까지 했습니다. 하지만 부활하신 주님을 만나 변화되어 바울은 박해자에서 복음의 전파자가 되었습니다. 이제 교회는 더욱 든든히 서갔고 이방인들도 복음을 받아들일 수 있다는 것을 깨닫게도 되었습니다. 이제 안디옥에서는 제자들이 그리스도를 따르는 사람들(그리스도인들)이라는 칭호까지 얻게 되었습니다(행 11:26).

바로 이때 사탄은 헤롯 왕을 통해서 교회를 박해함으로 교회를 무너뜨리려 했습니다. 본문에 나오는 헤롯 왕은 헤롯 아그립바 1세로, 복음서에 나오는 헤롯 대왕의 손자였습니다. 당시 로마로부터 유대 지역을 통치하는 왕으로 임명 받은 인물이었지요. 그는 먼저, 12사도 중에서도 핵심 인물 중 하나인 사도 요한의 형제 야고보를 칼로 쳐서 죽였습니다. 이렇게 핵심 인물을 죽이면 예수를 따르던 무리도 자연히 없어질 것이라고 생각한 것이지요. 더더구나 이러한 헤롯의 행위에 대해서 당시 유대인들이 좋아하는 것을 보고 정치인 왕은 매우 기뻐했습니다. 기독교인들을 박해하는 것이 유대인들을 쉽게 통치할 수 있는 길이라는 것을 알게 된 것이지요. 그래서 이제는 더 큰 이벤트를 준비합니다. 이 무리의 '넘버원'인 베드로를 잡아 죽이는 것이었습니다. 그것도 유대인들의 명절인 유월절에 많은 사람이 모인 가운데서 베드로를 처치하면 큰 사건이 되겠다고 생각한 것입니다. 그래서 베드로를 긴급 체포했습니다. 그리고 혹시나 이 사람이 탈출할까 봐 당시의 죄수를 다루는 법도대로 네 사람이 한 조를 이루는 네 패를 한 사람을 지키기 위해 붙였습니다.

그래서 설혹 베드로가 이 사람들을 해하고 도망한다고 해도 옥에는 여러 문이 있고 쇠문이 잠겨 있어 베드로가 완전 탈옥하는 것을 불가능에 가까웠습니다.

바로 이때 부활하신 주님이 개입하십니다. 직접 천사를 보내 베드로를 구출한 것입니다. 헤롯이 베드로를 죽이려고 하는 바로 그 전날 밤에 주님은 로마 병사들의 감시 속에서 잠들어 있는 베드로에게 천사를 보냈습니다. 베드로 자신도 인간적으로는 이곳을 빠져 나갈 생각을 전혀 하지 못하고 있었습니다. 그때 바로 천사가 와서 베드로의 옆구리를 쳐서 깨우면서 "급히 일어나라."고 하십니다. 그러자 자동적으로 베드로를 얽매고 있던 쇠사슬이 그의 몸에서 풀어졌습니다. 이제 천사는 신발을 신고 옷을 입고 자기를 따라오라고 합니다. 베드로는 천사를 따라 굳게 닫힌 철문을 빠져나와 결국 기적적으로 출옥을 하게 되었습니다. 여기서 출옥을 위해 베드로가 한 일은 아무 것도 없었습니다. 주님이 보낸 천사의 말을 따랐을 뿐입니다.

바로 이것입니다. 교회를 해하려고 헤롯이 덤볐지만 그것을 기적적으로 막아준 분이 바로 주님입니다. 만약 주님이 직접 개입하지 않으셨다면 어떻게 되었을까요? 교회는 처음에 가장 중요한 지도자를 잃고 어려움을 겪게 되었을 것입니다. 하지만 하나님의 교회는 주님이 직접 개입하셔서 지켰습니다. 그래서 베드로의 입에서 이런 고백이 나옵니다. "내가 이제야 참으로 주께서 그의 천사를 보내어 나를 헤롯의 손과 유대 백성의 모든 기대에서 벗어나게 하신 줄 알겠노라."(12:11) 그렇습니다. 사탄이 유대인 지도자들과 헤롯을 통해 교회를 없이하려 했지만 그것을 주께서 주권적으로 개입하셔서 그들의 기대를 완전히 무너뜨린 것입니다.

우리도 이렇게 생각해야 됩니다. 주님의 이름으로 모이는 모든 교회는 주님이 직접 개입하셔서 흥하게도 하시고 망하게도 하신다는 것입니다. 우리는 왜 주님이 야고보는 순교하도록 허용하시고, 베드로는 기적적으로 살려주셨는지 그 정확한 이유는 알 수 없습니다. 하지만 주님은 교회의 주인으로 교회를 직접 관장하신다는 사실은 알 수 있습니다.

우리 교회가 서는 것은 나 때문이겠지, 내가 나가면 무너지겠지 하는 생각은 교만한 생각입니다. 저는 항상 마음속에 이런 유혹을 받습니다. "내 설교로 이 교회가 서겠지." 아닙니다. 교회가 서고 일어서는 것은 전적으로 주님의 주권에 달려 있습니다. 교회는 사람의 교회가 아니라 주님의 교회라는 것을 잊어서는 안 됩니다.

성도들의 일심의 기도로 세워지는 교회

우리는 교회가 주님의 직접적인 개입으로 선다는 것을 알고 늘 겸손해야 합니다. 하지만 주님이 직접 개입하신다고 해서 성도는 뒷짐을 지고 가만히 앉아 있으라는 말은 아닙니다. 본문 5절에 보면 베드로가 옥에 갇혔을 때 교회가 한 행동이 나와 있습니다. "이에 베드로는 옥에 갇혔고 교회는 그를 위하여 간절히 하나님께 기도하더라." 바로 그것입니다. 단순히 기도해보는 것이 아니라 "간절히" 혹은 "중단 없이" "불굴의 의지로" 기도하는 것입니다. 헬라어 문장에 보면 베드로가 옥에 갇혔고, 바로 이 상황에서 교회는 하나님께 간절히 기도했다고 되어 있습니다. 문제에 대한 해결이 바로 기도라는 것입니다.

성경에 보면 하나님은 주권적으로 역사하시지만 동시에 성도들의 합심 기도를 통해 역사하십니다. 사도행전에 보면 이것이 너무도 분명합니다. 사도행전 1:14에 보면 오순절 날 성령 강림에 앞서 제자들은 모여 마음을 같이하여 오로지 기도에 힘썼습니다. 예수님이 승천한 상황에서 어떤 인간적인 방도를 찾아보지 않고 오로지 기도하기만을 힘썼다고 했습니다. 어떻게 보면 이것은 지나치게 단순한 행동인 것 같습니다. 그래서 어떤 사람은 이렇게 말하겠지요. "교회가 성장하려면 기도만 해서 되나요? 다른 것도 열심히 해야지." 물론 그렇습니다. 하지만 기도에 전념하지 않고 교회 일을 하는 것은 자신의 바벨탑을 쌓는 것입니다. 우리는 매사에 기도하는 마음으로 하는 것이 아니라 실제로 기도해야 합니다.

사도행전에 나오는 사도들과 성도들은 매사에 기도로 시작했습니다. 가룟 유다를 대신할 사도를 뽑을 때도 사도들이 먼저 한 것은 기도였습니다(1:24). 사도들의 전도를 받고 첫 그리스도인들이 된 사람들이 전무한 것 중에 하나가 바로 기도였습니다(2:42). 베드로와 요한은 하루에 기도 시간을 따로 정해 놓고 기도하러 올라가다가 앉은뱅이를 고쳐주었습니다(3:1). 사도행전에서 성령 충만을 체험하는 것은 주로 기도를 통해서 이루어졌습니다(4:31; 8:15). 사도들이 일곱 일꾼을 임명할 때도 기도하고 했고(6:1), 안디옥 교회에서 바울과 바나바를 선교사로 파송할 때도 기도하고 보냈습니다(13:3). 베드로가 고넬료라는 이탈리아 대 백부장에게도 구원이 임했다는 것을 깨달은 것도 기도할 때 바로 환상을 보았기 때문입니다(10:9; 11:5). 바울과 실라가 감옥에서 기도하고 찬송할 때 옥문이 열렸습니다(16:25). 만약 사도행전에서 기도에 대한 주제를 다 말하려면 날을 새야 할 것입니다. 초대 교회 성도들은 모든 것이 기도로 시작하고 기도로 마쳤습니다.

본문 이후에 나오는 기사를 보면 이제 베드로가 천사의 도움으로 옥에서 나와 성도들이 모여 있는 마가 요한의 어머니의 집에 도착했을 때 성도들은 그 집에 모여서 여전히 기도하고 있었습니다(12절). 베드로가 옥에 갇혔으니 단순히 형식적으로 기도의 시간을 가진 것이 아니라 베드로가 옥에서 나오기까지 간절히 기도한 것입니다. 물론 이들은 이렇게 기도하면서도 베드로가 실제로 그렇게 빨리 헤롯 왕의 손에서 벗어나 구출될 것이라고는 믿지 못했습니다. 그래서 로데라는 여종이 베드로의 목소리를 확인하고, 밖에 베드로가 와있다고 하자 오히려 로데를 향하여 "네가 미쳤다."라고까지 했습니다. 사실, 믿음의 기도를 통해서 역사하지만 우리의 믿음의 분량만큼만 하나님이 역사하시는 것은 아닙니다. 기도하기만 하면 하나님이 우리의 기도를 사용하셔서 우리의 기도보다도 더 풍성히 역사를 이루어집니다. 그래서 때로 기도 내용에 대해서 의심이 들더라도 기도하는 것은 의심이 들까봐 기도 안하는 것보다 훨씬 더 좋은 태도입니다.

   여러분의 믿음이 초신자의 수준을 넘어섰는가는 여러분이 기도의 능력을 실제로 믿는 가로 시험해 볼 수 있습니다. 기도보다도 사람의 지혜를 믿는 사람은 아직 초보적인 신앙인입니다. 사람을 만나 밥 먹고, 친절히 대해 주고, 때로 아부도 하면 그 사람은 내 사람이 될 것이라고 하는 것은 착각입니다. 선거할 때 막걸리는 주면 얻어먹고 찍는 것은 딴 사람을 찍는다는 말이 있습니다. 연애는 멋진 남자(혹은 여자)와 하고 결혼은 실속 있는 남자(혹은 여자)와 하는 것이 요즘 세태입니다. 우리는 매사에 사람과 돈과 힘을 의지하지 말고 하나님을 의지해야 합니다. 그렇게 결단하는 것이 바로 기도입니다. 기도는 바로 자신의 무력함과 하나님의 능력을 믿는 태도를 하나님께 보여드리는 것입니다. 기도는 자신의 삶의 주인이 내가 아니라 바로 하나님이라는 것을 고백하는 것입니다.

우리가 매사에 기도하되 같이 기도하는 것이 좋습니다. 사도행전 1:14에는 한마음이 되어 기도하는 것을 말하고 있습니다. 이것은 한마음으로 기도를 시작했다는 말도 되지만 하나가 되려면 기도해야 된다는 말도 됩니다. 우리의 생각이 서로 다를지라도 우리가 기도할 때는 한마음이 될 수 있습니다. 정치적으로는 여야가 나누어지더라도 월드컵 축구 경기할 때는 여야가 따로 없어집니다. 그때에는 대한민국 국민만 있을 뿐입니다. 우리도 각자의 신앙관과 경험이 다르지만 기도하는 데는 장로 교인도 감리 교인도 침례 교인도 순복음 교인도 따로 없습니다. 그리스도인만 있을 뿐입니다.

말씀이 흥왕함으로 세워지는 교회

이제 교회가 세속 왕권인 헤롯에 의해서 박해를 받았지만 어떻게 되었습니까? 성도들의 기도를 들으신 주님의 직접적인 역사로 교회는 든든히 서게 되었습니다. 24절에 보면 이것을 이렇게 표현하고 있습니다. "하나님의 말씀은 흥왕하여 더하더라." 왜 교회가 더 발전했다고 하지 않고 이런 표현을 썼을까요? 누가는 교회가 무슨 건물이 커진다든가 단순히 사람이 많이 모였다는 것에 관심 있는 것이 아니었습니다. 바로 하나님의 말씀에 굴복한 사람이 얼마나 많은 가에 관심이 있었던 것입니다. 그래서 하나님의 말씀이 인격처럼 존재하는데, 그 말씀에 굴복하여 이제 하나님 말씀대로 살기로 결단한 사람들이 더욱 더 많아졌다는 것입니다. 제 소원도 같습니다. 우리 교회에 얼마나 많은 사람들이 이 예배당을 들어가고 나오느냐가 아니라 바로 하나님 말씀에 굴복당한 사람이 얼마나 많으냐가 중요합니다.

적용과 실천

교회는 어떻게 세워집니까? 교회는 라이온스 클럽과는 다르게 세워집니다. 교회는 주님의 주권적인 역사로 세워집니다. 또 교우들의 합심의 기도로 세워집니다. 그렇게 될 때 사람들이 말씀의 도에 굴복해서 사도행전적 교회의 모습을 회복하게 될 것입니다.

41 선교사 바나바와 바울
(13:1-12)

사도행전은 성령 행전이면서 동시에 그 성령의 인도를 받는 사도들의 행전이기도 합니다. 사도행전의 전반부인 1-12장의 핵심 인물은 사도 베드로이고, 후반부인 13-28장의 핵심 인물은 바울입니다. 베드로가 예루살렘을 떠난 것을 보도한 후(12:17), 사도행전 저자는 바울이 사역하고 있던 안디옥 교회에 초점을 맞추어 기록합니다. 안디옥 교회는 5명의 사역자가 있었는데, 성령의 명령으로 바나바와 바울을 따로 세워 그들을 선교사로 파송합니다(13:3-4).

작은 예수들

본문의 내용은 선교사로 파송 받은 바나바와 바울의 첫 사역에 대한 것입니다. 그 특징을 한마디로 표현하자면 작은 예수로 사역을 한 것입니다. **첫째, 사도행전에서 예수의 사역을 한마디로 말하면 행하심과 가르치심(1:1)인 것 같이, 바울과 바나바의 사역도 행함(6-12절)과 가르침(5절)으로 요약할 수 있습니다.** 누가는 바나바와 바울의 사역을 보도하면서, 그들이 예수와 같은 방식으로 사역을 했다는 것을 보여주려고 했습니다. 이들이 처음으로 한 것은 살라미에서 "하나님의 말씀을 유대인의 회당에서 전"하는 것이었습니다. 이어서 그들이 한 행동은 마술사 엘루마를 물리치는 것이었습니다. 이것은 바로 복음서에서 예수가 행한 그대로의 패턴입니다. 그들은 가르침에만 머물지도, 또 행함에 치우치지 않았고 행함과 가르침을 동시에, 균형 있게 하여 예수의 모범을 따랐습니다. 누가복음 24:19에 의하면 예수는 "말과 일에 능한 선지자"였습니다.

둘째, 바나바와 바울은 예수와 똑같이 성령 충만하여 성령을 통해 사역을 했습니다. 누가는 예수가 공 사역을 시작하기에 앞서 성령 충만하여 그 사역을 시작했다고 보도하고 있을 뿐만 아니라(눅 4:1), 부활 후 40일 동안의 사역도 성령을 통하여 했다고 말하고 있습니다(행 1:2). 그런데 본문에서 바울과 바나바도 그들의 사역이 성령의 명령에 의해 시작되었고 (2절), 그들은 성령에 의해 파송 받았고(4절), 또 바울은 성령 충만하여 마술사 엘루마를 물리쳤습니다(9절). 예수처럼 바나바와 바울의 사역의 동력은 성령 충만에서 나왔습니다.

셋째, 바울과 바나바가 마술사 엘루마를 물리친 것은 베드로가 마술사 시몬을 물리친 일을 생각나게 합니다. 작은 예수 베드로가 마술사 시몬을 말씀으로 물리친 것처럼(행 8:9–24), 또 다른 예수의 제자 바울도 말씀으로 마술사 엘루마를 물리칩니다. 사도행전에서 베드로와 바나바와 바울은 모두 작은 예수로 그려지고 있고, 그들은 작은 예수로 행동하고 있습니다.

능력 대결

본문에서 주목해서 볼 사건은 바보라는 곳에서 바울과 바나바가 마술사 엘루마를 만난 일입니다. 당시 사람들은 신을 섬길 때 어느 신이 힘이 센가 보고 더 힘 센 신을 섬겼습니다. 바울과 바나바는 마술사인 엘루마를 성령의 능력으로 물리쳤습니다. 그들은 하나님의 성령이 힘센 분이라는 것을 여기서 보여주었습니다.

또 본문에 보면 두 사도와 마술사 엘루마는 여러 면에서 비교되고 있습니다. 첫째, 바나바와 바울이 참 선지자인 반면(1절), 엘루마는 거짓 선지자였습니다(6절). 둘째, 바울은 성령이 충만했던 반면(9절), 엘루마는 모든 거짓과 악행이 충만한 자였습니다(10절). 셋째, 바나바와 바울이 하나님의 자녀였던 반면, 엘루마는 마귀의 자식이었습니다(10절). 마술사 엘루마는 당연히 하나님의 사람들을 싫어했고, 그들이 총독 서기오 바울에게 전도하는 것을 방해했습니다.

그러면 엘루마는 어떤 사람입니까? 첫째, 그는 마술을 업으로 하는 자로 사람들을 미혹하는 사람이었습니다. 둘째, 그는 거짓 선지자였습니다. 어떤 사람들은 성경과 하나님과 정의를 말하지만 그들의 말의 근원은 하나님이 아니라 자신입니다. 셋째, 그는 전도 방해자였습니다. 그러면 오늘날에도 엘루마와 같은 사람이 있을까요? 물론입니다. 오늘날의 엘루마는 사람들을 현대적 마술로 미혹하여 예수를 믿으려 하는 자들까지도 못 믿게 방해하는 사람입니다. 이렇게 보면 지금도 교회 안팎, 여기 저기 엘루마가 많이 있습니다.

이때 바울이 행한 일은 마술사 엘루마와 말싸움이나 논리 대결을 한 것이 아니라 이른바 능력 대결을 한 것입니다. 바울은 성령이 충만하여 엘루마를 주목한 후 이렇게 선언합니다. "모든 거짓과 악행이 가득한 자요 마귀의 자식이요 모든 의의 원수여!" 그리고 나서 하나님의 이름으로 그를 심판합니다. "주의 바른 길을 굽게 하기를 그치지 아니하겠느냐 보라 이제 주의 손이 네 위에 있으니 네가 맹인이 되어 얼마 동안 해를 보지 못하리라."(10-11절) 그러자 "즉시 안개와 어둠이 그를 덮어" 눈이 멀어 어디로 가야할지 몰라 해맵니다(11절). 서구 문명의 세례를 받은 사람들은 이 장면이 어색하게 느껴질 것입니다. 하지만 성경의 세계에서는 이러한 장면은 일상적인 일입니다. 이 능력을 체험하고 이런 능력을 믿는 자들에게는 지금도 이런 일이 일어납니다.

능력 전도

바보 지역의 로마 총독이었던 서기오 바울은 지혜로운(지적인) 사람이었습니다(7절). 그는 새로운 것에 대해서 마음이 열린 사람으로 바나바와 바울을 청해서 하나님의 말씀을 들으려 했습니다. 또 일어난 일에 대해서 증거에 따라 합리적이고 과학적인 근거하에 결정을 하는 사람이었습니다(12절). 그는 자신을 보좌하던 마술사 엘루마가 바울에 의해서 능력으로 심판받는 것을 보고 바울의 가르침을 믿었습니다. 그리고 그것에 놀랐습니다. 여기서 흥미로운 것은 그가 기대했던 것이 하나님의 말씀에 대한 가르침이었는데(7절), 실제로 바울이 보여준 것은 말씀이 능력으로 나타난 것이었습니다(8-11절). 더 흥미로운 것은 그가 이 장면을 보고 "주의 능력"이 아니라 "주의 가르침"에 놀랐다고 말한 것입니다(12절). 그것은 주의 가르침은 주의 능력으로 나타났고, 그래서 그는 이것을 주의 가르침이라고 말한 것입니다. 이것은 우리에게 이런 교훈을 줍니다. 첫째, 지금도 가르침이 단순한 교리로만 이루어져서는 안 됩니다. 둘째, 주의 능력이 주의 가르침과는 상관없는 능력이 되어서도 안 됩니다. 우리는 주의 능력이 나타날 때 주님에 대해서 배우게 되고, 또 주님은 능력으로 자신을 나타냅니다.

적용과 실천

본문은 바나바와 바울이 안디옥 교회의 파송을 받아 첫 사역을 한 것을 기록하고 있습니다. 이 본문을 통해 우리는 세 가지 적용 질문을 해 볼 수 있을 것입니다. 첫째, 우리는 바나바와 바울 같이 작은 예수로 살고 있는가? 예수의 제자는 작은 예수가 되는 것인데, 우리는 우리 자신을 위해서 살면서 예수를 성현의 하나로만 보는 것은 아닌가? 둘째, 우리는 악을 성령의 능력으로 물리치고 있는가? 우리 속에 거하시는 성령을 통해 우리는 악을 제어하고 있는가? 우리가 전하는 말씀이 능력으로 나타나고, 능력이 말씀 속에서 선포되는가? 셋째, 주의 능력이 나타날 때 우리는 겸손하게 그것을 순종하며 받아들이고 있는가? 아니면 그런 때에도 우리는 주를 거부하고 있지는 않은가?

42 바울의 첫 설교, 그 핵심은 무엇인가?
(13:13-41)

바울은 선교 여행을 하면서 여러 곳에서, 주로 도시에 있는 유대인 회당에서 설교 합니다. 본문에서 바울은 첫 설교를 합니다. 이방인 지역인 비시디아 안디옥에 있는 유대인 회당에서 유대인들과 하나님 경외자인 이방인들에게 한 이 설교는 바울이 후에 유대교를 모르는 순수 이방인들에게 행한 설교(행 14:8-18)와는 그 내용도 접근 방법도 완전히 다릅니다. 거기에서는 일반 상식에서 출발하여 창조자 하나님을 전하는데 반해, 본문에서 바울은 구약 성경에 나오는 이스라엘의 역사에서 시작하여 예수를 소개하며 복음을 전합니다. 사도행전에서 스데반도 이스라엘 역사를 통해서 예수를 전했습니다(행 7:2-53).

바울은 안식일에 비시디아 안디옥에 있는 회당에 들어가 말할 기회를 얻습니다(13-15절). 이때 바울은 유대인들과 이방인으로서 유대교에 귀의한 사람들에게 복음을 전하는데, 이 설교에는 복음의 고갱이가 담겨져 있습니다. 이스라엘 백성에게 역사하신 하나님으로부터, 구원자 예수님으로, 그리고 회개의 촉구가 그 핵심 내용입니다.

역사의 주인은 하나님이다

본문 17-22절에 나타난 동사의 주어를 보면 바울이 말하는 역사의 주인이 누구인지 어렵지 않게 알 수 있습니다. 이스라엘 역사에 대한 설명에서 주어는 줄곧 "하나님"입니다. 여기에 사용된 동사—택하시고(17절), 인도하여 내사(17절), 참으시고(18절), 멸하사, 그 땅을 기업으로 주시기까지(19절), 주셨더니(20절), 주셨다가(21절), 폐하시고(22절), 세우시고(22절), 증언하여, 하시더니(22절)—의 주어는 모두 하나님입니다. 바울이 말하고자 했던 바는 역사를 움직이신 분은 하나님이라는 것입니다.

성경의 요절이라고 불리는 요한복음 3장 16절의 주어도 하나님입니다. 세상을 사랑하고, 독생자를 주시는 분은 하나님입니다. 이스라엘 역사에서 뿐만 아니라 현재 각 개인의 삶을 주관하시는 분도 하나님입니다. 우리는 자신의 삶을 이끌어 가는 분이 하나님이라는 점을 자주 잊어버립니다. 아브라함을 택하시고 선민으로 삼으시고, 모세를 택하여 율법을 주신 그 하나님을 유대인들조차도 잊어버린 경우가 많았습니다. 그래서 바울은 회당에 모인 사람들에게 이 점을 힘주어 말한 것입니다.

아마도 여기까지는 유대인들 대부분이 동의했을 것입니다. 하나님이 역사의 주인이시고, 역사를 주관한다는 것은 구약 성서에 대한 정통적인 해석이기 때문입니다. 특히 하나님의 구원사는 하나님이 이스라엘을 택하신 것에서 시작하여 다윗 왕을 택하신 것에 이른다고 한 것에 회당에 모인 사람들은 마음속으로 "아멘"을 했을 것입니다. 당시 사람들은 바로 그 다윗 왕가에서 메시아가 온다고 믿었기에 바울의 설교에 만족했을 것입니다.

역사의 정점은 예수다

그런데 그 다음 사항에서 유대인들은 고민했을 것입니다. 사실 바울이 말하려고 했던 핵심은 바로 그 다음에 나오는 예수에 관한 것이었는데 말입니다. 이스라엘 역사는 정점을 향해서 가는데, 그것은 바로 구세주 예수입니다. 구약의 역사는 구세주에 대한 약속으로 향하고 있는데, 그 구세주가 바로 예수입니다. 바울은 예수가 오신 것은 하나님의 약속의 성취라고 말합니다. "하나님이 약속하신 대로 이 사람의 후손에서 이스라엘을 위하여 구주를 세우셨으니 곧 예수라."(23절)

바울의 메시지를 현재 우리에게 적용하자면, 우리의 삶의 중심도 예수여야 합니다. 요즈음 일부 사람들은 예수 없는 혹은 예수가 중심이 되지 않은 정의, 평등, 청빈의 기독교를 선포합니다. 청빈만을 말한다면 불교 승려가 기독교 성직자보다 못하지 않습니다. 정의 구현만을 말한다면 비기독교인 촛불집회 참여자가 기독교인보다 나을 수 있습니다. 기독교가 다른 종교와 구별되는 점은 예수 중심성입니다. 정의와 평등 등 모든 가치는 예수가 없는 한 의미 없는 것이고, 예수를 중심으로 그 모든 것이 가치를 발휘한다고 보는 것이 기독교 신앙입니다.

예수는 구원자다

사람들이 그리는 예수의 모습에는 여러 가지가 있습니다. 그런데 본문에 나타난 바울의 설교에서 예수의 모습은 한 마디로 말해 구원자입니다. 바울 자신이 예수를 소개하면서 제일 먼저 "구주"라고도 했고, 그 이후 그가 설교한 내용은 바로 예수가 구세주라는 것입니다. 구약과 예수의 말씀을 "이 구원의 말씀"(26절)이라고 하고, 바울이 전하는 것은 죄 사함(38절)과 의롭다함(39절)이라고 하는 것도 예수를 소개하는 곳에 나옵니다. 또 본문에서 이스라엘 역사를 아담이나 아브라함에서 시작하지 않고 구원 역사를 이룬 출애굽에서 시작하는 것도 예수를 구원자로 소개하려는 의도와 무관하지 않습니다. 예수가 구원자가 되기 위해 필요한 것은 그의 고난과 부활입니다. 본문에서 예수에 대한 설명은 그의 죽음과 부활에 초점이 맞추어져 있습니다(28-37절). 우리가 예수를 믿는 것은 예수가 구원자기 때문인데, 예수의 고난과 부활을 통해 우리도 부활한다는 것입니다. 부활의 소망, 이것은 바울이 죽기 살기로 전했던 복음입니다.

세상이 바뀌면서, 복음의 핵심을 예수의 수난과 부활에서 다른 것으로 말하려고 하는 사람들이 많이 생겼습니다. 특히 특정 정치 이데올로기, 젠더 이데올로기가 예수의 고난과 부활을 대체하는 경우가 있습니다. 최근에는 종교 다원주의 이데올로기도 교회 안팎에서 선포되고 있고, 거기에 현혹되는 사람들도 있습니다. 다른 이웃 종교들과 연관해서 객관적으로 보면 예수도 하나의 구원자이지, 유일한 구원자는 아니라는 것이지요. 하지만 본문에서 바울이 철두철미하게 선포했던 복음의 내용은 구원자 예수입니다. 바울은 예수 이외에 구원자가 있다고 생각하지 않았습니다.

복음의 말씀을 듣는 자는 믿음으로 순종해야 한다

예수가 구세주라는 복음을 전한 후 바울은 구약 성경을 들어 이 복음의 메시지에 순종해야 함을 역설합니다. 구약 시대에 사람들은 선지자들의 말을 믿지 않아 멸망했다고 합니다(40-41절). 그래서 예수 그리스도의 복음을 믿지 않고 망할 수 있다는 것입니다. 바울은 이 복음의 메시지를 들을 때 순종해야 함을 천명합니다. 복음의 핵심을 선포한 다음, 그것에 어떻게 반응할 것인가를 도전하는 것이지요. 복음을 아는 것은 단순하게 그것을 지식으로 받아들이는 것이 아니라 그 복음의 핵심인 예수께 순종하는 것입니다. 그러기 위해서는 그 복음에 순종하지 않는 마음의 방향을 바꾸어야 합니다. 즉 회개해야 합니다. 바울은 이런 회개에 대한 촉구로 설교를 마칩니다.

적용과 실천

바울의 첫 설교는 예수를 정점으로 한 복음적 역사 해설이었고, 이 복음을 받아들여야 한다는 초청의 메시지였습니다. 그의 메시지는 예수에 대한 예언, 성취, 예수의 부활 등 그 자체가 바로 초대 그리스도인들이 선포했던 '케리그마'였습니다. 이런 복음의 메시지를 우리는 듣고 또 들어야 합니다. 교회 안에 있는 우리들도 복음의 핵심을 잊어버리고 종교생활을 할 수 있기 때문입니다. 바울은 구약을 아는 유대인들과, 이방인들에게 구약을 통해서 예수를 전하고, 구원자 예수를 전하는데 이것이 복음의 핵심입니다. 이에서 벗어나 다른 것을 가르치는 것은 복음이 아닙니다. 그런데 이런 복음에서 벗어나 하나님이 아니라 인간중심 주의, 부활로서의 구원이 아니라 생존을 위한 복음, 세상이 원하는 이데올로기를 위한 복음으로 변질되는 경우가 많습니다. 우리는 바울이 전했던 게리그마를 그대로 믿어야 합니다.

43 박해 속에 꽃 피는 신앙
(13:42-52)

바울은 첫 설교는 케리그마적인 것이었습니다. 그것은 예수의 십자가와 부활이 핵심이요, 그것에 대해 믿음으로 반응할 것을 촉구한 설교였습니다(13:16-41). 그런데 바울의 첫 설교에 대한 사람들의 반응은 완전히 상반되게 나타났습니다. 그의 설교를 듣고 다시 감동하여 그를 재 초청한 사람들이 있었는가 하면(42-43절), 그들의 말을 반박하고 비방하며 박해하는 사람들도 있었습니다(44-45절). 사실, 이렇게 설교에 대한 반응이 상반되게 나타나는 것은 예수님이 행한 설교 후에도 흔히 있었던 일입니다(요 7:40-44; 10:19-21).

말씀에 대한 긍정적 반응

바울의 설교에 긍정적인 반응을 보인 사람들에는 유대인들과 유대교에 입교한 이방인들도 포함되어 있었습니다(43절). 그들이 바울과 바나바에게 보인 반응은 "청하다"와 "따르다"라는 동사에 잘 표현되어 있습니다. 또 누가는 긍정적인 반응을 보인 사람들 중에는 이방인들도 있었는데, 그들은 "듣고 기뻐하며 하나님의 말씀을 찬송"했습니다(48절). 바울은 이방인들이 이렇게 복음의 말씀에 대해서 긍정적인 반응을 보인 것은 하나님의 작정에 의한 것이라고 합니다(48절). 곧 이방인이 구원받은 것은 우연히 된 것이 아니라 하나님의 섭리에 의해서 하나님의 때에 그렇게 이루어진 것이라는 것입니다. 그런데 모든 이방인이 바울이 전한 복음을 받아들인 것은 아닙니다. 어떤 사람들은 유대인들에게 선동을 당하여 바울을 박해하기도 했습니다(행 14:19).

그렇다면 바울의 설교에 긍정적인 반응을 보인 사람들은 어떤 사람들이었을까 궁금해집니다. 그들 중에는 유대인도 있었고, 유대교에 귀의한 사람도 있었고, 순수 이방인도 있었습니다. 그래서 말씀을 경청한 것은 유대인/이방인 구도로 갈린 것이 아니라, 그들의 마음으로 갈렸습니다. 이들은 바울의 말을 경청하고 다시 청하고, 또 다시 듣고자 모인 것으로 보아 마음이 열린 자들이었습니다. 이들은 자신들의 사상 체계가 비교적 견고하지 않았던 사람들이었던 것으로 보입니다. 그래서 그들은 새로운 복음에 귀 기울였고 결국 말씀을 듣고 마음이 변화되었습니다. 성경에서 이런 사람들은 마음이 부드러운 사람, 완고하지 않은 사람이라고 합니다. 지금도 이런 사람들이 복음을 받아들입니다. 역으로 말하면, 마음이 부드럽지 않은 사람, 완고한 사람은 복음을 받아들이기 어려운 것이지요.

말씀에 대한 부정적 반응

일부 유대인들은 바울의 메시지에 긍정적인 반응을 보였지만(43절), 대부분의 유대인들은 바울의 메시지에 부정적인 반응을 보였습니다. 누가는 그 이유를 그들이 "시기가 가득하여[충만하여]"(45절) 그렇게 한 것이라고 합니다. 그들이 복음을 받아들이지 않은 것은 잘못된 선민의식과 욕심 때문이었던 것입니다. 또 자신들이 전통적으로 성경을 해석해 온 것과는 다른 해석에 대한 반발심과 시기심도 있었습니다. 결국 그들은 사람들을 선동하여 바울을 박해하게 합니다(50절).

지금도 복음(하나님 말씀)을 받아들이기 싫어하는 사람들이 있습니다. 복음의 메시지에는 기존의 체계를 무너뜨리는 요소가 있습니다. 복음은 타락한 유대교를 허무는 측면이 있기 때문에 유대인들이 복음에 부정적인 반응을 보인 것입니다. 지금도 복음은 공산주의 이데올로기를 허물어뜨리고, 유교와 샤머니즘의 세계관을 부수는 성격이 있습니다. 그래서 단순한 윤리를 전하면 방해를 받지 않지만 복음을 선포하면 교회가 박해를 받게 되어 있습니다.

세상은 케리그마가 제거된 복음을 선포하는 교회를 좋아하게 되어 있습니다. 기독교인이 되어 욕심을 버리고, 사회에 봉사하며, 평화를 추구하고, 타 종교에 구원이 있다는 것을 인정하고, 동성애를 찬성하고, 헌금을 선교가 아니라 주로 이웃의 복지를 위해 사용하는 그런 교회, 그것이 바로 세상이 바라는 교회의 모습입니다. 하지만 바울과 바나바가 선포했던 복음은 그런 것이 아니었습니다. 예수로 인해 세상이 구원받는 복음이었습니다. 여기에서 예수만이 하나님이 보내신 메시아 구원자이기에 다른 구원자―그것이 종교적이든, 정치적이든 상관없이―를 용인할 수 없습니다. 이웃을 사랑하고, 이웃을 돕고, 이웃을 혐오하지 않지만, 성경의 진리에 반대되는 것에는 찬동할 수 없는 것입니다. 그런데 이런 복음을 선포하고 그렇게 살면 세상은 그것을 좋아하지 않습니다. 세상이 힘이 있으면 그 세상은 이런 교회를 박해합니다.

현재 중국 교회는 박해 받고 있습니다. 연일 중국 가정 교회가 정부에 의해 파괴된다는 소식이 들립니다. 중국 교회에서는 유일신 하나님만 섬겨야 한다는 십계명의 제 1계명을 더 이상 교회가 가르치지 못하게 한다고 합니다. 아마도 누군가가 그 위치를 차지하려고 하기 때문일 것입니다. 하지만 이것을 뺀 기독교는 온전한 기독교일 수 없습니다. 박해를 받더라도 성경이 말하는 그 복음을 선포하는 교회가 되어야 합니다. 바울과 바나바도 예수의 십자가와 부활을 전해서 박해를 받았습니다. 하지만 박해를 피하기 위해서 복음의 내용을 수정하지 않았습니다. 또 유대인의 박해가 있을 때, 그것에 하나님의 이방인 구원에 대한 섭리가 있는 것을 깨닫고 기뻐하며 이방인 선교를 합니다.

지금 한국에서는 중국과 같은 교회에 대한 박해는 없습니다. 하지만 구원자 예수를 설파하는 것에 대해서 반감이 있는 기독교 내부의 목소리와 그것을 기독교의 핵심으로 보면서 현재 교회에 대해서 불만을 가지고, 지속적으로 매체를 통해서 교회와 기독교를 압박하는 사람들이 있습니다. 많은 사람들이 이 압박에 견디지 못해, 그들이 원하는, 그들이 좋아하는 교회, 기독교를 만들려고 하고 있습니다. 세상이 칭찬하는 교회와 목사는 하나님의 칭찬을 받지 못할 가능성이 많습니다. 세상은 복음을 좋아하지 않기 때문에 복음이 아닌 것을 선포하는 교회를 좋아하게 되어 있습니다.

박해의 결과: 성령 충만과 기쁨 충만

케리그마를 선포한 바울의 설교는 준비된 마음을 변화시켰습니다. 누가는 이것을 "주의 말씀이 그 지방에 두루 퍼지니라"로 표현합니다(49절). 복음의 말씀에 굴복한 사람이 생기는 것이 선교이고, 그런 사람들이 많아지는 것은 바로 선교가 성공적으로 잘 이루어진 것입니다. 그런데 세상은 이러한 복음의 확장을 싫어합니다. 이것을 본 유대인들은 바울과 바나바를 박해하여 그들은 비시디아 안디옥에서 쫓겨나 이고니온으로 떠나갔습니다(50절).

그렇다면 교회가 이러한 박해를 받아 없어지고 복음 선포가 중단되었을까요? 아닙니다. 오히려 교회는 이러한 상황 가운데 더 정결하게 되고 기쁨이 넘치고 성령 충만해졌습니다(52절). 박해 중에도 하나님 안에 있으면 기쁨과 성령이 충만한 것입니다. 이것은 사역을 위한 능력 체험이 아니라, 사역 중에 주시는 성품의 열매로서의 성령 충만입니다. 박해를 받았지만, 제자들은 오히려 그 가운데서 마음속에 성령의 열매로 인한 큰 희락이 있었던 것입니다.

적용과 실천

우리 한국 교회에 지금 중국 교회와 같은 정치적 박해가 있다면 어떻게 될까요? 그러면 박해를 통해 많은 가라지들이 예수를 부인하고 교회를 떠날 것입니다. 일반적으로 박해가 있으면 가라지들이 제거되어 교회가 정결하게 됩니다. 오랫동안 박해 없이 교회가 유지되다 보니 한국 교회는 내분이 많이 생겼습니다. 하지만 때가 되면 가라지는 밝히 드러나고 그들은 결국 교회를 떠나게 될 것입니다. 그런데 외적인 박해는 없어도 경건하게 살려고 하면 내적인 박해가 있게 마련입니다. 경건하지 않은 교인들이 경건한 교인을 박해하는 것입니다. 성경과 성령의 능력을 믿지 않는 교회 내부의 종교인들이 성령 충만한 그리스도인들을 박해하는 것이지요. 하지만 이러한 박해를 통해 우리의 신앙이 정결하게 된다는 것을 감사함으로 받아들여야 하겠습니다.

44 진짜 뉴스 vs. 가짜 뉴스
(14:1-7)

가짜 뉴스(fake news)란 말 들어보셨죠? 다음(Daum) 백과사전에 따르면 가짜 뉴스란 "뉴스 형태로 된 거짓 정보"입니다. "경제적, 정치적 이익을 목적으로 정보를 조작하여 대중에 전파하는" 뉴스입니다. 그런데 가짜 뉴스가 사람들에게 더 끌립니다. 그 이유는 가짜 뉴스에는 "놀라움과 새로움"이 있기 때문입니다. 예를 들어, "트럼프 대통령이 사임했다"와 같은 이런 뉴스가 포털에 뜨면 일단 클릭수가 올라갑니다. 그런데 이렇게 쉽게 판명 나는 가짜 뉴스도 있지만, 그 진위를 정확히 알 수 없는 가짜 뉴스도 많습니다. 예를 들어, 이런 것입니다. "트럼프 대통령이 러시아 KGB와 내통했다." 보통 사람으로서는 이런 뉴스의 진위를 알기 어렵습니다.

그러면 우리는 어떤 뉴스를 믿을까요? 사람들은 자신의 입맛에 맞는 뉴스를 받아들입니다. 자신이 싫어하는 사람에 대한 나쁜 보도는 쉽게 받아들이죠. 또 보도가 자신의 신념과 부합할 때 우리는 그 뉴스의 진위를 확인도 하지 않고 그대로 받아들입니다. 또 자신과 관계가 된 것이 아닐 때는 그것에 대한 첫 보도를 그대로 받아들이는 경향이 있습니다. 그 이후에 나오는 보도는 그것에 대한 변명이라고 생각하는 것이지요. 그래서 대중 매체에 한 번 크게 보도되면 그것을 사실로 믿습니다. 나중에 그것이 정정되어 사실이 보도되어도 사람들은 대부분 그것에 무관심합니다. 그래서 정치인들은 상대방을 찍어낼 때 이렇게 깜짝 가짜 뉴스를 만들어 냅니다.

문제는 세상에서 뿐만 아니라 교회 안에도 이런 가짜 뉴스가 판을 친다는 것입니다. 교회 안에서 정치적으로 입장을 달리하는 두 파가 대립되어 있을 때는 이런 현상이 극명하게 나타납니다. 파가 생기면 그 파가 가짜 뉴스를 생산해 내는 공장이 되고, 사람들은 그 공장에서 생산되는 뉴스를 가짜 뉴스인지도 모르고 그대로 믿어, 나중에는 교회 안에 불신이 만연하여 결국 교회가 어려움을 겪습니다. 우리가 이런 가짜 뉴스에 현혹되지도 않고, 이런 가짜 뉴스도 생산해 내지 않고, 그것에 따라 가지 않을 수 있을지를 본문을 통해서 상고해 보려고 합니다.

가짜 뉴스

본문은 바울과 바나바 사도가 첫 선교 여행 중 이고니온 지역 사역에서 발생한 문제를 다룹니다. 그들은 비시디아 안디옥에서 사역한 후, 박해를 받고 이고니온에 오게 되었습니다. 이 두 사도의 사역으로 이고니온 지역에서도 많은 사람들이 예수를 믿었습니다(1절). 그런데 여기서도 하나님께 순종하지 않는 유대인들이 이 두 사도의 사역을 방해합니다. "그러나 순종하지 아니하는 유대인들이 이방인들의 마음을 선동하여 형제들에게 악감을 품게 하거늘."(2절) 여기서 두 사도의 복음 선포를 받아들이지 않았던 유대인들은 이 복음을 이방인들이 받아들이지 못하게 하기 위해 "선동"을 합니다. 그 결과 두 사도를 비롯한 예수의 제자들에게 악감을 품게 됩니다.

여기서 선동하는 것이 바로 가짜 뉴스를 전파하는 도구입니다. 그들의 가짜 뉴스로 아무 것도 모르는 이방인들이 예수의 제자들에게 악감을 품게 되었습니다. 이렇게 유대인들이 가짜뉴스로 선동한 것은 직전 사역지인 비시디아 안디옥에서도 그대로 일어났던 일입니다. "유대인들이 경건한 귀부인들과 그 시내 유력자들을 선동하여 바울과 바나바를 박해하게 하여 그 지역에서 쫓아내니."(행 13:50). 이고니온에서 가짜 뉴스로 선동하던 유대인들은 바울이 루스드라에서 사역할 때 거기까지 와서 무리를 충동합니다. 심지어 바울을 돌로 쳐 거의 죽게까지 합니다(행 14:19).

그러면 이 사람들이 왜 이렇게 사람들을 선동하여 사도들에게 악감을 갖게 하는 것일까요? 심리적으로 볼 때 이런 선동의 근원은 무엇일까요? 누가는 그것을 "시기심"이라고 분석합니다. 바울이 비시디아 안디옥에서 사역이 크게 성공했습니다. "그 다음 안식일에도 온 시민이 거의 다 하나님의 말씀을 듣고자 하여 모이니 유대인들이 그 무리를 보고 <u>시기가 가득하여</u> 바울이 말한 것을 반박하고 비방하거늘."(행 13:44-45) 바울이 데살로니가에서 전도하여 많은 무리가 바울을 따르니 "그러나 유대인들은 <u>시기하여</u> 저자의 어떤 불량한 사람들을 데리고 떼를 지어 성을 소동하게 하여 …"(행 17:5) 이런 시기심에서 유대인들은 바울과 바나바에 대한 가짜 뉴스를 만들어 퍼뜨렸습니다.

이들이 가짜 뉴스를 만드는 방식은 크게 두 가지입니다. 첫째, 선동(행 13:50; 14:2)과 충동(행 14:19; 21:27)입니다. 이것이 가장 잘 나타나 있는 것은 바울이 3차 전도 여행을 마치고 예루살렘에 돌아와 있었는데, 유대인들이 바울에 대한 가짜 뉴스를 만들어서 유대인들을 충동합니다. 예루살렘 교회는 바울을 싫어하는 사람들이 바울이 유대인의 율법을 지키지 않는다는 가짜 뉴스를 만들어 바울을 박해를 것을 예상하고 그에게 정결례를 행하라고 해서 그렇게 했습니다(21:26). 하지만 아시아에서 온 유대인들은 바울과 그의 사역을 싫어했기에 사실 관계도 알아보지 않고 가짜 뉴스를 만들어 사람들을 충동해서 바울을 박해하게 합니다(행 21:27-30).

> 그 이레가 거의 차매 아시아로부터 온 유대인들이 성전에서 바울을 보고 모든 무리를 충동하여 그를 붙들고 외치되 이스라엘 사람들아 도우라 이 사람은 각처에서 우리 백성과 율법과 이곳을 비방하여 모든 사람을 가르치는 그 자인데 또 헬라인을 데리고 성전에 들어가서 이 거룩한 곳을 더럽혔다 하니 이는 그들이 전에 에베소 사람 드로비모가 바울과 함께 시내에 있음을 보고 바울이 그를 성전에 데리고 들어간 줄로 생각함이러라. 온 성이 소동하여 백성이 달려와 모여 바울을 잡아 성전 밖으로 끌고 나가니 문들이 곧 닫히더라.

둘째, 어그러진[왜곡된] 말입니다(행 20:30). 바울은 밀레도에서 에베소 교회 장로들을 청하여 고별 설교를 하면서 자신이 떠나면 이리 같은 지도자들이 나와서 "어그러진 말"을 하여 사람들을 끌고 갈 것이라고 말합니다. 지금도 가짜 뉴스는 어그러진 말을 하는 것입니다. 어그러진 말이란 다른 사람을 현혹하기 위해서 만든 왜곡된 말입니다.

진짜 뉴스

위와 같이 하나님께 순종하지 않는 유대인들이 가짜 뉴스를 퍼뜨려 바울과 바나바 사도의 사역을 방해할 때, 두 사도는 진짜 뉴스를 전하는 사역을 합니다. "두 사도가 오래 있어 주를 힘입어 담대히 말하니 주께서 그들의 손으로 표적과 기사를 행하게 하여 주사 자기 은혜의 말씀을 증언하시니."(3절)

유대인들이 가짜 뉴스를 퍼뜨리든 말든 두 사도는 담대히, 즉 성령이 충만하여(4:29) 주님을 의지해서 말합니다. 이것이 바로 진짜 뉴스입니다. 사도행전에서 모든 가짜 뉴스는 인간을 꾀기 위해, 인간의 마음에서 나온 것들입니다. 반면, **진짜 뉴스는 성령이 충만하여 주를 의지해서 말한 것입니다. 지금도 마찬가지입니다.** 신앙적으로 가짜 뉴스란 바로 주님으로부터 나오지 않은 뉴스입니다. 유대인들은 자신들의 입장에서는 진짜 뉴스라고 할지 몰라도 그들의 뉴스의 근원은 자신의 마음, 시기심이었습니다. 반면, 사도들의 뉴스는 성령 충만하여 주님을 의지하여 한 것이기 때문에 진짜 뉴스입니다.

결국 진짜 뉴스는 주님이 자신의 은혜의 말씀을 스스로 증언하게 하십니다. 다만, 주님이 직접 말을 하는 것이 아니라 제자들에게 표적과 기사를 주어서 그것으로 주의 말씀을 확정하게 하는 것입니다. 지금도 우리의 뉴스가 진짜라는 것을 보여주기 위해 우리는 주님이 주시는 표적과 기사가 나타나는 것을 기대해야 합니다. 우리가 말하는 것이 단순히 탁상공론이 아니라 살아계신 하나님께로부터 나왔다는 것을 보여 주어야 합니다.

놀라운 것은 이렇게 진짜 뉴스를 전했을 때의 결과입니다. 진짜 뉴스를 주님이 직접 키운 제자들이 행하는 표적을 통해서 전하면 모두 이 진짜 뉴스를 믿을까요? 4절에 보면 답이 나와 있습니다. "그 시내의 무리가 나뉘어 유대인을 따르는 자도 있고 두 사도를 따르는 자도 있는지라." 아무리 진짜 뉴스를 말과 기적으로 전해도, 마음이 완악해진 사람은 그것을 받아들이지 않습니다. 요한복음에 보면 예수님이 표적을 행했을 때도 그것을 통해 예수를 믿는 사람과 그럼에도 불구하고 여전히 예수를 반대하는 사람들이 있었습니다(요 10:19-21). 지금도 마찬가지입니다. 많은 사람들이 사도들을 따르지 않고 가짜 뉴스를 퍼뜨리는 유대인들을 따라갔습니다. 왜 그럴까요? 그들의 마음이 썩었기 때문입니다.

적용과 실천

지금 교회 안팎에서는 가짜 뉴스가 판치고 있습니다. 본문에 따르면, 주님께 순종하지 않는 자의 말이 가짜 뉴스이고, 주님에 의지하는 자의 말이 진짜 뉴스입니다. 우리도 주님을 의지하지 않으면 가짜 뉴스에 현혹될 뿐만 아니라 자신이 가짜 뉴스 공장장이 되기도 합니다. 특정 이데올로기에 빠지면, 사적 이익을 추구하면, 개인의 사감에 빠지면, 정치적 해석을 하면 그렇게 됩니다. 우리는 가짜 뉴스에 현혹되면 안 됩니다. 항상 주의 음성에 귀를 기울여야 가짜 뉴스에 빠지지 않을 수 있습니다. 가짜 뉴스는 그럴 듯 하고, 귀에 솔깃합니다. 가짜 뉴스일수록 궁금한 것, 그렇게 되었으면 하는 대로 뉴스의 내용이 되어 있습니다. 가짜 뉴스를 전파하는 것은 "네 이웃에 대하여 거짓 증언하지 말지니라."(출 20:16; 신 5:20)는 십계명 중 제 9계명을 범하는 것입니다. 자신의 유익을 위해 상대방에 대한 정보를 확인해 보지도 않고, 쉽게 정죄하는 쪽으로 해석해서 정보를 퍼뜨리는 것, 그것이 바로 가짜 뉴스이고, 거짓 증언하는 것입니다.

45 작은 예수 바울
(14:8-18)

캐나다 토론토 대학 심리학과 조던 B. 피터슨 교수가 최근에 쓴 『12가지 인생의 법칙: 혼돈의 해독제』(2018)라는 책이 전세계적으로 베스트셀러가 됐습니다. 그는 전통을 모두 허물어뜨린 허무주의를 혼돈이라고 비판하면서 이렇게 말합니다. "아이를 제대로 키우고 싶다면 처벌을 망설이거나 피하지 말라." "세상을 탓하기 전에 방부터 정리하라." "쉬운 길이 아니라 의미 있는 길을 선택하라." 이 책은 아버지가 아들에게 하듯 말하는 인생에 대한 교훈집입니다. 어떻게 보면 이런 교훈은 전형적으로 꼰대가 하는 것입니다. 그런데 왜 이런 교훈이 서양 젊은이들에게 폭발적인 인기를 얻고 있을까요? 요즘 자유방임주의로 자녀를 키우다보니, 이런 말을 잘 듣지 못하게 되고, 이런 말이 실제 성공한 사람들에게 나오니 그 말이 먹히는 것입니다.

우리 크리스천은 어떤 인생의 법칙에 따라서 살아야 할까요? 답은 단순합니다. 성경이 말하는 대로 살면 됩니다. 성경은 우리 삶의 참고서(reference book)가 아니라 교과서(textbook)입니다. 또 성경 이야기는 우리 삶의 전거(reference)가 아니라 규준(norm)입니다. 크리스천이 실제로 어떻게 살았는가를 보려면 사도행전을 보면 됩니다. 그런데 지금까지 본 사도행전의 인물들은 모두 작은 예수로 살았던 사람들입니다. 스데반도 베드로도 작은 예수였습니다. 오늘은 바울이 어떻게 작은 예수로 살았는가를 본문에서 찾아보겠습니다.

예수님처럼 살아가기

첫째, 예수님처럼 바울도 행함과 가르침이 그 사역의 요체였습니다. 예수님이 사적인 삶을 30년 사시고 이후에 공적인 삶을 3년 사셨듯이, 바울도 사적 삶이 있었고 이후 안디옥 교회의 목회자와 선교사로 살았던 공적 삶이 있었습니다. 그런데 그 공적 삶에 있어서 바울은 예수님을 닮았습니다. 예수님의 공적인 삶을 누가는 "행하시며 가르치심"으로 요약합니다(행 1:1). 복음서를 보면 예수님의 삶은 기적을 행하시고, 하나님의 나라를 가르치는 삶이었습니다. 그런데 본문에 나오는 루스드라 사역에서 바울의 사역을 한 마디로 정리하자면 태생 불구자를 고친 행함(8-10절)과 그 행동을 보고 바나바와 바울을 사람들이 숭배하려 하자, 그들에게 한 가르침(15-17절)으로 요약할 수 있습니다.

그렇다면 크리스천 사역자의 삶도 어떻게 요약되어야 할까요? 바로 행함과 가르침입니다. 우리는 예수님처럼, 바울처럼 그렇게 행하고, 예수님과 바울이 가르쳤던 그 가르침을 베풀어야 할 것입니다. 그런데, 우리는 우리가 만나는 사람에게 아무런 능력 행함도 없고, 예수의 가르침이 아니라 우리의 경험을 가르친 것은 아닌지요?

둘째, 예수님처럼 바울도 치유를 행했습니다. 예수님이 38년 동안 누워 있던 병자를 고칠 때 "일어나 네 자리를 들고 걸어가라."(요 5:8)고 명령했듯이, 바울도 "나면서부터 걷지 못"하게 된 사람에게 "네 발로 바로 일어서라."(10절)고 명령합니다. 예수님이 눈먼 바디매오를 고칠 때 "가라

네 믿음이 너를 구원하였느니라."(막 9:52)라고 하셨듯이, 바울도 "구원받을[치료받을] 만한 믿음이 그에게 있는 것을 보고"(9절) 그에게 일어나라고 소리쳤습니다.

다른 사람의 필요와 그 마음을 보고 그 사람을 치유하는 것이 예수님처럼, 바울처럼 사는 것입니다. 현대는 자신에게 집중하는 시대입니다. 모두가 나르시즘에 빠져 자신을 봐 달라고 하는 시대입니다. 이때 다른 사람의 필요를 보고 그것을 치유하는 것이 예수님처럼, 바울처럼 사는 것입니다.

셋째, 예수님이 회개하고 복음을 믿으라고 외쳤듯이 바울도 헛된 풍습을 버리고 회개하라고 외쳤습니다. 마가복음 1:14-15에 따르면 예수님이 공생애를 시작하면서 발하신 제 일성(一聲)은 "회개하고 복음을 믿으라"고 한 것입니다. 본문에서 루스드라의 이방인들에게 바울이 설교한 것은 "여러분에게 복음을 전하는 것은 이런 헛된 일을 버리고 천지와 바다와 그 가운데 만물을 지으시고 살아 계신 하나님께 돌아오게 함"(15절)입니다. 여기서 "돌아오다"라는 동사는 성경에서 전형적으로 회개에 해당하는 단어입니다.

바울은 유대인에게도 이방인에게도 각각 회개를 외칩니다. 사도행전 13장에서 바울은 비시디아 안디옥에 사는 유대인들에게도 죄 사함의 복음을 전했고, 이방인인 루스드라 사람들에게도 회개를 선포했습니다. 물론 유대인들에게는 구약 성경을 통해서 복음을 전했고, 이방인에게는 자연과 양심을 통한 하나님의 역사를 통해 회개의 복음을 전했습니다. 우리도 바울처럼 살려면, 우리가 만나는 사람이 유대인처럼 하나님과 만남이 없이 단순히 교회 나가는 사람이든지, 아니면 샤머니즘 세계에 빠져 하나님을 전혀 모르는 사람이든지 그들에게 회개의 복음을 전해야 할 것입니다.

넷째, 사역을 한 후 예수님이 오해와 박해를 받았듯이 바울도 그랬습니다. 예수님은 행함과 가르침으로 사역을 했지만, 유대인들에게 늘 오해받고 박해받았습니다. 결국 예수님은 그 결과로 십자가를 졌습니다. 바울이 직전에 비시디아 안디옥에서 말씀을 전했을 때도 사람들은 시기가 가득하여 바울을 반박했고(행 13:45), 이번에는 죽도록 돌로 쳤습니다(19절). 우리의 정당한 사역은 늘 오해와 박해를 받게 마련입니다. 세상은 복음을 싫어합니다. 세상과 같은 가르침과 행함을 말하면 좋아하지만 복음을 선포하면 싫어합니다. 우리의 말과 행동이 다른 사람들에게 전혀 오해와 박해를 받지 않는다면 우리는 복음에 반대되게 행동하고 있는지도 모릅니다.

다섯째, 예수님처럼 바울도 오직 하나님만 섬기라고 가르쳤습니다. 바울이 태생으로 못 걷는 사람을 한마디 말로 일으키자 사람들은 바나바와 바울을 신이라고 불렀습니다. 바나바는 대장이니 제우스, 바울은 말하는 대표이니 헤르메스라고 했습니다. 그리스 신화에 보면 만신전에서 제우스는 대장이고, 헤르메스는 그의 아들로 메신저입니다. 바로 이런 신화를 바탕으로 바나바와 바울을 신으로 부른 것입니다. 사역의 현장에서 사람들이 자신을 알아주면 우쭐대고, 나중에는 자신을 절대화하는 것을 마지못해 받아들이는 척하면서 받아들이는 경우가 있습니다. 사도행전 12:21-23에 보면 헤롯 대왕의 손자인 헤롯 아그립바 1세는 백성에게 연설을 할 때 "이것은 신의 소리요 사람의 소리가 아니라"는 말을 받아들이고 그 영광을 하나님께 돌리지 않아 주의 사자가 쳐서 벌레에 먹혀 죽었습니다. 우리는 다른 사람의 말에 지나치게 의존하여 자신을 칭찬하는 사람에 대해서 지나치게 감정적으로 의존하는 경우가 있는데, 이것은 자아가 연약함을 보여주는 것입니다. 다른 사람들이 자신을 지나치게 높일 때 우리 각자는 마음의 옷을 찢어야 합니다.

여섯째, 예수님처럼 바울의 설교에서 강조하여 말한 것은 창조주 하나님이 살아계셔서 역사하신다는 것입니다. 하나님은 역사를 통해 세대를 나누어 역사하셨다는 것을 알 수 있습니다. 바울은 "지나간 세대"를 언급합니다. 그 세대는 바로 예수가 오기 전까지의 세대를 말합니다. 이때까지 하나님은 선민 이스라엘과 이방인 민족을 구별하여 역사하셨습니다. 이때 하나님은 이스라엘에게만 하나님의 구원을 보여주셨습니다. 하지만 그것은 하나님이 영원히 그렇게 하려고 하신 것이 아니라 이스라엘을 통해서 하나님을 보여주고 거기서 구원자를 보내주시려는 섭리였습니다. 그런데 하나님은 이때 이방인들에 대해서는 자신들의 길을 가도록 허용하셨습니다.

하지만 이 세대에서는 다릅니다. 이제 예수를 메시아로 보내주셨으니, 지금은 모든 민족이 예수를 통해서 하나님을 알아야 하고, 구원에 있어서 민족적 차별은 없어졌습니다. 이방인도 창조주요 살아계신 하나님께 돌아와서 원래 인간의 모습대로 살아야 한다는 것입니다. 바울이 루스드라 이방인들에게 하나님에 대해서 주로 강조해서 가르친 것은 창조주 하나님입니다. 그런데, "지나간 세대"에도 하나님은 이방인들에게도 유대인들처럼 자연을 똑같이 누릴 수 있는 복을 주셨습니다. 비를 주시고, 추수를 하게 하시고, 그것을 통해 음식을 먹고 기뻐할 수 있었습니다. 이것을 우리는 자연 은총이라고 부릅니다.

바울 설교의 요체는 이제 이방인으로 살 때 샤머니즘적 세계관으로 살던 때의 모든 헛된 일을 버리고 창조주요 살아계신 하나님께 돌아와 그의 피조물로, 그의 자녀로 살라는 것입니다. 이것이 인간의 삶의 순리라는 것입니다. 이러한 설교로 사람들이 바나바와 바울에게 제사를 하지 못하게 하기는 했는데, 루스드라 지역 이방인들은 바울이 전한 복음을 받아들이지는 않은 것 같습니다. 하지만 이 중에서도 얼마간의 제자를 얻었습니다. 그래서 바울이 나중에 돌아와서 여기에 있는 제자들의 마음을 굳게 했습니다(22절).

적용과 실천

인생을 어떻게 살아야 할까요? 사도행전이 보여주는 인생의 법칙은 예수님처럼, 바울처럼 그렇게 살라는 것입니다. 진부한 것 같지만, 여기에 진리가 있습니다. 사도행전에 나오는 모든 예수의 제자는 작은 예수로서 산 것입니다. 우리는 작은 예수로, 또 작은 바울로 그렇게 살면 됩니다. 성경에서 역사한 성령은 같은 분이시기에, 이 천년 전 바울에게 역사하셨던 그분이 지금도 우리에게 역사하면, 지금 우리도 예수처럼, 바울처럼 그렇게 살 수 있습니다.

46 함께하는 신앙
(14:19-28)

본문은 바울이 1차 전도 여행을 비시디아 안디옥-이고니온-루스드라-더베로 갔다가 역으로 더베-루스드라-이고니온-비시디아 안디옥-(수리아) 안디옥 교회로 돌아오는 여정을 그리고 있습니다. 바울이 선교지에서는 오해와 박해를 받아 맞아 죽을 뻔한 일도 있었지만, 이제 모교회인 안디옥 교회에 와서는 일상으로 돌아가 다른 성도들과 "함께 오래" 있었습니다(28절). 이제 교회에 무슨 문제에 집중하기보다는 일상적인 삶을 살아가고 있는 것입니다. 이것을 통해 우리는 신앙생활의 본질이 무엇인지 볼 수 있습니다.

신앙생활이란?

바울의 1차 전도 여행 막바지 모습에서 우리는 신앙생활이란 무엇인지에 대해서 다음과 같은 것을 배울 수 있습니다.

첫째, 신앙생활에는 '독고다이'란 없습니다(19-20절). 바울과 바나바가 루스드라에서 못 걷는 병자를 기적적으로 고치자 사람들이 그들을 신으로 숭배하려 했지만, 바울은 이를 극구 말립니다. 그런데 이전에 복음을 전했던 안디옥과 이고니온에서 유대인들이 와서 무리를 선동하자 이제 그 무리는 바울을 죽도록 구타해서 도시 밖에 내던져 버립니다(1절). "무리"는 이렇게 허망하게 입장을 180도로 바꿉니다.

이때 예수의 제자들이 한 행동이 2절에 기록되어 있습니다. "제자들이 둘러섰을 때에." 바울이 죽게 되었을 때 바로 그 자리에 동료 제자들이 있었던 것입니다. 바로 이것입니다. 신앙에는 이른바 '독고다이'는 없습니다. 본래 '독고다이'라는 말은 특공대(特攻隊)를 일본어 식으로 발음한 것인데, 무슨 일을 남과 상의 없이 홀로 하는 사람을 일컫는 말입니다. 신앙은 기본적으로 하나님과 각 신자와의 관계이기 때문에, '독고다이' 형 신자가 가능하다고 생각할 수 있지만, 사실은 그렇지 않습니다. 신앙은 하나님과의 관계임과 아울러 성도들이 함께하는 것이고, 성도 간에 연대하는 것입니다. 십자가는 수직적 관계와 수평적 관계를 모두 포함하고 있습니다. 특히 다른 신자가 곤경과 어려움에 처해 있을 때 모두가 그를 둘러서는 것이 신앙입니다. 이것은 그를 중심으로 원을 만드는 것입니다. 그러자 바울이 기적적으로 일어났습니다. 신앙의 본질은 혼자 예배하는 것이 아닙니다. 반드시 다른 신자와 교류가 있어야 신앙입니다.

둘째, 신앙생활에는 '꼰대'가 필요합니다(21-23절). 21-23절 본문 말씀에 보면 바울이 신자들에게 한 일을 다음과 같은 동사로 표현하고 있습니다. "제자들의 마음을 굳게 하여"(22절); "권하고"(22절); "장로들을 택하여…위탁하고"(23절). 여기에 나오는 모든 동사들은 평등한 위치에서의 말보다는 멘토와 멘티의 관계에서 하는 말입니다. 바울은 이제 예수를 믿은 사람들의 영혼에 힘을 북돋아 주고, 믿음에 머물도록 권면하고, 필요한 사람들을 임명하고 그들에게 사명을 준 것입니다.

포스트모던 시대에 사는 사람들은 남의 간섭을 근본적으로 싫어합니다. 누구나 자기가 생각하고, 자기가 결정하고, 자신의 감정이 가는 대로 행동하려고 합니다. 신앙생활에 있어 지도받는 것도 싫어합니다. 그래서 멘토와 멘티의 관계가 잘 형성되지 않습니다. 하지만 본문에 나오는 바울은 우리가 흔히 '꼰대'라고 부르는 사람이 하는 것과 같이 예수의 제자들에게 멘토로 구체적인 지침을 줍니다.

선생이 없는 사람은 자기 자신이 스스로 선생이 되는 것인데, 그런 삶은 많은 실수를 동반하기 때문에 바람직하지 않습니다. 신앙생활에서는 더욱더 그렇습니다. 영적 멘토의 권면과 충고와 책망을 받아야 신앙이 성장합니다. 각자가 자신이 옳다고 생각하는 대로 행동하는 것이 올바른 길인 것 같지만, 예수님도 12제자를 키우셨고, 또 그 제자들을 통해서 다른 제자들이 온전한 예수의 제자가 되기를 바랐습니다. 우리에게도 멘토가 있어야 합니다.

셋째, 신앙생활은 서로 삶을 나누는 것입니다(27-28절). 바울은 선교 여행을 다녀온 후 모 교회에 와서 선교 보고를 합니다(27절). 누가는 바울이 그리고 나서 "제자들과 함께 오래 있으니라."(28절)고 기록합니다. 바울이 그들과 오래 있으면서 무슨 일을 했는지는 정확히 알 수 없습니다. 하지만 누가는 바울이 그들과 오래 있은 것을 중요하게 취급하고 있습니다. 신앙생활은 같이 있으면서 자신에게 행하신 하나님의 일을 보고하고, 성도들과 같이 있는 것입니다. 이것은 삶을 나누는 것입니다.

신앙생활이란 성도들 간에 그냥 오래 같이 있는 것입니다. 그러면서 같이 예배하고, 기도하며 크리스천 문화를 만들어 가는 것입니다. 최근 이른바 '가나안 신자'(신앙은 있지만 현실 교회에는 나가지 않는다는 신자) 신드롬이 있습니다. 하지만 저는 가나안 신자가 가능하지 않다고 봅니다. 신앙은 독고다로 하는 것이 아니고, 멘토가 있어야 하고, 같이 교제하는 것이 핵심인데, '가나안 신자'는 이런 것을 할 수 없기 때문입니다. 아무리 교회가 썩었어도 우리는 지역 교회를 저주하고 떠나서 혼자 신앙생활 하려고 하면 안 됩니다. 좋든 싫든 성도들과 부대끼면서 같이 있는 것이 신앙생활입니다.

구역 모임과 신앙생활

그렇다면 이런 신앙생활을 어떻게 할 수 있을까요?
첫째, 대교회 활동과 소교회 활동을 모두 해야 합니다. 여기서 대교회 활동이란 교회 전체의 활동을 말합니다. 예를 들어, 전체 예배와 전체 교육과 전체 기도회 등입니다. 예배에서 하나님을 만나지 못하면 신앙이 병듭니다. 예배 가운데 살아 계신 하나님을 만나야 합니다. 소교회 활동이란 소그룹 활동을 말합니다. 남녀 선교회 모임, 구역 모임 등이 여기에 해당합니다. 대그룹도 교회고 소그룹도 교회입니다. 그래서 우리 교회가 창립되었을 때는 대그룹을 敎會라고 하고 소그룹을 交會라고 했습니다. 대그룹은 예배와 교육을 위한 모임이라면, 소그룹은 친밀한 상호 교제를 위한 모입니다.

둘째, 소교회인 구역 모임에 참석해야 합니다. 소그룹 모임은 성경 공부형, 제자 훈련형, 가정 교회형 등 좀 센 형태가 있습니다. 지역 중심 모임(감리교 속; 일반 교회 구역)과 같이 일반적인 것도 있습니다. 우리 교회가 올해 취한 것은 성별/연령별 자유로운 교제와 삶을 나누기 위한 약한 형태의 구역입니다. 여기서 어떤 전도나 선교나 이런 것을 하는 것이 아니라 한 주 동안의 삶을 나누고, 위로/격려하고 서로 세워주는 그런 모임입니다. 그래서 누구나 부담 없이 참석할 수 있습니다.

구역 모임은 예배를 마치고 식사를 같이 하거나, 아니면 식사를 마친 다음 정해진 장소에서 1시간 정도 교제를 합니다. 이것이 성경 공부가 아니기에 성경에 대한 깊은 지식을 토론하는 것이 핵심이 아닙니다. 그날 설교 말씀을 듣고 깨달은 점과 한 주간 동안 살아온 삶을 이야기하고 서로 기도 제목을 나누고 같이 기도하는 것입니다. 단체 카톡 방 등을 만들어 서로 기도 제목을 공유하는 것도 좋습니다. 여기서 교회에 도움이 필요한 점이 발견되면 구역장 혹은 총무는 교회에 보고하고, 교회는 각 사안을 적절히 처리하려고 합니다. 구역장의 역할은 모임이 잘 이루어 질 수 있도록, 구역원을 관리하고 모임을 이끄는 것입니다. 구역 총무의 역할은 여러 제반 행정적인 것(연락 등)을 책임지고, 구역장 부재 시 구역장을 대리하는 것입니다. 구역원의 사명은 그냥 참석하는 것입니다. 비록 짧은 시간이지만 모임에 참석해서 들어주고 말하면서 자신의 삶과 기도 제목을 나누는 것입니다.

적용과 실천

우리는 본문을 통해서 다른 성도와 함께 신앙생활 하는 것을 숙고해 보았습니다. 구역 모임은 바로 함께하는 신앙의 좋은 장입니다. 구역 모임을 통해서 여러분의 신앙이 성장하고 다른 사람이 성장하도록 돕게 될 것입니다. 사람도 성인이 될 때까지 부모나 어른의 도움이 필요합니다. 성도도 마찬가지입니다. 그런데 이것이 그룹으로 하면 서로 배우게 됩니다. 그러면서 자신의 신앙은 성장하고, 구역 모임을 하면서 다른 사람의 신앙 성장을 도울 수 있습니다. 잘 가르치는 선생님들은 전체 강의뿐만 아니라 소그룹 활동을 잘 이용합니다. 거기서 자신의 의견을 나누면서 자신의 생각이 정리되고 다른 사람과의 토론을 통해서 많이 배우게 됩니다. 모두 대교회인 예배 모임과, 소교회인 구역 모임에 적극 참여하여 함께하는 신앙인이 됩시다.

47 복음이냐 볶음이냐
(15:1-29)

사도행전 15장은 이른바 예루살렘 사도 회의를 기록한 것입니다. 오순절이 교회의 생일이고, 예루살렘 교회에서 구제 문제로 헬라파와 히브리파가 갈라질 뻔 한 일이 교회의 사춘기적 사건이라면, 사도 회의는 교회의 성인식이라고 할 수 있습니다. 만약 과부의 구제 문제로 발생한 일을 사도들이 올바로 해결하지 못했다면 교회는 사춘기적 방황과 분열이 있었을 것이고, 사도 회의가 이방인도 유대인들의 할례를 받아야 구원받을 수 있다고 결정했다면 교회는 유대인 중심의 소아적 자아로 머무르고 말았을 것입니다. 하지만 예루살렘 사도 회의를 통해서 교회는 성인으로서 하나님의 경륜을 깨닫고 소아적 자아가 아니라 포용적 자아가 되어 전 세계로 퍼지게 되었습니다.

예루살렘 사도 회의

먼저, 사도행전 내러티브가 여기까지 어떻게 전개되었는지를 요약해 보겠습니다. 오순절 사건을 통해서 교회가 탄생하고 교회는 일취월장 성장해 갔습니다. 하지만 성장하는 교회 가운데도 문제가 발생하여 헌금 문제로 하나님을 속인 아나니아와 삽비라가 벌을 받고 죽는 사건이 있었습니다. 또 구제 분배 문제로 헬라파가 소외되어 반발이 생겼는데 이것도 그 일을 담당하는 사람들을 전원 헬라파로 세움으로 문제를 해결했습니다. 그 후에 스데반이 순교하고, 바울이 회심하고, 베드로는 하나님이 이방인들에게도 역사하는 것을 깨달았습니다. 그러면서 베드로는 복음을 전하다가 체포되었었으나 하나님의 기적적인 역사로 구출되었습니다. 이 와중에 사도들이 예루살렘을 떠나 여러 곳으로 흩어지는 중 안디옥에 교회가 세워지고, 그 교회는 바울과 바나바를 최초로 선교사로 파송했습니다. 특히 바울은 선교 여행을 하면서 이방인 가운데 복음이 역사하는 것을 목도하고 안디옥으로 돌아왔습니다.

그런데 사건이 발생했습니다. 바울은 유대인이나 헬라인이나 민족에 상관없이 예수를 믿음으로 구원받는 복음을 전파했는데 유대로부터 온 사람들이 복음을 변질시켜 복음에 율법을 섞어 선포한 것입니다. 즉 예수를 믿는다고 구원받는 것이 아니라 유대인의 율법인 할례를 하지 않으면 이방인들은 구원받지 못한다고 가르친 것입니다(1절). 바울 편과 이들 사이에 심한 다툼이 일어난 것은 필연적인 일이었습니다. 그래서 안디옥 교회는 모교회인 예루살렘 교회에 바울과 바나바를 파송하여 이 문제를 해결하고자 했습니다(2절). 바울은 자기들이 선교 여행을 하던 중 하나님이 이방인 가운데서 행하신 일을 증언했지만, 예루살렘에는 여전히 바리새파 출신으로 신자가 된 사람들 중에는 구원받기 위해서는 예수를 믿는 것 외에 유대인의 율법을 지켜야 한다고 주장했습니다.

이에 예루살렘에서 사도들과 장로들이 모인 사도 회의가 열렸습니다. 여러 사람이 말한 후에, 베드로가 일어나 자신의 경험을 통해 하나님이 구원하는데 있어 유대인과 이방인을 구별치 않고 믿음으로 구원받는 원리를 주셨다고 증언합니다. 만약 여기에 무엇을 하나 더 얹는다면 그것은 이방인들의 목에 멍에를 씌우는 것이라고 했습니다(7-11절). 여기에 바나바와 바울도 자신들의 체험으로 하나님이 이방인들 중에서 역사한 것을 증언했습니다(12절). 모든 사람이 말을 마치자, 당시 예루살렘 사도 회의의 의장이던 예수님의 동생 야고보가 말을 정리했습니다. 요약하면 첫째, 이방인이 예수를 믿게 된 것은 하나님의 경륜 가운데 있는 것입니다. 둘째, 이방인들에게 유대인의 율법을 지키게 하는 것은 그들을 괴롭게 하는 것입니다. 셋째, 그들에게 최소한의 법을 주어 그것을 지키게 합시다(13-21절).

사도들은 이방인들이 유대인의 율법을 준수해야 하는 가의 문제에 대해서 결정을 하고 그 결정문을 바울과 바나바와 함께 사람을 파송해서 여러 지역에 있는 이방인 출신 신자들에게 보냅니다. 먼저 문안 인사를 하고, 다음으로 사태가 발생한 것이 교회의 뜻이 아니라 잘못된 사람들의 사적인 견해였음을 밝히고, 이어서 성령과 사도들은 이방인들에게 아무 짐도 지우지 않기로 결정했고, 다만 몇 가지 필요한 것을 지키라고 가결합니다.

그렇다면 이 사도 회의가 왜 그렇게 중요합니까? 그것은 이렇게 생각해 보면 됩니다. 만약, 사도 회의가 사도행전에 있는 것과 정반대로 결정했다면 어떻게 되었을까요? 그렇다면 모든 이방인 남성 신자는 예수를 믿을 때 할례를 받아야 했을 것입니다. 또 우리 문화와 다른 모든 유대인의 모든 절기를 지켜야 할 것이며, 모든 음식 규정을 지켜야 할 것입니다. 물론, 이런 생각들은 예수님이 이루신 구원의 과업을 다 인정하지 못하게 되는 것이지요. 예수님이 십자가에서 "다 이루었다."(요 19:30)고 하신 하나님의 경륜을 이해하지 못하는 것이고요. 만약 사도 회의에서 모든 이방인이 유대인의 율법에 매여야 한다고 결정했다면 기독교는 유대인 중에서도 소수만 받아들이는 유대교 내의 소종파로 머물러 있었을 수도 있을 것입니다. 하지만 하나님의 경륜과 뜻 가운데 사도 회의가 올바로 결정함으로써 기독교는 보편적 종교요, 율법이 짐이 되지 않는 종교가 되었습니다.

사도 회의가 이렇게 결정한 것은 기적과 같은 일이었고 하나님의 경륜에 따른 성령의 역사였다고 밖에 말할 수 없습니다. 유대인의 교육을 받은 유대인은 철저하게 민족적 선민의식이 있었고 지금도 있습니다. 현재 세속 교육을 받은 유대인들조차도 이것을 버리지 못합니다. 그런데 이천 년 전에 유대인이, 하나님이 이방인들을 포함하는 구원의 복음을 주셨고, 유대인의 의식 율법을 지키지 않아도 하나님의 백성이 된다고 주장한 것은 성령의 역사에 의한 깨달음이었다고 밖에는 달리 말할 수 없습니다. 당시 유대인들 대부분은 이방인들이 하나님의 백성이 될 수 있다는 생각은 전혀 하지 못했습니다. 그래서 복음은 단순히 배우는 것이 아니라 깨달아 아는 것입니다.

오늘날의 '복음'

그렇다면 이것은 역사일 뿐이고, 우리 중 본문에 등장하는 유대주의자들처럼 할례를 받아야 구원을 받는다고 주장하는 사람이 아무도 없는데 이 본문이 우리의 삶에 직접적으로 어떤 관계가 있을까요? 이 말씀을 피상적으로 보면 사실 그런 것 같습니다. 신학적으로는 중요할지 몰라도 이 기사는 우리의 신앙생활을 위해서는 직접적으로 교훈하는 바가 별로 없는 본문인 것 같아 보입니다. 하지만 유대인의 할례파와 같은 주장이 21세기 한국 땅에서도 여전히 벌어지고 있습니다.

우선 여기 등장하는 유대에서 온 유대인, 예루살렘의 바리새파 출신의 신자들은 모두 그리스도인들로서 예수를 믿고 복음을 받아들였지만 믿음으로 얻는 단순한 구원의 복음에 무엇 하나를 섞은 것입니다. 저는 그것을 이름 하여 복음에 기역 자 하나를 섞은 '볶음'이라고 이름 붙였습니다. 어쨌든 지금도 복음에 무엇 하나를 보태 단순한 복음을 짐과 멍에와 괴로움을 주는 것으로 바꾸는 것이 비일비재하게 일어납니다. **첫째, 이단들은 대부분 신앙생활을 잘하려면 성경에다 다른 무슨 책이 하나 더 필요하다고 합니다.** 통일교는 원리강론이 필요하다고 말하고, 또 어떤 이는 효를 복음이라고 하여 예수를 믿어도 효하지 않으면 천국에 가지 못한다고까지 합니다. 사실 복음을 말하고 그에 따른 실천으로서 윤리를 말하는 것은 성경적이지만, 우리의 윤리로 출발해서 무엇을 지켜야 구원받는다고 한다면 이는 전형적인 볶음입니다. 윤리는 구원에 대한 감격으로 나오는 것이지 어떤 윤리를 지켜야 구원받는 것은 절대 아닙니다. 복음 없는 윤리는 사람에게 큰 짐과 멍에가 됩니다. **둘째, 교회가 사람에 매이게 하는 것도 볶음입니다.** 우리 문화는 정의보다는 의리, 이성보다는 정에 이끌리는 사회입니다. 그러다보니 의리와 정으로 엮어 사람을 교회에 매어 놓으려고 하는 경우가 있습니다. 이것도 일종의 볶음이 될 수 있습니다. **셋째, 신자를 목사의 꼭두각시로 만드는 것도 볶음입니다. 넷째, 복음을 깨달은 사람은 어떤 윤리도 지킬 필요가 없다는 율법폐기주의자의 주장 혹은 자유방임주의자의 주장도 볶음입니다.** 왜냐하면 방종은 사람을 죄로부터 해방시키기보다는 죄의 노예가 되게 하기 때문입니다. **다섯째, 교회에만 헌금하면 자동적으로 복을 받는다고 가르치는 것도 볶음입니다.**

적용과 실천

여러분에게 복음은 무엇입니까? 여러분을 죄와 악습의 멍에에서 풀어주고, 괴로움을 즐거움으로, 짐을 내려놓게 하는 해방입니까? 아니면 그것이 여러분의 삶을 옥죄고 있습니까? 그런데 사실 이러한 '볶음'의 경험은 예수를 잘 믿어보려고 하는 사람이 대개 한 번쯤 경험하는 것입니다. 복음을 받아들이지 않은 사람은 사실 자유롭습니다. 본래 자유롭게 살았기 때문에 무엇에 얽매이지 않는다고 생각하는 것입니다. 하지만 이것은 더 무서운 일입니다. 복음을 모르는 일이기 때문입니다. 복음을 모른다면 구원과도 상관없이 단지 교회에만 출석하는 것입니다. 사실 몰라서 그렇지 복음에 속하지 않은 모든 사람은 죄와 사탄에 얽매어 있는 것입니다.

교회도 마찬가지입니다. 성숙한 교회는 어려운 문제를 잘 해결하여 성장해 나가기 때문에 겉으로 보기에 요동이 없습니다. 물론 살아 있는 유기체도 항상 그렇듯이 그 안에는 여러 가지 움직임이 있습니다. 예루살렘 교회와 안디옥 교회도 모델 교회이지만 문제가 없었던 것은 아니었습니다. 여러 가지 문제가 있었지만 그때마다 성령의 인도함을 받아 이를 슬기롭게 극복한 것입니다. 우리 교회는 과연 어떤 상태인가요? 특별한 문제가 발생하지 않는 것이 성숙한 증거인가요? 아니면 우리의 영혼이 너무 잠자고 있어서 문제가 일어나지 않는 것인가요?

48 바나바의 삶과 신앙
(15:30-41)

여러분은 신약 성경의 위인 중에서 누구를 닮고 싶습니까? 바울? 베드로? 요한? 누가? 어디 바나바처럼 되고 싶은 사람은 없습니까? 바나바는 사도였습니다. 비록 베드로나 요한 같은 12사도에 드는 사도는 아니었지만, 사도 바울과 같은 의미로 바나바도 사도였습니다(행 13:43). 그는 바울을 안디옥 교회에 소개한 사람이요, 사도행전에 나오는 바울과 함께한 1차 전도 여행에서는 바울이 아니라 그가 리더였습니다. 그런데 그가 본문을 기점으로 사도행전 내러티브에서 사라집니다. 그래서 우리는 그 이후에 나오는 바울의 사역만 기억하는 경우가 많지만, 사도행전에서 바나바의 위치는 무시할 수 없는 중요한 자리였습니다. 그래서 우리는 바나바 사도는 어떤 사람이었고, 그의 신앙관은 무엇이었는지를 살펴보고자 합니다.

착한 사람, 바나바 사도

사도행전에서 바나바가 처음으로 등장하는 것은 4:36-37입니다. 그 내용을 정리하면 다음과 같습니다. 첫째, 그의 본래 이름은 요셉이었는데, 사도들이 바나바라는 이름을 새로 지어 주었습니다. 구약 성경 전통에서 어떤 사람이 권위가 있는 사람에게서 이름을 받는 것은 그가 어떤 지도력을 행사할 것을 보여주는 것입니다. 둘째, 그는 구브로(싸이프러스) 출신 레위인이었습니다. 안디옥교회에서 파송된 선교사들이 1차 전도 여행지로 제일 먼저 간 곳이 구브로(행 13:4)였는데, 그곳이 바로 당시 그 선교 여행의 리더였던 바나바의 고향이었기 때문일 것입니다. 그는 나중에 마가 요한을 데리고 가는 문제로 다툰 후 다시 고향으로 돌아갑니다(행 15:39). 셋째, 사도들이 부르는 그의 별칭은 바나바였는데 그 뜻은 위로의 아들입니다. 아마도 이것은 그의 따뜻한 성품과 관계가 있는 것 같습니다. 넷째, 그는 예루살렘에 밭을 소유하고 있었습니다. 레위인은 재산을 갖지 못한다는 율법(민 18:20; 신 10:9)은 예수 당시에는 문자적으로 지켜지지 않은 것으로 보입니다. 그는 밭을 팔아 사도들의 발 앞에 두었고, 이런 행동은 5:1-11에 나오는 아나니아와 삽비라 부부의 행동과 대비됩니다.

바나바가 두 번째 등장하는 것은 그가 바울을 예루살렘 교회에 소개하는 장면에서입니다. 바울이 회심했지만, 예루살렘 교회가 그를 믿지 못하는 상황에서 바나바가 그를 데려다가 소개합니다. "사울이 예루살렘에 가서 제자들을 사귀고자 하나 두려워하여 그가 제자 됨을 믿지 아니하니 바나바가 데리고 사도들에게 가서 그가 길에서 어떻게 주를 보았는지와 주께서 그에게 말씀하신 일과 다메섹에서 그가 어떻게 예수의 이름으로 담대히 말하였는지를 전하니라."(행 9:26-27) 그래서 결국 바울은 예루살렘 교회에서 다른 제자들과 어울릴 수 있었습니다(행 9:28). 그는 좋은 사람을 소개하는 착한 인격의 소유자였습니다.

바나바가 세 번째 등장하는 것은 이방인들이 복음을 받아들였을 때 예루살렘 교회가 그를 안디옥에 파견한 장면에서입니다(행 11:22-26). 그 내용을 정리하면 다음과 같습니다. 첫째, 이방인들이 예수를 믿는 상황에서 그 이방인들을 관리하고, 목회할 사람으로 예루살렘 교회는 구브로 출신 바나바를 안디옥에 파송합니다(22절). 둘째, 그의 이름에 걸맞게 그는 거기서 사람들을 위로하고 권면하는 일을 합니다(23절). 셋째, 이러한 바나바의 인격을 누가는 "착한 사람이요 성령과 믿음이 충만한 사람이라."(24절)고 표현합니다. 이것은 예루살렘 교회의 일곱 일꾼의 자격으로 제시된 것(행 6:3, 5)에 착한 사람이라는 어구가 추가된 것입니다. 누가는 착한 사람이라고 꼭 성령 충만한 것은 아니며, 성령 충만하다고 꼭 착한 것은 아니라고 본 것 같습니다. 착함은 성품을 말하는 성령의 9가지 열매 중 양선입니다. 바나바는 성령 충만에 이런 성령의 성품을 소유한 사람이라고 소개하는 것이지요. 넷째, 바나바는 바울을 안디옥 교회 교사로 초청합니다(25절). 이것이야말로 그가 착한 사람임이 증명되는 것입니다. 예나 지금이나 자신보다 능력이 많은 사역자를 청빙하는 것은 착한 사람이 아니면 하기 어려운 일입니다. 다섯째, 사역의 결과가 매우 좋습니다(26절). 바울과의 협동 사역을 통해서 안디옥에서 큰 무리의 제자가 형성됩니다.

바나바와 바울의 충돌

사도행전 15:36-41은 사도행전에서 바나바가 마지막으로 나오는 장면입니다. 1차 전도 여행을 성공적으로 마친 바나바와 바울은 안디옥에 돌아와 다시 말씀 사역을 합니다. 그러다 이제 다시 선교 여행을 하기로 결정합니다. 그런데 이 과정에서 바나바와 바울은 심히 다툽니다(39절). 이들의 싸움은 단순한 의견 불일치가 아니라 서로 마음이 상할 정도로 심한 싸움이었습니다.

바나바와 바울의 논쟁점은 마가 요한을 데리고 가자는 의견(바나바)과 그것을 반대하는 견해(바울)입니다. 누가는 두 의견 중 어느 것이 옳은지 판단하지 않습니다. 바나바는 목회적 관점으로, 바울은 선교적(행정적) 관점으로 접근한 것 같습니다. 행정적 관점에서 보면 한 번 법을 어긴 사람은 징계를 해야 하고, 또 다시 그 법을 어길 가능성이 많으니 바울의 견해가 합당합니다. 또 사람은 어차피 그 약점을 가지고 있는데, 그런 사람을 보듬고 끌어안아야 사람을 살릴 수 있기에 목회적 관점에서 보면 바나바의 견해가 이해됩니다. 이런 상황에서 둘 다 자신의 입장을 굽히지 않은 채 서로 갈라져 각각 선교를 떠났습니다. 이후 바나바의 행적은 사도행전에서 더 이상 나오지 않습니다.

이 사건을 바나바의 입장에서 말하자면, 그는 비록 마가가 1차전도 여행 시 밤빌리아에서 중도에 선교를 포기하고 떠났지만(행 13:13), 그래도 젊은 그를 용서하고 다시 쓰고자 하는 목회자의 마음이었을 것입니다. 결국 바나바는 마가를 데리고 자신의 고향으로 선교를 떠났고, 바울은 또 자신의 고향 지역으로 육로를 따라 제 2차 전도 여행을 떠났습니다. 바울은 열정적인 사람이었고, 아마도 일의 효과를 중요시하는 사람이었을 것입니다. 누가는 바나바와 바울 어느 편도 들지 않고 이 기사를 객관적으로 사실 기록에 충실하게 보도하고 있습니다. 그런데 여기서 바나바와 바울의 충돌의 핵심 인물이었던 마가 요한은 후에 바울의 동역자가 되었습니다(골 4:10; 몬 24; 딤후 4:11). 바울이 그를 받아들인 것인지는 모르지만, 그가 바울의 동역자가 되었다는 것은 그가 신앙이 성숙해졌다는 것을 의미합니다.

적용과 실천

바울은 열정의 사람이었고, 바나바는 착한 사람이었습니다. 그런데 둘 다 성령 충만한 사람이었습니다. 여러분은 둘 중 어떤 사람을 닮기 원합니까? 교회가 성장하기 위해서는 바울과 같은 열정의 사람이 필요합니다. 그래서 우리 주위에 보면 바울을 신앙의 모델로 삼는 사람이 많습니다. 특히 사역자 중에는 바울을 닮으려는 사람이 정말 많습니다. 바나바를 삶의 모델로 삼는 사람은 비교적 적습니다. 그런데 교회에서는 바나바 같은 착한 사람이 바울과 같은 열정적인 지도자보다 더 많이 필요합니다. 여러분 중에 바나바가 되고자 하시는 분은 없습니까? 하나님은 바나바 같은 착한 성품의 소유자를 찾고 계십니다.

저는 주위에서 바나바 같이 착한 성품으로 교회를 섬기는 목사, 선교사, 장로 집사를 많이 봅니다. 『나귀의 순종』이라는 책을 쓴 고 권병희 선교사님이 그런 분이었습니다. 그는 설교자도 아니었고, 큰 기독교 선교 단체의 리더도 아니었습니다. 하지만 착한 성품으로 선교 현장에서 하나님께 오로지 순종하고 착한 마음으로 사람을 사랑하면서 남긴 그의 족적은 결코 작지 않습니다. 안타깝게도 사역하다 얻은 질병으로 젊은 나이에 하나님의 부르심을 받았지만, 그는 바나바와 같이 착하게 사역한 사람이었습니다. 하나님이 그의 삶을 누구의 삶보다도 기쁘게 받으셨을 것입니다. 우리 주위에는 널리 알려져 있지는 않지만, 각자의 교회에서, 자신의 일터에서 바나바로 사는 사람들이 많습니다. 하나님은 그들을 착한 사람으로 칭찬하며 상 주실 것입니다.

49 길이 막히면, 하나님이 새 길을 여실 때다
(16:1-10)

 살다가 예기치 않게 길이 막혀 본 경험이 있습니까? 예컨대, 이런 일들 말입니다. "횟집 식당을 시작했는데 비브리오균 사태가 일어났다. 성실하게 사는데 가족 중 한 사람이 암에 걸렸다. 대학 입시 공부하는데 아버지 사업이 갑자기 부도났다. 잘 되는 사업을 정리하고 소명을 받아 신학교에 들어갔는데 등록금 낼 돈이 없다. 나의 선한 행동이 오해를 받는다."
 일반 사람들은 이런 일을 만나면 흔히 이렇게 대응합니다. "인생지사 새옹지마다. 나쁜 일이 있으면 좋은 일이 있고, 또 좋은 일이 있으면 어려운 일도 있는 거지." 혹은 원망과 좌절합니다. "하느님도 무심하시지. 내가 무슨 죄가 있다고 이런 일이 생기나." 혹은 어려움을 이겨보려고 힘쓰고 애씁니다. 정치 등 모든 인간적인 노력을 다하면서 이렇게 말합니다. "운명이다." 이런 때 크리스천인 여러분은 어떻게 반응합니까? 본문은 바울이 이러한 일에 처했을 때 어떻게 대처했는지를 기록한 것입니다. 우리는 바울을 따라 이 문제를 해결해 보려고 합니다.

예상대로 길이 잘 열릴 때

본문 중 1-5절은 길이 예상대로 잘 열리는 모습을 그리고 있습니다. 바울은 1차 선교 여행을 마치고 안디옥에 머무르다가 2차 선교 여행을 계획합니다. 바울은 바나바에게 이렇게 제안합니다. "우리가 주의 말씀을 전한 각 성으로 다시 가서 형제들이 어떠한가 방문하고자 하고."(15:36) 그런데 바울과 바나바가 마가 요한을 데리고 가는 문제로 갈라서 바나바는 자기 고향 구브로 섬으로 마가 요한을 데리고 가고, 바울은 실라를 택하여 역시 자기 고향 쪽으로 갑니다.

바울은 내륙 쪽으로 향해서 더베와 루스드라로 갑니다. 이곳은 1차 선교 여행 때 바울이 마지막으로 방문했던 곳입니다. 이제는 1차 선교 여행의 역순으로 지역을 방문합니다. 그리고 본래 목적했던 대로 그곳에 가서 그가 전도했던 예수의 제자들을 만납니다. 그 중의 하나가 나중에 그가 영적 아들로 여겼던 디모데였습니다. 이고니온에 가서는 "형제들" 즉 그가 전도했던 그리스도인들을 만납니다. 결국 바울은 예루살렘 교회에서 사도 회의에서 결정한 이방인도 하나님의 백성으로 받아들이는 규례를 그들에게 선포하여 이방인들 교회들이 "믿음이 더 굳건해지고 수가 날마다 늘어"갔습니다(5절). 이때 바울의 사역을 찬송가로 표현하자면 428장입니다. "내 영혼에 햇빛 비치니 주 영광 찬란해. 이 세상 어떤 빛보다 이 빛 더 빛나네. 주의 영광 빛난 광채 내게 비춰 주시옵소서. 그 밝은 얼굴 뵈올 때 나의 영혼 기쁘다."

우리도 살다가 보면 본래 의도도 선했고, 일도 잘 풀리고, 결과도 좋은 때가 있습니다. 그야말로 하나님의 복을 받아 감사하고 기뻐하며, "그 사람은 예수 잘 믿어서 복 받았어. 하나님은 정말 살아 계셔. 우리도 그 사람처럼 신앙생활 하면 복 받을 수 있어."라는 말을 듣게 됩니다. 바울의 2차 선교 여행 첫 사역이 바로 이런 경우였습니다. 저는 처음으로 전도사로 사역하던 시절 부산중앙교회에서 모든 것이 준비된 것처럼 너무도 쉽게, 행복하게, 목회가 술술 풀렸습니다. 좋은 교회, 좋은 성도를 만나서 저는 2년 반 전도사를 하는 동안 한 없이 행복했습니다.

가다가 길이 막힐 때

그런데 이런 첫 사역의 성공 후에 바울 일행은 길이 막힙니다. 그것도 외부의 박해나 내분에 의해서가 아니라 바로 성령에 의해 길이 막히는 것입니다. "성령이 아시아에서 말씀을 전하지 못하게 하시거늘 그들이 부르기아와 갈라디아 땅으로 다녀가 무시아 앞에 이르러 비두니아로 가고자 애쓰니 예수의 영이 허락하지 아니하시는지라."(6-7절)

여기에 여러 지명이 나오는데 당시 성경 지도를 보면 도움이 됩니다. 먼저, 아시아로 가는 길이 성령에 의해서 막힙니다. 여기서 아시아란 오늘날의 터키 남쪽 바닷가 지역을 말합니다. 요한계시록에 나오는 소아시아 7교회가 있는 지역입니다. 그래서 바울 일행은 남쪽 길이 막혀 내륙 중앙 지역을 관통합니다. 무시아 앞에 이르러 이제는 북쪽 지역인 비두니아로 가고자 하는데, 이제 또 예수의 영, 즉 성령이 또 길을 막습니다.

바울 일행은 어쩔 수 없이 중간 지역을 통과해서 드로아까지 갔습니다. 이곳은 그 유명한 트로이 목마의 전설이 있는 곳으로, 유럽 대륙으로 바로 건너갈 수 있는 곳입니다. 그런데 드로아에 도착했을 때 바울은 밤에 환상을 봅니다. "밤에 환상이 바울에게 보이니 마게도냐 사람 하나가 서서 그에게 청하여 이르되 마게도냐로 건너와서 우리를 도우라 하거늘."(9절) 여기서 바울이 환상을 본 것을 표현하는 동사가 수동태입니다. 즉 바울이 환상을 보려고 했던 것이 아니라 보인 것입니다. 다시 말하면, 하나님이 그 환상을 보여준 것입니다. 마게도냐는 현대 지역 구분으로 말하면, 아시아가 아니라 유럽입니다. 본래 바울은 이번 선교 여행을 1차 선교 여행지를 재방문하여 그들을 돌아보고 보살피는 것을 목표로 삼았습니다(15:36). 그런데 그쪽으로 가는 길이 막혀 어쩔 수 없이 유럽의 코 앞, 건너편 바닷가에서 유럽으로 오라는 환상을 본 것입니다. 이것은 전적으로 하나님의 섭리에 의한 것이었습니다.

바울은 이 환상을 그곳에 가서 복음전하라는 하나님의 계획이요 명령이라고 해석합니다. "바울이 그 환상을 보았을 때 우리가 곧 마게도냐로 떠나기를 힘쓰니 이는 하나님이 저 사람들에게 복음을 전하라고 우리를 부르신 줄로 인정함이라."(10절) 이것은 올바른 해석이었습니다. 결국 바울 일행은 드로아에서 배 타고 유럽으로 가서 첫 도시에 빌립보에 이르러 사역을 시작합니다(행 16:11-15). 그런데 바울 일행이 성령에 의해 길이 막혔을 때 결국 성령의 인도로 유럽 선교가 시작된 것입니다. 만약, 그때 바울이 자기 마음대로 현 터키 남쪽 바닷가인 소아시아 북쪽 비두니아로 선교 여행을 갔더라면 그때 유럽 선교는 이루어지지 않았을 것이고, 현재 기독교화된 유럽은 없든지, 아니면 지체되었을 수도 있습니다. 길이 막혔고, 그 길이 막힌 것이 성령에 의해서였는데, 결국 환상을 통한 성령의 인도로 놀라운 역사가 시작된 것입니다.

사실 바울에게는 이렇게 길이 막힌 것이 이번만이 아니었습니다. 바울은 3차에 걸쳐 선교 여행을 하면서 로마로 가는 코앞인 고린도에 두 번이나 갔었으나, 로마로 가는 길이 막혔습니다. "어떻게 하든지 이제 하나님의 뜻 안에서 너희에게로 나아갈 좋은 길 얻기를 구하노라. …형제들아 내가 여러 번 너희에게 가고자 한 것을 너희가 모르기를 원하지 아니하노니 이는 너희 중에서도 다른 이방인 중에서와 같이 열매를 맺게 하려 함이로되 길이 막혔도다."(롬 1:10, 13) 그래서 어쩔 수 없이 아직 방문해 보지도 않은 교회에 거기 가기도 전에 로마서를 썼습니다. 이 편지는 다른 편지에 비해 매우 논리적이고 차분합니다. 아직 보지 않은 성도들에게 편지를 쓰니 예의를 갖추어 차분하게 쓴 것이지요. 그래서 로마서는 복음의 정수가 되었습니다. 길이 막혀서 쓴 편지가 바울의 13개 서신 중에서도 가장 사랑받는 편지가 된 것이지요. 그래서 신약 학자 유승원 목사님은 이런 글을 썼습니다. "길이 막히면 로마서를 쓰라!"

크리스천인 우리 개인에게도 가다가 길이 막힐 때가 있습니다. 그런데, 그 길을 막는 분이 하나님이실 수도 있습니다. 사무엘상 1장에 보면 한나가 임신하지 못한 것은 바로 하나님이 하신 일이었습니다. "…그러나 여호와께서 그에게 임신하지 못하게 하시니 여호와께서 그에게 임신하지 못하게 하시므로…"(삼상 1:5-6). 그런데 결국 이 문제로 기도하여 한나는 그 유명한 사무엘을 아들로 얻었습니다. 하나님이 새로운 길을 여시기 위해 길을 막으셨던 것입니다.

우리 교회도 마찬가지입니다. 지금까지 우리 교회는 여러 어려움 속에서도 발전하여 왔습니다. 지금까지 우리 교회의 역사를 비유적으로 보자면 본문 1-5절에 나와 있는 바울의 더베와 루스드라 사역이라고 할 수 있습니다. 결국 그 수가 많아지고 믿음이 더욱 굳건해 진 것입니다. 그런데 앞으로 우리 교회 앞날이 어떻게 될지는 잘 모릅니다. 사도행전에 보면 하나님은 외부의 박해를 통해 크리스천을 흩어서 이방인 교회가 탄생하게도 했고(11:19-21), 또 본문에 있는 것처럼 하나님의 직접 개입으로 길을 막아 새로운 길을 보여주기도 했습니다. 그런데 바울과 그 일행은 성령의 인도를 받을 수 있었고, 그것에 순종했고, 또 환상을 보고, 그것을 올바로 해석함으로 이 문제를 해결했습니다.

지금도 문제 해결의 관건은 우리가 주의 음성을 들을 수 있느냐, 주님이 주시는 신호를 올바로 해석하느냐에 달려 있습니다. 기도하는 것과 주님의 음성 듣기를 사모해야 그렇게 될 수 있습니다. 기도 없이 주님의 음성을 들을 수 없습니다. 하나님의 음성에 귀 기울이지 않고는 그분의 음성을 들을 수 없습니다. 우리는 길이 막혔을 때 열리는 길로 가다가 환상을 보고, 주님의 음성을 듣고, 그것을 올바로 해석해야 합니다. 그럴 때 우리가 정말 한 번도 꿈꾸지 못했던 놀라운 일이 일어날 수 있습니다. 유럽 선교와 같이 바울이 생각하지 못했던 일을 하나님이 계획하셨던 것입니다.

적용과 실천

살다가 길이 막힌 적이 있습니까? 첫째, 자신이 하나님이 원하시는 길과 다른 길로 가고 있는 것은 아닌지 스스로를 돌아보세요. 둘째, 본래 선한 의도로, 하나님의 인도하심을 받고 가는데도 그 길이 막혔나요? 그러면 하나님이 새 길을 여실 것입니다. 이제 놀라운 일이 일어날 것입니다. 우리는 주님의 길을 어떻게 발견합니까? 성령의 인도하심을 받아야 합니다. 그것을 위해서는 기도하고, 하나님의 말씀에 귀 기울이면 됩니다. 그러면 분명 성령의 음성을 듣게 될 것입니다.

바울의 유럽 선교 시작
(16:11-15)

1차 선교 여행에서 돌아온 바울은 모교회인 안디옥 교회에서 안정적인 생활을 하고 있었습니다. 그를 존경하고 따르는 교우들이 있었고, 그의 말씀은 잘 전달되었습니다. 그런데 이때 바울은 바나바에게 돌연 전도 여행을 다시 떠나자고 제안합니다. "며칠 후에 바울이 바나바더러 말하되 우리가 주의 말씀을 전한 각 성으로 다시 가서 형제들이 어떠한가 방문하자 하고."(행 15:16) 이 말씀을 읽으면 바울이 어떤 사람인지 쉽게 알 수 있습니다. 바울은 얼마 전 선교하다 죽을 뻔 한 그곳을 다시 방문하고자 한 것입니다. 우리 몸에는 알레르기 반응이라는 것이 있는데 어떤 음식을 먹다가 체하면 발생하는 경우가 있습니다. 우리 몸도 한 번 나쁜 경험을 한 것을 잊어버리지 않는 것이지요. 또 수영하다 물에 빠져 죽을 뻔 한 경험을 한 사람이 또 물에 들어갈 때 두려움이 생깁니다. 그런데 바울은 스스로가 그 길을 다시 가자고 제안한 것입니다. 첫 번째 여행은 성령의 인도하심에 따라 교회가 파송한 것이지만 이제는 자원해서 다시 선교 여행을 가자고 한 것입니다.

바울은 그 이유를 자신들이 전도한 사람들이 믿음 생활을 아직도 잘하고 있는지를 체크해 보기 원했기 때문이라고 했습니다. 진정한 선교사, 목회자라면 자신들이 전도하고 양육한 사람들이 계속 신앙생활을 잘하고 있는지가 궁금할 것입니다. 요한삼서 1장 4절에서 저자인 장로는 "내가[나는] 내 자녀들이 진리 안에서 행한다 하는 것을 듣는 것보다 더 기쁜 일이 없도다."라고 말합니다. 이 세상에 어떤 즐거움보다도 자신이 전도하고 양육한 사람이 그리스도 안에서 자라가는 것을 보는 것보다 더 큰 즐거움은 없는 것입니다. 바울도 빌립보 교인들을 향하여 "나의 기쁨이요 면류관"(빌 4:1)이라고 합니다.

하나님의 섭리에 순종하는 선교 활동

바울은 제 1차 선교 여행 때 방문했던 곳을 재방문하여 성도들을 믿음 안에서 더욱 견고하게 하려고 제 2차 선교 여행을 떠납니다. 그래서 실제로 바울은 자신의 고향인 안디옥 교회 지역인 수리아와 자신의 고향인 길리기아 지방을 거쳐 제 1차 전도 여행 때 방문했던 소아시아 지방을 재방문하게 됩니다. 바울은 여기에서 조금 더 나아가 아시아[소아시아]에서 복음을 전하려 했지만 성령이 허락하지 않았고, 이어서 현재 터키의 북쪽 지역인 브루기아와 갈라디아에서 복음을 전했습니다. 즉 바울은 자신이 아시아인으로서 자기가 편한 아시아 사람들에게 복음을 전하려고 했습니다. 그런데 성령이 허락하지 않았던 것입니다.

결국 바울은 아시아와 유럽의 접경 지역인 드로아(트로이)에 이르렀습니다. 그때 환상을 봅니다. 마게도니아(현재의 그리스 중북부지방) 지방 사람이 환상 중에 나타나 자신들을 도와 달라고 간청한 것입니다. 바울은 이것이 하나님의 인도하심인 줄 알고 본래 아시아 지역 선교 여행을 위해 떠난 것을 변경해 유럽으로 방향을 돌립니다. 우리는 하나님께서 왜 선교의 방향을 아시아가 아니라 유럽으로 틀게 했는지 그 정확한 이유는 알 수 없습니다. 결과론적으로 말하면 그렇게 함으로써 당시 최고 강대국이었던 로마에 복음이 전파되고 이어서 로마 제국이 기독교를 국교로 정했으며 그 힘을 통해 기독교가 쉽게 전파될 수 있었다는 것입니다. 바울은 이것을 계획적으로 한 것이 아니라 성령의 인도하심에 따라 한 것입니다.

우리의 신앙 인생은 자신의 계획에 따라서 움직이는 것이 아니라 하나님의 인도하심에 따라 움직인다는 것을 알게 됩니다. 고수인 운동선수는 힘을 무리하게 쓰는 것이 아니라 자연스럽게 쓰는 사람입니다. 우리의 인생을 하나님의 순풍에 맡기는 것, 그것이 바로 그리스도인의 인생입니다. 이제 바울은 자신에게도 낯선 땅으로 출발합니다.

바울의 빌립보 선교

바울은 트로이의 목마로 유명한 트로이(드로아)에서 배를 타고 유럽 대륙으로 건너갑니다. 바울은 순풍을 맞아 사모드라게 섬을 거쳐 네압볼리(헬라어로 신도시라는 뜻)에 도착합니다. 이 도시는 빌립보라는 대도시의 항구 도시 같은 역할을 하는 도시였습니다. 서울의 항구 역할을 하는 것이 인천인 것처럼, 빌립보 도시의 항구 도시가 바로 네압볼리였습니다. 여기에 가면 바울이 첫 발을 디딘 그 장소에 현재 바울 기념 교회가 지어져 있습니다. 바울은 여기에서 오래 머물지 않고 목적지인 빌립보에 이릅니다.

빌립보는 우리가 잘 아는 알렉산드리아 대왕의 아버지 필립 2세의 이름을 따서 건축한 도시입니다. 바울의 선교 방법은 우선 도시에 가서 사람이 많이 모인 곳에 가서 전도하는 것입니다. 특별히 그 도시에 가면 우선적으로 첫 안식일에 유대인의 회당을 방문하여 그곳에서 예수를 소개하면서 복음을 전했습니다. 당시 유대인들 중에는 로마 제국의 대도시에 흩어져 사는 이른바 디아스포라 유대인들이 많았습니다. 로마는 식민지 국민들의 종교를 인정해 주는 정책을 썼기 때문에 유대인들은 성인 남자 열 명만 있으면 회당을 만들어 안식일마다 기도하고 예배를 드렸습니다. 그런데 빌립보에는 아직 회당이 없었습니다. 유대인 성인 남자 열 명이 없었던 것입니다.

그래서 바울은 유대인들과 유대교로 개종한 이방인들이 모여서 기도한다고 여겨지는 성문 밖에 있는 강가로 갔습니다. 거기에는 유대인 여인들과 유대교로 개종한 '하나님을 두려워하는 자들'이라고 불리는 이방인 개종자들이 모여 있었습니다. 바울은 이들에게 복음을 전했습니다. 그때 하나님께서 역사하셔서 두아디라시 출신 여인 루디아가 예수를 믿게 되었습니다. 이 사람은 당시 로마가 군사 도로로 닦은 이그나시아 대로(Via Ignatia)와 해로를 이용하여 자주색 옷감 사업을 하는 사람이었습니다. 그녀는 여러 곳을 돌아다니다 유대교로 개종한 후 바울의 복음을 듣고 그 자리에서 예수를 믿고 온 가족이 그날 세례를 받았습니다. 그때 세례를 받았다는 그 강은 지금도 흐르고 있고 그 옆에 기념 세례 당이 세워져 있습니다.

바울은 자비량 선교를 해서 자신이 선교할 때 성도들의 경제적 도움을 받지 않는 것이 관례였지만 루디아의 간청과 호의를 무시할 수 없어 그녀의 집에 머물었습니다. 나중에 바울이 옥고를 치르고 나온 다음에도 바울은 이 집에 머물며 거기에 있는 성도들을 만났습니다. 유럽에서 처음으로 예수를 영접한 사람은 유럽 사람도 아니고, 남자도 아니고 바로 여인이었습니다. 그리고 바울은 후에 빌립보에 형성된 교회에게 편지를 쓰는데 그것이 바로 우리가 가지고 있는 빌립보서입니다. 그 후에 바울은 베뢰아와 아덴과 고린도에 가서 전도하고 모교회인 안디옥 교회에 돌아옵니다.

우리는 여기서 제 2의 바울, 제 2의 루디아가 되기를 기도하면 좋겠습니다. 우리는 우리 생을 바쳐 하나님의 인도하심에 따라 전도하는 선교사가 될 수 있습니다. 그것은 귀한 일입니다. 그런 소명을 받은 사람은 마땅히 그렇게 해야 합니다. 바울은 좋은 가문 출신이요, 당시 최고의 유대인 교육을 받은 사람이었지만 모든 것을 내던지고 직접 선교에 뛰어 들었습니다. 우리에게는 루디아 같은 사람도 필요합니다. 자기 생업이 있으면서 목회자를 돕고, 헌신하고 봉사하는 것입니다. 결국 유럽 첫 교회는 루디아의 집에서 탄생했습니다. 그는 믿고 세례를 받은 후 선교사들인 바울 일행과 동료 크리스천들에게 환대하는 것을 잊지 않았습니다. 그 후 루디아는 바울의 선교를 물질적으로 심정적으로 돕는 귀중한 성도가 되었습니다. 여기에 교회가 세워졌기 때문에 후에 바울은 빌립보에 편지를 쓰게 된 것입니다.

적용과 실천

이상을 통해서 알 수 있는 것은 선교는 하나님의 뜻과 섭리에 의해서 이루어졌다는 것입니다. 아시아보다도 유럽에 먼저 복음을 전파하게 하신 분, 또 루디아의 마음 문을 열어 복음을 받아들이게 하신 분은 바로 하나님이십니다. 우리의 선교도 바로 하나님의 뜻에 순종하며 종의 일을 감당하는 것입니다. 선교는 건물을 짓는 것이 아닙니다. 건물 교회는 언젠가는 무너집니다. 예루살렘 성전이 돌 위에 돌 하나 남지 않고 파괴

될 것이라고 예수님이 예언한 것처럼, 초기 교회 건물들은 모두 돌무더기가 되었습니다. 심지어 초기 교회 선교 센터가 있었던 수리아 안디옥에도 우리는 교회의 뿌리를 찾아보기도 힘들게 되었습니다. 어떤 장소가 중요한 것이 아닙니다. 사람들이 복음을 받아들이고 공동체를 형성하는 것이 중요한 것입니다.

51 능력 전도와 현존 전도
(16:16-40)

사도행전이 제시하는 크리스천의 사명은 한 마디로 증인의 삶을 사는 것입니다. 또 그 증인의 사명을 감당하기 위해서는 예수님이 약속한 성령을 체험해야 한다는 것입니다(1:8). 성령을 체험한 사람은 구체적으로 어떻게 증인의 삶을 살까요? 사도행전에 보면 크리스천이 주님을 증언하는 방식에는 두 가지가 있습니다. 하나는 사람들에게 하나님의 능력을 보여줌으로써 예수를 증언하는 것인데, 이것을 우리는 능력 전도라고 부릅니다. 다른 하나는 일반 사람들보다 높은 가치관으로 사는 삶을 보여줌으로써 예수를 증언하는 것인데, 그것은 현존 전도입니다. 본문에 보면 바울과 실라는 빌립보에서 능력 전도와 아울러 현존 전도도 하고 있습니다.

능력 전도

바울과 실라는 빌립보에 머물 때 기도하는 곳으로 가다가 점치는 귀신들린 여자 노예와 마주칩니다. 이 사람은 귀신이 들려서 점을 쳐 주인들에게 돈을 벌게 해 주었습니다. 그런데 이 귀신들린 여자 노예가 바울과 실라의 정체를 알아봅니다. 놀랍게도 그녀는 바울 일행의 정체를 정확히 말했습니다. "이 사람들은 지극히 높은 하나님의 종으로서 구원의 길을 너희에게 전하는 자"라고 말한 것입니다(17절). 하지만 그 귀신들린 자는 예수를 믿는 것은 아니었습니다. 거기를 지날 때마다 이런 말을 하여 바울 일행을 여러 날 귀찮게 하자, 바울은 그녀에게 "예수 그리스도의 이름으로 내가 네게 명하노니 그에게서 나오라."고 외칩니다. 그러자 귀신이 즉시 그 노예에게서 쫓겨져 나옵니다(18절). 바울은 이 점치는 여종으로 인해 문제를 일으키려고 하지 않았으나 그녀가 계속 괴롭혀서 귀신을 축출한 것입니다.

이렇게 어떤 사람에게 역사하는 귀신을 축출함같이 기적을 보여주어 하나님의 존재를 드러내며 하는 전도를 능력 전도라고 합니다. 바울은 1차 선교 여행 시 구브로에서 사역할 때 전도를 방해하는 마술사 엘루마의 눈을 멀게 합니다(행 13:9-12). 이를 목도한 총독이 결국 믿습니다(행 13:12). 또 예루살렘 교회 일곱 일꾼 중 하나인 빌립도 사마리아에서 전도할 때 "무리가 빌립의 말도 듣고 행하는 표적도 보고"(행 8:6) 한마음으로 그가 하는 말을 따랐습니다. 이런 것들이 바로 능력 전도입니다. 지금도 우리는 귀신 축출 명령과 기적적 치유를 통해 능력 전도를 할 수 있습니다. 현대인은 논리적인 말로 상대방을 설득시키는 것이 유일한 전도 방법이라고 생각하는 경우가 많지만, 지금도 하나님의 능력을 단 번에 기적으로 보여주는 것 역시 효과적인 전도법입니다.

흥미롭게도 본문에서 바울이 귀신 축출은 했지만 그것을 통해 전도가 되지는 않았습니다. 여종의 주인들이 그 노예에게서 귀신이 축출되어 더 이상 점치는 일을 하지 못해서 그들이 받는 수입이 없어져서 그들은 하나님의 능력을 보았지만, 예수를 믿기는커녕 오히려 바울 일행을 박해했습니다. 그래서 기적을 보여준다고 무조건 전도가 되는 것은 아닙니다. 사람들은 자신들의 더러운 이익에 매몰될 때 하나님의 능력을 보여줘도 믿지 않았습니다. 기적을 보여주든, 논리적으로 설득하든 마음이 완악하거나, 사적인 이익에 매몰되어 있는 사람은 복음을 받아들이지 않습니다.

현존 전도

바울이 여종에게서 귀신을 축출하자 그 여종의 주인들은 바울에게 고맙게 여기기는커녕 바울을 모함하고 박해했습니다. 이들은 진리에 따라 움직이는 사람이 아니라 자신의 사적 이익에 따라 움직이는 사람들이었습니다(19절). 이들은 로마 사람들이 받지도 못하고 행하지도 못할 풍속을 전하는 자로 바울과 실라를 몰아붙입니다(21절). 바울이 미신 축출과 귀신 축출을 해 주었건만 이들의 관심사는 자신들의 금전적 이익뿐이었습니다.

이들의 고소는 거짓에 기초한 것이었습니다. 실상은 바울이 그 여종에게서 귀신 축출을 해서 자신들의 수입의 소망이 없어진 것인데, 그 고소의 내용을 보면 그것은 자신들이 사는 지역을 크게 요란하게 했다는 것과 자신들의 미풍양속을 해친다는 것이었습니다. 사람들은 자신의 이익에 관계된 것인데, 겉으로는 대중들이 호응할 만한 주제로 말하는 경우가 많습니다. 지금도 교회 안팎에서 자신의 사욕을 위해 일하면서, 사람들에게 말할 때는 다른 이유를 대는 사람이 있습니다. 이런 사람은 사리사욕에 따라 움직입니다.

이러한 가짜 뉴스를 듣고 "무리"는 일제히 일어나 바울과 실라를 고소합니다(22a절). 동서고금을 막론하고 무리는 선동에 약합니다. 자신들의 이익과 관습을 해친다고 하자, 그 내용을 자세히 알아보지도 않고 선동되어 바울을 고소한 것이지요. 지금도 무리는 자신들의 집단 이익을 헤친다고 할 때 쉽게 선동당합니다. 더구나 이러한 무리의 행동에 대한 관리들의 행동도 불법적입니다. 그들은 사실여부도 확인하지 않고 바울과 실라의 "옷을 찢어 벗기고 매로 치라."(22절) 하고 많이 친 후에 옥에 가둡니다(23절). 우리 문화에 헌법보다 높은 "떼 법"과 "국민정서법"이 있다고 하는데, 여기서도 무리가 떼를 쓰자 관리들은 그것을 그대로 들어줍니다.

이런 상황에서 하나님의 역사와 바울과 실라의 현존 전도가 이루어집니다(25-34절). 바울과 실라는 억울함을 호소하기보다는 먼저 기도와 찬송을 합니다(25절). 그러자 하나님은 "갑자기" 큰 지진을 일으킵니다(26절). 이런 때 죄수는 일반적으로 도망치는데, 당시 로마법에 따르면 죄수가 도망가는 것을 막지 못한 간수는 자신의 목숨을 내놓아야 했습니다. 당연히 죄수가 도망갔으리라고 생각하여 자살하려고 하자(27절), "바울이 크게 소리 질러 이르되 네 몸을 상하게 하지 말라. 우리가 다 여기 있노라."(28절)라고 말합니다. 이때 간수가 "무서워 떨며 바울과 실라 앞에 엎드리고 그들을 데리고 나가서 이르되 선생들이여 내가 어떻게 하여야 구원을 받으리이까?"(29-30절)라고 말합니다. 그 간수에게 있어서 이런 일을 본 적도 없고 들은 적도 없는 놀라운 일이었습니다.

이때 바울이 전도합니다. "이르되 주 예수를 믿으라 그리하면 너와 네 집이 구원을 받으리라."(31절) 바울은 자신이 크리스천이기에 이러한 행동을 할 수 있는 것임을 말해준 것입니다. 자신의 행동은 바로 자신이 주 예수를 믿는 사람이기에 나올 수 있었다는 것입니다. 이 말을 통해 바울은 그 간수와 그 집에 복음을 전하자, 간수와 온 가족이 예수를 믿고 세례를 받습니다. 그리고 바울의 상처 난 몸을 씻어 주고 음식을 차려 주고 대접하면서, 자신들이 예수를 믿게 된 것에 크게 기뻐했습니다 (34절).

이런 것이 바로 현존 전도입니다. 일반 사람들과는 다른 고귀한 삶을 보여줌으로써 그것을 본 사람들을 놀라게 하여 복음을 전하는 것입니다. 요한복음에 나오는 예수의 고별 기도를 보면, 예수는 제자들이 일치를 이룬 삶이 세상에 예수를 증언하는 것이 되기를 기도합니다. "아버지여, 아버지께서 내 안에, 내가 아버지 안에 있는 것 같이 그들도 다 하나가 되어 우리 안에 있게 하사 세상으로 아버지께서 나를 보내신 것을 믿게 하옵소서."(요 17:21; 참조 17:23) 예수는 그의 제자들 중 첫 세대 제자들과 다음 세대 제자들을 위해서 기도하는데(요 17:20), 그들이 하나가 될 때 세상이 그것을 통해 예수가 하나님 보내신 자임을 깨닫게 해 달라고 기도하고 있는 것입니다. 즉 크리스천의 하나됨은 세상을 감동시켜 그리스도를 인정하게 한다는 것입니다.

물론, 삶으로 보여준다고 전도가 반드시 성공하는 것은 아닙니다. 본문에서는 바울이 능력 전도를 했는데 오히려 박해를 받았고, 현존 전도에서는 성공했습니다. 바울이 현존 전도에서 성공한 것은 아마도 그 간수의 마음이 잘 준비되었기 때문일 것입니다. 이 간수는 진실한 사람이었기에 바울이 도망갈 수 있었는데도 그렇게 하지 않은 것을 통해 비범성을 보았습니다. 그래서 전도에 있어서는 결과가 중요한 것은 아닙니다. 다만, 우리 각자는 하나님의 능력과 함께 우리의 삶을 보여줌으로써 전도를 해야 한다는 것입니다. 그 결과는 그것을 받는 사람에 따라 달라질 수 있습니다.

적용과 실천

바울은 환상을 보고, 유럽행을 결정했는데도 첫 전도지인 빌립보에서 환대만 받은 것은 아닙니다. 루디아에게 복음을 전해 그녀가 믿고 환대를 받기도 했지만, 오해를 받아 매를 맞는 일도 발생합니다. 우리가 하나님의 인도하심을 받아서 일을 한다고 해서 모든 일이 평탄하게 진행된다거나 박해가 없는 사역을 하는 것은 아닙니다. 한국에서 현재 젊은 이 선교는 미전도 종족 선교와 비슷하다고 합니다. 바울은 구약 성경과 하나님을 전혀 모르는 사람들에게 거룩한 삶을 보여줌으로써 전도를 했습니다. 하지만 삶을 통한 전도를 한다고 모두가 다 전도되는 것은 아니었습니다. 자신들이 생각하는 율법 이데올로기에 빠져 있던 유대인들은 복음을 잘 받아들이지 않았습니다. 예수의 제자는 능력 전도와 현존 전도 두 가지를 행할 뿐입니다. 이때 준비된 영혼은 복음을 받아들입니다.

52 그리스도 고난의 삼중 효과
(17:1-9)

본문은 바울이 2차 전도 여행 중에 발생한 일을 기록한 것입니다. 바울은 빌립보를 떠나 데살로니가에 도착합니다. 그리고 그가 늘 하던 대로 안식일에 유대인 회당에 들어가서 복음을 전합니다. 거기서 바울은 3주 연속으로 성경을 가지고 예수를 전합니다. 중요한 것은 예수를 전하는데 있어서 구약 성경을 가지고 했다는 것입니다. 예수는 구약 성경의 예언대로 오신 바로 그 메시아란 것입니다.

본문에는 바울이 구약의 어떤 책, 어떤 구절을 가지고 예수의 고난과 부활을 전했는지는 나와 있지 않습니다. 신약 성서 저자들이 그리스도의 고난을 설명할 때 가장 많이 사용하는 구절 중 하나는 이사야서 53장입니다. 이것으로 예수님의 대속을 설명합니다. 베드로는 이렇게 말합니다. "친히 나무에 달려 그 몸으로 우리 죄를 담당하셨으니 이는 우리로 죄에 대하여 죽고 의에 대하여 살게 하려 하심이라. 그가 채찍에 맞음으로 너희는 나음을 얻었으니."(벧전 2:24) 구약 성경에서 메시아의 고난에 대해서 가장 분명하게 말하는 구절은 이사야서 53:4-6인데, 바울이 본문으로 삼았으리라고 생각되는 이 구절을 통해서 저는 예수님의 속죄의 영역을 세 가지로 설명해 보려고 합니다.

죄에 대한 속죄

예수님의 죽음은 인류의 죄에 관계된 것인데, 그것은 인류가 당할 형벌을 대신 당하신 것입니다. 즉 예수님이 십자가를 지신 것은 우리 죄를 대속하기 위함입니다. 이사야서는 여호와의 종이 그 형벌을 대신 당한다고 기록하고 있습니다. "우리는 다 양 같아서 그릇 행하여 각기 제 길로 갔거늘 여호와께서는 우리 모두의 죄악을 그에게 담당시켰도다."(사 53:6)

신약 성경은 위의 여호와의 종이 메시아이고, 바로 예수님의 십자가가 우리 죄를 속하기 위해서 하신 것이라는 점을 여러 곳에서 말하고 있습니다. "예수는 우리가 범죄한 것 때문에 내줌이 되고 또한 우리를 의롭다 하시기 위하여 살아나셨느니라."(롬 4:25) "하나님이 죄를 알지도 못하는 이를 우리를 대신하여 죄로 삼으신 것은 우리로 하여금 그 안에서 하나님의 의가 되게 하려 하심이라."(고후 5:21) "…나는 양을 위하여 목숨을 버리노라."(요 10:15) "아들을 낳으리니 그 이름을 예수라 하라 이는 그가 자기 백성을 그들의 죄에서 구원할 자이심이라 하니라."(마 1:21) "이튿날 요한이 예수께서 자신에게 나아오심을 보고 이르되 보라 세상 죄를 지고 가는 하나님의 어린 양이로다."(요 1:29) "…하나님이 우리를 사랑하사 우리 죄를 속하기 위하여 화목제물로 그 아들을 보내셨음이라."(요일 4:10)

이렇게 볼 때 예수님이 죽으신 것은 그 무엇보다도 인간의 죄의 문제를 해결하기 위한 것이었습니다. 죄의 삯은 사망인데, 예수님이 그 삯을 대신 치룬 것이고, 사람이 그것을 받아들이면 구원을 받는 것입니다. 이사야서 53장에 나오는 고난의 종은 대신 고난을 당하는데, 그것을 신약 성서 저자들은 메시아인 예수의 죽음과 연관시키고 있습니다. 그래서 우리는 그리스도의 죽음이 우리의 죄 해결과 관계가 있다고 말할 수 있습니다. 예수는 우리 죄에 대한 형벌을 대신 받아 십자가를 지신 것입니다.

육체의 치유

예수님이 십자가를 지신 것은 우리의 육체의 치유를 위한 것이기도 합니다. 이사야는 그것을 이렇게 말합니다. "그가 채찍에 맞음으로 우리는 나음을 받았도다."(사 53:5) 마태복음 8:14-17에 보면 예수님이 많은 병자를 고치신 것은 단순히 사람들을 불쌍히 여기심에서 하신 것이 아니라 이사야 53:5 말씀이 성취된 것이라고 말합니다. "이는 선지자 이사야를 통하여 하신 말씀에 우리의 연약한 것을 친히 담당하시고 병을 짊어지셨도다 함을 이루려 하심이더라."(17절) 마태는 본문에서 예수님이 자신이 십자가를 지는 것이 우리의 연약한 것, 곧 병을 담당하시고, 병을 짊어지시기 위한 것이라고 말합니다.

어떤 사람들은 이것은 죄에 대해서 은유로 말한 것이지, 육체의 치유에 대한 것은 아니라고 주장합니다. 이사야는 영적 질병의 치유를 비유적으로 말한 것이지, 육체의 질병의 치유를 말하지는 않았다는 것입니다. 하지만 이사야 본문에서 "나음을 받았다"라는 히브리어는 분명히 육체의 질병의 치유에 쓰이는 단어이고, 특히 마태복음 8:17은 치유를 받은 것이 "연약한 것"과 "병"이라고 말하여 이것이 육체의 질병의 치유를 말하고 있음을 보다 분명하게 보여줍니다.

또 어떤 사람들은 죄는 모든 사람을 위한 것이지만, 육체의 치유는 몇

몇 사람을 위한 것이기에 치유는 예수님의 속죄의 효과이기보다는 일반 은총의 효과라고 주장하기도 합니다. 하지만 마태복음 본문은 분명히 고난당하는 종이신 예수님의 십자가 사역에 육체의 치유도 포함되어 있다고 말합니다. 즉 예수님이 치유하신 것은 바로 속죄의 효과라는 것입니다. 다시 말해, 예수님은 근본적으로 우리의 죄를 속하기 위해서 십자가를 지셨지만, 예수님의 십자가의 다른 효과는 우리의 육체의 치유까지도 포함하는 것입니다.

마음의 치유

이사야서 53장 4절에 보면 그는 "우리의 슬픔"을 당했다고 했고, 5절에 보면 "그가 징계를 받음으로 우리는 평화를 누리고"라고 되어 있습니다. 신약 성경에서 해석하듯이, 이것이 고난당하는 종 메시아 본문이라면, 예수님의 십자가는 바로 우리의 슬픔을 대신 지신 사건이고, 그래서 그가 십자가를 지심으로 우리는 화평을 누리게 되는 것입니다. 예수님의 십자가 사역은 속죄와 육체 질병의 치유뿐만 아니라 마음 질병의 치유도 포함하는 것입니다.

현대 사회의 보편적 질병중 하나는 정신 혹은 마음의 병입니다. 이런 병은 정신과에서 제공하는 약을 통하여, 또 심리 상담을 통해서 치유 받을 수 있습니다. 동시에 예수님이 이런 마음의 병을 치유하시기 위해 대신 고난을 받은 것이기에 우리는 이것도 주님의 십자가를 통하여 치유 받을 수 있습니다. 그래서 우리가 마음에 병이 났을 때, 의학적인 치유와 함께 주님의 기적적인 치유도 기대하고 기도해야 하겠습니다. 예수님은 우리의 마음의 병에서 놓여나 평화를 누리게 하기 위해 십자가를 지셨습니다. 또 하나님과/사람과 평화하기 위해서 십자가를 지신 것입니다. 그래서 우리는 이 평화를 누려야 합니다.

적용과 실천

신약 성경이 아직 완성되지 않았던 시절 바울은 구약 성경을 통해서 예수님이 십자가상에서 당한 고난을 설명해 냅니다. 구약 성경이 바로 예수님의 고난을 미리 말하고 있다고 말합니다. 예수님이 이 땅에 오신 것은 우연한 사건이 아니라 하나님이 미리 예정하신 일이라는 것입니다. 이사야서 53장에 나오는 고난당하는 종을 메시아로 볼 때 예수님의 십자가는 삼중 효과가 있음을 보았습니다. 첫째, 예수의 십자가는 죄에 대한 대속의 효과가 있습니다. 둘째, 예수의 고난의 효과는 육체 질병의 치유도 포함합니다. 셋째, 예수의 고난은 사람이 당하는 마음의 상처와 정신적 질병의 치유까지도 포함합니다. 성경에서 구원이란 본래의 창조 상태로 되돌려 놓는 것을 가리킨다고 볼 때, 이 모든 것이 예수님이 추구한 구원의 영역에 포함됩니다. 예수님은 영혼의 구원과 마음의 치유와 육체의 치유를 위해서 십자가를 지신 것입니다.

53　성경 상고(詳考)하기
(17:10-15)

본문은 바울의 2차 선교 여행을 배경으로 하고 있습니다. 바울은 네압볼리와 빌립보에 첫 발을 내딛음으로써 유럽 선교를 시작합니다. 그리고 여러 도시를 거쳐 당시에도 큰 도시였고, 현재 그리스에서 제 2의 도시인 데살로니가에 가서 전도합니다. 그는 여기서 3주 동안 성경을 가르쳤지만 이곳에 있는 유대인들은 복음을 받아들이지 않았고 바울 일행을 박해했습니다. 할 수 없이 바울은 밤에 이곳을 빠져 나와 인근 도시인 베뢰아로 떠날 수밖에 없었습니다. 그런데 누가는 이들이 데살로니가 사람들과는 전혀 다르게 말씀을 잘 받아들이는 좋은 사람들이었다고 기록하고 있습니다. 그 핵심 본문이 바로 11-12절입니다.

> 베뢰아에 있는 사람들은 데살로니가에 있는 사람들보다 더 너그러워서 간절한 마음으로 말씀을 받고 이것이 그러한가 하여 날마다 성경을 상고하므로 그 중에 믿는 사람이 많고 또 헬라의 귀부인과 남자가 적지 아니하나.

이 말씀을 곱씹어 보면서 성경 상고하기에 대해서 생각해 보고자 합니다. 이 말씀 속에는 우리 크리스천이 성경에 대해서 어떠한 태도를 가지고 살아야 하는가가 잘 나타나 있습니다. 우리 교회 안과 밖에서 성경에 대한 무지와 무관심이 팽배해 있습니다. 아프리카에서는 건물의 기초석 대신으로 성경이 쓰인다고 합니다. 성경을 기초석으로 해서 건물을 지으면 건물이 무너지지 않는다는 미신 때문이지요. 성경은 종종 시골 할아버지 잎담배 종이로 사용되었습니다. 성경책 종이의 질이 좋기 때문이지요. 때로 성경은 잠이 안 올 때 수면제로 사용되기도 합니다. 사람 이름이나 숫자가 많이 나오는 부분을 읽으면 저절로 잠이 옵니다. 교회 안에서도 성경보다도 교리와 전통에 더 관심이 있는 것 같습니다.

성경과 크리스천

우리의 성경에 대한 태도는 어떠해야 할까요? **첫째, 열린 마음으로 말씀을 받아야 합니다.** 본문은 데살로니가에 있는 사람보다 더 "신사적"(한글 개역) 혹은 "너그러워서"(한글 개역개정)라고 했습니다. 본래 여기서 "신사적"이라는 말은 헬라어를 그대로 풀면 "좋은 가문에서 태어난"이라는 말입니다. 당시에는 예의 바르고 신사적인 사람은 좋은 가문의 출신이었을 것입니다. 여기에서 발원하여 이 단어는 "마음이 열린"(open-minded)이라는 뜻으로 흔히 쓰입니다. 본문에도 이런 뜻으로 쓰였습니다. 베뢰아 사람들은 열린 마음의 소유자들이었습니다. 성경을 상고하기 전에 반드시 있어야 할 것은 열린 마음을 갖는 것입니다. 이것은 누구나 그렇게 하는 것입니다. 신앙의 초보자도 마찬가지이고, 오래 믿은 사람도 하나님 말씀 앞에서는 항상 열린 마음을 가져야 합니다. 그동안 성경에 대해서 알고 깨달은 것이 많이 있었어도 항상 열린 마음으로 성경을 다시 읽어야 합니다. 닫힌 마음의 소유자, 자기 나름대로 하나의 정답을 가진 자, 그것만이 옳다고 믿는 자는 하나님의 말씀을 새롭게 깨닫기 어렵습니다. 성경의 어떤 구절을 깊이 살펴보기에 앞서 이미 답을 가지고 접근 하는 사람, 성경이 아닌 세상에서 얻은 경험과 지식에 의해 성경을 보려는 사람은 마음이 닫힌 사람입니다.

둘째, 선포된 말씀을 적극적으로 받아들여야 합니다. 하나님 말씀에 대한 태도는 말씀이 선포될 때 적극적으로 받아들이는 것입니다. 베뢰아 사람들은 간절한 마음으로 "말씀을 받았습니다." 여기서 받아들이는 것은 사람을 영접할 때도 그대로 쓰이는 단어입니다. 마치 왕의 칙사를 환대하고 영접하듯이 선포된 하나님의 말씀에 대해서 비판적으로 접근하기보다는 우선 긍정적으로 받아들이는 것이 중요합니다. 여기에 바로 은혜가 임하는 것입니다. 누구와 대화할 때도 비판적으로 남의 말을 판단하고 곧바로 되받아 치기보다는 경청하는 것이 중요합니다. 하물며 하나님의 말씀이 선포될 때는 당연히 그렇게 해야 합니다. 간절한 마음으로, 열정적인 태도로 받아들이는 것이 선포된 말씀에 대한 올바른 태도입니다. 물론, 기록된 말씀과는 달리 사람이 선포하는 말씀에는 오류가 있을 수 있습니다. 그래서 완전히 받아들이기 전에 검토하기가 있어야 합니다. 하지만 그에 앞서 기록된 말씀뿐만 아니라 선포되는 말씀을 통해 하나님이 역사하신다는 믿음으로 말씀을 받아야 합니다.

셋째, 성경 상고하기를 해야 합니다. 앞의 내용까지는 우리가 잘 아는 내용입니다. 그런데 이들은 한 가지 중요한 것이 더 있었습니다. 성경을 상고(詳考)하는 것입니다. 상고하기는 자세히 고찰하기입니다. 헬라어로는 판단하기, 조사하기의 뜻입니다. 어떤 사람이 성경을 해설 할 때 그것이 옳은 지를 판단하고 연구하는 것인데, 이것은 반드시 필요한 과정입니다. 교회에서 흔히 성경을 단순히 읽는 데만 치중하는데 더 큰 묘미를 느끼려면 상고하기, 곧 연구하기가 필요합니다. 우리는 성경을 스스로 연구하면서 하나님의 깊은 뜻을 깨달을 수 있습니다. 여기서 성경 상고하기의 목적 중 하나는 선포된 말씀의 진위를 확인하는 것입니다. 하나님은 그의 종을 통해서 말씀하시는데, 그것은 항상 성경 상고하기를 통해서 확인되어야 합니다. 의외로 사람들은 전통이나 경험에 의해서 판단하지, 기록된 말씀 자체에 의해서 선포된 말씀을 분별하지 않습니다. 여기에 문제가 생길 수 있습니다. 우리는 스스로 기록된 말씀에 의해 선포된 말씀을 분별해서 받아들여야 합니다.

넷째, 성경 읽기의 목표는 믿고 따르기입니다. 성경 연구의 올바른 결과는 믿고 따르는 것입니다. 베뢰아 사람들은 성경을 연구함으로 바울이 전한 복음을 받아들이고, 예수를 믿게 되었습니다. 성경을 연구하지만 결국 말씀을 따르지 않는 것은 아무 의미 없는 일입니다. 성경 연구의 최종 목적은 말씀에 순종하고, 말씀을 실행하는 것입니다. 근대 이후 성서 학자들의 성서 연구의 비극 중 하나는 성경을 역사 문서의 하나로만 연구하지, 성경 연구의 결과를 따르고 그 말씀에 순종할 마음 없이 하는 것입니다. 다른 책은 그렇게 연구 할 수 있지만, 하나님의 말씀인 성경은 객관적인 연구로만 그 읽기의 목적이 달성되지 않습니다. 읽고 나서 자신이 깨달은 바대로 순종하는 것이 필요합니다.

성경을 상고하는 사람은 누구도, 아무 것도 두려울 것이 없어집니다. 사람들의 눈총도, 관습도, 힘도 두렵지 않습니다. 깨달은 바대로 그대로 행하면 되는 것입니다. 피어선(A. T. Pierson) 목사님은 미국 디트로이트에서 성경의 정신대로 예배당 내 지정석을 없애자고 하여 귀족들의 반발을 사 결국 사임했습니다. 또 침례가 더 성서적이라고 믿어 장로교 목사로서 침례를 받았습니다. 물론 성경의 진리에 대해서 여러 가지 다른 의견들이 있을 수 있습니다. 어쨌든 성경을 믿고 따르면 참 자유가 생깁니다. 전통이 만들어 놓은 이데올로기에 매이지 않을 수 있습니다. 무슨 일이 있을 때 먼저 성경이 무엇이라고 말하는지를 살피는 버릇이 필요합니다. 하지만 이때 겸손하게 해야 합니다. 왜냐하면 대부분의 이단들이 사실 성경을 깊이 상고하기 때문입니다. 하지만 이들은 성경을 이성과 전통과 성령의 인도함 가운데 보지 않고 이를 무시합니다. 건강한 신자라면 교회의 전통과 다른 이들의 해석도 존중하고 잘 살펴보아야 합니다.

적용과 실천

우리 교우들은 하나님을 잘 섬기기 위해서 필수적인 성경 상고하기를 해야 합니다. 그것을 위해서 피어선 목사님은 백 년 전에 한국에 오셔서 성경을 가르치셨고 그 유지에 따라 피어선기념성경학원을 세웠습니다. 지금은 평택대학교가 크리스천 대학으로 발전되었지만 그 뜻만은 우리가 간직하고 있습니다. 성경의 진리 위에 학문을 하는 것입니다. 모든 교직원이 학문과 행정을 하기 전에 성경을 상고하는 것입니다. 구역 모임을 통해서 앞으로 성경을 공부하는 일이 있을 것입니다. 적극 참여하셔서 성경을 깊이 상고하여 신앙이 자라시기 바랍니다. 요한 웨슬리의 모토인 '한 책'(성경)의 사람이 되시기 바랍니다.

54 | 바울의 아레오바고 설교
(17:16-34)

　제 2차 선교 여행 중 바울은 데살로니가에서 선교를 하다 봉변을 당하고 베뢰아에서는 환대를 받습니다. 하지만 데살로니가 사람들은 베뢰아까지 와서 바울을 괴롭게 하자 바울은 아테네(아덴)로 먼저 피신합니다. 동행자였던 실라와 디모데가 바울을 좇아 뒤에 거기에 당도하는 동안 시간이 남았습니다. 그래서 바울은 아테네 시내를 이리 저리 구경합니다. 그런데 온 시내가 우상 천지였습니다. 하나님이 싫어하시는 우상이 온 도시에 가득한 것을 본 바울은 마음속에 의분이 일어났습니다. 그래서 그는 유대인의 회당에 들어가서는 유대인들과 이방인으로 유대교로 개종한 자들에게, 시장 거리에 나가서는 만나는 사람들과 논쟁을 벌이기 시작했습니다.

　그런데 바울은 에피쿠로스학파(쾌락주의자들)와 스토아학파(금욕주의자들) 사람들과 논쟁하게 되었는데 이 사람들은 자신의 철학에 대해서 자부심이 대단한 사람들로서 바울을 지식이 없는, 그저 이곳저곳 돌아다니면서 섣부른 조각 지식이나 주워 모은 사람이란 뜻의 "말쟁이"라고 부르면서 조롱했습니다. 혹은 바울이 이상한 종교를 퍼뜨리는 사람인가 하고 의심했습니다. 바울이 전한 것이 예수님의 부활인데 그들은 남성신인 예수와 여성신인 부활(헬, 아나스타시아)을 전한다고 생각했습니다.

고대 아테네는 민주주의와 철학이 탄생한 곳입니다. 여기에서 소크라테스, 플라톤, 아리스토텔레스가 활동했습니다. 당시 로마는 정치적으로는 남 유럽과 소아시아를 다 지배했지만 문화는 그리스, 특히 아테네의 고급 문화를 자기들의 것으로 받아들여 로마 제국을 통치했습니다. 바울이 이 도시를 방문했을 당시 그리스에서 가장 큰 도시는 상업적으로 번성했던 고린도였지만 문화와 철학의 도시로서의 아테네의 명성은 계속되었습니다. 당시 이들은 지식욕이 대단해서 무엇이든지 새로운 것을 배우려고 했습니다. 그 욕구가 얼마나 컸던지 아테네 사람과 그곳에 머물고 있던 외국인들까지도 가장 새로운 것을 듣고 말하는 것 이외에는 아무 일에도 시간을 쓰지 않는다고 할 정도였습니다.

바울은 바로 이들에게 이끌려 아레오바고에 도착합니다. 아레오바고는 아테네시의 한 지역 이름인데 본래는 아레오 언덕이라는 뜻입니다. 그런데 여기에는 유명한 법정이 있었습니다. 소크라테스도 오래전 여기에서 배심원들 앞에서 자신을 변호하는 연설을 했던 곳이었습니다. 기원전 350년, 소크라테스가 섰던 바로 그 자리에 바울이 서서 이들에게 하나님에 대하여, 기독교 신앙에 대하여 연설합니다.

아레오바고 설교의 내용

바울은 먼저, "아테네 시민 여러분!"(문자적으로는 아테네 사람들이여!)이라고 서두를 꺼냅니다. 그리고 마음으로는 이들이 우상을 섬기는 것에 분노했지만 마음을 가라앉히고, 이것을 "여러분들은 모든 일에 종교성이 많으시군요."라고 말합니다. 이것은 이들이 종교에 관심이 많은 것을 그렇게 나쁜 뜻으로 표현하고 있지 않은 것입니다. 바울이 돌아다니면서 이들이 섬기는 제단과 성전을 보니 거기에 "알지 못하는 신에게"라고 쓴 제단도 보았다는 것입니다. 얼마나 종교성이 많았으면 수많은 기명의 신도 모자라 혹시 모르는 신이 있을까 봐 이런 글귀를 제단에 새기어 넣었겠습니까?

바울은 상황을 기회로 삼는 일에 명수였습니다. 그래서 마침 "알지 못하는 신"에게 라고 쓴 제단에 쓴 문구를 보고 "그 알지 못하는 신"에 대해서 설명하겠다고 합니다. 바울은 우리가 구약 성경에서 일상적으로 볼 수 있는 세상의 창조자요 우주의 주관자이신 하나님을 소개합니다. 먼저, 바울은 하나님을 세계와 그 안에 있는 모든 것을 지으신 분이라고 말합니다. 이른바 창조주 하나님입니다. 그것을 지으셨기 때문에 하나님은 당연히 땅과 하늘의 주인이십니다. 이것이 바로 "태초에 하나님이 천지를 창조하시니라."는 창세기 1장 1절 말씀의 해설입니다. 이것이 모든 사람이 가져야 할 바로 기본 의식입니다. 하나님은 창조주이시고 사람은 피조물이라는 것입니다. 이것을 모르고 자신이 만든 우상 앞에 절하는 모든 사람은 어리석은 것입니다. 구약 성경에서 하나님이 선지자들을 통해서 사람들에게 가르치셨던 주안점이 바로 이것이었습니다.

그런데 바울은 당시의 일반 종교와도 다르고, 특별히 전통적인 유대교와도 다른 특별한 개념으로 하나님을 소개합니다. 그것은 하나님이 손으로 만든 성전에 거하지 않는다는 것입니다. 구약 성경에도 이런 개념이 나오기는 하지만 이렇게 신이 어떤 건물 안에 거주하지 않는다는 개념이 본격적으로 도입된 것은 신약 시대입니다. 요한복음에도 이제는 성전이 아니라 진실과 성령으로 예배해야 한다고 말합니다(요 4:20-24). 스데반도 하나님은 "손으로 지은 곳에 계시지 아니하시나니"(행 7:48)라고 합니다. 바울도 바로 이런 말을 하고 있는 것입니다. 아테네 시민들이 손으로 만든 각종 우상을 섬기고 있는데 진짜 신은 그런 곳에 거하지 않는다는 것입니다. 이스라엘도 성전을 만들어 놓고 거기에서 제사장들이 제사를 지냈고, 많은 타락한 이방 신전에는 창녀들이 사제를 하면서 성전 개념을 발전시켰는데 바울은 창조주 하나님은 사람이 만든 성전에 거하지 않는다고 말합니다. 성전 중심, 성직자 중심 교회는 타락하기 마련입니다. 성전이나 성직자 중심의 교회는 교직자, 교회 혹은 교회 건물이 우상화되기 쉽습니다. 바울은 바로 이점을 간파하고 주님은 사람이 만든 장소에 거하지 않는다고 말한 것입니다.

한 가지 더, 바울은 하나님은 용왕님이 예쁜 처녀를 탐내서 처녀를 바치면 노기를 풀듯이 사람에 의해 부족한 것이 채워지는 분이 아니라고 말합니다. 대부분의 하등 종교에서 신은 용왕님 같은 존재입니다. 신께 정성을 다해 빌고, 아부를 하고, 재물을 갖다 바치면 신이 감동해서 사람에게 복과 재물을 준다는 것입니다. 역으로 신께 정성을 다하지 않고 좋은 것을 바치지 않는 사람에게는 가난과 저주가 따른다는 것입니다. 사실 이러한 신관은 이방 종교와 대부분의 기독교 이단들이 가지고 있는 신관입니다. 이단들이 믿는 신은 저주하는 신입니다. 그래서 신에게 잘못 보이면 큰 벌을 받는다고 합니다. 이런 신은 사람에게 정성과 사랑을 받아서 그것을 먹고 사는 신입니다. 이런 신은 외로움을 탑니다. 무엇을 소유하고 싶어 합니다. 인간의 소유를 빼앗아 자신의 것으로 삼으려 합니다. 하지만 우리가 아는 여호와 하나님은 이런 분이 아니시고 오히려 "만민에게 생명과 호흡과 만물을 친히 주시는" 분입니다(25절). 하나님은 사람에게 주는 것으로 만족하시는 분이시지 사람의 정성을 먹고 사는 분이 아니라는 것입니다. 이것이 바로 유대교와 기독교가 믿는 신입니다. 하나님은 그 자체가 사랑이시고, 자발적으로 주시고, 사랑을 되돌려 받으려고 하지 않으시고, 또 다시 이웃에게 전달하라고 하십니다.

이제 바울은 몇 가지를 더 말합니다. "인류의 모든 족속을 한 혈통으로 만드사 온 땅에 거하게 하시고 그들의 연대[절기]를 정하시며 거주의 경계를 한정하셨으니."(26절) 이 하나님은 한 사람(아담)에게서 모든 사람을 근원케 하셨고, 온 땅에 거하게 하신 분도 이분이고, 절기와 거주 지역을 정해주신 분도 이분이라는 것입니다. 여기서 거주의 경계를 정해주셨다는 것은 구약에 있는 사상입니다(신 32:8). 곧 일상생활 모든 것을 가능케 하는 분이라는 것입니다. 그래서 우리가 우리 속에 있는 양심을 따라 보면 어느 정도는 하나님을 더듬어서 발견할 수 있다는 것입니다. 이것은 로마서 1:20, 즉 "창세로부터 그의 보이지 아니하는 것들 곧 그의 영원하신 능력과 신성이 그가 만드신 만물에 분명히 보여 알려졌나니 그러므로 그들이 핑계치 못할지니라."와는 뉘앙스가 좀 다릅니다. 하지만 로마서는 크리스천들에게 보낸 편지로 하나님을 알지 못한 사람들의 잘못을 지적하는 뜻에서 말한 것이고, 아레오바고에서의 바울의 연설은 유대교와 기독교에 대해서 전혀 모르는 이방인들에게 하나님을 소개하는 것입니다. 하나님의 존재가 그렇게 먼 것이 아니고 우리 생활을 주관하는 분이며 그것을 인정하면 곧 하나님을 만날 수 있다는 것입니다.

결국 바울은 하나님에 대해서 이렇게 말합니다. "우리가 그를 힘입어 살며 기동하며 있느니라."(28절) 바울은 일상적인 삶에 대해서 말하지만 하나님에 대해서 놀라운 말을 합니다. 우리는 하나님을 힘입어 살고 움직이고 존재하고 있는 것입니다. 여러분은 일상생활 속에서 오늘도 하나님으로 인해 살고, 움직이고, 존재한다고 생각합니까? 만약 이것을 안다면 그리스도인이고, 이것을 삶 속에서 자주 느낀다면 좋은 그리스도인이고, 매 순간마다 느낀다면 고도의 영성을 가진 사람일 것입니다. 바울은 이어서 우리가 신의 소생이고 그를 힘입어 산다는 것은 이미 그리스 시인들이 말한 것이라고 합니다. 물론 그 신이 의미하는 바가 다르겠지만 그리스인의 개념에도 신이 사람을 만들었고, 신에 의해서 사람이 산다는 개념이 있었다는 것이지요. 그래서 바울은 이러한 신을 "금이나 은이나 돌에다 사람의 기술과 고안으로 새긴 것들과 같이 여길 것이 아니니라."(29절)고 가르칩니다.

　마지막으로, 바울은 크리스천의 관점에서 이제 어떻게 해야 할 것을 말합니다. 바울은 시대를 구분합니다. 무지의 시대와 그리스도께서 오셔서 복음을 선포하신 이후의 시대인데, 무지의 시대에는 하나님이 용서해 주시지만, 이제 하나님의 계시가 완전히 선포된 후에는 그렇지 않다는 것입니다. 바울은 "이제"라는 말을 강조하여 말합니다. "이제"는 그러면 어떻게 해야 합니까? 바로 "회개하라!"입니다. 이것은 세례 요한과 예수님이 와서 첫 번째로 말한 말입니다. 이제는 회개해야 할 시대입니다. 이제는 예수 그리스도가 죽은 자 가운데서 살아난 증거로 인해 모든 사람에게 최후의 심판이 있다는 증거를 주셨다는 것입니다. 이때 해야 할 것은 오직 한 가지 회개입니다. 바울은 처음에는 유대인의 관점에서 하나님을 소개하다가 마지막에는 부활의 예수를 증언함으로 하나님을 전혀 모르는 이방인들에게 복음을 전했습니다.

아레오바고 설교의 의미

　이 설교는 본래 하나님을 전혀 모르는 이방인들에게 행한 것입니다. 예수라는 말을 전혀 사용하지 않고 예수를 전할 수 있겠습니까? 아담과 아브라함과 모세와 다윗이라는 이름을 거론하지 않고 이스라엘에 역사한 하나님의 사역을 소개할 수 있겠습니까? 본문에서 바울이 한 것이 바로 그것입니다. 그들이 믿고 있던 이방신 개념을 사용하여 여호와 하나님을 소개하고, 예수라는 이름을 거론하지 않고 예수의 고난과 부활을 증언했습니다. 우리는 여기서 전도에 대해서 배울 바가 있습니다. 상대방의 관심사로부터 하나님과 예수님을 소개하는 것입니다. 요즈음 상담도 내담자 중심으로 하라고 하지 않습니까? 전도도 피전도자 중심으로 하는 것이 필요합니다. 하지만 피전도자의 관심사로 하는 것이지 피전도자의 욕심과 사욕을 그대로 인정해주면 안 됩니다. 최종적으로는 바울이 회개를 촉구했듯이 우리도 사람들에게 예수를 믿으려면 회개해야 한다고 선언해야 합니다.

우리는 이 바울의 설교를 통해서 우리가 믿는 하나님은 어떤 분이시고, 이분이 다른 종교가 믿는 신과 어떻게 다른지를 잘 알 수 있게 됩니다. 가장 중요한 것은 하나님은 창조주이시고, 온 세상을 지금도 주관하시는 주님으로서 홀로 만족하시고 베푸시지, 어떤 인간의 정성에 의해서 삶을 사시는 분이 아니라는 것입니다. 우리는 하나님을 감동시킬 수도 만족시킬 수도 없습니다. 다만 그분이 주시는 사랑을 받아 누리고, 은혜에 감격하여 이웃을 사랑하면서 사는 것입니다. 또 한 가지 중요한 것은 우리가 하나님 안에서 살고, 움직이고 존재한다는 평범하지만 놀라운 진리입니다. 은혜에 대한 깨달음은 바로 그것입니다. 자신의 생애가 하나님의 은혜 가운데 순간순간 돌아가고 있다는 것입니다. 또 하나 더 우리가 여기서 깨닫는 중요한 진리는 이제 성전, 성직, 성례가 더 이상 존재하지 않는다는 것입니다. 하나님은 그 스스로 거룩하신 분이시기에 인간이 만든 어떤 건물이나, 의식에 따라 거하시는 분이 아니라 오직 마음으로 하는 예배를 받으시는 분이라는 것입니다.

55   어린이 같이 말씀에 붙잡힌 바울
(18:1-17)

   어린이 주일을 맞아 오늘 제가 핵심적으로 전하려고 하는 본문은 5절입니다. "실라와 디모데가 마게도냐로부터 내려오매 바울이 **하나님의 말씀에 붙잡혀** 유대인들에게 예수는 그리스도라 밝히 증언하니." 여러분은 이 말씀에서 어떤 부분이 어린이와 관계된 것이라고 생각합니까? 바울의 제자인 실라와 디모데는 바울에게는 어린이 같은 존재다? 아니면 바울이 예수는 그리스도라고 밝히 증언하는 것은 천진난만한 어린아이와 같은 모습이다? "말씀에 붙잡혀"라는 구절이 바로 어린이다움을 표현하는 말입니다. 어린이 하면 우리는 흔히 순수한, 순진한, 착한, 이런 단어들을 떠올립니다. 하지만 어린아이는 그리 착하지 않습니다. 과자 하나 더 먹겠다고 목숨 걸고 싸우는 것이 어린아이입니다. 어린아이의 특징은 첫째, 그 악을 감추지 못하는 것이고, 둘째, 부모에게 전적으로 의존하는 것입니다.

   본문에 나오는 "바울이 하나님의 말씀에 붙잡혀"라는 말은 바로 어린이다움을 표현한 누가의 어구입니다. 바울은 하나님의 말씀에 대해서 멀리 떨어져서 방관하는 자세를 가진 것도 아니요, 그것을 분석해서 나름대로 요리하는 것도 아니라, 바로 말씀이 능동이고 자신은 수동이 되어 말씀에 전적으로 붙잡혀 산 것입니다. 이것이야말로 전형적인 어린이다움입니다. 신약 성경에는 이렇게 어린아이가 되어야 올바로 말씀을 받을 수 있다고 말합니다. "…천지의 주재이신 아버지여 이것을 지혜롭고 슬기 있는 자에게는 숨기시고 어린아이들에게는 나타내심을 감사하나이다…"(눅 10:21) "…누구든지 하나님의 나라를 어린아이와 같이 받들지 아니하는 자는 결단코 거기에 들어가지 못하리라 하시니라."(눅 18:17) "갓난아기들 같이 순전하고 신령한 젖을 사모하라."(벧전 2:2)

말씀에 사로잡힌다는 것은 무엇인가?

우리도 하나님 앞에서 어린이 같이 되어 어떻게 말씀에 사로잡혀 살 수 있을까를 상고해 보고자 합니다. "바울이 하나님의 말씀에 붙잡혀"라고 했는데, 이 말씀의 뜻은 무엇입니까?

첫째, 원문에는 "하나님의"라는 단어는 나오지 않습니다. 의미상 넣은 것입니다. 개역개정판 성경에는 이렇게 원문에는 없지만 독자에게 이해가 잘 되게 하기 위해 의미상 넣은 단어는 작게 표시합니다. 대한성서공회에서 나온 성경에 보면 "하나님의"가 작은 글씨로 되어 있습니다.

둘째, "말씀에 붙잡혀"라는 어구가 중요합니다. 많은 성서 번역들은 헬라어 '순에코'라는 동사를 "몰두했다"고 번역합니다. 그래서 그 뜻은 바울이 말씀 사역에 몰두했다는 것입니다. 마치 예루살렘 교회에서 일곱 일꾼(일명 집사)을 선출함으로 사도들이 말씀 사역에 몰두했던 것과 같이(행 6:4) 여기서도 실라와 디모데가 마게도냐로부터 오니 바울이 일반 일은 그들에게 맡기고 말씀 사역에 몰두 했다는 것이지요. 혹은 그들이 재정 후원을 받아와서(고후 11:8-9; 빌 4:15) 이제 바울은 말씀 사역에 전무하게 되었다는 것입니다. 이렇게 이해해서 여러 번역본은 이것을 이렇게 번역합니다. "바울은 말씀 선포에 몰두했다."(NRSV, Paul was occupied with the proclaiming the word.) "바울은 오로지 설교하는 일에만 헌신했다."(NIV, Paul devoted himself exclusively to preaching.) "바울은 오직 말씀을 전하는 일에만 힘을 쓰고."(새번역) "[바울은] 오로지 전도에만 힘썼다."(공동번역개정판)

하지만 본문을 면밀히 고찰해 보고, 또 사도행전에 나오는 누가의 생각을 고려해 보면 이것은 바울이 단순히 말씀 전하는 사역에 몰두했다는 것이 아님을 알 수 있습니다. 일단 이 단어의 뜻은 "꽉 붙잡다" 혹은 "압력을 가하다"라는 뜻입니다. 고린도후서 5장 14절은 보다 긍정적인 의미에서의 압력입니다. 이것은 본문 5절과 더 비슷한 상황입니다. 13절부터 보면 "우리가 만일 미쳤어도 하나님을 위한 것이요 정신이 온전하여도 너희를 위한 것이니 그리스도의 사랑이 우리를 강권하시는도다…" 여기서는 이 단어가 "강권하다"로 번역되어 있습니다. 무엇인가 강력한 것이 바울을 푸시하고 있는 것을 표현하고 있습니다. 바울은 그리스도의 사랑에 압도되어 사역을 하고 있는 것이지요.

정리하자면, 본문 5절에 나오는 "하나님의 말씀에 붙잡혀"는 말씀에 압도되어, 말씀이 구체적으로 끄는 대로 끌려가는 것입니다. 이것에는 말씀이 생각나서 그대로 따를 수밖에 없는 순종의 마음도 있고, 또 말씀이 나타나서 구체적으로 인도하는 것일 수도 있습니다. 바울이 말씀을 전해도 유대인들이 대적하고 비방하자(6절), 주님이 직접 나타나셔서 말씀하시기도 합니다. "밤에 주께서 환상 가운데 바울에게 말씀하시되 두려워하지 말며 침묵하지 말고 말하라." 이것은 성령의 직접적인 인도함을 받는 것도 의미할 수 있습니다. 개역개정판이 본문의 뜻을 잘 살려 번역한 것입니다. 하지만 이것은 단순히 하나님의 말씀(행 4:29, 31;

6:2, 4; 8:4)을 가르치는 것이거나(행 18:11), 혹은 성경을 지식적으로 활용하여 복음을 전하는 것(행 18:28)은 아닙니다. 이것은 인격화된 말씀(행 19:20) 혹은 성령의 인도하심(행 1:8)을 의미합니다. 이런 삶이 바로 말씀에 붙잡힌 삶입니다.

말씀에 붙잡힌 예수님과 바울

어린이는 부모를 전적으로 의지합니다. 영적으로 어린이가 되어 하나님 혹은 하나님의 말씀에 전적으로 의뢰하는 삶이 바로 말씀에 붙잡힌 삶입니다. 이 땅에 오신 예수님은 바로 이렇게 완전히 하나님과 하나님의 말씀을 의지하는 삶을 사셨고, 제자들에게도 그렇게 살라고 하셨습니다.

첫째, 예수님은 어린이처럼 하나님 아버지를 완전히 의지하여 하나님을 "아빠" 혹은 "아버지"라고 불렀습니다. 주기도문을 비롯해서 예수님의 모든 기도에는 하나님을 "아빠" 혹은 "아버지"라고 부르는 내용이 나옵니다. 겟세마네에서 절체절명의 순간에 기도를 하면서 예수님은 하나님을 아빠라고 부릅니다. "…아빠 아버지여 아버지께서는 모든 것이 가능하오니 이 잔을 내게서 옮기시옵소서. 그러나 나의 원대로 마시옵고 아버지의 원대로 하옵소서."(막 14:36) 말씀에 붙잡힌 삶은 하나님을 아버지로 부르고, 하나님을 전적으로 의뢰하는 삶입니다. 예수님은 자신의 목숨도 하나님께 맡기면서 전적으로 아버지를 의뢰합니다. 누가복음 23장 46절에 보면 예수님은 이렇게 말하시면서 운명하십니다. "예수께서 큰 소리로 불러 이르시되 아버지 내 영혼을 아버지 손에 부탁하나이다 하고 이 말씀을 하신 후 숨지시니라."

둘째, 예수님은 제자들에게 어린이처럼 살라고 합니다. 어린아이는 부모만 의지하고 아무 걱정하지 않는 것 같이, 예수님은 제자들에게 모든 것에 있어 아버지를 의지하고 조금도 걱정하지 말라고 가르칩니다(눅 12:22-31; 마 6:25-34). 바울도 하나님 앞에 어린아이가 되어 아버지 하나님이 인도하는 대로 이끌려 그대로 살았습니다. 아무 것도 염려하지 않고 아버지만 의지했습니다. 본문에 보면 바울이 말씀에 붙잡혀 하나님의 말씀을 전했음에도 불구하고 유대인들의 반대와 비방에 부딪힙니다. 이때 주님이 나타나서 바울에게 아버지처럼 말합니다. "밤에 주께서 환상 가운데 바울에게 말씀하시되 두려워하지 말며 침묵하지 말고 말하라. 내가 너와 함께 있으매 어떤 사람도 너를 대적하여 해롭게 할 자가 없을 것이니…."(행 18:9-10)

말씀이 아니라 다른 것에 붙잡힌 삶

그런데 우리는 말씀에 붙잡히지 않고 다른 것에 붙잡혀 사는 경우가 많습니다. **첫째, 아나니아와 삽비라 부부와 마술사 시몬과 마술사 엘루마는 사욕에 붙잡혀 살다가 심한 벌 혹은 책망을 받았습니다.** 빌립보에 있던 귀신 들려 점치는 여종의 주인들도 금전적인 이익을 위해 그들을 계속 귀신들리게 하기를 원했습니다. 지금도 사욕에 사로잡혀 자신의 인생도 망치고, 다른 사람의 삶도 힘들게 하는 사람들이 우리 주위에 차고 넘칩니다.

둘째, 사도들을 박해했던 많은 유대인들은 자신의 믿는바 율법 이데올로기에 붙잡혀 베드로와 바울을 죽이려 했습니다. 자신들의 잘못된 성경 해석을 절대화하고, 그렇게 해석하지 않는 사람들에게는 그들의 목숨까지도 위협했습니다. 지금도 정치 이데올로기, 종교 이데올로기가 사람을 죽입니다. 예로부터 이런 종교 이념 혹은 정치 이념이 수많은 사람을 죽였습니다.

셋째, 사도행전 12장에 나오는 헤롯 아그립바 1세는 열등감 혹은 콤플렉스에 사로잡혀 인생을 그르친 사람입니다. 그는 사랑받고 싶고, 인정받고 싶은 마음이 자신을 사로잡고 있던 차에 자신을 신이라고 하자, 그 말을 냉큼 받아들였다가 하나님의 심판을 받고 그 자리에서 즉사했습니다. 피인정 욕구에 인생의 모든 것을 걸면서 애정 구걸을 하면서 사는 사람들이 있습니다. 우리는 이러한 것에 사로잡힌 것에서 속히 벗어나야 합니다.

넷째, 어른이 되어 자신이 모든 것을 감당하면서, 하나님을 의지하지 않고 사명 감당에 붙잡혀 있는 것도 말씀에 붙잡힌 것이 아닙니다. 우리는 하나님 앞에서 양심적으로 행해야 하지만 모든 짐을 자신이 지고 어른처럼 사는 것은 하나님 앞에서 어린이기를 저버린 것입니다. 흔히 열심히 사역하는 사람들이 이런 일에 빠집니다.

적용과 실천

본문을 통해서 볼 때 세 종류의 사람이 있습니다. 첫째, 말씀 이외의 세속적인 것에 사로잡혀 있는 것입니다. 이런 사람은 오늘 속히 회개하고 그 사로잡힘에서 놓여나야 합니다. 둘째, 좋은 것이지만, 자신이 주인이 되어 하나님의 말씀에 사로잡히지 않고 자신이 주도적으로 하는 것입니다. 이런 사람은 자기 의로 살기 쉽고 기쁨이 없으며, 남을 정죄하기 쉽습니다. 셋째, 자신이 수동이 되고 말씀이 주동이 되어 사는 삶입니다. 이것은 바로 예수님이 가르치신 삶이고 바울과 예수님이 살았던 삶입니다.

여러분은 지금 무엇에 붙잡혀 있습니까? 본문에 따르면 어린아이처럼 말씀에 붙잡혀 살아야 올바르게 사는 것입니다. 그런데 말씀에 붙잡혀 살기는커녕 우리는 말씀을 공부하지도(행 18:11), 상고하지도(행 17:11) 않습니다. 그러면 저절로 우리는 세속적인 것에 붙잡혀 살게 되어 있습니다. 말씀에 붙잡혀 사는 사람은 하나님 앞에서 어린아이가 되는 것입니다. 순전하고 신령한 젖을 사모하는 것입니다. 오늘도 주의 말씀 받기 위해 하나님을 전적으로 의지하는 것입니다.

56 | 바울의 동역자 브리스길라와 아굴라
(18:18-23)

제임스 포크너 감독이 만든 '바울'(Paul, the Apostle of Christ)이라는 영화에 아굴라와 브리스길라 부부가 나옵니다. 이 영화에서 이들은 바울이 감옥에 갇힌 상황에서 로마 교회의 지도자 역할을 합니다. 네로 황제의 박해 속에서도 이 부부는 성도들이 신앙을 잘 지키도록 도와주고 희생과 지혜로 교회가 만난 여러 위기를 타계합니다. 이 부부는 바울의 평생 동역자였습니다. 아굴라는 남편이고 브리스길라가 부인인데, 신약 성경에는 이 부부의 이름이 어떤 경우에는 남편 먼저, 어떤 경우에는 부인이 먼저 나옵니다. 당시가 남성 가부장제 사회였음을 감안하면 어떤 문서에 부인의 이름이 남편 이름보다 먼저 나오는 것은 극히 이례적인 일이었습니다. 이것은 부인인 브리스길라의 사역 비중이 매우 컸음을 의미합니다. 그렇다면 대체 이 부부는 어떤 사람이었습니까? 신약 성경 여러 구절들을 통해서 이 부부의 삶과 신앙에 대해서 조명해 보겠습니다.

바울과 동종업자

바울이 이 부부와 친하게 된 것은 하는 생업이 서로 같았기 때문이었습니다. 그들이 하는 일은 동물의 가죽으로 천막을 만드는 일이었습니다(행 18:1-3). 글라우디오 황제가 로마에 사는 유대인 추방 칙령을 발하여 유대인이었던 아굴라와 브리스길라('브리스가'라고도 불림)는 로마에서 고린도로 이주해 왔습니다. 한편 선교 여행 중 이웃 도시 아덴을 거쳐 고린도에 도착한 바울은 이들을 고린도에서 만납니다. 같은 생업을 하면서 바울과 이 부부는 자연스럽게 서로 친해졌을 것입니다. 그런데 이 부부가 본래 로마에서부터 그리스도인이었는지, 아니면 바울의 전도로 그리스도인이 되었는지는 정확히 알 수 없습니다. 바울이 이 부부를 전도했다는 말이 없는 것으로 보아 이들은 이미 그리스도인이었던 것으로 보입니다. 그래서 바울과 이 부부는 더욱 더 친해졌을 것입니다.

바울의 선교 여행 동행자

생업이 같아서 친해지고, 서로 복음 안에서 교제하던 브리스길라와 아굴라는 바울이 고린도에서 수리아로 선교 여행을 떠날 때 바울과 "함께"합니다(행 18:18). 이제 동종업자에서 선교 여행 동행자가 된 것입니다. 고린도에 여러 "형제들", 즉 그리스도인들이 있었지만, 바울은 이 부부와는 남다른 관계였던 것 같습니다. 그래서 먼 바다 여행을 떠날 때 이 부부를 데리고 갑니다. 그러다가 바울은 에베소에 도착해 이들 부부를 거기에 남겨 두고 자신은 자신의 파송 교회인 안디옥으로 돌아갑니다(행 18:23). 아마도 바울은 자신을 대신해서 에베소에서 사역하도록 이 부부에게 사명을 주었을 것입니다.

에베소 교회의 지도자

바울은 에베소에서 고린도전서를 쓰면서(고전 16:8) 문안 인사를 하는데, 이때 아굴라와 브리스가를 언급합니다. "아시아의 교회들이 너희에게 문안하고 아굴라와 브리스가와 그 집에 있는 교회가 주 안에서 너희에게 간절히 문안하고."(고전 16:19) 바울이 계속 선교 여행을 하면서 다시 에베소에 돌아오기까지 이 부부는 에베소에 머무르면서 자신의 집에서 가정 교회를 하고 있었고, 거기에서 교회 지도자가 되었던 것입니다. 그래서 이전에 있던 고린도 교인들에게 바울과 함께 문안인사를 한 것입니다. 특히 문안 인사에 "간절히"라는 단어가 들어 있는 것은 이 문안 인사가 의례히 한 것이 아님을 알 수 있습니다. 그들은 고린도와 에베소에서 성도들과 깊은 교제를 나누면서 신앙생활을 했던 사람이었던 것입니다. 이 부부는 고린도 교회의 성도들을 기억하면서 이런 말을 하고 있는 것입니다.

성경 교사

브리스길라와 아굴라 부부는 바울에게서 배워서 복음의 본질을 정확히 이해하고 있었던 사람이었습니다. 아볼로라는 걸출한 성경 교사가 에베소에 와서 가르칠 때에, 그는 구약 성경과 세례 요한의 세례에 대해서는 잘 알고 있었지만 예수님이 주시는 성령 세례는 잘 알지 못했습니다. 바울에게서 복음의 내용을 배워서 세례 요한의 세례뿐만 아니라 성령의 세례를 잘 알고 있던 이 부부는 아볼로를 데려다가 이 내용을 잘 가르쳐 주었습니다(행 18:25-26). 그런데 여기서 중요한 것은 이 부부는 아볼로가 성령 세례를 모른다고 공적으로 그를 무시하지 않고 조용히 집에 "데려다가" 그가 모르고 있던 하나님의 도를 가르쳤다는 데 있습니다. 이 부부는 아볼로의 권위를 인정해 그를 공적으로 비판하지 않고 인격적으로 그에게 복음의 핵심 내용을 가르쳤습니다.

바울의 동역자

브리스길라 아굴라 부부는 유대인 추방 황제 칙령이 풀린 다음에 로마로 돌아간 것 같습니다. 그래서 바울이 쓴 로마서에 보면 이 부부는 로마에 있는 것으로 나옵니다. 로마서 16:3-5에 보면 브리스길라와 아굴라는 바울의 동역자였습니다. 바울은 로마에 돌아간 이들 부부를 "그리스도 예수 안에서 나의 동역자들"(3절)로 언급하고 있습니다. 텐트를 만드는 동종업자에서 복음의 일을 하는 동역자가 된 것입니다. 이들의 집에서 교회가 모였다는 것(5절)으로 보아 이들은 신실한 크리스천이었고, 여러 사람이 모일만한 부를 소유한 사람이기도 했던 것 같습니다. 특히 바울이 이들을 향해 "그들은 내 목숨을 위하여 자기들의 목숨까지 내 놓았나니"라고 말하여 바울이 위험에 처해 있을 때 자신들의 몸을 바쳐 그것을 막아준 복음 전투의 "전우"였음을 말해 줍니다. 후에 바울이 로마에 압송되어 왔을 때 이들 부부가 바울의 후원자가 되었을 것은 자명한 일입니다.

교회 지도자

디모데후서 4:19에 바울은 디모데에게 "브리스가와 아굴라 및 오네시

브로의 집에 문안하라."고 합니다. 이 말은 이제 이 부부가 교회의 지도자가 되었음을 의미합니다. 이 부부는 주 안에서 사역을 잘 감당하여 초대 교회의 지도자요 원로가 된 것입니다.

적용과 실천

이렇게 바울의 동업자에서 동역자로 나중에는 초기 교회의 원로가 된 이 부부는 오늘날 우리가 따라야 할 그리스도인의 모델입니다. 그런데 이들 부부가 보여준 모델은 사도의 후원자입니다. 그는 초기 교회 지도자 바울의 든든한 후원자였습니다. 목회 사역에 있어 동역자, 동행자, 같은 마음을 가지고 지도자를 도와주는 사람이 필요합니다. 여러분도 브리스길라와 아굴라 같이 말씀을 전하는 사역자의 동역자가 되고 싶지 않습니까? 이들 부부는 목회에 걸림이 되는 사람이 아니라 목회 동역자였습니다. 거침돌이 되는 사람은 대개 자신의 의견대로 목사가 목회해 주기를 바라는 분들입니다. 이런 분들은 목사와 다른 목회관을 가지고 목사를 압박합니다. 하지만 좋은 동역자는 목사가 편안하게 목회할 수 있도록 조력하는 것입니다. 교회 지도자는 목사가 사적 욕심으로 그 일을 하는지, 아니면 성도를 위해서 하는 것인지를 감시해야 하지만 다른 목회 철학을 가지고 목사와 다투면 안 됩니다. 목회자의 목회철학을 반대하는 사람들은 대개 신앙이 미성숙한 사람들입니다. 브리스길라는 신앙이 성숙한 후원자였습니다. 그래서 그는 바울의 후원자로서의 사역을 훌륭히 수행했습니다. 여러분은, 브리스길라와 아굴라 같은 집사, 권사, 장로 부부가 되지 않으시겠습니까?

57 양 날개 신앙
(18:24-28)

아볼로는 알렉산드리아 출신 성경 교사였습니다. 당시 알렉산드리아는 일반 학문이 번성했던 곳이었을 뿐만 아니라 성경을 깊이 연구하는 곳이기도 했습니다. 지금도 전 세계에서 가장 오래된 도서관은 알렉산드리아에 있고, 이곳은 본래 히브리어로 된 구약 성경이 헬라어로 번역된 곳입니다. 여기서 자란 아볼로는 헬라식 교육을 잘 받고 히브리 성경을 잘 배워 성경에 능통한 사람이었습니다.

말씀의 날개

아볼로는 성경으로써 예수님을 전한 건전한 크리스천이었습니다. 개인의 경험이나 신학 이론에 의해서가 아니라 성경을 통해서 예수가 그리스도이심을 힘 있게 증언하여 유대인들을 말로써 이긴 사람이었습니다(행 18:24-28). 그의 인격에 대해서는 본문에 언급이 없지만 이 사람의 인격에 문제가 있었다는 말은 없습니다. 한국 교회 상황에서 말하자면 아볼로는 명문대 출신에 신학대학원을 나오고 외국에 유학 갔다 와서 박사 학위를 받고 목회를 하는 목사님입니다. 그는 오늘날로 말하면 영국의 고 존 스토트(John Stott) 목사님 같은 분입니다.

이러한 아볼로가 에베소에서 사람들에게 복음을 전했습니다. 교인들은 알게 모르게 목사의 신앙을 닮습니다. 에베소 교인들은 아볼로의 교육을 받아 말씀에 능통하고 크리스천 인격을 갖춘 사람들이 되었을 것입니다. 이런 신앙인들은 다음과 같은 장점이 있습니다. 첫째, 신앙이 말씀 위에 굳게 서서 흔들림이 적습니다. 둘째, 주일 성수, 십일조, 금주, 금연 등 교회가 가르치는 규칙을 잘 지킵니다. 셋째, 제자 훈련, 교육에 열심이 있습니다. 넷째, 대대로 신앙 교육을 해서 신앙을 잘 전수시킵니다.

성령의 날개

바울은 이렇게 신앙 교육이 잘 된 교회를 방문했습니다. 우리가 기대했던 바는 바울이 이 사람들을 칭찬하고 신앙을 더욱 굳게 하는 것입니다. 그런데 바울은 에베소에 와서 대뜸 이런 질문을 합니다. "너희가 믿을 때에 성령을 받았느냐?" 에베소의 제자들은 대답합니다. "우리는 성령이 계심도 듣지 못하였노라." 바울은 이들에게 계속해서 질문합니다. "그러면 너희가 무슨 세례를 받았느냐?" 이들은 대답합니다. "요한의 세례니라." 이 요한의 세례는 바로 회개의 세례를 가리킵니다. 회개하고 예수 믿고 구원받는 세례입니다. 그리스도인이 되는 세례입니다. 이들은 회개의 세례를 받고 그리스도인이 되었습니다.

그렇다면 지금 바울은 무슨 또 하나의 세례를 말하려고 하는 것입니까? 그것은 바로 성령의 세례입니다. 이것은 바로 예수님이 승천하면서 제자들에게 하신 말씀입니다. "요한은 물로 세례를 베풀었으나 너희는 몇 날이 못 되어 성령으로 세례를 받으리라."(행 1:5) 예수님은 물 세례와 성령 세례를 비교합니다. 그리고 예수님의 제자들은 성령으로 세례를 받을 것이라고 합니다. 그 세례는 오순절 날 제자들에게 임했습니다. 그래서 제자들이 성령의 충만함을 받고 방언으로 말했습니다.

바울은 에베소 교인들에게 바로 이 세례에 대해서 아느냐고 묻고 있는 것입니다. 그런데 에베소 교인들은 그 세례에 대해서 듣지도 보지도 못했다고 말합니다. 이때 바울은 다시 한 번 예수님의 말씀을 상기시키면서 이 세례를 받아야 한다고 말합니다. 이어 그들이 바울의 말을 듣고 세례를 받을 때 바울이 안수하니 성령 세례가 임하여 제자들이 방언도 하고 예언도 했습니다.

에베소 교인들은 바울의 사역으로 변했습니다. 성령을 체험한 것입니다. 이들에게는 말씀 중심의 신앙이 기본적으로 깔려 있었습니다. 아볼로라는 걸출한 성경 교사의 교육을 이미 받았습니다. 여기에 성령을 체험했습니다. 양 날개 신앙이 된 것입니다. 그 전에 말씀의 날개가 있었다면 이제는 말씀과 성령의 날개를 달게 된 것입니다.

바울은 이들에게 다시 하나님의 말씀을 가르쳤습니다. 성령의 은혜를 체험한 사람은 또 말씀 안에서 은혜를 더욱 굳게 해야 합니다(19:8). 바울은 제자들을 따로 세워 두란노 서원에서 날마다 하나님 말씀을 강론했습니다(19:9). 바울 선교에서 아주 예외적으로 2년이나 가르쳤습니다(19:10). 또 말씀만 단순히 전한 것이 아니라 하나님은 바울의 손으로 놀라운 능력을 일으켰습니다(19:11-12). 하나님의 말씀과 능력이 함께하여 놀라운 일이 일어난 것입니다.

양 날개 신앙

말씀과 성령의 양 날개 신앙, 이것이 바울이 추구했던 신앙입니다. 우리는 말씀에 깊이 뿌리박고 말씀에 있는 성령을 체험해야 합니다. 물 세례 받고 중생할 때 성령은 이미 우리 마음속에 들어옵니다. 우리는 구원 받았습니다. 물 세례는 성령이 우리 안에 들어오시는 것입니다. 성령 세례는 우리가 성령 안에 들어가는 것입니다. 성령이 임해 우리가 놀라운 능력에 붙잡히는 것입니다. 바울도 에베소 교인들도 바로 이런 상태가 된 것입니다. 성령이 우리 안에 들어오시고, 우리가 성령 안에 들어가게 되는 것입니다.

피어선 선교사님이 우리 교회에 오신다면 어떤 말씀을 하실까요? 그가 백 년 전 런던 태버내클 교회에서 부임 첫 설교를 이렇게 했습니다.

> 만약 지성이 있는 제자들이 오늘날 하나님의 교회에 있어서 가장 부족한 점이 무엇이냐고 질문을 받는다면 내가 확신하건데 그 대답은 이럴 것이다. 현대 교회의 최대의 결점은 성령의 능력을 잃어버린 것이다. 이것은 사역자들의 숫자가 부족함만은 아니다. 사실 이들 중에는 사역자가 되지 않았으면 좋았을 사람들도 많다. 지식이 출중한 사역자들이 많기 때문에 이것은 배움의 부족도 문제가 아니다…. 이것은 교회들의 숫자가 부족함만도 아니다. 우리는 수백 수천의 교회가 있는 것이다. 이것은 교인의 부족함만도 아니다. …그렇다면 무엇이 부족한 것인가? 이것은 영적인 능력의 결여이다. 또 이것은 성령의 기름 부음의 결여인데 성령의 기름 부음은 예수 그리스도의 사역자의 혀를 길들여 하나님의 은혜의 학교에 있는 모든 지식인들을 최고로 만든다. 이것은 말씀으로 섬기는 데 있어 회

개하게 하고 성화하게 하는 능력의 결여이다. 짧게 말해 이것은 위로부터 내리는 비와 같이 성령의 은혜의 영향력이 임하는 것이 결여된 것이다.(『복음의 진수』, 15)

피어선 선교사님이 설교한 교회는 스펄전 목사님이 얼마 전까지 설교했던 교회였습니다. 스펄전은 아볼로와 같이 말씀에 능하고 설교를 잘하는 사람이었습니다. 그런데 이런 교회에서 그가 맨 먼저 절실하게 느낀 것은 바로 이들에게 성령의 능력이 부족하다는 것이었습니다. 이것은 아볼로가 말씀으로 잘 교육시킨 에베소 교회에 와서 바울이 한 말과 맥을 같이합니다. 우리에게는 말씀의 날개와 함께 성령의 날개가 필요합니다. 양 날개가 있어야 날기가 쉽습니다.

양 날개 신앙인은 다음과 같은 특징이 있습니다. 첫째, 말씀도 좋아하고 성령도 좋아합니다. 둘째, 말씀을 배우는 것에도 은혜 받고 성령을 체험하는 것에도 은혜를 받습니다. 셋째, 깊이 기도하고, 기도 가운데 성령의 음성을 듣습니다. 넷째, 성령 체험의 뜨거움을 다른 사람들에게 전달하지 않으면 견딜 수 없게 됩니다. 다섯째, 하나님의 다양한 역사에 대해서 마음의 문을 보다 쉽게 열게 됩니다.

그런데 이러한 양 날개 신앙을 갖는데 거부감이나 두려움이 있는 사람들이 있습니다. 그 이유는 사람들이 그것에 익숙하지 않아서입니다. 사람들은 양 날개 보다는 한 날개가 더 익숙합니다. 익숙해져서 한 날개로도 잘 나는데 굳이 양 날개가 필요할까 생각합니다. 하지만 독수리 타법에 아무리 익숙해져도 제대로 타자치는 법을 배우면 훨씬 편리하고 효과적입니다. 말씀의 날개만 있어도 회개하고 구원받습니다. 좋은 크리스천의 인격자가 됩니다. 하지만 뜨거움이 없고 다른 사람을 변화시키는 능력이 없습니다. 마음속에 폭발적인 성령의 기쁨이 없습니다.

서울대 심리학과 곽금주 교수는 이렇게 말합니다(동아일보, 2009년 12월 30일자).

> 인간의 속성 중 하나가 어떤 행동이 습관적일수록 관련된 다양한 정보를 무시하고 습관대로 행동하는 것이다. 사회학자인 바스 베르플랑켄 노르웨이 트롬쇠대 교수팀은 습관의 강도와 필요한 정보량의 관계에 대해서 연구했다. 먼저 실험 참가자들을 습관의 강도에 따라 강한 습관을 지닌 집단과 약한 습관을 지닌 집단으로 나누었다. 그리고 가상의 상황을 제공한 후 과연 그들이 그 상황에서 어떤 행동을 하는지 관찰했다. 이때 자신의 습관대로 행동하지 않고 다른 대안을 선택할 수 있도록 다양한 정보를 제공해 그 정보를 얼마나 활용하는 지를 측정했다. 그 결과 습관이 강한 사람은 다양한 정보가 주어짐에도 불구하고 그 정보를 거의 이용하지 않고, 오로지 습관대로 행동하는 것으로 드러났다. 이처럼 인간은 풍부한 정보에도 불구하고 그 정보를 활용하지 않고 자신이 해왔던 대로 행동하는 경향이 있다.

에베소 교인들은 마음의 문을 열고 양 날개 신앙을 추구하는 바울의 메시지를 받아들였습니다. 바로 바울의 안수를 받은 것입니다(19:6). 그러자 이들이 보지도 듣지도 못했던 놀라운 체험을 합니다. 바로 성령이 임한 것입니다. 그리고 방언도 하고 예언도 하게 되었습니다. 그 숫자는 12명쯤이라고까지 아주 구체적으로 기록되어 있습니다.

적용과 실천

우리도 에베소 교인들 같은 체험을 하려면 어떻게 해야 합니까? 먼저, 말씀에 깊이 뿌리박고 있어야 합니다. 에베소 교인들이 아볼로에게 배운 것이 허사가 아니었습니다. 아볼로에게 배웠기 때문에 이들은 신앙의 기본기가 잘 갖추어진 것입니다. 다음으로, 바울의 새로운 말씀에 열린 마음으로 반응했던 에베소 교인들을 기억하십시오. 우리도 열린 마음으로 성령의 역사를 받아들이십시오. 몸에 임하는 성령이 이상한 것이 아닙니다. 우리가 성령 속에 들어가는 것입니다. 몸과 마음을 하나님께 맡기십시오. 성령 세례를 받을 때 다양한 현상이 일어납니다. 예언, 방언, 하나님 찬양 등 갑자기 전에 없었던 놀라운 현상들이 나타납니다. 어떤 것도 거부하지 마십시오. 성령이 인도하는 대로 여러분의 몸과 마음을 맡기십시오. 그러면 놀라운 일을 경험하게 될 것입니다.

58 | 수련회에서 은혜 체험하기
(19:1-7)

어린아이가 성인이 되기까지는 태어나야 하고, 부쩍 크는 때가 있고, 조금씩 자라는 때가 있고, 인격적으로 성숙해지는 단계가 있습니다. 영적으로 태어나는 것을 우리는 거듭남이라고 합니다. 태어나지 않고 태어났다고 생각하는 것은 '상상 거듭남'입니다. 이런 사람은 사실상 종교인이지 크리스천이 아닙니다. 일단, 거듭나야 자랄 수 있습니다. 신앙이 갑자기 순간적으로 부쩍 크는 경험을 영어로 crisis experience라고 합니다. 문자 그대로 번역하면 '위기 경험'인데, 이것을 우리는 보통 '순간적인 체험'이라고 번역합니다. 어린아이가 태어나 돌 때까지와 또 청소년기에 부쩍 자라듯이, 신앙생활에서도 순간적인 성령 체험으로 신앙이 한 순간에 점프를 합니다. 조금씩 자라는 것은 점진적인 성장이라고 합니다. 사람이 청소년기를 지나면 이제 더 이상 키가 부쩍 크지는 않습니다. 이때는 조금씩 성장하는 단계인데, 이때 말씀을 통해 하루하루 성장하는 단계가 있어야 합니다. 마지막으로는 무엇보다도 하나님과의 교류를 통해 인격이 깊이 성숙하는 단계가 있어야 합니다.

그러면 이렇게 신앙이 성숙해 가는데 있어서 우리는 어떻게 이런 성장 과정을 경험할 수 있을까요? 교회 일 년 프로그램을 통해서 우리는 이런 경험을 할 수 있습니다. 서양 교회에서는 이것을 보통 교회력이라는 프로그램으로 경험할 수 있다고 생각합니다. 성탄을 기다리는 대강절로 시작해서, 사순절, 부활절, 오순절을 거치면서 매년 신앙을 점검해 보고 신앙이 자랄 수 있게 합니다. 우리 한국 교회에서는 특별 신앙 프로그램인 여름 수련회를 준비하고, 실행하고, 후속 조치를 취하면서 이 모든 것을 경험할 수 있습니다.

사실, 저 자신이 이른바 모태 신앙인으로 초등학교 때는 여름 성경 학교, 중고등부 학생 시절에는 하계 수련회, 청년 시절에는 교회 수련회와 선교 단체 수련회를 통해서 은혜를 체험했습니다. 나중에 전도사가 되었을 때는 이 프로그램을 적극적으로 활용하여 많은 사람들이 신앙 체험을 하고 신앙 성숙의 전기를 마련하는 사역을 했습니다.

우리의 신앙은 놀라운 변화가 있어야 합니다. 바울은 로마서 7장에서 "오호라 나는 곤고한 사람이로다 이 사망의 몸에서 누가 나를 건져 내랴."(롬 7:24)라고 탄식했지만, 8장 1절에 가서 "이제는"이라는 부사가 나옵니다. 이제는 과거와 완전히 단절된 것입니다. "이는 그리스도 예수 안에 있는 생명의 성령의 법이 죄와 사망의 법에서 너를 해방하였음이라."(롬 8:2) 바울에게는 유대인으로 있던 때와, 다메섹 도상에서 환상 중에 예수를 만나 크리스천이 된 때가 완전히 구별됩니다. 바울은 "다메섹 도상 체험"이 있었습니다. 여러분에게 바울과 같은 강렬한 체험은 아닐지라도 이러한 과거와 현재를 가르는 분명한 체험이 있습니까? 지금까지 그러한 체험이 한 번도 없었다면 이번 수련회에 그런 체험을 하는 계기로 삼으십시오. 만약, 과거에 그러한 체험이 있었지만, 신앙이 그저 그런 것이 되었다면, 본래의 다메섹 체험을 회복하십시오. 우리는 본문에서 에베소 교회가 바울을 강사로 모시고 수련회를 해서 어떤 은혜를 체험했는지를 살펴보겠습니다.

수련회 준비 모임: 아볼로의 말씀 사역

먼저, 바울의 수련회 인도에 앞서 준비 사역이 있었습니다. 그 사역은 바로 아볼로의 말씀 사역이었습니다. 사도행전 8장 24절 이하에 보면 아볼로는 당시 로마 다음으로 큰 도시였으며, 학문의 중심지였던 알렉산드리아 출신의 성경 박사였습니다. 그는 언변이 좋았고, 성경에 능통한 사람이었습니다. 아볼로는 예수에 대해서도 정확히 알았고, 기독교 핵심 구원의 도리는 이해하고 있었지만, 세례에 관해서는 요한의 세례, 즉 회개의 세례만 알고 있었습니다. 아볼로는 성령 세례는 알지 못했습니다. 예수를 믿고 회개하여 그리스도의 제자가 되는 법은 알았지만, 성령 체험은 알지 못했던 것이지요. 성경 교사였던 아볼로가 에베소에서 회개의 세례만 전파했기에 거기에 있던 예수의 제자들은 성령 세례에 대해서 알지 못했을 것입니다.

어쨌든, 에베소 교인들은 성경을 통해서 예수가 구세주라는 도리를 아볼로에게 잘 배웠을 것입니다. 사실 이것이 성령 체험하는데 기초가 되었습니다. 사도행전에 보면 어떤 경우에는 예수를 믿지 않은 사람들이 설교를 듣고 곧바로 성령 체험하는 경우도 있지만, 많은 경우에는 예수를 믿은 후에 그 신앙을 기초로 해서 성령을 체험합니다. 성경을 잘 배워 신앙의 기초가 있는 사람은 은혜 체험이 의외로 쉬울 수 있습니다. 성령에 대해서 들어보지 못했어도 기초 신앙이 된 사람은 성경을 하나님의 말씀으로 믿기에 성경에 있는 성령 체험할 수 있습니다.

수련회 집회: 바울의 사역

본문은 에베소 교회의 성도들이 은혜를 체험한, 지금으로 말하자면 수련회 집회에 대해서 기록한 것입니다. 여기에 수련회 강사는 사도 바울이었고, 장소는 에베소, 참석자는 에베소 교인들이었습니다.

바울은 서론도 없이, 이들에게 대뜸 이렇게 도발적인 질문을 던집니다. "너희가 믿을 때에 성령을 받았느냐?"(2절) 바울은 이들이 예수의 제자가 되었기에 이미 회개를 하고 그리스도인이 되었다는 것을 알고 있었습니다. 그런 그들에게 이런 질문을 한 것입니다. 왜냐하면 바울에게 크리스천이라는 것은 성령 받은 사람이기 때문입니다. 고린도전서 12:13에서 그는 크리스천을 이렇게 묘사합니다. "우리가 유대인이나 헬라인이나 종이나 자유인이나 다 한 성령으로 세례를 받아 한 몸이 되었고 또 다 한 성령을 마시게 하셨느니라." 한 마디로, 크리스천은 신분에 상관없이 모두 성령 체험한 사람들이라는 것입니다. 그 성령 체험을 통해서 사람들은 자신이 유대교인들과는 다른 크리스천이라는 인식을 얻게 된 것입니다. 사도행전 10-11장에 보면 이방인 고넬료 집안이 성령 받는 모습을 보고 베드로는 이들도 같은 크리스천이라는 것을 인식합니다. "베드로와 함께 온 할례 받은 신자들이 이방인들에게도 성령 부어 주심으로 말미암아 놀라니…이에 베드로가 이르되 이 사람들이 우리와 같이 성령을 받았으니 누가 능히 물로 세례 베풂을 금하리요 하고."(행 10:45, 47)

그런데 바울의 이 질문에 대해서 에베소 교인들은 이렇게 대답합니다. "아니라 우리는 성령이 계심도 듣지 못하였노라."(2절) 이런 대답이 어떻게 가능할까요? 당시에는 지역 간에 소통이 현대 세계에서처럼 원활하지 않았기 때문에, 예수를 믿지만 성령에 대해서 전혀 들어 보지 못한 사람들이 있었던 것입니다. 지금처럼 신약 성경이 있던 시대가 아니었기 때문에, 구약 성경으로 예수가 바로 그들이 기다리던 그리스도라는 것을 배울 수는 있었지만, 예수를 믿으면 성령을 받을 수 있다는 것은 들어보지 못했던 것입니다. 그들에게 말씀 사역을 했던 아볼로도 이 사실을 알지 못했습니다.

결국 바울은 이들에게 회개의 세례인 요한의 세례뿐만 아니라 능력의 세례인 성령의 세례가 필요함을 역설하고, 그들에게 안수하자 그들이 성령 체험을 했습니다. 지금도 성령 체험을 하기 위해서는 성령이 있음도 들어보지 못한 사람에게나, 성령 체험의 필요성을 깨닫지 못한 사람에게 성령에 대해서 가르치고, 설교해야 합니다. 그리고 마음의 준비가 된 사람에게 안수하면 곧바로 성령이 임할 수 있습니다.

수련회 이후 성경 공부: 바울의 사역

사람들은 보통 수련회에서 은혜 체험을 하기만 하면 신앙성장이 다 된 줄 압니다. 아닙니다. 수련회 후에는 반드시 후속 조치가 필요합니다. 체험한 것에 대한 성경적 근거를 자세히 배우고 그 말씀에 따라 살아야 합니다. 사도행전 19장 9절에 보면 바울은 "제자들을 따로 세우고 두란노 서원에서 날마다 강론"했습니다. 이것을 하루 이틀만 한 것이 아니라 바울의 사역 중 가장 길게 2년이나 했습니다(행 19:10). 오순절 성령 체험 사건(행 2:1-13)이 있은 후, 베드로는 이 사건의 성경적 근거를 설명합니다(행 2:14ff.). 바로 그것입니다. 우리는 성령에 대해서 다 이해해야 성령 체험을 하는 것이 아닙니다. 성경의 약속을 믿고 주님께 나가면 성령을 체험할 수 있습니다. 그런데 체험하고 나서는 그 원리와 근거를 성경을 통해서 자세히 배워야 합니다. 그래야 신앙이 성장합니다.

우리 교회 수련회

우리 교회는 에베소 교회를 모델로 해서 수련회를 하려고 합니다. 바울의 사역에 앞서 아볼로의 말씀 사역이 있었습니다. 비록, 부족했지만 그것이 성령 체험하는데 기초가 되었습니다. 첫째, 우리 교회는 이번 수련회 주제인 성령론에 관해서 성경적으로 자세히 공부할 것입니다. 3번의 주일 오후 세미나를 통해서, 또 구역 성경 공부를 통해서 성령 체험의 근거가 되는 성경 말씀을 아무런 의문이 들지 않도록 공부할 것입니다. 본문에는 준비 기도회가 나오지 않지만, 오순절 날 성령을 체험한 120명의 예수의 제자들은 예수님의 약속을 믿고 기도하기에 전념했습니다. 예수의 12제자들은 "여자들과 예수의 어머니 마리아와 예수의 아우들과 더불어 마음을 같이 하여 오로지 기도에 힘쓰더라."(행 1:14) 성령 체험은 대개 사모하면서 기도하는 사람에게 체험됩니다. 둘째, 이번 수련회에는 바울과 같은 성령 충만한 강사를 모셔서 말씀을 듣고 은혜 체험하는 시간을 가질 것입니다. 셋째, 수련회 이후 체험에 대한 성경 공부 필요합니다. 베드로도 체험한 후 비로소 그 체험이 구약의 예언이 성취된 것을 깨달았습니다. 성경 공부-체험-성경 공부의 패턴에 따라 후속 조치를 준비하겠습니다.

적용과 실천

그러면 지금 우리는 무엇을 준비해야 할까요? 첫째, 이 수련회에 참여하기로 지금 결단하십시오. 둘째, 이번 수련회에서 꼭 성령 체험하기를 사모하십시오. 셋째, 준비 모임에 참여하여 성경을 배우고, 준비 기도회에 참석하여 마음을 준비하세요. 넷째, 시간이 있으신 분은 성령에 관한 성경 말씀과 신앙 서적을 읽으십시오. 마지막으로, 어떤 일이 있어도 수련회에 참석하세요. 사탄의 방해를 예상하고, 여러 가지 사정으로 참석할 수 없게 하는 환경에 주의 하십시오. 이번 여름에 꼭 성령 체험하시고, 살아 계신 예수님을 만나세요! 더 이상 종교 생활은 하지 마세요. 주님과 동행하는 신앙생활 하세요.

59 성령 체험, 그 이후
(19:8-20)

    에베소 교회에 성령 체험이 있은 후 바울은 늘 하던 대로 안식일마다 회당에 가서(행 13:5 참조.) 하나님 나라를 주제로 성경을 해석하여 유대인들에게 전도합니다(8절). 이때 바울은 "담대히" 즉 성령이 충만하여(행 4:13) 말씀을 전했습니다. 그런데도 유대인들 중에는 이 바울의 전도를 받아들이지 않았습니다. 심지어 몇몇 유대인들은 공개적으로 기독교를 비난했습니다. 바울이 성령 충만해서 말씀을 전했어도 말씀이 먹히지 않은 것입니다. 누가는 그 이유를 그들의 마음이 "굳어"서라고 합니다. 이렇게 굳은 마음의 전형은 출애굽 때 애굽 왕 바로가 그랬고, 하나님이 보내신 선지자들의 말에 순종하지 않은 이스라엘 백성이 그랬습니다. 이미 사도행전 7장 51절에서 스데반은 이스라엘 사람들을 향해 "목이 곧고 마음과 귀에 할례를 받지 못한 사람들아"라고 말한 바 있습니다. 이스라엘의 조상들처럼 에베소 유대인들도 이와 같이 마음이 굳어서 바울의 메시지를 받아들이지 않았습니다.

    전도가 막히자 바울은 이들을 떠나 예수님의 제자들만 따로 모아 2년 동안이나 [하나님 나라에 대해서] 가르쳤습니다(10절). 누가는 그 장소를 "두란노 서원"이라고 합니다. 이 이름을 따서 한국에 유명한 기독교 출판사도 생겼습니다. 여기서 "서원"이라는 말은 "강의실"(lecture hall)

이라는 말도 되고, 학교(school)라는 말도 됩니다. 어쨌든 바울은 일정한 장소에서 바울의 선교 사역에서 예외적으로 2년에 걸쳐서 한 곳에 머무르면서 성경을 가르쳤습니다. 바울은 로마로 가는 길이 막히자(롬 1:10; 15:22) 로마서를 써서 보냈습니다. 바울은 유대인 전도가 막히자, 예수의 제자들에게 성경을 가르쳤습니다. 하나님의 역사에 중단은 없습니다. 한 곳이 막히면 다른 곳이 열립니다.

바울이 여기서 유대인 불신자들에게 한 일과 신자들에게 한 일을 똑같이 "강론하다"라고 표현하고 있습니다. 헬라어로 이 단어('디아레고마이')의 뜻은 기본적으로 "논쟁하다, 토론하다"입니다. 이 말은 '일방적으로 선포하다'라는 뜻이 아닙니다. 철학자들이 청중들에게 논쟁하면서 설명하듯이, 논리적으로 무엇을 설명하는 것입니다. 바울은 이렇게 성경을 지적인 자원을 동원해서 가르쳤는데, 그것이 바로 "강론"하는 것입니다.

'성령 체험, 그 이후, 무엇을 할 것인가?'에 대한 답은 의외로 간단합니다. 성경을 논리적으로 이성을 사용해서 공부하는 것입니다. 바울은 특히 하나님 나라라는 주제로 구약 성경을 가르쳤고, 거기에서 출발해서 예수의 삶과 고난과 부활을 증언했습니다. 우리도 수련회 이후, 무엇을 할 것인가? 답은 성경 공부입니다.

저는 제 초기 사역 경험을 통해 '성령 체험 후 심화된 성경 공부로 교회 세우기'라는 진리를 깨우쳤습니다. 신학대학원 졸업 후 1989년에 부산중앙교회에서 처음에 전도사를 하면서 수련회 예비 성경 공부를 했고, 수련회에서 은혜를 체험하고, 후속 성경 공부를 했습니다. 이러한 패턴으로 반복적으로 사역하자, 일 년 반 후에 주일 낮 예배에 백 명 남짓 모이는 소형 교회에서 청년부 예배에 칠십 명이 출석하게 되었습니다. 그 후에도 저는 목회하는 곳마다 이 원리를 적용했습니다. 목회의 기본은 사실 은혜 체험하고 성경 공부하는 것의 반복입니다. 성경 공부하면 성경 안에 있는 진리를 체험하고 싶고, 그것을 체험하면 성경을 더 알고 싶은 것이 정상적인 신자의 신앙 패턴입니다.

성령 체험과 성경 공부

이제 성령 체험한 사람이 어떻게 성경을 공부하고 사랑할까 하는 것을 오늘 말씀 드리겠습니다.

첫째, 성령 체험하면, 성경을 공부하고 싶어집니다. 성령 체험하면 나타나는 여러 증상 중 하나는 성령의 영감으로 쓰인 성경을 사랑하는 마음이 생긴다는 것입니다. 성령 체험과 말씀 중심 신앙은 상극이라고 잘못 알려져 있는데, 실상은 오히려 그 반대입니다. 성령 체험하면 말씀을 읽고 싶고, 듣고 싶고, 배우고 싶어집니다. 성경에 나오는 그 하나님을 만났기에 그 하나님의 역사를 기록해 놓은 성경을 알고 싶은 마음이 드는 것은 자연스러운 것입니다. 이제 성령을 받은 여러분, 여러분 마음속에 있는 성경을 읽고 싶고, 배우고 싶은 그 마음을 그대로 살려 성경을 오늘부터 읽으세요. 되도록 규칙적으로 읽으세요. 신자라면 1년에 성경 1독은 해야 할 것입니다. 저는 성경 읽기표를 사용하고 있습니다. 이 표의 장점은 읽은 것에는 사선을 그어 표시를 해 놓는데, 지금까지 얼마나 읽었는지를 알 수 있기에 자족감이 있습니다.

둘째, 성령 체험하면 성경에 나오는 "그들의 이야기가 우리의 이야기"가 됩니다. 어떤 사람에게는 이 세상에서 가장 재미없는 책이 성경인 반면, 다른 사람에게는 성경이 꿀보다 더 단 말씀입니다. 이것이 재미없는 것은 성경의 이야기가 단지 "그들의 이야기"이기 때문입니다. 구약 성경에 나오는 족장 이야기, 열왕기, 선지자의 말씀이 이스라엘의 옛 역사 이야기이기 때문에 당연히 재미없는 것입니다. 반면, 이 이야기가 재미있는 사람은 "그들의 이야기가 그들의 이야기이면서 동시에 또한 나의 이야기"이기 때문입니다. 출애굽의 이야기는 내가 믿는 하나님의 전능한 사랑의 이야기이며 동시에 이스라엘 백성의 불순종은 바로 나의 불순종의 이야기입니다. 그래서 성경이 나에게 말을 겁니다. 누가가 사도행전에 기록한 초기 교회의 이야기는 곧 나의 이야기가 됩니다. 에베소 교인들을 향해 "너희가 믿을 때에 성령을 받았느냐?"(행 19:2)는 말씀은 곧 나의 실상에 대해서 말하는 것이고, 우리는 성경이 우리에게 지금 우리 현실을 지적하는 체험을 합니다.

성령은 성경의 저자에게 영감을 불어 넣은 분이자, 동시에 오늘날 성경의 독자에게 성경의 뜻을 깨닫게 해 주시는 분이기도 합니다. 그래서 성령을 받은 사람은 성경을 사랑하게 될 뿐만 아니라, 그 전에는 몰랐던 성경의 뜻이 깨달아집니다. 물론, 그 깨달음은 고도의 신학 연구에 의한 지식은 아니지만, 실생활에서 하나님의 뜻을 실천하기 위해서는 정말 요긴한 것입니다. 그래서 성령을 받고 성경을 읽은 사람은 성경을 통해 스스로 하나님의 뜻을 많이 발견합니다. 그래서 성경을 읽는 것이 재미있게 됩니다.

셋째, 성령 체험하면 선포된 말씀을 "주의 말씀"으로 받아들입니다. 성령을 체험하면, 기록된 말씀뿐만 아니라 성경에 대한 가르침과 설교도 "주의 말씀"으로 받아 들에게 됩니다. 잘못된 가르침도 있기 때문에 어떤 설교도 100% 순도 하나님의 말씀이라고 할 수는 없습니다. 하지만 하나님이 역사하시는 성령 충만한 사역자를 통하여 선포되는 메시지 속에서 성령 충만한 성도는 "주의 말씀"을 발견하게 됩니다. 좋은 성도는 설교 말씀을 통해서 하나님이 현재 자신에게 말씀하시는 소리를 쉽게 듣습니다. 성령 충만하지 않은 성도는 선포되는 말씀 속에서 하나님의 음성을 듣지 못합니다. 누가는 바울이 선포한 말씀을 "주의 말씀"이라고 합니다.

넷째, 성령 체험하고 성경을 공부하면 그 능력이 나타납니다(17-20절).
한국 교회를 보면 성경 공부하는 교회는 공부만하고, 성령 체험하는 교회는 체험에만 집중하는 경향이 있습니다. 본문에 나오는 바울의 사역을 보면 (1) 성령 체험(1-7절), (2) 말씀 사역(8-10절), (3) 말씀 사역 중 성령의 능력이 나타남(11-20절)으로 되어 있습니다. 바울의 사역에 있어서는 성령 사역-말씀 사역-성령 사역 이렇게 꽈배기를 틀듯이 두 사역이 역동적으로 나타납니다. 정상적인 교회는 이래야 합니다.

성경을 공부하다 보면, 성경에는 성령의 역사가 기록되어 있고 하나님의 직접 개입에 의한 기적이 기록되어 있습니다. 그래서 그 역사를 믿으면 그 역사가 현실에도 그대로 나타납니다. 바울의 사역 중에 "하나님이 바울의 손으로 놀라운 능력을 행하게 하시니 심지어 사람들이 바울의 몸에서 손수건이나 앞치마를 가져다가 병든 사람에게 얹으면 그 병도 떠나고 악귀도 나가더라."(11절)라는 일이 일어나고, "에베소에 사는 유대인과 헬라인들이 다 이 일을 알고 두려워하며 주 예수의 이름을 높이고 믿은 사람들이 많이 와서 자복하여 행한 일을 알리며 또 마술을 행하던 많은 사람이 그 책을 모아 가지고 와서 모든 사람 앞에서 불사르니 그 책값을 계산한즉 은 오만이나 되더라."(17-19절)는 일도 일어납니다.

누가는 이렇게 기적이 일어나고 사람들이 회개하는 모습을 이렇게 표현합니다. "이와 같이 주의 말씀이 힘이 있어 흥왕하여 세력을 얻으니라." 누가는 "주의 말씀"을 의인화합니다. 주의 말씀이 올바로 선포되면 그 말씀은 힘이 있어서 악의 세력을 무찌르고 사람들을 회개하게 한다는 것입니다. 지금도 하나님의 말씀을 올바로 배우고 순종하면 이런 일이 분명히 일어날 줄 믿습니다.

다섯째, 아직 성령 체험 못했어도 성경 공부 시작하면 성령 체험할 수 있습니다. 지금까지 말씀 공부에 대한 모든 메시지는 성령 체험을 한 사람에게 맞추어져 있습니다. 그런데 여러분 중에서 "나는 아직 성령 체험을 못했는데, 그러면 말씀 공부하기 전에 성령을 체험해야 하는 것인가?" 하는 질문이 있을 수 있습니다. 바울은 회당에 가서 성경을 하나님 나라 관점에서 새롭게 해석해 주었습니다(8절). 곧 이들은 먼저 성경 공부를 한 것입니다. 다만, 이러한 성경 공부에도 불구하고 믿지 않는 사람들이 있었습니다. 누가는 그 이유를 그들의 마음이 "굳어서"라고 합니다(9절). 벤허의 저자 류 월래스(Lew Wallace)는 무신론자 잉거솔의 영향을 받아 성경이 하나님의 말씀이 아니라는 것을 증명하려고 성경을 읽다 변화되어 벤허라는 기독교 역사 소설을 썼습니다.

여러분은 어떤 것으로 시작해도 됩니다. 성경 공부에서 시작해서 성령 체험해도 되고, 성령 체험에서 시작해서 성경 공부를 해도 됩니다. 어떤 것으로 시작하든 이 두 가지는 우리 신앙생활 내내 영원히 역동적인 관계가 되어야 합니다. 성경 공부가 성령 체험으로 이어지고, 성령 체험이 성경 공부로 이어지는 것입니다. 중요한 것은 "부드러운 마음", "열린 마음", "겸손한 마음"입니다.

적용과 실천

성령 체험(수련회) 이후, 여러분 어떻게 신앙생활 해야 하겠습니까? 본문을 통해서 제가 제시한 답은 성경 공부입니다. 성경을 공부하는 이유는 지식을 쌓기 위해서가 아니라 실천하기 위해서입니다. 다른 말로 하면 하나님께 순종하기 위해서입니다. 성경에 순종한다는 것은 성경만이 만 책 중의 바로 "그 책"이요, 모든 판단의 잣대(canon)가 된다는 것을 믿고 실천하는 것입니다. 사실, 이러한 믿음을 가지고 산 대표적인 위인들로 웨슬레(John Wesley)와 피어선(A. T. Pierson)을 들 수 있습니다. 웨슬레는 진리를 발견하는 네 가지 토대로 성경–전통–이성–체험을 들고 그 최상위 원리를 성경으로 들었습니다. 그래서 그는 모든 사람들이 반대해도 성경 자체가 말하는 "크리스천의 완전"(Christian Perfection)을 가르쳤습니다. 피어선은 성경을 연구하다 이미 세례를 받았지만 침례를 다시 받았고, 성경의 진리를 따르기 위해 자신의 권리를 포기하기도 했습니다. 여러분이 성령 받은 사람이라면 성경을 사랑하여 읽고, 듣고, 공부하고, 실천하는 사람이 되어야 할 것입니다.

종교 생활이냐? 신앙생활이냐?
(19:21-41)

바울이 에베소에서 2년 동안 말씀과 기적 행함으로 전도하면서 이 소문이 에베소 시 곳곳에 퍼져 나갔을 것입니다. 특히 바울은 아덴의 아레오바고에서 했던 것처럼 여기에서도 사람이 만든 어떤 형상도 신이 아니고 그것을 숭배하는 것은 우상 숭배라는 설교도 했을 것입니다. 이것은 구약을 믿는 유대인 크리스천으로서 너무도 당연한 말이었습니다. 하지만 이것은 만신(萬神)을 믿는 헬라인들에게는 엄청난 도전이었습니다. 그래서 "그때쯤 되어 이 도로 말미암아 적지 않은 소동"이 있어났습니다(23절). 바울이 에베소에 2년 머무르면서 하나님의 말씀을 가르치고 하나님의 기적을 행함으로 소동이 일어난 것입니다. 이것은 어떤 면으로 좋은 징조였습니다. 사람들이 이제 복음의 능력을 인식하게 된 것입니다. 복음이 선포되면 사람들이 고민하게 됩니다. 그 복음을 받아들일 것인가 아니면 거부할 것인가, 마땅히 결단해야 되기 때문입니다.

사람들이 종교 생활 하는 이유

에베소에서 소동을 일으킨 장본인은 데메드리오라는 은장색(銀匠色), 즉 은으로 세공업을 하는 사람이었습니다. 그는 아마도 자기 수하에 여러 사람을 거느리는 사장이기도 했고, 에베소에서 이런 사업을 하는 사람들의 대표이기도 했던 것 같습니다. 특히 당시에 은으로 만든 주 제품은 아데미(아르테미) 여신상이었습니다. 아데미는 로마에서는 다이아나(Diana)라고 불렸으며 본래 사냥의 여신이었습니다. 그런데 에베소에서는 동양의 어머니 여신으로 숭배되었습니다. 바울 당시 여기에는 엄청난 규모를 자랑하는 아데미 신전이 있었습니다. 기둥만도 127개가 있었고, 높이가 18미터에 달했습니다. 넓이는 가로 130미터, 세로 70미터였는데, 그 크기로 말하면 당시 위용을 자랑했던 그리스 아테네 아크로폴리스에 있는 파르테논 신전보다 네 배나 큰 것이었습니다. 이것은 고대의 7대 불가사의 중 하나입니다. 여기에는 수천 명의 사제가 상주하고 있었고 향을 피우고 제사 의식이 있을 때는 부끄러운 일이 벌어졌습니다.

에베소 사람들은 이 신전이 에베소에 있는 것을 자랑스러워했고, 음란한 신전 축제를 즐겼고, 이 신 모양을 만들어 파는 사업으로 큰돈을 벌었습니다. 그런데 바울이 나타나서 손으로 만든 것은 신이 아니라고 말한 것입니다. 이것에 위기를 느낀 은장색의 대표격인 데메드리오가 일어나서 동료 은장색을 선동하기 시작했습니다. "[바울의 주장을 사람들이 따르기 시작하면] 우리의 이 영업이 천하여질 위험이 있을 뿐 아니라 큰 여신 아데미의 신전도 무시당하게 되고 온 아시아와 천하가 위하는 그의 위엄도 떨어질까 하노라."(27-28절) 이 말은 대단히 선동적인 말이었습니다. "이제 우리 사업이 망하게 되었다. 이제는 우리 가족이 밥 굶게 생겼다. 또 우리가 존경하는 여신의 위엄이 떨어지게 되었다. 우리가 믿는 삶의 토대가 무너지게 되었다." 이런 뜻입니다. 이에 그들이 이 말을 듣고 분노가 가득하게 되었습니다.

여기서 우리는 사람들이 왜 종교 생활을 하는지 생각해 보려고 합니다. 많은 사람이 겉으로는 참 신을 숭배하고 인간다운 삶을 살기 위해서 종교 생활을 한다고 말할 것입니다. 하지만 데메드리오처럼 지금도 많은 사람들이 종교를 갖는 이유는 종교를 통해 어떤 더러운 이득을 얻으려는 것입니다. 일종의 장사를 하는 것이지요. 데메드리오의 말에 한 두 사람만 호응한 것이 아니라 "온 시내가 요란"하였습니다(29절). 그리고 이들이 바울 일행을 끌고 들어간 곳은 이만 오천 명이나 수용할 수 있는 원형 경기장이었습니다. 그렇다면 사람들이 얼마나 많이 모였겠습니까? 우리도 어떤 일에 초연하다가도 우리 밥줄이 달아난다고 하면 사람들이 다 모입니다. 그것이 정의이든 불의이든 그것은 그렇게 중요하지 않습니다. 자신이 먹고 사는 문제와 관련된 것은 무조건 중요한 일이고, 목숨 걸 일입니다. 당시 에베소 사람들은 실제로 아데미 여신이 존재하는지, 그가 자신들에게 어떤 영향을 미칠 수 있는 신인지는 중요하지 않았습니다. 단지, 그 여신전의 건물이 자랑스럽고, 여신상을 기념품으로 만들어 팔아 자신들이 배불리는 것만 중요했습니다. 사실, 사람들에게 종교는 무엇일까요? 정말 하나님이 계신지, 그분이 어떤 분인지, 자신의 삶과 어떤 관계가 있는지 자세히 생각해 보지도 않고, 체험하지도 않습니다. 다만, 이것이 자신이 먹고 사는 문제와 어떻게 관계되는지가 중요합니다.

먹고 사는 문제와 함께 데메드리오가 사람들을 선동한 것은 자신들의 자부심에 관한 것이었습니다. 데메드리오는 지역민의 자부심과 연관하여 바울의 가르침을 공격하고자 했습니다. 물론, 우리는 자신과 연관 없는 지역을 폄훼 발언하는 것은 좋지 않은 행동입니다. 하지만 바울은 여기서 에베소를 폄훼한 것이 아니라 한 분 하나님과 예수 그리스도를 소개하고 있는 것입니다. 하나님의 말씀에 따르면 인간이 만든 어떤 신도 없으며 사람이 만든 형상은 모두 우상에 불과한 것입니다. 이 말씀에 반하는 것은 아무리 민족이나 지역의 자부심과 연관되어 있을지라도 그 잘못을 지적해 주어야 하는 것입니다. 요약하면, 사람들이 종교를 갖는 이유는 종교를 자신들의 이익을 위한 수단으로 이용하기 위해서라는 것입니다. 정치인은 사람들이 만든 종교를 통해서 사람들의 얼을 빼놓고 자신을 중심으로 나라를 하나로 만들려는 경향성이 있습니다. 로마 황제는 그리스의 여러 신화를 이용하다가 급기야는 자신이 신이라고 주장하기에 이르렀습니다.

우리도 스스로를 깊이 돌아보아야 합니다. 자신이 종교 생활을 하는 이유는 무엇일까? 더러운 이익을 위해서인가? 아니면 단순히 마음의 위안을 얻기 위해서인가? 아니면 아무 생각 없이 문화적으로 종교 생활을 하고자 하는 것인가? 지금 서양의 기독교 국가에 사는 많은 사람들이 예수를 믿지 않고 종교 생활 하는 것 아닌가 생각합니다. 태어나서 교회에서 세례 받고, 커서 견진성사를 하고, 결혼식을 교회에서 하고 장례식도 교회에서 합니다. 무슬림 신도가 기독교를 폄훼하는 발언을 하면 화를 냅니다. 하지만 하나님과 직접적으로 어떤 관계를 맺고 살고 있습니까? 십자가 목걸이를 하고 다니고, 십자가를 집안에, 차안에 걸고 다니고, 무슨 일이 있을 때마다 성호를 긋지만 하나님은 삶에서 무엇입니까? 하나님의 직접적인 인도를 받고, 하나님의 뜻 안에서 생활하고 그분을 만나고 즐거워합니까? 이것이 서양 기독교 국가에서만 일어나는 일일까요? 기독교 선교 역사 120년이 넘어 가면서 우리도 서양 기독교 국가를 닮아가는 것은 아닌지요? 혹시 우리 중에는 에베소인들이 아데미 신을 이용하듯이 종교 생활 하는 경우는 없습니까?

그리스-로마 사회에서 사람들이 종교를 가지는 중요한 이유 중 하나는 신전이 주는 축제의 즐거움 때문이기도 했습니다. 신전은 좋게 말하면 축전이고 나쁘게 말하면 일종의 성 해방 구역이었습니다. 이런 곳의 사제는 창녀였습니다. 우리나라에서 발생한 많은 이단들도 이것과 관계되어 있습니다. 흥미로운 것은 우리나라에서는 교주가 남성이고 여성들이 성적으로 이용되었다는 것입니다. 사람이 종교를 가지는 이유 중 하나는 종교가 주는 위안 혹은 즐거움 때문입니다. 기독교는 믿으면 기쁨과 소망이 따라오지만 어떤 특정한 쾌락을 위해서 종교를 갖는 것은 아닙니다.

적용과 실천

우리는 과연 우리가 신앙생활 하는 것이 에베소의 은장색 직업을 가진 사람들처럼 종교 생활 하는 것이 아닌가 깊이 생각해 보아야 합니다. 종교 생활 하는 사람들은 사실 자신의 삶을 위해서 종교를 만들고, 심지어 신을 만들고, 거기에서 나오는 더러운 이득과 평안을 얻으려 하는 것입니다. 우리나라 기독교도 이제 가족에 이끌려 교회에 다니지만 사실상은 종교 생활 하는 사람들이 많습니다. 이중에는 기독교를 공격하는 사람들도 있습니다. 그렇다면 신앙생활 하는 것은 무엇입니까? 기독교 신앙생활의 본질은 살아계신 하나님을 체험하는 것입니다. 하나님이 살아계시고, 자신은 그분이 만든 피조물이라는 것을 깨닫는 것입니다. 그분을 섬기고, 그분을 즐거워하고, 그 안에서 실제로 행복을 느끼고 사는 삶이 신앙생활입니다.

61 | 청년을 살리는 교회
(20:1-16)

　제가 우리 교회에서 지난 일 년여 동안 계속해서 외쳤던 한 가지는 우리가 예수 믿어 거듭나고, 성령 체험해야 한다는 것이었습니다. 어떤 분들은 성령 충만해야 한다는 말을 왜 반복해서 말하는지 의아해 했을 것입니다. 그 이유는 이것이 없이는 신앙의 다음 단계로 넘어갈 수 없기 때문입니다. 저는 앞으로도 계속해서 우리 교회에서 거듭나고, 성령 체험하는 일이 계속되도록 설교도 할 것입니다.

　그런데, 이제 거듭나고 성령 충만 체험한 사람이 할 일에 대해서 말씀 드리려고 합니다. 그것은 한 마디로 사역(使役)입니다. 사역은 스스로 결정해서 하는 일이 아니라 누가 시키는 일을 하는 것입니다. 우리 주님이 시키는 일을 하는 것이 사역입니다. 이런 일을 전문적으로 하는 사람을 사역자라고 합니다. 사역자는 다른 말로 하면 심부름꾼입니다. 그러기에 심부름꾼이 주인 행세하면 그 사람은 사역하는 것이 아닙니다.

　사역하기 전에 한 가지 짚고 넘어가야 할 부분은 마음의 상처의 치유입니다. 살아오면서 무시당했던 것, 한 맺힌 것, 억울한 일을 당한 것, 이런 것들이 자신을 지배하여 사역을 하면서 하나님이 시키시는 일에 집중하지 못하고, 알게 모르게 자신을 드러내는 사람은 상처를 받았거나 아직 자아가 깨지지 않은 사람입니다. 특히 교회에서 이런 사람이 중직을 차지하면 교회에서 분란을 일으키고, 자신을 드러내고, 시기하고 질투합니다. 우리가 이런 문제를 완전히 해결 받아야 사역을 하는 것은 아니지만, 상처가 너무 큰 사람은 사역보다는 마음의 치유에 더 많은 시간을 투자해야 합니다.

청년 유두고를 살리는 바울

외적 성령 충만을 체험하고, 내적으로 마음이 치유되었을 때, 우리는 주님이 주신 사명을 감당해야 합니다. 우리 각자는 각각 사명을 받은 사명자입니다. 우리 교회도 수많은 교회 중에서 하나님이 주신 사명이 있습니다. 그것은 바로 평택대학교 학생과 교직원 복음화입니다. 그동안 이 사명에 대해서는 제가 애써 강조하지는 않았습니다. 성령 충만 체험이 사명 감당의 선결 과제였기 때문이지요. 이제 우리는 이 사명을 감당할 준비를 할 때입니다.

그러기 위해서 우리는 바울이 드로아에서 행한 사역에서 그 근거를 찾고자 합니다. 본 장면은 바울이 3차 전도 여행을 마치고 유럽에서 아시아로 귀환하는 여정 중에 있습니다. 바울은 유럽인 빌립보에서 배를 타고 아시아인 드로아에 닷새 만에 도착합니다(6절). 바울은 일주일을 드로아에 있는 신자들과 머물다가 이제 다음 행선지로 떠나기 전날 밤늦도록 그들에게 강의를 합니다. 바울이 한밤중까지 강론을 계속하자, 유두고라는 청년이 창문에 걸터앉아 바울의 강의를 듣다가 잠에 빠져 3층에서 떨어져 죽습니다. 바울이 내려가서 그 청년을 살려내고, 사람들은 이 일을 통해 큰 위로를 받습니다.

3층에서 떨어져 죽었다가 바울이 다시 살린 사람이 "청년"이었습니다

(9절). 당시 청년은 18-30세 사이의 젊은이를 말합니다. 물론, 여기서 떨어진 사람이 청년이라는 것이 원래 큰 의미가 있는 것은 아닙니다. 이 사람이 장년이나, 노인이어도 바울이 그를 살렸을 것입니다. 하지만 제게는 "청년"이라는 단어가 크게 다가왔습니다. 12절에 "청년"이라는 말이 다시 나오는데 원문에 보면 이 단어는 "소년"(boy)입니다. 두 단어를 종합하여 판단하면 아마도 이 청년은 20살 전후의 젊은이였을 것입니다.

이 기사에는 오늘날 우리나라에 사는 청년들이 처한 환경과 비슷한 것을 많이 발견할 수 있습니다. 첫째, 본문에 보면 유두고 청년은 피곤하여 좁니다. 모인 시각이 저녁이었는데, 아마도 이 청년은 낮에 힘써 노동을 했을 것입니다. 그래도 바울의 강론을 들으려고 애써 집회에 참석했으나 이 세상에 그 어떤 것보다도 무겁다는 눈꺼풀이 내려오는 것을 막을 수 없었던 것입니다. 한국 사회에서 청년들이 이와 같습니다. 제가 대학 다닐 때는 아르바이트라는 제도가 없었습니다. 이전에는 과외 선생이라는 아르바이트가 있었지만, 모 대통령이 나와 이것도 못하게 했습니다. 물론, 할 사람은 몰래 하기는 했지만, 공식적으로 과외도 못하고, 아르바이트도 없었습니다. 그래서 휴학하거나 학교를 그만두는 일은 많았지만, 밤새 아르바이트 하고 수업 시간에 와서 조는 학생은 별로 없었습니다. 그런데 요즘 학생들은 수업 시간에 와서 좁니다. 밤새 아르바이트 하느라 정작 중요한 공부는 하지 못하고, 수업 시간에 조는 모습이 오늘 성경에 나오는 청년 유두고와 같습니다.

둘째, 유두고는 졸음을 이기지 못하고 3층 다락에서 떨어져 죽습니다. 우리 청년들도 생활고를 이기지 못하고 3포, 5포를 합니다. 3포는 연애, 출산, 결혼을 포기한 것이고, 5포는 거기에다 인간관계와 주택 구입을 포기한 것이라고 합니다. 그래서 우리 청년들이 꿈에 부풀어 살아야 할 시기에 3포, 5포 하여 사회생활의 죽음을 맞이하는 경우가 많습니다.

어쨌든, 이렇게 죽은 청년을 바울은 살립니다. 여기서 유두고는 생명이 끊어졌습니다. "일으켜보니 죽었는지라."(9절) 유두고는 실신한 것이 아니라 죽은 것입니다. 바울은 구약 성경에서 엘리야(왕상 17:17-24)와 엘리사(왕하 4:33-36)가 죽은 사람을 살리는 방법으로, 유두고 위에 엎드려 그 몸을 안고, 예언적 언사로 그를 살려냅니다(10절). 복음서에 보면 예수님도 죽은 자를 살리셨고(눅 7:14-15; 8:54-55), 사도행전에 보면 베드로도 죽은 사람을 살립니다(행 9:37, 39). 지금 우리가 죽은 사람을 실제로 살릴 수 있는가 하는 문제는 신학적 논쟁이 될 수 있습니다. 최소한도로 말해, 우리는 죽은 영혼을 살릴 수 있다고 말할 수 있습니다.

유두고 사건을 우리는 죽은 영혼을 살리는 것으로 적용해 보겠습니다. 결국, 죽은 사람이 살아나자 드로아에 사는 그리스도인들은 큰 위로를 받았습니다. 우리가 지금 죽은 청년의 영혼을 살릴 수 있다면, 우리 교회에 놀라운 기쁨이 있을 것입니다. 우리 교인들이 받은 공통적인 비전과 사명은 청년을 살리는 것입니다.

청년의 영혼을 살리는 교회

첫째, 청년의 영혼을 살리려면 무엇보다도 살릴 수 있는 능력이 필요합니다. 죽은 영혼을 살릴 수 있는 최소한의 능력은 우선 자신의 영혼이 살아 있는 것입니다. 죽은 영혼, 혹은 잠자는 영혼은 죽은 영혼을 살릴 수 없습니다. 비행기에서 사고가 나서 산소 마스크를 쓸 때 요령으로 올바른 방법은 아이를 먼저 채워주고 자신이 쓰는 것이 아니라, 자신이 먼저 쓰고 아이를 채워주는 것입니다. 마찬가지로, 영적으로 살아나고 성숙한 사람이 되어야 죽은 영혼을 살릴 수 있습니다. 그러기 위해 우리는 무엇보다도 은혜 체험자가 되어야 합니다.

둘째, 청년의 영혼을 살리는 것과 장년의 영혼을 살리는 것에는 그 방식과 내용이 다르지 않습니다. 모두 죽은 영혼에 생명을 불어 넣어야 살릴 수 있습니다. 교회가 생명력이 있어야, 뜨거워야 청년의 영혼을 살릴 수 있습니다. 하버드 대학에서 가르치는 유명 신학자로 하비 콕스(Harvey Cox)라는 분이 있습니다. 이분은 1960년대에 『세속 도시』라는 책을 써서 신학계에서 일약 스타가 되었습니다. 그 내용 중 일부는 이제 20세기 후반은 종교는 쇠퇴하고 세속이 세상을 지배하게 될 것이라는 것이었습니다. 그런데 그 책을 쓴지 30년 가까이 되어 되돌아보니, 이것이 미국의 기존 교파인 감리교, 성공회, 장로교에는 그대로 맞아 떨어져 그동안 그 교파들은 신자를 반 이상 잃었지만, 신앙이 뜨거운 교회들은 몇 배나 성장한 것을 보고 자신의 예언이 틀렸음을 『하늘의 불』(Fire from Heaven)(1994)이라는 책 서문에서 고백하고 있습니다. 지금, 한국 교회는 전반적으로 쇠퇴하고 있지만, 생명이 살아 있는 교회, 신앙이 뜨거운 교회는 놀랍게 성장하고 있습니다. 청년부의 경우도 마찬가지입니다. 교회가 생명력을 잃어버려서 청년을 살리지 못하는 것이지, 세상이 바뀌어서 청년을 끌지 못하는 것이 아닙니다.

셋째, 청년을 사랑해서 눈물로 기도하고 관심을 가져야 청년을 살릴 수 있습니다. 저는 사실 처음에 중고등부/청년부 전도사로 사역을 시작했고, 열매도 있었지만, 나이가 들면서 청년부에 대한 관심은 줄어들었고, 또 그 사역에 전문성도 없다고 생각되어 청년 영혼 구령에 큰 애정과 관심과 시간을 쏟지 못했습니다. 그런데, 청년 유두고의 죽음에 대한 본문을 읽으면서 대학 교회인 우리 교회는 이 사명을 제외할 수 없다는 것을 최근 많이 느끼고 있습니다. 사랑하는 것만큼 우리는 거둘 수 있습니다. 청년을 사랑해야 청년의 영혼을 얻을 수 있습니다. 그래서 우리 교회는 앞으로 청년에 관심을 갖고 기도하며, 재정을 투자해야 할 것입니다.

넷째, 청년부 전문 사역자를 양성하고, 청년 사역을 하는 단체를 후원함으로 우리는 청년의 영혼을 더 많이 살릴 수 있습니다. 청년을 생각하면 가슴이 뛰는 사역자를 우리는 초빙하고 후원하고 양성해야 합니다. 앞으로 우리 교회는 대학에 있는 선교 단체를 우리는 물심양면으로 후원하려고 합니다. 우리 교회 청년부에 더 많은 예산을 세우고, 청년부 사역자를 적극적으로 후원해서 최대한 일을 잘 하도록 도와야 합니다.

적용과 실천

오늘 말씀의 주안점은 청년의 영혼을 살리자는 것입니다. 먼저, 청년인 우리 자녀들을 살립시다. 청년을 자녀로 둔 우리 성도님들, 모두 같이 우리 자녀의 영혼부터 살립시다. 그런데 자녀의 영혼을 살리려면 눈물과 기도가 있어야 합니다. 포기하지 않는 끈질긴 사랑이 없이는 살릴 수 없습니다. 교회에 우리 자녀의 영혼을 맡겨놓으면 알아서 되겠지, 하고 생각하면 안 됩니다. 우리의 기도와 사랑으로 청년인 우리 자녀들을 살려야 하는데, 나중에 구체적으로 어떻게 살릴지, 교회 전체가 캠페인을 벌여 공동으로 기도하고, 구체적인 프로그램을 만들려고 합니다.

오늘 설교의 주안점은 청년을 살리는 것이지, 청년들에게 말하는 것이 아니지만, 청년들에게 몇 가지 당부를 드리고자 합니다. 첫째, 세상에 대해서 불평불만 하는 일에 지나치게 시간을 허비하지 마세요. 우리의 삶은 하나님과의 관계가 결정하지, 환경이 결정하지 않습니다. 둘째, 청년의 때에 하나님을 인격적으로 만나고 성령을 체험하세요. 바울도 요한 웨슬리도 모두 30대 초반에 예수를 만나 인생이 완전히 새롭게 됐습니다. 셋째, 성령을 체험했으면 하나님께 순종하고 헌신하세요.

62 행복은 사명 감당에서 온다
(20:17-27)

그리스도인의 행복은 어디에서 옵니까? 그것은 그리스도인으로서 자신이 해야 할 일이 있고, 그것은 자신만 할 수 있고, 또 하나님이 그 사명을 자신에게 맡겨 주셨다고 생각하는 데서 발생합니다. 그리고 실제로 그 사명을 감당할 때 행복해 집니다. 한 마디로 말해, 그리스도인의 "행복은 사명 감당에서 옵니다. 이것을 질문의 형태로 표현한다면 이렇게 말할 수 있을 것입니다. "당신은 지금 목숨 걸 사명이 있습니까?" 이것이 있고, 그 사명을 감당하면 행복한 삶을 살 수 있지만, 그 사명이 없다면 인생이 지루해 질 수 있습니다. 우리는 바울이 어떤 사명감이 있었는지, 또 그가 참으로 그 사명 감당으로 행복했었는지를 살펴보고자 합니다.

바울의 사명: 은혜의 복음 전파

본문은 바울이 3차 선교 여행을 마치고 예루살렘으로 귀환하면서 에베소 근처에 있는 밀레도 항에서 에베소 장로들을 청하여 한 고별 설교의 일부분입니다. 바울은 여기서 인생을 두 가지로 표현합니다. 첫째, 인생은 "나의 달려갈 길[인생 길]"입니다. 우선, 걸어갈 길이라는 말보다 달려갈 길이라는 말은 인생이 역동적인 것임을 보여줍니다. 인생은 피동적으로 살아가는 것이 아니라 능동적으로 달려갈 길이라는 것이지요. 또, 인생은 "나의", 즉 각자의 길이 있다는 것입니다. 바울은 자신의 삶을 다른 사람과 비교하지 않고 "자신의 길"을 간 사람입니다.

둘째, 바울은 인생을 사명을 감당하면서 사는 것이라고 봅니다. 여기서 사명은 자아실현과는 전혀 다른 것입니다. 인생은 자신의 뜻을 이루는 것이 아니라 "주 예수께로부터 [직접] 받은 사명"입니다. 여기서 사명이라는 말에는 인생은 주님의 명을 받아 섬기는 일을 하는 것이라는 점이 전제되어 있습니다. 자아실현은 하다가 재미없으면 그만 두면 되는 것이지만, 사명은 반드시 감당해야 할 일입니다. 사명은 그것을 준 사람이 맡긴 일이고, 명령이기 때문입니다.

바울은 인생의 달려갈 길과 사명은 "완수해야" 하는 일이라고 합니다. 여기서 "마치다"라는 말은 본래 "완수하다"(complete)라는 뜻입니다. 이것은 요한복음 19:30에서 예수님이 십자가상에서 "다 이루었다" 할 때에서 쓰인 단어입니다. 예수님도 하나님이 주신 사명을 다 완수하고 나서 이 말씀을 했고, 바울도 여기서 3차 전도 여행을 마치면서 이 말을 하고 있습니다. 사명은 완수해야 하는 일입니다.

바울의 사명 내용은 "하나님의 은혜의 복음을 전파하는 일"이었습니다. 은혜의 복음이 무엇인지는 바울이 그의 서신서에서 계속 말해 온 것입니다. 그것은 모든 사람은 죄인이고 멸망받는데, 하나님이 은혜로 구원을 모든 사람에게 주셨다는 것입니다. 하나님이 이렇게 은혜로 구원을 주셨다는 것을 믿으면 구원을 받는다는 것이 복음입니다. 바울은 바로 이 복음을 널리 전파하는 일을 사명으로 알고 살았습니다.

그런데 이 은혜의 복음을 받아들이지 않거나, 변질시키는 자들이 있었습니다. 주류 유대인들은 예수를 나무에 달린 저주받은 자라로 생각하여 예수를 믿지 않았습니다. 예수를 받아들인 일부 유대인들은 은혜의 복음에다 할례의 무거운 짐을 얹어 놓아 사람을 억압했습니다(갈 6:12-13). 또 일부 이방인들은 유대인들이 복음을 받아들이지 않는다고 무시했습니다(로마서 9-11장). 또 어떤 신자들은 성령의 은사를 받았다고, 다른 신자들을 무시하기도 했습니다(고린도전서 12-14장). 그래서 바울은 이 복음을 전하는데 있어서 많은 위험에 처했습니다. "여러 번 여행하면서 강의 위험과 강도의 위험과 동족의 위험과 이방인의 위험과 시내의 위험과 광야의 위험과 바다의 위험과 거짓 형제 중의 위험을 당하고."(고후 11:26) 그렇지만 바울은 이 사명을 포기하지 않았습니다. "나를 능하게 하신 그리스도 예수 우리 주께 내가 감사함은 나를 충성되이 여겨 내게 직분을 맡기심이니."(딤전 1:12)

바울은 그렇게 소중한 자신의 생명까지도 복음을 전파하기 위해서는 조금도 아깝게 여기지 않았습니다. 바울에게 있어 이 복음을 전파하는 일은 생명까지도 바칠 수 있는 귀중한 일이었습니다. 여기서 바울은 "달려갈 길"과 "사명"을 모두 완수해야 한다고 말합니다. 사실 이 말은 같은 말입니다. 사도행전 13:25에서도 바울은 "요한이 달려갈 길을 마칠 때에"라고 해서, 요한의 사명의 길을 바로 이 용어로 설명하고 있기 때문입니다. 하지만 여기서 사명은 "달려갈 길"과 약간은 다르게 사용한 것으로도 보입니다. 바울은 사명을 복음 선포 하는 일이라고 설명하고 있습니다. 하지만 "달려갈 길"은 보다 일반적인 사명입니다. 예를 들어, 직업으로서의 사명, 하나님의 뜻대로 살아내야 할 사명 등입니다. 그렇다면 이것은 일상의 사명인 셈입니다. 디모데후서 4:7에서 바울은 자신의 삶을 정리하면서 "나의 달려갈 길을 마치고"라고 하고 있습니다. 이것은 직접 복음 전파 뿐만 아니라 모든 하나님의 길을 잘 달려 나간 것을 말합니다. 바울은 일상의 사명과 특수한 복음 전도의 사명을 다 말하고 있습니다.

바울은 행복했을까?

그렇다면 바울은 이렇게 목숨까지 바치려고 하는 이 일들을 하면서 행복했을까요? 그 대답은 "물론입니다"입니다. 사도행전 26장에 보면 바울이 헤롯의 증손자인 헤롯 아그립바 2세 앞에서 자신의 무죄를 주장하면서 전도하는 장면이 나옵니다. 자신을 변명하면서 실제로는 전도를 하자, 헤롯 아그립바 2세는 바울에게 이렇게 말합니다. "네가 적은 말로 나를 권하여 그리스도인이 되게 하려는 도다."(28절) 이에 대해 바울은 이렇게 대답합니다. "말이 적으나 많으나 당신뿐만 아니라 오늘 내 말을 듣는 모든 사람도 다 이렇게 결박된 것 외에는 나와 같이 되기를 하나님께 원하나이다."(29절)

바울은 비록 구속되어 있는 몸이기는 했지만, 육체 이외에는 어떤 것에도 억압된 것이 없이 행복했기 때문에, 이렇게 왕 앞에서도 자신이 더 행복하다고 서슴없이 말했습니다. 이 말을 듣고 아그립바 2세와 이 말을 같이 들은 사람들은 어느 정도 감동이 되었습니다. 그들은 바울을 정죄하지 않았습니다(행 26:30-32).

사도행전 마지막 부분에 보면 바울이 가택연금 상태에 있으면서도, 복음을 전파하며 하나님 나라를 전파하는 장면이 나오는데, 여기서 바울은 매우 활발하고 행복한 일상을 사는 걸로 묘사되어 있습니다. "바울이 온 이태를 자기 셋집에 머물면서 자기에게 오는 사람을 다 영접하고 하나님 나라를 전파하며 주 예수 그리스도에 관한 모든 것을 담대하게 거침없이 가르치더라."(행 28:30-31) 여기서 헬라어 성경에서는 맨 마지막에 나오는 단어가 "거침없이"입니다. 그는 얼마 후 순교를 당했지만, 이때 행복하게, 거침없이 복음을 전하는 삶을 살고 있었던 것이지요.

사명 감당과 행복

우리도 이 사명을 감당하면 행복합니다. 은혜를 체험하고, 그것을 간증하며 복음을 전하면 행복해집니다. 자아실현하면 만족감이 든다면, 사명 감당하면 행복해집니다. 저는 목회자가 되기 전, 교회에서 청년회 회장을 할 때 이 기쁨을 맛보았습니다. 저희 교회에서 청년 회장은 설교를 제외한 모든 영적인 일을 책임지는 직책이었습니다. 학교 생활 이외의 시간을 거의 다 이 일을 위해 마치면서 저는 참으로 행복했습니다. 여러분도, 구역장, 교사, 성가대원을 하면서 이것이 하나님이 주신 사명이라고 생각하면 정말 행복해집니다. 이 일을 하나님이 맡기셨고, 이 일을 통해서 죽은 영혼이 살아나고, 잠자는 영혼이 깨어나는 것을 보면서 우리는 참으로 행복을 경험합니다. 신앙생활 하는 사람은 이 행복을 반드시 맛보아야 합니다.

그런데 교회 사역을 하면서 사명이 자아실현으로 변질될 때 자신도 행복하지 않고, 주위 사람도 힘들게 만듭니다. 목사에게도 목회 사역이 사명 감당이 아니라 일종의 입신양명의 수단이 될 수 있습니다. 그렇다면 그는 종교 비즈니스 하는 종교 장사꾼입니다. 어떤 사람에게는 장로 된 것이 모든 성도를 섬기는 결정을 하라는 사명이 아니라, 그 자체가 벼슬이 되는 경우가 있습니다. 미국 장로 교회에서는 3년 장로하고 1년

쉬고, 재투표해서 당선되면 두 번, 최대 6년을 시무장로를 할 수 있는데, 대개 다시 하지 않으려고 한다고 합니다. 왜냐하면 이 사역이 자신의 생업을 상당한 정도로 접으면서까지 봉사해야 하는 일이기 때문입니다. 우리 중에는 장로가 되는 것을 역시나 자아실현과 사익의 도구로 삼으려는 사람들이 있습니다.

어떤 사람에게 어떤 직책이 주어지면, 계속 다른 사람에게 흘러 보내지 않고 자신이 주장하고 주관하는 경우가 있습니다. 이것 또한 사명 감당의 태도가 아닙니다. 이런 행동으로 인해 많은 사람이 피해를 봅니다. 또 기독교란 이름으로 사업, 혹은 학교 경영을 하면서 자아실현의 도구로 기독교의 이름을 사용하는 경우도 많습니다. 이런 사람의 전형이 요한삼서 9절에 나오는 디오드레베입니다. 그는 으뜸 되기를 좋아하는 자아실현을 목적으로 교회 일을 하는 사람이었습니다. 그렇기에 그는 다른 사람을 영접하지 않았습니다. 자신만이 대장이 되어야 했으니까요.

모든 신자는 복음 전파의 사명 이외에, 우리는 각자의 일터에서 빛과 소금이 되는 사명을 받았습니다. 곧 종교 개혁자들이 말한 "직업 소명"이고, 요즘 말하는 말로는 일터의 사명입니다.

첫째, 모든 사람은 자신이 하는 일에서 장인이 될 사명이 있습니다. 어떤 일에 장인이 되기 위해서는 일만 시간을 투자하면 된다고 합니다. "생활의 달인"에 나오는 사람들은 많은 시간을 투자해서 그 일을 한 사람들이고, 또 그 일에 특별한 재능이 있는 사람들입니다. 우리는 각자 일에서 장인이 되어야 합니다.

둘째, 모든 그리스도인은 일터에서 복음의 원리대로 살아야 할 사명이 있습니다. 그리스도인 사장님이 회사에서 예배를 드리고 일을 시작한다고, 일터의 사명을 감당하는 것이 아닙니다. 회사를 기독교적으로 경영해야 그 사명을 감당하는 것입니다. 미션 스쿨에서 채플 시간을 갖는다고 크리스천의 사명을 감당하는 것이 아니라 학교를 그리스도인의 가치대로 운영해서 불신자들을 감동시켜야 합니다.

셋째, 그리스도인도 성인이면 가족 부양의 사명이 있습니다. 돈 버는 일을 하는 것은 큰 일을 하는 것입니다. 직접 복음 전파를 하지 않고, 돈을 버는 일을 한다고 복음적인 일을 하지 않는 것이 아닙니다. 가족을 위해 돈을 버는 일은 귀한 일입니다.

넷째, 보스를 둔 사람은 순종하는 사명을 받은 것이고, 보스는 섬김의 사명을 받은 것입니다. 모두가 주인 노릇하려고 하는 이 시대에 순종의 사명을 감당하는 사람은 귀한 일을 하는 것입니다. 또 사람이 사람을 지배하는 이 시대에 섬김의 도리를 다하는 사람도 귀합니다.

다섯째, 다른 사람에게 일을 맡기는 것도 귀한 사명입니다. 하나님은 어떤 사람에게 지도자의 사명을 준 것은 그 일을 혼자 다 하라고 준 것이 아니라 그 일을 다른 사람과 나누어 협동하라는 것입니다. 혼자 모든 것을 하는 사람은 엘리트는 될 수 있어도 지도자가 될 수는 없습니다.

적용과 실천

여러분, 지금 행복합니까? 오늘 완수할 사명이 있습니까? 사명 감당은 사람을 행복하게 합니다. 우리는 복음 전파의 사명과 일상 살아내기 사명을 통해, 어떤 어려운 일 가운데서도 행복을 맛볼 수 있습니다. 그런데 사명을 감당하다 변질되어 그것이 자아실현으로 바뀌는 경우가 있는데, 거기에는 행복이 없습니다. 우리가 주님이 주시는 사명자로 살 때만 행복할 수 있습니다.

63 목회가 있는 교회
(20:28-38)

"목회가 있는 교회"라는 말은 약간의 도발을 담고 있습니다. 목회가 없는 교회도 있을 수 있다는 것이지요. 대학 교회는 그런 위험이 많은 교회 형태입니다. 사람들이 그냥 좋은 설교 들으러 모이는 교회가 될 수 있습니다. 목회 하는 것도 좋아하지 않고, 목회 받는 것도 싫어하는 그런 교회 말입니다. 하지만 교회가 좋은 강의 들으러 오는 학교 같은 곳이 되어서는 안 됩니다. 정상적인 교회에는 목회가 있어야 합니다. 그래서 오늘은 목회의 성경적 근거와 목회하고 목회 받는 것이 무엇인지 본문을 통해서 생각해 보겠습니다.

목양의 성경적 근거

바울이 에베소 교회 장로들을 모아 놓고 그들에게 목양을 하라고 합니다(28절). 본문에 보면 "양떼"라는 말이 나옵니다. 그렇다면 목회하라는 말은 어디에 나옵니까? "보살피게 하셨느니라"가 사실 원어에서는 "양을 돌보다"(to shepherd)라는 단어인데, 우리말로 이렇게 의역한 것입니다. 본문에는 "양"이라는 명사와 "목양하다"라는 동사가 같이 나옵니다. 본문의 요지는 이것입니다. 너희를 양떼 중에서 뽑아서 "감독자"로 임명한 것은 바로 "교회[그 양떼]를 목양하기 위함이다." 여기서 직분자를 세운 목적이 목양을 하기 위한 것이라고 합니다.

그런데 이런 목양 이미지는 성도 간에 이루어지는 일이기에 앞서 본래는 하나님과 이스라엘 백성 간에 있었던 것입니다. 우리가 잘 아는 시편 23편이 그런 것이죠. "여호와는 나의 목자이시니 내게 부족함이 없으리로다. 그가 나를 푸른 풀밭에 누이시며 쉴 만한 물가로 인도하시는도다."(시 23:1-2) 이사야서 40:11에도 하나님을 목자로 묘사합니다. "그[여호와]는 목자 같이 양떼를 먹이시며 어린 양을 그 팔로 모아 품에 안으시며 젖먹이는 암컷들을 온순히 인도하시리로다."

신약 성서에서 이런 목자는 예수님의 역할로 묘사됩니다. 누가복음 12:32에서 목자로서 예수님은 양떼인 제자들에게 이렇게 말씀하십니다. "적은 무리여[양떼여] 무서워 말라. 너희 아버지께서 그 나라를 너희에게 주시기를 기뻐하시느니라." 요한복음에서 예수님은 계속해서 자신이 선한 목자임을 선포합니다. "나는 선한 목자라…."(10: 11, 14) 예수님은 양떼와 긴밀한 관계를 맺으시면서 그들을 한 사람 한 사람 교제하면서 인도한다고 합니다(10:16). 예수님은 목자입니다.

하나님이 이스라엘 백성의 목자이시고, 예수님의 제자들의 목자라는 말은 쉽게 이해되고, 또 받아들일 수 있습니다. 그런데 예수님은 부활 후 나타나셔서 제자들의 대표 베드로에게 "네가 나를 사랑하느냐"고 세 번 물으시고, 이어서 "내 양을 목양하라"는 명령을 하십니다(요 21:15-17). 하나님이 인간을 목양하는 것이 아니라, 인간이 인간을 목양한다는 것입니다. 이 이미지가 너무 강하기 때문에 우리는 여기서 베드로의 역할을 가톨릭교회에서처럼 교황의 역할로 한정하기도 합니다. 실제로 가톨릭교회에서는 교황을 "목자"라고 부릅니다. 하지만 본문에서 베드로는 제자들을 대표해서 이 사명을 받은 것이지, 그만 홀로 이 사명을 받은 것이 아닙니다.

본문과 신약 성경 여러 곳에서 지도자를 목자로 말하는 경우가 많습니다. 에베소서 4:11에 보면 "그가 어떤 사람은 사도로, 어떤 사람은 선지자로, 어떤 사람은 복음 전하는 자로, 어떤 사람은 목사와 교사로 삼으셨으니"라고 되어 있는데, 여기서 목사가 "목자"입니다. 베드로전서 5:1-3에 보면 베드로는 교회 지도자들을 목자의 이미지로 묘사합니다. "너희 중에 있는 하나님의 양 무리를 치되 억지로 하지 말고 하나님의 뜻을 따라 자원함으로 하며 더러운 이득을 위하여 하지 말고 기꺼이 하며 맡은 자들에게 주장하는 자세를 하지 말고 양 무리의 본이 되라."

신약 성경은 교회 지도자를 목자(shepherd)라고 말하고, 그 근거에 따라 현대 교회에서는 이것을 직분화해서 목사(pastor)라고 합니다. 그런데 목사 이미지는 고대 사회에서나 가능한 것이지 현대처럼 민주화된 사회에서는 맞지 않는 것이라고 생각하는 사람들이 있습니다. 저도 이 문제를 고민해 보았고, 목회하면서 성경을 연구한 끝에 이 이미지가 지금도 유효하다는 결론에 이르렀습니다. 예수님은 그 이전과 그 당시의 어떤 사람보다도 더 높은 양성평등의 의식을 가지고 계셨고, 유대교의 가부장제를 깨뜨리시려고 한 분이셨지만, 제자들에게 목양의 명령을 하는 것을 보면, 예수의 제자를 양육하는 데는 이 역할이 꼭 필요한 것이기 때문입니다.

그러면 왜 목자가 필요할까요? 그것은 예수의 제자로 헌신한 사람이 또 다른 사람을 만들기 위해서는 부모가 자녀를 기르듯이, 목자가 양을 치듯이 해야 되기 때문입니다. 인간은 타락한 이후에 훈육되지 않은 어린아이와 같고, 그릇 행하여 제 길로 가는 양과 같습니다. 이들을 잘 훈육하고 인도하는 것이 지도자들에게 맡겨진 것입니다. 그렇게 해야 예수의 제자는 온전한 제자가 될 수 있습니다.

물론, 여기서 목자가 잘못 되었을 때 그 부정적 파장은 너무도 큽니다. 목자가 잘못되는 여러 유형이 있는데, 그 중의 하나는 이른바 "그루밍"하는 것입니다. 때로는 성적으로, 때로는 정신적으로 그루밍하는 것이지요. 그래서 바울은 "여러분은 자기를 위하여 또는 온 양떼를 위하여 삼가라."(28절)고 합니다. 새번역이 본래 본문의 의도를 더 잘 살리는 번역입니다. "여러분은 자기 자신을 잘 살피고 양떼를 잘 보살피십시오." 목자는 먼저 자신을 잘 살펴야 합니다.

물론, 목자 중에는 자신을 잘 살피지 못하는 사람이 있습니다. 그래서 사람들은 이제 목자의 이미지는 벗고 교회 지도자는 그냥 '코디네이터', 즉 드라마 '스카이 캐슬'에 나오는 입시 코디와 같은 사람이라고 하자고 말할지도 모릅니다. 하지만 이 이미지로는 사람을 변화시킬 수도, 변화된 사람을 양육할 수도 없습니다. 성경과 교회의 누적된 경험으로 볼 때 지금도 여전히 목회는 필요합니다. 목회가 없는 곳에 신앙이 무너지고, 교회가 무너집니다. 목회자가 바뀌어야 하지만 목회 이미지를 버리면 안 됩니다.

본문 바로 뒤 구절인 29-31절에 보면 교회에서 목양이 없을 때 어떤 일이 일어나는 지를 바울은 가르쳐주고 있습니다. "내가 떠난 후에 사나운 이리가 여러분에게 들어와서 그 양떼를 아끼지 아니하며 또한 여러분 중에서도 제자들을 끌어 자기를 따르게 하려고 어그러진 말을 하는 사람들이 일어날 줄을 내가 아노라." 무서운 말입니다. 목자가 아니라 이리 같이 양을 잡아먹는 지도자들이 나타날 것은 물론이요, 바울의 제자인 그 장로들 "중에서도" 예수의 제자를 자기 제자 삼으려고 거짓된 말을 하는 사람들이 생겨날 것이라는 것입니다. 그래서 바울은 그의 제자들인 장로들에게 목양이 꼭 필요함을 역설합니다.

목회하고 목회 받기

지금까지 말씀드린 것의 요지는 목양은 성경적이라는 것입니다. 그렇다면 목양한다는 것은 무엇을 한다는 것일까요? 이것과 연관하여 목양을 받는다는 것은 또 어떤 것인가요? 본문 말씀과 배경을 보면 바울이 에베소 교회 장로들을 목양하는 것을 볼 수 있습니다. 여기서 바울은 목자이고, 에베소 교회 장로들은 양입니다. 여기서 바울이 한 것이 바로 목양의 내용입니다.

바울이 한 것은 첫째, 말씀 목회입니다. 32절에 보면 바울은 이렇게 말합니다. "지금 내가 여러분을 주와 및 그 은혜의 말씀에 부탁하노니 그 말씀이 여러분을 능히 든든히 세우사 거룩하게 하심을 입은 모든 자 가운데 기업이 있게 하시리라." 바울이 전한 예수의 말씀이 성도를 든든히 세운다는 것입니다. 지금도 마찬가지입니다. 목회의 기본은 하나님의 말씀을 올바로 전하는 것이고, 성도는 그 말씀을 온전히 받아들이는 것입니다. 여러분이 교회 일을 하면서, 목사가 전하는 말씀에 은혜를 받지 못하면 더 이상 중요한 일을 하면 안 됩니다. 이렇게 되면 반드시 문제가 발생합니다. 먼저, 성경 말씀을 읽으면서 은혜를 받아야 하고, 다음으로, 목사가 전하는 설교 말씀에 은혜를 받아야 합니다. 여러분 자신을 점검해 보십시오. 여러분은 담임 목사를 비롯한 목회자들의 설교에 은혜를 받으십니까? 그렇지 않다면, 교회 일하는 것을 보류해야 합니다.

둘째, 권면 혹은 훈계 목회입니다. 31절에 보면 "그러므로 여러분이 일

깨어 내가 3년이나 밤낮 쉬지 않고 눈물로 각 사람을 훈계하던 것을 기억하라." 여기서 "훈계"라는 말은 어른이 아이에게 올바른 것을 가르칠 때 쓰는 말입니다. 예수의 제자는 먼저 예수의 제자가 된 자로서 목자로 부르심을 받은 자가 양을 채찍으로 인도하듯이, 성도를 인도하는 것입니다. 여기에 "훈계"는 필수적입니다. 그런데 저도 그렇고 요즘 다른 목회자들도 여간해서 성도를 훈계하지 않습니다. 훈계하기가 어렵기 때문이지요. 하지만 목회에는 반드시 훈계가 있어야 합니다. 제 친구는 강남구 일원동에서 목회를 하는데, 개척 교회 시절 그 교회에서 가장 십일조를 많이 하는 집사가 교회의 기본 방침과 어긋나게 계속 행동을 해서 그를 불러서 이렇게 훈계했다고 합니다. "집사님, 우리 교회의 목회 방침에 따르든지, 아니면 집사님이 따를 수 있는 교회로 옮기세요." 결국 그 집사는 다른 교회로 옮겼다고 합니다. 이것이 목회입니다. 양이 제 갈 길로 갈 때 안타깝지만 그대로 놔두는 것, 그것은 올바른 목회가 아닙니다.

셋째, 교육 혹은 양육 목회입니다. 바울은 이렇게 말합니다. "보라 내가 여러분 중에 왕래하며 하나님 나라를 전파하였으나…"(25절) 바울은 에베소 교인들에게 하나님 나라를 가르쳤습니다. "유익한 것은 무엇이든지 공중 앞에서나 각 집에서나 거리낌 없이 여러분에게 전하여 가르치고."(20절) 목회에는 반드시 성경 말씀을 가르치는 교육 목회가 있어야 합니다. 그런데 그 교육은 단순한 지식 교육이 아니라 사람들이 성장하도록 양육하는 것도 포함됩니다.

넷째, 마지막으로 모본(模本) 목회입니다. 33-35절에서 바울은 이렇게 말합니다. "내가 아무의 은이나 금이나 의복을 탐하지 아니하였고 여러분이 아는 바와 같이 이 손으로 나와 내 동행들이 쓰는 것을 충당하여 범사에 여러분에게 모본을 보여준 바와 같이…" 또 이렇게 말합니다. "… 그들에게 말하되 아시아에 들어온 첫날부터 지금까지 내가 항상 여러분 가운데서 어떻게 행하였는지를 여러분도 아는 바니 곧 모든 겸손과 눈물이며 유대인의 간계로 말미암아 당한 시험을 참고 주를 섬긴 것과."(18-19절) 아마도 이 목회가 가장 필요하고, 이것이 없이는 앞의 말씀 목회, 훈계 목회, 교육 목회가 무용지물이 됩니다.

적용과 실천

여러분은 목회의 성경적 근거에 동의하고 목회자를 신뢰하시나요? 목사의 인격과 설교를 충분히 받아들이지 않으면서 교회 일하면 탈납니다. 목회자가 자신의 신앙의 감독자라는 것을 인정하지 않으면 그 신앙은 병듭니다. 목회자를 인정하고 존중하지 않는 사람은 성숙한 신자가 아닙니다. 오덕호 목사님의 facebook에 이런 내용이 있습니다.

> 교회에서 목사님 말씀을 잘 듣는 것보다 더 좋은 교육 방법은 없습니다.
> 성도님들이 목사님을 무시하는 교회 생활은 최악의 비극입니다.
> 오늘날 목사님들이 무시당하는 교회가 많아 얼마나 마음이 아픈지 모릅니다.
> 이것은 목사님들이 자초한 면도 있을 것입니다.
> 그러나 어떤 이유로든지 목사님이 존경받지 못하는 것은 온 교회의 비극입니다.
> 목사님들이 존경받을 만한 영적 지도자의 모습을 회복하면 좋겠습니다.
> 성도님들도 목사님이 부족하다고 함부로 욕하지 않으면 좋겠습니다.

목사님들이 바로 서고 성도님들은 목사님을 존경하여 한국 교회가 회복될 수 있기 바랍니다.

저는 목회를 믿습니다. 올 한 해는 목회하고 목회 받는 교회가 될 것입니다. 대학 교회의 특수성이 없는 것은 아니지만 대학 교회라고 목회가 필요하지 않는 것이 아닙니다. 무엇보다도 목회를 받을 것을 기대하십시오. 목회를 제대로 받으면 여러분이 성숙한 신앙인이 될 것입니다.

64 코람데오 플러스 2
(21:1-6)

1986년 3월, 제가 서울신학대학교 신학대학원에 입학했을 때 춘계 부흥회 때 하신 강사 목사님의 첫 마디 말씀이 아직도 기억납니다. 그 강사는 역촌성결교회 김효겸 목사님이었는데, 신학교 교수들과 신학생들 앞에서 이런 말씀으로 부흥회를 시작했습니다. "저는 오늘 여러분을 불신자라고 생각하고 거기서부터 출발해서 말씀을 전하겠습니다." 우리는 목사와 신학생을 모두 자동적으로 헌신자가 된 사람들로 생각하는데, 사실은 신앙의 기초에 이르지 못한 경우도 정말 많다는 것이었습니다. 그런데, 돌이켜보니 그 부흥회가 신학교에서 한 영성 수련회 중에서 은혜가 가장 풍성했습니다. 그때 저는 저의 신앙을 뿌리부터 점검해 보게 되었습니다.

저는 우리 교회에서도 여러분에게 이 말씀으로 시작하려고 합니다. 오늘 모든 계급장(직분, 신앙 연조, 전통)을 떼고 여러분이 불신자라고 생각하고, 우리 모두 우리의 신앙을 근원부터 조사해 보겠습니다. 우리 자신이 종교인인지, 명목상의 신자인지, 정말 그리스도의 제자가 되기로 결단한 사람인지 한번 점검해 보겠습니다. 사도행전에 나오는 신앙의 밑바닥에 있는 사람부터 성령 충만에 이른 사람까지 살펴보겠습니다.

비그리스도인의 삶

1. 안하무인의 삶

사도행전에서 신앙과 관계되어 가장 밑바닥에 있는 사람은 안하무인(眼下無人)의 사람입니다. 그 대표적인 사람이 사도행전 12장에 나오는 헤롯 아그립바 1세입니다. 그는 사도 야고보를 칼로 쳐 죽였고(행 12:2), 베드로를 체포하여 죽이려 했습니다(행 12:3-4). 그는 결국 연설할 때 사람들이 "이것은 신의 소리요 사람의 소리가 아니라"(행 12:22)는 말에 하나님께 영광을 돌리지 않아 주의 사자가 그를 쳐서 벌레에 먹혀 죽습니다(행 12:23). 우리는 자신이 이런 극악무도한 사람은 아니라고 생각할 것입니다. 하지만 자신이 신이 되어 사는 사람이 우리 주위에 보면 없지 않습니다. 또 우리는 힘이 있는 사람의 말에 "당신의 말은 옳소이다."라고 외치며 사는 경우도 정말 많습니다. 우리는 이러한 삶에서 벗어나야 합니다.

2. 이념에 이끌리는 삶

사도행전에서 불신앙 집단으로 대표적으로 묘사된 사람들은 "대제사장과 성전 맡은 자와 사두개인들"(행 4:1)과 유대인 일반 백성들(행 21:30)입니다. 그들은 하나님보다도 자신들이 신봉하는 이념, 율법관에 목숨을 건 사람들이었습니다. 그래서 그들은 그 이념과 조금이라도 다른 생각을 가진 사람들을 죽였고(예, 스데반), 또 죽이려고 했습니다.

지금도 특정 이념에 끌려 사는 사람들이 많습니다. 이들은 자신과 이념이 다른 사람들에게는 매우 공격적입니다. 사실, 회심하기 이전에 바울도 이랬습니다. 그는 사도행전 22장 4절에서 "내가 이 도를 박해하여 사람을 죽이기까지 하고 남녀를 결박하여 옥에 넘겼노니"라고 고백합니다. 교리보다 중요한 것이 하나님이고, 이념보다 중요한 것이 사람입니다. 이념으로 사람을 쳐내어 죽이는 것은 사도행전에 말하는 대표적인 불신앙입니다. 지금도 세상 사람들은 좌우 이념으로 상대방을 죽이는데 혈안이 되어 있습니다. 여기에는 많은 기독교인들도 있습니다.

3. '정치인'의 삶

사도행전에는 안하무인의 사람도 아니요, 이념에 경도된 사람이 아닌 사람들을 중도적 인물들이 나오는데, 이들은 사도행전에서 대체적으로 긍정적으로 소개됩니다. 예를 들면, 이런 사람들입니다. 첫째, 유대인 율법 교사 가말리엘은 유대인 공의회에서 사도들을 죽이려고 할 때, 하나님의 주권론을 내세워 그들을 구해줍니다(행 5:33-42). 둘째, 로마가 파송한 벨릭스 총독은 바울이 하는 말을 듣고 그의 말이 옳다고 생각했지만, 자신의 신분을 지키고 또 그에게 뇌물을 받을까 하여 그를 풀어주지 않고 2년이나 구류해 둡니다(행 24:24-27).

여기서 누가는 위 인물들을 그렇게 나쁜 인물로 묘사하지 않습니다. 중립적인 사람들이 볼 때 기독교는 나쁘지 않다는 것을 말하기 위해 이 인물들을 등장시킵니다. 하지만 이들은 예수의 제자가 되지 못한 비겁쟁이라는 것도 전제되어 있습니다. 어떤 사람은 매우 객관적이고, 합리적이라서 사리는 잘 분별하지만 자신은 옳은 일에 자신의 발을 한 발짝도 내밀지 않는 사람이 있습니다. 바로 비겁쟁이들입니다.

4. 착한 불신자의 삶

바울이 로마로 압송되어 갈 때 배가 유라굴로라는 광풍을 만나 파선되는 사고가 일어났습니다. 그때 배가 멜리데 섬에 도착했는데, 죄수를 실은 배에서 죄수들이 육지에 헤엄쳐서 도망가는 것을 방지하기 위해 로마 군사들이 죄수를 죽이려 하자, 로마 백부장은 바울을 살리려고 죄수를 죽이지 못하게 합니다(행 27:43). 이 사람은 그리스도인이 아니지만 선인입니다. 우리 주위에 보면 그리스도인이 되지 않고 그냥 착한 사람으로 남아 있는 사람들이 있습니다. 경우도 바르고, 욕심도 많지 않고, 타인에게 늘 선의로 대하는 사람들이 있습니다. 그런데 그리스도인은 되지 않습니다. 오히려 이런 사람들이 문제입니다. 선하게 살기 때문에 자신이 죄인인 것을 잘 깨닫지 못하는 것이지요.

5. 종교인의 삶

여기까지 말씀드리니, 안심하는 분들이 많이 계실 것 같습니다. "나는 안하무인의 사람도 아니요, 특정 이념에 이끌려 사는 사람도 아니요, 비겁쟁이도 아니요, 착한 불신자도 아니네요. 다행입니다." 그런데 하나 더 있습니다. 기독교를 종교로 선택해서 그 종교의 힘으로 위안도 얻고, 죽어서 천국도 가고 그런 사람들이 있습니다. 이 사람들은 예배, 헌금, 봉사 등 모든 교회 활동에 참여하지만 성경의 가치대로 살려고 하지는 않는 사람들입니다. 그저 자신이 설정해 놓은, 자신이 지금까지 경험한 영역 안에서 기독교를 받아들이는 사람들입니다. 성경이 말하는 그 예수에 대해서는 별 관심이 없습니다. 그냥 자신이 평상시에 생각하는 그 예수만 받아들입니다. 그 예수는 실재하는 분이 아니라 자신이 만든 예수입니다.

사도행전에서 이러한 사람의 전형으로 나오는 사람은 사도행전 5:1-11에 나오는 아나니아와 삽비라 부부입니다. 어떻게 보면 이 사람들은 극악무도한 사람은 아니었습니다. 기독교가 좋아서 그것을 받아들였고, 그뿐 아니라 당시 교회의 결정에도 어느 정도 따라서 자기의 소유를 팔아서 사도들 앞에 반이나 갖다 놓기도 했습니다. 그런데, 무엇이 문제입니까? 이들에게 기독교는 예수교가 아니라 종교였습니다. 헌금의 일부를 감춘 것에서 그들의 마음이 드러나 있습니다. 이들은 하나님과 교제와 관계보다는 사람들과 어울리는 종교로서 교회를 선택한 것입니다.

제가 가장 우려하는 바가 바로 이 점입니다. 우리 교회 교인들의 신앙생활은 종교인의 삶으로 전락할 가능성이 매우 높습니다. 우리 교회는 직분과 그 사람의 신앙 수준이 일치하지 않는 경우가 많습니다. 기독교의 핵심은 예수 믿고 거듭나서 주님과 교제하는 것인데, 여기에 생 기초도 안 된 사람들이 중직에 임명된 경우가 많습니다. 성경도 한 번도 읽어 보지 않은 사람, 기도 가운데 하나님의 임재를 한 번도 맛보지 못한 사람, 물질의 주인이 하나님이라는 사실을 고백하고 온전한 십일조로 그것을 고백하지 못하는 직분자의 수가 너무도 많습니다.

유기성 목사님이 목회자 세미나에서 이렇게 말했습니다. "목회 사역에 중심을 두면 반드시 허탈해진다. 예수님과 사귐(교제)에 중심을 두어야 항상 행복하다." 신앙생활이 직분을 통해서 무엇을 하는 것으로 착각하는 사람이 많이 있습니다. 아닙니다. 신앙생활은 하나님과의 교제가 핵심입니다. 이것이 없이는 모든 것이 의미 없는 것입니다.

그리스도인의 삶

1. 회개인의 삶

그리스도인이냐 아니냐를 결정짓는 것은 회개 여부입니다. 회개하지 않았다면 그 사람은 종교인이지 그리스도인이 아닙니다. 그런데 회개의 시작은 하나님의 말씀에 자신이 노출되었을 때 자신의 양심에 찔리면서 자신이 죄인이라는 것을 깨닫고 느끼고 마음 아파하는 것입니다. "내가 틀렸어. 내가 근본부터 마음의 방향이 잘못 되었어."라고 진정으로 마음으로 고백하는 것이 회개입니다. 이것은 후회와 다릅니다. 원래 자신은 올바른데 몇 가지 실수했다고 생각하는 것은 후회입니다. 사도행전 2장에서 베드로의 설교를 듣고 사람들이 일으킨 반응이 바로 회개였습니다. "그들이 이 말을 듣고 마음에 찔려…이르되…우리가 어찌할꼬?"(행 2:37) 그때 베드로가 한 말이 "너희가 회개하여 각각 예수 그리스도의 이름으로 세례를 받고 죄 사함을 받으라. 그리하면 성령의 선물을 받으리니…"(행 2:38) 여러분, 정말 회개했습니까? 하나님 앞에서 자아가 깨지는 체험을 했습니까?

2. 코람데오인의 삶

코람데오는 라틴어로 "하나님 앞에서"라는 말입니다. 모든 행동을 하나님 앞에서 한다는 마음으로 한다는 크리스천의 삶의 원칙입니다. 사도행전에 보면 사도들이 유대인들이 "하나님 앞에서"라는 원칙을 지키지 않고 사는 것을 책망합니다(행 4:19; 5:29; 8:21). 이 원칙은 모든 크리스천의 삶의 원칙이 되어야 합니다.

사도행전에 나오는 크리스천 중에서 코람데오형의 대표적인 인물은 아볼로입니다(행 18:24-28). 그는 성경을 잘 가르치고, 성경대로 살려고 하는 사람이었습니다. 여기서 중요한 것은 성경을 이해하고, 그것을 실행하는 의지입니다. 요즘 한국 교회에서 강조되고 있는 것이 바로 코람데오의 삶입니다. 사람들이 하나님 앞에서 있다는 생각을 못하고 자신의 욕심대로 행하니, 이 원칙이 정말 필요하다는 것입니다. 저도 이에 동의합니다. 하지만 사도행전에 나타난 크리스천의 삶의 원칙은 여기에 머무르지 않습니다.

3. 코람데오 플러스인의 삶

본문에 보면 바로 코람데오 플러스의 삶의 원칙이 나와 있습니다. 4절에 나와 있는 "성령의 감동으로"라는 말이 바로 이에 해당합니다. 바울이 3차 전도 여행을 마치고 이스라엘 항구 두로에 도착하여 예수의 제자들을 만나서 교제 하던 중 "그 제자들이 성령의 감동으로 바울더러 예루살렘에 들어가지 말라 하더라."(4절)고 합니다. 이것은 코람데오 원칙으로는 해결이 안 됩니다. 하나님 앞에서의 원칙을 아무리 생각해 보아도 거기에 가는 것이 하나님의 뜻인지 아닌지는 알 수 없습니다. 그것은 오직 성령의 인도하심을 받을 때만 알 수 있는 것입니다. 그래서 저는 이것을 코람데오 플러스로 부르기고 했고, 지난 번 이 제목으로 한 번 설교를 했기에 오늘 설교 제목을 코람데오 플러스 2로 한 것입니다. 이 원칙은 코람데오의 원칙에 따라 살면서도 성령에 이끌리는 삶을 말합니다.

사도행전과 바울 서신에 보면 바울이 코람데오 플러스의 원칙으로 살았다는 것이 넘쳐흐릅니다. 첫째, 본문 4절에는 예수의 제자들이 "성령의 감동으로"[성령을 통하여] 바울에게 예루살렘에 가지 말라고 말합니다. 10절에 보면 아가보라는 예언자가 바울이 예루살렘에 가면 체포될 것을 예언합니다. 하지만 바울은 이 모든 것을 성령이 보여 주시지만, 예루살렘에 가는 것이 하나님의 뜻인 것을 알고 결단하여 예루살렘으로 향합니다(13절). 둘째, 바울은 2차 선교 여행에서 성령의 직접적인 인도로 전도 지역을 정합니다. 사도행전 16:6-10에 보면 성령은 바울 일행에게 아시아에서 더 이상 복음을 전하지 말라. 비두니아로 가지도 말라고 하고 환상을 통해 마게도냐로 갈 것을 알려줍니다.

적용과 실천

지금도 이러한 인도를 구체적으로 받을 수 있는 것입니까? 물론입니다. 예수를 그리스도로 고백하면 성령이 우리 안에 계시고, 그러면 그 성령의 인도함을 받는 삶을 살 수 있습니다. 신앙 고백이 분명한가? 회개했는가?(행 2:38) 그러면 성령이 그 사람 속에 계시기 때문에 성령의 인도함을 받을 수 있습니다. 분명하다면 인도함을 받도록 그분을 느껴보세요. 먼저, 그분의 말씀을 들으려고 하세요. 하나님과 교제하려고 하세요. 어떻게요? 성령의 인도하심을 받으려는 결단을 하세요. 말씀을 통해서 하나님의 음성을 들으려고 하세요. 기도를 통해서 들으려고 하세요. 의지적으로 주님을 묵상함으로 주님의 음성을 들으려고 하세요. 매일 일어나서 주님과 동행하기로 결단하고, 잠 자기 전에 그날 하루 주님과 동행하며 살았는지 체크해 보세요.

65 예언의 은사에 대한 오해와 이해
(21:7-16)

우리는 예언에 대해서는 세 가지 태도 혹은 입장이 있습니다. 첫째, 반대 입장으로 "예언은 그쳤다, 예언하는 사람들은 악령에 미혹된 것이다."라고 생각하는 것입니다. 둘째, 찬성 입장인데, "예언의 은사는 신약성경에 있는 것으로 성령의 은사 중의 하나이며 바울이 추천한 은사다."라고 생각하는 것입니다. 셋째, 미결정(중도) 입장인데, "성경을 보면 예언의 은사가 필요한 것 같은데, 주변에서 예언한다는 사람들을 보면 예언의 폐해가 크기 때문에 필요 없는 것 같다."고 보는 것입니다. 여러분은 어떤 입장에 서 있습니까? 분명한 것은 우리는 예언의 은사에 대해서 바로 알아야 한다는 것입니다. "특별히 예언을 하려고 하라."(고전 14:1)는 바울의 권면이 아직도 유효하다면 예언에 대해서 무관심, 무시하는 것은 하나님 말씀에 불순종하는 것이기 때문입니다.

예언의 은사에 대한 오해

신약에 나오는 예언의 은사에 대해서 많은 오해가 있는데 그 중 중요한 것을 정리하면 다음과 같습니다.

첫째, 현재 예언은 그쳤다. 예언은 교회의 설립 은사이기 때문이다. 이 주장은 예언의 은사는 터(foundation)의 은사이기에 지금은 더 이상 필요 없다는 것입니다. "너희는 사도들과 선지자들의 터 위에 세우심을 입은 자라."(엡 2:20) "이제 그의 거룩한 사도들과 선지자들에게 성령으로 나타내신 것 같이…"(엡 3:5) 그런데 문제는 여기서 말하는 예언자는 지역 교회에서 예언하는 자들을 지칭하는가?(Richard Gaffin, Jr.) 아니면 사도의 여러 직능 중 하나를 말하는 것인가?(W. Grudem)하는 것입니다. 저는 이것을 사도의 기능 중 하나로 봅니다. 초기 교회에서 예언자라는 항존직 직분은 없었습니다. 목회 서신에도 그러한 직책은 나오지 않습니다. 거기서 감독, 장로, 집사가 항존직이었습니다. 예언자는 예언의 은사가 자주 나타나는 사람을 지칭하는 말이었습니다. 곧, 예언자는 예언하는 직능을 하는 사람을 지칭하는 말입니다.

둘째, 예언은 성경의 충분성 혹은 정경은 완성되었다는 교리에 도전하는 것이다. 예언을 반대하는 사람들은 예언의 은사가 지금도 있다고 믿는 사람들을 흔히 "직통 계시파"라고 부르며 정죄합니다. 지금 계시는 끝났는데 새로운 계시를 받으려고 한다는 것입니다. 이러한 주장을 하는 사람은 예언이 계시에 근거하는데 계시는 하나님의 구원의 도리를 말하는 것이고, 그것은 성경을 쓰기 위한 것이기 때문에 예언은 신약 성경의 완성과 함께 사라졌다고 합니다. 그런데 고린도전서에서 예언의 은사라고 할 때 거기서 말하는 예언은 예배 시간에 하는 회중 예언인데, 이것은 구원의 도리에 관한 것이 아닙니다. 일상 신앙생활에서 있는 사소한 일들에 대한 말씀입니다(고전 14:3, 24-25). 그래서 예언의 은사는 이른바 구원의 도리를 말하는 계시와는 아무 관계가 없습니다. 실례로, 고린도 교회에 예언이 있었지만 그것이 지금 성경 말씀으로 기록된 것은 아무 것도 없습니다. 그래서 조지 말론은 "내가 아는 한 기독교 주류 내에서 어떤 비중지론자도 오늘날의 계시가 성서와 동등하다고 주장하지 않는다."고 말합니다(Grudem, 『예언의 은사』, 솔로몬, 252).

셋째, 예언은 영감 받은 설교와 같은 것이다. 예언은 계시에 의해(고전 14:26), 설교는 준비해서 하는 것입니다. 설교는 기록된 말씀에 입각하여, 예언은 계시에 의해서 하는 것입니다. 그래서 신약 성경에서 예언은 가르침과 늘 구별되어 언급됩니다(엡 4:11; 롬 12:6; 고전 12:28; 14:26). 고린도전서 14:26에는 "…너희가 모일 때에 가르치는 말씀도 있으며…계시도[예언]도 있으며…"라고 양자를 구별합니다. 신약 시대에 예언은 하나님의 백성이면 누구나 할 수 있지만, 공적으로 가르침을 베푸는 사람은 성서와 전통을 이해하는 사람으로 한정했습니다. 예언이 설교와 같다고 주장하는 것은 초자연적인 은사인 예언을 비신화화 하는 것입니다.

넷째, 예언은 주로 미래를 점치는 것이다. 예언(豫言)이라는 한자를 그대로 이해하여 신약 성경이 말하는 예언이 미래 일을 점치는 것이라고 생각하는 사람들이 있습니다. 예언에 미래에 대한 것이 포함될 수 있으나 예언은 미래의 일만을 말하는 것은 아닙니다. 성도를 보호하고 안내하기 위해 미래에 대한 예언이 있을 수 있습니다. 아가보의 흉년 예언(행 11:28)과 바울이 예루살렘에서 잡힐 것에 대한 예언(행 21:10) 등이 그런 것들입니다. 하지만 신약 성경에서 예언자는 하나님을 대신해서 행동하고 말하는 자이지, 미래 일만을 알려주는 사람이 아닙니다. 예수님은 예언자라는 것은 그가 하나님의 일을 감당하고 하나님을 대신해서 말씀하는 분이라는 말입니다.

다섯째, 예언자만 혹은 예언의 은사를 받은 자만 예언하는 것이다. 구약 시대에는 그랬습니다. 하지만 신약 시대에는 모두가 예언할 수 있습니다. 모든 하나님의 백성은 예언자입니다(행 2:16-18). "그러나 다 예언하면…"(고전 14:24)이라는 어구는 하나님의 백성이라면 모두 다 예언할 자격이 있고, 또 그렇게 할 수 있다는 것입니다.

여섯째, 예언의 은사를 받으면 늘 예언할 수 있다. 예언의 은사를 받으면 언제나 어디서나 자신이 원할 때 예언을 할 수 있는 것이 아닙니다. 예언은 계시가 임해야 할 수 있는 것입니다. 계시는 하나님께로부터 개인에게 오는 것입니다. 고린도전서 14:30에 의하면 어떤 사람에게 예언할 때 다른 사람에게 계시가 있으면 앞에 사람은 잠잠해야 합니다. 즉 예언은 계시에서 출발하기 때문에 계시가 있어야 예언할 수 있는 것입니다.

일곱째, 바른 신자는 늘 올바른 예언을 하게 마련이다. 아닙니다. 신약 시대에는 절대로 올바른 예언을 할 수 있는 사람은 존재하지 않습니다. 그 어떤 사람의 예언이라도 예언은 교회 공동체가 분별해서 받아들여야 합니다. "성령을 소멸하지 말며 예언을 멸시하지 말고 범사에 헤아려 좋은 것을 취하고."(살전 5:19-21) "예언하는 자는 둘이나 셋이나 말하고 [예언을 안 하는] 분별할 것이요."(고전 14:29) 이 두 구절은 모두 정상적인 신자의 예언 행위를 분별해야 한다는 것입니다.

여덟째, 예언자는 엑스타시 상태에서 예언하는 것이다. 아닙니다. 예언을 스스로 중지할 수 있다(고전 14:30)는 것은 예언이 이성이 있는 상태로 하는 것이지 이성을 잃어버린 상태로 하는 것이 아님을 알 수 있습니다.

이상을 통해서 예언에 대해서 이렇게 정리할 수 있습니다. 첫째, 바울이 예언을 사모하라고 했다면, 사모하지 않는 것은 하나님의 말씀에 불순종하는 것입니다. 둘째, 예언에 대한 잘못된 사례가 있다는 것이 예언을 하지 말아야 할 이유가 될 수 없습니다. 잘못된 설교가 많아도 설교는 계속되어야 하는 것과 마찬가지입니다.

예언의 은사에 대한 올바른 이해

첫째, 예언은 대언(代言)이다. 히브리 전통과 신약 성서 전통에서 예언자는 모두 하나님을 대신해서 혹은 대리해서 말하는 자 곧 대언자입니다. "예언하는 자는 [하나님을 대신하여] 사람에게 말하여…"(고전 14:3) 예언자를 뜻하는 히브리어 '나비'는 대언자, 곧 하나님을 대신하여 말하는 자입니다. 헬라어 '프로페테스'(예언자)에서 프로에는 "미리"라는 뜻도 조금 있지만, 핵심 의미는 "대신하여"입니다.

둘째, 예언의 목적은 교회 공동체를 세우는 것이다. 예언의 은사의 목적은 교회 공동체의 '오이코도메'(집 세움)를 위한 것입니다(고전 14:4). 예언은 공동체에서 다른 지체가 올바로 하나님 앞에 서게 하기 위한 것입니다. 불신자는 예언을 통해 하나님의 존재를 인정하게 되고(고전 14:24-25), 신자는 예언을 통해서 무엇인가 배우게 됩니다. "너희가 다 모든 사람으로 배우게 하고…"(고전 14:31)

셋째, 예언의 내용은 권면, 위로, 책망, 마음속의 숨은 일을 드러냄과 같은 것이다. 예언의 목적은 위로 혹은 책망입니다(고전 14:4, 24-25). 예언이 왜 필요합니까? 성령이 구체적인 우리 일상에 개입해서 우리가 현 시점에서 꼭 알아야 할 것을 지시할 수 있기 때문입니다. 예언이 없어도 이런 것은 얼마든지 되지 않는가 하고 반문할 수 있습니다. 그렇습니다. 위로와 책망은 이성으로도 얼마든지 가능합니다. 하지만 예언으로 하는 것이 영향력이 큽니다. 그리고 하나님은 그 방법으로 우리에게 역사하시려고 예언을 주시는 것입니다. 사도행전 15:32이 말하는 바와 같이 이 예언은 효과가 큽니다. "유다와 실라도 선지자라. 여러 말로 형제를 권면하여 굳게 하고."

넷째, 예언의 은사는 모든 신자에게 열려 있다. 요엘은 만인 예언자직을 예언합니다. "…여호와께서 그의 영을 그의 모든 백성에게 주사 다 선지자가 되게 하시기를 원하노라."(민 11:29; 욜 2:28-29) 그것이 성취된 것이 바로 오순절 성령 강림 사건에서입니다(행 2:16-18). 신약 성경에서 예언의 은사는 모든 사람에게 열려 있습니다(고전 14:24). 신약 성경에서 예언자는 직책이라기보다는 기능입니다. 예언자가 직책으로 불리기는 했지만 그것은 그 사람의 기능을 서술하는 것이었습니다. 곧 자주 예언하는 자가 예언자로 불린 것입니다.

다섯째, 예언의 원천은 계시(마음속에 알려줌)다. 바울은 예언의 원천이 계시라는 의미에서 예언을 계시라고 지칭합니다(고전 14:26, 30). 그런데 여기서 말하는 계시란 우리가 조직 신학 체계에서 말하는 특별 계시 같은 것이 아닙니다. 문자 그대로 나타남, 알려줌입니다. 첫째, 이것은 하나님의 어법으로 하는 것 혹은 하나님이 보여주거나 들려주거나 말하게 하는 것입니다. 둘째, 이것은 어떤 문제를 하나님의 관점으로 보고 말하는 것입니다. 셋째, 이 계시는 거울로 보는 것 같이 희미합니다(고전 13:12). 이것은 계시를 통해서 오는 지식의 불완전성과 간접성을 말합니다. 그래서 예언할 때 신자는 "부분적으로 알고 부분적으로 예언한다."(고전 13:9)고 할 수 있습니다.

여섯째, 예언의 언어는 예언자의 지식, 경험 등에 따라 달리 나타난다. 예언은 계시를 자신의 말로 말하는 것입니다. 화자의 언어와 신앙이 여기에 나타나게 되어 있습니다. 또 예언은 예언자의 영성을 반영합니다. 또 예언자의 현재 영적 상태를 반영하기도 합니다. 또 영감 받은 가르침에도 능력의 차이가 있듯이, 예언에도 사람마다 영성과 능력의 차이가 있습니다. 그래서 로마서 12:6에는 "…혹 예언이면 믿음의 분수대로" 하라고 말합니다.

일곱째, 예언은 골방에서가 아니라 여럿이 모여 있는 공동체에서 [예배 가운데] 해야 건전하다. 고린도전서 14:24에 나오는 "다 예언을 하면"은 온 교회가 모여 있는 상황을 설정한 것입니다. 혼자 예언하고 다른 사람들은 듣기만 하는 구조는 예언하는 본래 모습이 아닙니다. 예언을 통해 세움이 이루어지려면 한 사람이 예언을 통해 다른 사람을 지배해서는 안 됩니다.

여덟째, 올바른 예언이라고 무조건 예언을 받아들어야 하는 것은 아니다. 이성으로 예언의 목적을 판단해야 한다. 아가보는 행위와 말을 통한 예언을 했습니다. 그는 "성령이 말씀하시되"(행 21:11)라는 말까지 사용했습니다. 하지만 그는 예언을 통해 어떤 지시도 하지 않았습니다. 다만 미래에 바울에게 일어날 일을 대비하게 했습니다. 바울은 아가보의 예언을 부정하지 않았습니다. 다만 그는 그 예언을 자신의 결심을 굳히는 것에 사용했습니다. 그는 이성으로 죽을 것을 각오했습니다. 그래서 예언을 통해 자신이 체포될 것을 알았지만, 그의 결심을 바꾸지 않았습니다. 그는 이미 밀레도에서 이렇게 말했습니다. "나는 성령에 매여 예루살렘에 가는데 거기서 무슨 일을 당할는지 알지 못하노라. 오직 성령이 각 성에서 내게 증언하여 결박과 환난이 나를 기다린다 하시나."(행 20:22-23)

적용과 실천

예언에 대한 올바른 태도는 이런 것입니다. 첫째, 예언을 부정하지 마세요. 하나님은 기록된 말씀을 통하여, 자연을 통하여, 혹은 예언을 통하여 역사하실 수 있습니다. 하나님의 소통 방식을 제한하지 마세요. 둘째, 예언만을 의존하지 마세요. 영감이 없으면서 신령하다고 하는 예언자의 말만 들으려고 하면 탈이 납니다. 셋째, 자신의 이성을 사용해서 예언을 분별하고 판단하세요. 넷째, 깨달은 바대로 행동하세요.

66 오해와 곡해의 십자가
(21:17-40)

여러분에게 십자가 하면 가장 먼저 떠오르는 것은 무엇입니까? 저에게는 예수님의 십자가입니다. 그런데 성경 말씀을 가만히 읽어보면 성경은 예수님의 십자가뿐만 아니라 제자들의 십자가도 말하고 있다는 것을 알 수 있습니다. 그런데 왜 예수님의 십자가만 떠올렸을까요? 아마도 우리가 십자가를 지고 싶은 마음이 별로 없어서였겠지요. 예수님은 베드로의 신앙 고백을 받으신 후에, 자신의 십자가를 말하고, 이어서 제자들의 십자가를 분명히 말합니다(막 8:31-34).

> 예수: "인자가 많은 고난을 받고 장로들과 대제사장들과 서기관들에게 버린 바 되어 죽임을 당하고 사흘 만에 살아나야 할 것을 비로소 가르치시되."(31절)
> 베드로: "드러내 놓고 이 말씀을 하시니 베드로가 예수를 붙들고 항변하매."(32절)
> 예수: "예수께서 돌이키사 제자들을 보시며 베드로를 꾸짖어 이르시되 사탄아 내 뒤로 물러가라. 네가 하나님의 일을 생각하지 아니하고 도리어 사람의 일을 생각하는도다 하시고."(33절) "무리와 제자들을 불러 이르시되 누구든지 나를 따라오려거든 자기를 부인하고

자기 십자가를 지고 나를 따를 것이니라."(34절)

이것은 모든 제자들에게 주어진 것입니다. 예수의 제자가 되려하는 자는 마땅히 각자가 짊어질 십자가가 있고, 그것을 져야 합니다. 사도행전 내러티브를 따라 가보면 예수의 제자들은 모두 각자의 십자가를 지고 예수님을 따랐던 것을 볼 수 있습니다. 사도행전 초반부에 나온 대표적 인물인 스데반이 순교할 때 한 말과 행동은 예수님이 십자가상에서 한 말과 행동을 연상시킵니다.

바울의 십자가

사도행전에 보면 바울도 자기 십자가를 지고 예수를 따른 제자임을 알 수 있습니다. 바울의 생애와 행동은 예수님의 생애와 행동과 흡사합니다.

첫째, 예수님과 바울은 고통을 당하러/십자가를 지러 기꺼이 예루살렘에 올라갑니다. "예수께서 열두 제자를 데리시고 이르시되 보라 우리가 예루살렘으로 올라가노니 선지자들을 통하여 기록된 모든 것이 인자에게 응하리라."(눅 18:31) "바울이 대답하되 여러분이 어찌하여 울어 내 마음을 상하게 하느냐 나는 주 예수의 이름을 위하여 결박당할 뿐 아니라 예루살렘에서 죽을 것도 각오하였노라 하니."(행 21:13)

둘째, 예수님과 바울은 예루살렘에서 처음에는 환영을 받습니다. "이르되 찬송하리로다 주의 이름으로 오시는 왕이여 하늘에는 평화요 가장 높은 곳에는 영광이로다 하니."(눅 19:38) "예루살렘에 이르니 형제들이 우리를 기꺼이 영접하거늘."(행 21:17)

셋째, 예수님과 바울은 예루살렘에서 박해를 받습니다. "무리가 다 일어나 예수를 빌라도에게 끌고 가서 고발하여 이르되 우리가 이 사람을 보매 우리 백성을 미혹하고 가이사에게 세금 바치는 것을 금하며 자칭 왕 그리스도라 하더이다 하니."(눅 23:1-2) "온 성이 소동하여 백성이 달려와 모여 바울을 잡아 성전 밖으로 끌고 나가니 문들이 곧 닫히더라. 그들이 그를 죽이려 할 때에 온 예루살렘이 요란하다는 소문이 군대의 천부장에게 들리매."(행 21:30-31)

넷째, 예수님과 바울은 예루살렘에서 체포됩니다. "예수를 잡아 끌고 대제사장 집으로 들어갈새…"(눅 22:54) "이에 천부장이 가까이 가서 바울을 잡아 두 쇠사슬로 결박하라 명하고 그가 누구이며 그가 무슨 일을 하였느냐 물으니."(행 21:33)

다섯째, 예수님과 바울은 예루살렘에서 백성들이 죽여달라고 로마 사람들에게 외칩니다. "무리가 일제히 소리 질러 이르되 이 사람을 없이하고 바라바를 우리에게 놓아 주소서 하니."(눅 23:18; cf. 요 19:15) "이는 백성의 무리가 그를 없이하자고 외치며 따라 감이러라."(행 21:36)

여섯째, 예수님과 바울은 조롱과 모욕과 폭력을 당합니다. "백성은 서서 구경하는데 관리들은 비웃어 이르되 저가 남을 구원하였으니 만일 하나님이 택하신 자 그리스도이면 자신도 구원할지어다 하고 군인들은 희롱하면서 나아와 신 포도주를 주며 이르되 네가 만일 유대인의 왕이면 네가 너를 구원하라 하더라."(눅 23:35-37) "외치되 이스라엘 사람들아 도우라 이 사람은 각처에서 우리 백성과 율법과 이 곳을 비방하여 모든 사람을 가르치는 그 자인데 또 헬라인을 데리고 성전에 들어가서 이 거룩한 곳을 더럽혔다 하니."(행 21:28)

일곱째, 예수님은 예루살렘에서 십자가를 지고 죽고, 바울은 로마에서 순교합니다. "예수께서 큰 소리로 불러 이르시되 아버지 내 영혼을 아버지 손에 부탁하나이다 하고 이 말씀을 하신 후 숨지시니라."(눅 23:46) 기독교 전승에 따르면 바울은 로마에서 칼로 목 베임을 당해 순교당합니다.

이상을 통해서 볼 때 바울은 자기 십자가를 지고 예수를 따라간 예수의 진정한 제자였습니다. 우리도 이 7가지에 자신을 대입해 보면 자신이 자기 십자가를 지고 가는 사람인지, 아닌지를 알 수 있습니다.

오해와 곡해의 십자가

십자가는 근본적으로는 로마 시대 극형으로 죽이는 형틀이었습니다. 그래서 십자가를 진다는 것은 죽는다는 뜻입니다. 각자의 십자가를 진다는 것은 그래서 자기를 위해서 죽지 않고, 예수를 위해서 죽는다는 것입니다. 여기에 추가하여 십자가는 죽는 과정 중에 있는 모욕과 수치와 폭력을 포함합니다. 십자가를 지기까지 예수님과 바울은 모욕과 수치와 폭력을 당했습니다.

우리가 깊이 생각해 보려고 하는 것은 바로 오해와 곡해의 십자가입니다. 우리가 모욕과 수치와 폭력을 당해도 여러 사람이 옳다고 여기면 그것은 그래도 당할 만합니다. 그런데 자신이 당하고 있는데 사람들이 자신을 오해 혹은 곡해해서 자신을 죄인으로 만드는 일이 있습니다. 그래서 어떤 사람들은 자신이 옳다는 것을 증명하기 위해 유서를 남기고 스스로 목숨을 끊기도 합니다. 그런데 예수님과 바울에게 있어서 십자가를 지기까지 오해와 곡해가 따라왔습니다.

바울은 3차에 걸쳐 복음 전도 여행하는 동안 여러 유대인들에게 오해와 박해를 받는데, 그가 오랫동안 있으면서 복음을 전했던 에베소 지역에서 온 유대인들이 바울을 곡해했습니다.

> 그 이레가 거의 차매 아시아로부터 온 유대인들이 성전에서 바울을 보고 모든 무리를 충동하여 그를 붙들고 외치되 이스라엘 사람들아 도우라 이 사람은 각처에서 우리 백성과 율법과 이 곳을 비방하여 모든 사람을 가르치는 그 자인데 또 헬라인을 데리고 성전에 들어가서 이 거룩한 곳을 더럽혔다 하니(27-28절).

그들은 바울이 유대 백성, 율법, 성전을 비방한다고 모함합니다. 그리고 이방인을 성전에 데리고 들어가서 성전을 더럽혔다고 오해하고 곡해합니다. 이것은 오해였습니다. "이는 그들이 전에 에베소 사람 드로비모가 바울과 함께 시내에 있음을 보고 바울이 그를 성전에 데리고 들어간 줄로 생각함이러라."(29절) 바울이 예루살렘 시내에 이방인과 함께 있는 것을 보고, 그가 이방인을 성전에 데리고 들어갔다고 착각하고, 곡해한 것입니다.

그러면 아시아에서 온 유대인들은 왜 바울을 오해하고 곡해했을까요? 그들은 바울이 전하는 복음을 듣고 그것이 유대인을 비방하고, 율법을 비방하고, 성전을 비방하는 것이라고 잘 못 판단하고 있었기 때문입니다. 그러한 선입견이 있었으니, 사실 바울이 성전에 이방인을 데리고 들어가는 것을 본 적도 없는데도 그렇게 곡해해서 해석한 것입니다.

우리도 삶의 지향점이 다르면 상대방을 쉽게 오해하고 곡해하고 비난합니다. 자신이 보지도 않은 것인데도 사실인양 그렇게 해석하고 상대방을 비난합니다. 그리고 예루살렘 백성들처럼 일반 사람들은 그것에 쉽게 현혹됩니다. 일반 백성들은 바울이 그렇게 하는 것을 본적이 없는

데도 아시아에서 온 유대인들의 말만 듣고 흥분합니다. "온 성이 소동하여 백성이 달려와 모여 바울을 잡아 성전 밖으로 끌고 나가니 문들이 곧 닫히더라."(30절) 아시아에서 온 유대인들이 무리를 "충동"했다고 했습니다(29절). 여기에 무리는 쉽게 "소동"으로 반응합니다.

사회 생활과 교회 생활 하다보면 이런 일이 비일비재합니다. 한 사람의 충동에 다수의 사람들은 쉽게 소동합니다. 그래서 정치인들은 이것을 이용하기도 합니다. 일단은 민중들이 쉽게 흥분하는 (가짜) 뉴스를 퍼뜨리고, 나중에 아니면 말고 식의 행동을 합니다. 사람들은 그렇게 나쁜 뉴스를 만든 사람은 기억하지 않고 모함 받은 사람만 기억합니다. 그것도 그것이 사실이라고.

바울은 이렇게 오해와 곡해를 받을 때 어떻게 했습니까? 사람들이 오해와 곡해를 하지 않도록 최선을 다했습니다. 본문 바로 앞 에피소드에 보면 바울이 예루살렘에 도착했을 때 예루살렘 교회의 지도자들은 그렇지 않아도 바울이 유대인들에게 오해를 받고 있으니 조심하라고 말합니다.

> 네가 이방에 있는 모든 유대인을 가르치되 모세를 배반하고 아들들에게 할례를 행하지 말고 또 관습을 지키지 말라 한다 함을 그들이 들었도다 그러면 어찌할꼬 그들이 필연 그대가 온 것을 들으리니 우리가 말하는 이대로 하라 서원한 네 사람이 우리에게 있으니 그들을 데리고 함께 결례를 행하고 그들을 위하여 비용을 내어 머리를 깎게 하라 그러면 모든 사람이 그대에 대하여 들은 것이 사실이 아니고 그대도 율법을 지켜 행하는 줄로 알 것이라(행 21:21-24).

바울에 대한 고발은 모두 오해와 곡해입니다. 첫째, 그는 모세를 배반하라고 가르칩니다. 둘째, 그는 아들들에게 할례를 행하지 말라고 가르칩니다. 셋째, 그는 유대인의 관습을 지키지 말라고 가르칩니다(21절). 그래서 바울은 결국 율법을 잘 지키는 것을 보여줍니다. "바울이 이 사람들을 데리고 이튿날 그들과 함께 결례를 행하고 성전에 들어가서 각 사람을 위하여 제사 드릴 때까지의 결례 기간이 만기된 것을 신고하니라."(26절)

그럼에도 불구하고 아시아로부터 온 유대인들은 바울의 말과 행동을 오해하고, 곡해하고, 거짓 증언을 합니다(27절). 또 이들은 이것을 계속해서 소리칩니다. 바로 이것입니다. 우리 각자가 하나님 앞에서, 또 사람 앞에서 거리낌이 없는 행동을 할지라도 우리말을 오해하고 곡해하는 사람들이 있습니다(28절). 그것은 바로 우리가 짊어져야 할 오해와 곡해의 십자가입니다. 이때 우리가 할 일은 무엇입니까? 첫째, 바울처럼 최선을 다해서 다른 사람들이 오해하지 않도록 그들 입장에서 행동하고 말하는 것입니다. 바울은 22장 이후에 유대인들에게, 또 이방인 총독들에게 자신의 입장을 진솔하게 설명합니다. 둘째, 아무리 설명해도 오해가 풀리지 않을 때 우리는 그 상황을 그냥 받아들여야 합니다. 여기서 자신을 오해한 사람에게 그가 한 것과 똑같이 우리도 그 사람을 모욕하고 곡해하고 거짓 뉴스를 퍼뜨리는 것은 금물입니다. 그것은 십자가를 지는 태도가 아닙니다.

그런데 억울한 일을 그냥 참고만 있으면 우리 마음이 병듭니다. 우리는 하나님 앞에 나와서 그 억울함을 기도로 토로해야 합니다. 사람에게 당했다고 사람에게 그대로 갚아주는 것은 십자가를 지는 태도가 아닙니다. 우리는 하나님 앞에서 울어야 합니다. 다윗이 사울에게 억울한 일을 많이 당했지만, 자기 손으로 원수를 갚지 않았습니다. 그것은 하나님께 맡기고 시를 써서 자신의 아픔을 토로하면서 하나님께 나갔습니다. 우리도 그래야 합니다.

한 가지 주의해야 할 것은, 사실은 자신이 남에게 해를 가하면서도 스스로 생각하기는 자신이 당한다고 생각할 수 있다는 것입니다. 피해 의식이 심한 사람은 처음에는 자신이 피해를 당했지만, 나중에는 오히려 가해자가 되는데, 처음에 당한 그 피해를 생각하면서 자신이 늘 당했다고 생각하는 것이지요. "나는 왜 늘 당하기만 할까?" "왜 모든 사람들은 저 모양으로 행동하지?" 이렇게 생각하는 사람은 바로 이런 사람입니다. 나 말고 모든 사람이 죄인이라고 생각하면, 진실은 그 반대입니다. 자신이 의인이라고 생각될 때, 그 사람은 사태를 거꾸로 해석하고 있는 것입니다.

우리가 오해와 곡해의 십자가만 지고 산다면 버티기 힘듭니다. 그런 중에도 올바른 교회 공동체라면 자신이 오해받고 있다는 것을 이해해 주는 사람이 있게 마련입니다. 바울 일행이 예루살렘에 도착하자 그들을 기쁘게 영접한 사람들이 있었습니다. "예루살렘에 이르니 형제들이 우리를 기꺼이 영접하거늘." 그들은 "형제들"이라고 불리는 일반 예루살렘 교회 성도들과 지도자들(야고보, 장로들)이었습니다.

적용과 실천

예수님의 제자에게 자기 십자가를 지고 따르는 것은 필수적입니다. 그 십자가는 죽은 것인데, 그 과정에서 우리는 폭력과 모욕과 오해와 곡해를 당할 수 있습니다. 스데반도 자기 십자가를 지고 순교했고, 바울도 마찬가지였습니다. 특히 올바로 사역을 하는데도 오해와 시기와 곡해가 따라옵니다. 이때 우리는 특히 그 오해하는 사람이 크리스천 동료 형제일 때는 오해를 풀도록 최선을 다해야 합니다. 하지만 복음을 반대하는 사람들이 예수님의 제자의 행동을 오해하고 곡해하는 것은 자주 일어나는 일입니다. 이때 우리는 이것도 우리가 지고 갈 십자가라는 것을 깨닫고 사람 앞에 인정받으려 하지 말고, 묵묵히 그 십자가를 지고 가는 것이 예수 제자의 삶이라는 것을 알아야 합니다.

67 승리하는 신앙인의 7가지 요건
(22:1-21)

어떤 사람이 성공합니까? 스티븐 코비의 저서 『성공하는 사람들의 7가지 습관』은 이 질문에 대한 적절한 대답을 해 주고 있어 전 세계적으로 베스트셀러가 되었습니다. 그는 성공하는 사람들에게는 공통적인 습관이 있다고 말하고, 그 중 7가지를 뽑아냅니다. 저는 이 책에서 착안하여 어떤 신앙인이 승리하는가 하는 질문을 해 보고자 합니다. 저는 본문에 나타난 바울의 개인 간증을 통해서 승리하는 신앙인의 7가지 요건을 뽑아 보았습니다.

바울의 승리 요건

첫째, 하나님의 백성으로서의 자의식(3절). "나는 유대인으로." 바울은 디아스포라 유대인으로 태어난 사람으로서 유대인이라는 자의식을 확고히 가지고 있었고 이에 대해 자부심이 있었습니다. 이 세상에서 자기 자신의 정체성(identity)이 불분명한 사람치고 성공하는 사람은 별로 없습니다. 크리스천의 승리도 마찬가지입니다. 자신이 그리스도인임을 자각하지 못하는 사람이 신앙에 승리할 수 없습니다. 그리스도인에게 있어 직분에 대한 자의식은 부차적인 것입니다. 가장 우선된 것은 그리스도인으로서의 자의식입니다. 저는 한 교회를 담임하는 목사이고, 신학생에게 성경을 가르치는 교수이지만 저의 가장 근본적인 자의식은 그리스도인이라는데 있습니다. 이것 이외에 모든 것은 잠시 가지고 있는 직분일 뿐, 제가 이 땅에서 영원히 가지고 있을 정체성은 그리스도인이라는 것입니다. 그리스도인에게 있어 신앙 승리는 바로 그리스도인이라는 올바른 자의식에서 출발합니다.

둘째, 신앙 교육(3절). 바울이 태어난 도시 다소는 당시 길리기아주의 수도로서 대도시였습니다. 또 이 도시는 유명한 교육 도시였기 때문에 바울은 다소에서 당시 로마 문화 교육을 잘 받을 수 있었습니다. 여기에 바울은 소년 시절 예루살렘으로 유학 와서 당대 최고의 유대인 교육을 받았습니다. 특히 가말리엘은 유명한 랍비 힐렐-이 사람은 엄한 율법 교육을 하는 사람으로 알려진 인물-의 제자로 바울은 그 밑에서 교육을 받았다고 합니다. 특히 바울은 그의 문하에서(문자적으로는 발밑에서) 교육받은 것을 자랑스럽게 여기고 있습니다. 우리 신앙도 잘 훈련받는 것, 정통대로 교육받는 것, 엄하게 교육받는 것이 중요합니다. 좋은 신앙인의 요건은 신앙 훈련을 잘 받는 것입니다. 여러분은 지금까지 어디에서, 누구에게서 신앙 훈련을 받았습니까? 만약 제대로 훈련 받은 것이 없다면 당장 훈련받을 곳을 찾아보세요.

셋째, 신앙 열정(3절). 바울은 스스로를 열정이 있는 자라고 말합니다. 바울은 진리에 대하여 하나님에 대하여 열정이 있었던 것입니다. 이 세상에서도 열정 없는 사람이 성공하는 경우는 별로 없습니다. 사람이 다른 사람에게 설득되는 것은 보통 논리가 아니라 상대방의 파토스입니다. 유명한 대중 연설 강사는 논리가 엉성한 경우는 많지만 열정이 없는 경우는 드뭅니다. 또 열정이 있는 사람이 세상에서 자리를 차지합니다.

성공하려면 열정에 의한 의지와 집념이 필요합니다.

신앙에 있어서도 마찬가지입니다. 좋은 신앙에는 차가운 신앙, 뜨거운 신앙이 있는 것이 아닙니다. 좋은 신앙은 열정이 있는 신앙입니다. 열정이 없는 신앙이 절대 좋은 신앙일 수 없습니다. 그런데 여기서 열정은 외향적 성격과는 다릅니다. 성격은 타고나는 것입니다. 내향적인 사람도 열정이 있을 수 있고, 외향적인 사람도 열정이 없는 사람이 많습니다. 신앙 열정은 마음속에 하나님을 향한 뜨거운 열망이 있는 것입니다. 하나님으로 인해 어떤 일을 완수하고자 하는 열망이 있는 것입니다.

그런데 잘못된 신앙에도 열정이 있을 수 있습니다. 이런 것들은 하나님께 대한 열정이 아니라 율법에 대한 열정이요, 욕정과 욕망입니다. 이러한 열정은 다른 사람에게 피해를 주게 마련입니다. 이런 열정은 사람을 수단으로, 성공을 목적으로 삼습니다. 이런 이유로 인해 보통 사이비가 정통보다 더 열정적입니다. 그러나 이러한 열정은 그 방향이 잘못된 열정입니다. 바울 당시 유대인들은 율법에 대한 열정은 있었으나 율법의 주인이신 하나님께 대한 열정은 없었습니다. 그래서 예수를 십자가에 못 박은 것입니다. 우리는 이러한 열정은 버리고 하나님께 대한 열정을 가져야 하겠습니다.

넷째, 행동하는 믿음(4절). 바울은 행동하는 신앙인이었습니다. 비록 무지에 의한 행동이었지만 바울은 유대인으로 있을 때 자신이 믿는 신념대로 행동하는 사람이었습니다. 그는 예수를 믿는 것이 하나님을 모욕하는 것이라 생각할 때는 기독교를 몹시 박해했고, 기독교인들을 죽이기까지 했다고 고백합니다. 바울은 믿는 대로 행동하는 신앙인이었습니다. 자신이 믿는 대로 행동하지 않는 사람은 좋은 지도자가 될 수 없습니다. 사실 어떤 것을 오해하고 있어도 신념대로 행동하는 사람은 나중에 올바로 이해하고 올바로 행동할 수 있습니다. 하지만 옳다고 믿어도 행동하지 않는 사람은 결국 옳은 사람이 못됩니다. 바울이 승리하는 신앙인이 될 수 있었던 것은 그는 행동하는 사람이었기 때문입니다.

다섯째, 신앙 체험(5-16절). 바울이 강조하는 부분이 바로 이 부분입니다. 한때 바울은 유대인으로 출생한 것, 철저한 유대인 교육을 받은 것, 거기에다 하나님에 대한 열정이 있으면 완벽한 사람이 되는 줄 알았습니다. 유대인으로서 그 이상 무엇이 있었겠습니까? 그런데 자기가 신앙 체험을 해 보니 그게 아니더라는 것이었습니다. 체험하기 전에는 자기가 전혀 알 수 없던 영역이 있었다는 것입니다. 이것은 이성 작용에 의한 것이 아니더라는 것입니다. 바울은 하늘에서 빛이 내려와 자신이 완전히 변했다고 말합니다. 신앙에서 체험을 빼면 종교는 철학이 되고 맙니다. 우리도 바울처럼 체험해야 합니다. 주님의 임재를 체험하고, 그분의 소리를 들어야 합니다.

여섯째, 소명(21절). 바울은 회심 체험 후 예루살렘에 올라가서 기도할 때 황홀경 속에 빠져들어 주님의 음성을 듣습니다. "내가 너를 멀리 이방인에게 보내리라." 바울은 자신이 기독교인을 박해한 사람임을 들어 주님의 소명 받기를 두려워했지만 주님은 바울에게 소명을 주고, 결국 바울은 그 소명을 받아들입니다. 성경에서 하나님의 임재 체험은 많은 경우 소명으로 연결됩니다. 이사야는 하나님 임재의 체험을 하고 소명을 부여 받습니다(사 6:6-8). 우리도 하나님을 만나면 소명이 생깁니다. 할 일이 생깁니다. 바울이 그리스도인으로 성공한 데는 그의 명확한 소명의식이 큰 몫을 했습니다. 그 소명은 주님으로부터 직접 받은 것이기 때문에 어떤 외부적 박해나 환경 가운데서도 흔들리지 않을 수 있었던 것입니다. 우리의 신앙이 흔들리는 것은 우리의 소명 의식이 분명하지 않아서일 수 있습니다.

일곱째, 신뢰(27:25). 본문에는 나오지 않지만 사도행전을 계속 읽다 보면, 바울의 승리 요인을 하나 더 발견할 수 있습니다. 그것은 그가 모든 일을 하나님께 맡긴 것입니다. 바울은 수년간의 감옥 생활과 로마행 항해를 할 때에 배가 바람에 밀려 거의 죽게 되었을 때에도 두려움이 없었습니다. 그는 하나님이 자기에게 로마에 가서 증언하게 하실 것이라는 약속을 굳게 믿었습니다. 현실은 그와 반대 방향으로 나갈 때에라도 그 말씀에 대한 신뢰는 계속 가지고 있었습니다. 하나님께 자신의 생애를 맡긴 것입니다. 여기에 참 편안함이 있습니다. 바울은 폭풍우를 만난 사람들을 안심시키며 이렇게 말합니다. "나는 [하나님께서] 내게 말씀하신 그대로 되리라고 하나님을 믿는다."(행 27:25)

적용과 실천

우리는 과연 바울과 같은 승리하는 신앙인의 요건을 잘 갖추고 있습니까? 저는 여기에서 7가지를 제시했는데, 그 중에서도 특히 중요한 것은 세 가지입니다. 첫째, 그리스도인으로서의 자아 정체감입니다. 사람의 행동은 정체감에서 나옵니다. 둘째, 신앙 체험입니다. 바울도 자신이 신앙 체험으로 생각이 완전히 변했다고 말합니다. 신앙 체험 없는 신자는 종교인이 되기 쉽습니다. 우리가 그리스도인이라면 하나님과의 만남이 반드시 있어야 합니다. 셋째, 소명감입니다. 소명감이 사람의 가슴을 뛰게 합니다. 이 중에서 여러분은 어떤 점이 부족합니까? 우리는 바울을 통해서 신앙 승리의 요인을 잘 배우고 익혀야 하겠습니다.

68 "그들"은 왜 사역자들을 죽이려 하는가?
(22:22-30)

유대인들은 바울을 죽이려 합니다. "이러한 자는 세상에서 없애버리자. 살려 둘 자가 아니라."(22절) 바울이 대체 무슨 잘못을 했기에 "그들"은 바울을 죽이려 했을까요? 우리 같으면 바울의 진솔한 간증을 듣고(행 22:1-21) 큰 은혜를 받았을 텐데 유대인 "그들"은 왜 바울을 죽이려 했을까요? 유대인 군중인 "그들"이 왜 이리 격분했으며, 우리도 혹시 "그들"처럼 복음이 선포될 때 격분하고 있는 것은 아닌지 살펴보려고 합니다.

"그들"은 왜 바울을 죽이려 했는가?

첫째, 이방인을 인정하는 것을 참을 수 없어서. 유대인 "그들"이 바울을 "살려둘 자가 아니라"하면서 격분하여 죽이려고 한 것은 바울의 이 말 때문이었습니다. "이르시되 떠나가라 내가 너를 멀리 이방인에게로 보내리라."(21절) 당시 유대인들은 자신들만이 선민이며 하나님이 이방인들에게는 역사하지 않는다는 생각을 가지고 있었는데, 바울이 이방인들을 위한 주님의 계획에 대해서 말하자 자신들이 믿는 바를 도전한다고 생각해서 이렇게 한 것입니다.

현대인들에게는 이러한 행동이 도저히 이해가 안 되지만, 당시의 일반 유대인으로서는 이것은 당연한 생각이고 행동이었습니다. 그들에게 이방인은 하나님의 계획 속에 없는 사람이었습니다. 이들이 "옷을 벗어 던지고 티끌을 공중에 날리"(23절)는 행동은 신성 모독하는 것을 목도했을 때(행 14:14) 혹은 극도의 슬픔에 처해 있을 때 보이는 반응입니다(욥 2:12). 그런데 "그들"은 메시아가 유대 백성뿐만 아니라 이 세상 모든 백성을 구원하기 위해 오셨다는 것을 깨닫지 못했습니다. 자신들의 도그마에 매여 하나님의 원대한 뜻을 깨닫지 못했던 것이지요.

둘째, 자신의 사적인 이익 추구를 위해서. 사도행전 전체 내러티브를 통해서 "그들"이 왜 바울을 죽이려 했을까를 묻는다면 또 하나의 대답은 그들은 자신들의 사적인 이익을 추구하는데 있어 바울이 방해가 되기 때문이라고 말할 수 있습니다. 사도행전 16:19-21에 보면, 바울이 빌립보에서 여종들에게 들어 있던 점치는 귀신을 내쫓아 주자 그 주인들은 감사하는 것이 아니라 오히려 바울을 죽이려고 합니다. "여종의 주인들은 자기 이익의 소망이 끊어진 것을 보고 바울과 실라를 붙잡아 장터로 관리들에게 끌어 갔다가 상관들 앞에 데리고 가서 말하되 이 사람들이 유대인인데 우리 성을 심히 요란하게 하여 로마 사람인 우리가 받지도 못하고 행하지도 못할 풍속을 전한다 하거늘."

겉으로는 우리의 행동에 대해서 여러 가지 좋은 말로 포장하지만 그 말을 가만히 들여다보면 사적인 이익을 위해서 행동하는 경우가 많습니다. 빌립보 이방인들은 자신들의 사적인 이익의 소망이 바울로 인해 끊어진 것을 알고 바울을 해하려 했습니다.

"그들"은 왜 예수를 죽이려 했는가?

이렇게 바울을 죽이려고 한 이유가 사람들이 예수님을 죽이려고 했고 또 실제로 죽인 이유와 똑같습니다. 예수께서 예루살렘에 입성할 때 사람들이 종려나무 가지를 흔들며 "찬송하리로다. 주의 이름으로 오시는 왕이여"(눅 19:38)하고 환영했던 군중들은 며칠 후에 돌변하여 "예수를 없이"해 달라고 합니다(눅 23:18) 왜 그랬을까요? 대제사장을 비롯한 유대 지도자들에게서 선동을 받았기 때문입니다(눅 23:1).

그러면 대제사장들을 비롯한 유대 지도자들은 왜 예수님을 죽이려 했습니까? 예수님이 자신을 메시아, 하나님의 아들이라고 했기 때문입니다(눅 22:70-71). 그들은 예수가 메시아라는 것을 받아들이지 않았습니다. 그가 메시아인지 확인해 보지 않았습니다. 그들이 생각하는 메시아는 군사력으로 이방인을 물리치고 이스라엘 백성을 세계 민족 위에 우뚝 세우는 정치 지도자, 군사 지도자 메시아였습니다. 그래서 회개하고 하나님의 통치를 마음으로 받아들여야 한다는 예수의 메시지는 받아들이지 않았습니다.

또 자신들의 물질적인 이익을 위해서 "바리새인들"은 예수님의 말씀을 받아들이지 않았습니다. 흥미로운 것은 당시 유대 지도자들 그룹 중 하나였던 바리새인들이 예수님의 물질에 대한 가르침을 받지 않았는데, 누가는 그 이유를 그들이 돈을 좋아하는 자들이기 때문이라고 합니다. 예수님은 불의한 청지기의 비유를 말씀하면서(눅 16:1-13) 마지막에 그 비유에 대한 적용과 결론을 이렇게 내립니다. "집 하인이 두 주인을 섬길 수 없나니 혹 이를 미워하고 저를 사랑하거나 혹 이를 중히 여기고 저를 경히 여김이니라. 너희는 하나님과 재물을 겸하여 섬길 수 없느니라."(13절). 누가는 이 비유를 들을 바리새인들의 반응을 이렇게 기록합니다. "바리새인들은 돈을 좋아하는 자들이라. 이 모든 것을 듣고 비웃거늘."(14절)

정리하면, "그들"이 바울을 죽이려 했던 것은 하나님이 이방인도 하나님의 백성으로 여긴다는 바울의 말을 받아들일 수 없는 것과 자신들의 사적 이익을 위해서입니다. 마찬가지로 "그들"이 예수를 죽이려 한 이유도 자신들이 생각했던 것과 다른 메시아관을 선포하는 예수를 받아들일 수 없었고, 또 자신들의 사적 욕구를 추구하기 위해서였습니다. 그들이 바울을 죽이려 한 이유는 예수를 죽이려 한 이유와 똑같았습니다. 자신들의 핵심 가치를 건드리고, 사적 이익을 얻지 못하게 하는 바울과 예수님을 "그들"은 죽이려 한 것입니다.

왜 우리는 교회 지도자들을 죽이려 할까?

첫째, 자신이 믿는 이념과 배치되어서. 그렇다면 오늘날 우리는 어떨까요? 어떤 사람이 예수 혹은 바울이 말한 것을 받아들이지 않는다면, 똑같지 않을까요? 즉 자신이 생각하는 복음이 아니라서, 자신의 사적 이익 추구와 배치되어서. 사실 우리가 하나님을 믿는지 안 믿는지는 바울과 "그들" 사이에 보이는 행동에 나타나 있습니다. 하나님을 믿지 않는 자들은 결국 바울의 진솔한 간증을 받아들이지 않았습니다. 그것은 자신들이 믿는 신념과 다르기 때문이었습니다. 바울이 선포하는 말씀이 복음의 말씀이라고 볼 때, 이것을 받아들이지 않는 사람들은 복음을 받아들이지 않는 것입니다.

둘째, 사적인 이익을 얻기 위해서. 우리는 스스로를 깊이 돌아보아야 합니다. 과연 자신의 행동이 자신의 물질적 이익을 얻기 위한 것과 관련이 없는지. 많은 사람이 스스로에게 속기 때문에 이 부분은 하나님 앞에서 겸손히 기도하면서 자신을 깊이 성찰해 볼 때만 그 진실이 드러납니다. 바리새인들은 영적인 것과 거룩한 것을 추구한다고 스스로 생각했지만, 돈에 대한 예수님의 가르침에 아멘하지 않는 것을 보고 누가는 그들이 사적 유익을 추구하는 사람임을 간파했습니다(눅 16:14). 겉으로는 여러 가지 좋은 명분을 대지만 우리의 행동의 동인(動因)은 사적인 이익을 얻기 위한 것이 많습니다.

적용과 실천

이른바 "그들"이 예수와 바울을 죽인 이유는 똑같습니다. 예수와 바울이 선포하는 복음을 받아들이기 싫어서, 또 사적인 이익을 얻는데 예수와 바울의 말이 방해가 되어서.

그러면 지금 여러분은 "그들"인가요? 아닌가요. 그런데 우리는 이렇게 말할지 모릅니다. "나는 메시아 예수를 받아들였고, 나는 헌금도 하면서 교회에 다니기에 다행히도 바울과 예수를 죽인 편에 서지 않았다. 참 다행이다. 감사하다." 하지만 속단하기는 이릅니다. 우리는 지금 보이지 않는 예수님을 믿는다고 하고, 또 약간의 헌금을 함으로써 얼마든지 스스로를 속일 수 있습니다. 사실, 우리가 하나님을 올바로 믿는지는 하나님이 보내신 사람을 대하는 태도를 보면 알 수 있습니다. 요한일서 4:20에는 이렇게 기록되어 있습니다. "누구든지 하나님을 사랑하노라 하고 그 형제를 미워하면 이는 거짓말하는 자니 보는 바 그 형제를 사랑하지 아니하는 자는 보지 못하는 바 하나님을 사랑할 수 없느니라." 주님의 말씀을 올바로 전하는 사람을 받아들이지 않는 사람은 예수와 바울을 받아들이지 않는 사람입니다.

겸손하면 지식이 부족해도 변화되어 복음을 받아들일 수 있습니다. 본문에서는 이방인 선교를 언급하는 부분에서 유대인들은 화를 냈습니다. 사실, 이방인 선교는 베드로도 깨닫지 못했던 부분입니다. 우리는 어떤 시점에 주님의 섭리를 깨닫지 못할 수 있습니다. 하지만 겸손해야 결국 하나님의 뜻을 깨달을 수 있습니다. 그렇지 않으면 자신이 믿는 바가 족쇄가 되어 하나님의 뜻을 깨닫기 어렵습니다. 사도행전 10-11장에 보면 베드로가 어떻게 이방인들을 하나님의 백성으로 받아들이게 되었는가에 관한 이야기가 나옵니다. 그는 정통 유대인으로 당연히 이방인을 하나님의 백성으로 여기지 않았습니다. 그런데, 하나님이 주신 환상을 통해 그것을 어렴풋이 알았고, 성령의 인도함을 받아 이방인 고넬료 집안이 하나님 백성의 표시인 성령을 체험하는 것을 보고, 이것을 깨달았습니다(행 11:1-18). 베드로는 자신이 배운 것과 관습이 있었지만, 겸손히 주님의 음성을 들었습니다. 우리도 "그들"이 되지 않으려면 겸손히 주님의 음성을 듣기 위해 마음의 무릎을 꿇어야 합니다. 사욕을 버려야 "그들"이 되지 않을 수 있습니다. 사욕이 있으면, 결코 하나님의 뜻을 분별할 수도 행할 수도 없습니다. 우리도 자기 의에 빠지거나 사적인 욕심이 있으면, 결국 바울을 죽이고, 그리스도를 죽이는 자가 되는 것입니다.

69 부활의 소망
(23:1-10)

여러분 주위에 두 달 후에 만났는데 그 전과는 완전히 변화된 사람을 보셨습니까? 예를 들어, 성격이 소극적이었는데 완전히 적극적인 사람이 되었다든가, 자기밖에 모르던 이기주의자가 완전히 이타주의자가 되었다든가, 아니면 부정적인 말만 하던 사람이 모든 사안을 긍정적으로 본다든가 하는 것 등입니다. 이런 일은 얼마든지 일어날 수 있지만 우리 주위에서 흔히 일어나지는 않습니다. 오히려 우리가 가장 많이 경험하는 것은 어쩌면 수십 년이 지났는데도 사람이 여간해서 변하지 않는다는 것입니다. 초등학교 때 잘난 척 하던 소녀가 나이 사십이 되어 동창회에 나와서도 연신 자기 자랑을 하고, 그때 짠돌이가 여전히 지금까지 짠돌이로 남아있는 것입니다.

잘 변하는 게 있다면 내면이 아니라 요즈음에는 오히려 외모입니다. 어떤 친구를 한두 달 못보다 다시 만나면 눈에 쌍꺼풀이 생기고, 코가 오뚝해 지고, 몸에 볼륨이 생기는 경우가 있습니다. 특히 연예인들의 경우에 몇 개월 "잠수타고" 나오면 이상하게도 얼굴형이 바뀌는 것을 우리는 자주 봅니다. 네모난 얼굴이 갑자기 동그래지고, 째진 눈이 갑자기 반달눈으로 변합니다. 옛날에는 마음이 예뻐져서 얼굴이 변했을 것으로 생각했지만 요즈음에는 그동안 무슨 일이 일어났었는지 충분히 미루어

짐작할 수 있습니다. 인터넷 웹사이트에 가보면 연예인들이 성형 수술 하기 전과 후의 모습을 사진으로 올려놓은 것들이 많습니다.

제가 말하려고 하는 것은 이렇게 외모는 변할 수 있어도 어떤 사람이 어렸을 때 형성된 인격은 쉽게 변하지 않는다는 것입니다. 그래서 나쁜 사람이 변해서 새 사람이 되면 혹시 이 사람 죽을 때가 되지 않았는가 하고 의심할 정도입니다. 이 세상에서도 사람이 조금 변하는 것은 보통 엄청나게 충격적인 사건을 경험하고 나서입니다. 사람이 보통 사랑하는 가족을 잃고 나면 큰 변화를 겪습니다. 제가 아는 어떤 전도사님은 옥스퍼드 대학에서 구약학 박사 학위 과정을 마칠 즈음에 아버지가 돌아가셨는데 그때를 계기로 갑자기 목회의 길로 들어섰습니다. 모교에서는 그분을 위해서 교수 자리를 비워 놓고 있었는데 그분은 그것을 마다하고 개척 교회를 시작했습니다. 이분에게 아버지의 죽음은 인생의 가치에 대해서 고뇌하게 했고, 자신은 학문을 통한 공헌보다도 직접 영혼 구령의 사명을 받았다고 자각하게 되었습니다. 그렇다고 이분이 그전과 비교해서 완전히 180도로 변한 것은 아닙니다. 본래 신앙심이 깊은 분이었는데 어떤 새로운 결단을 하게 된 것이지요.

이천 년 전에 살았던 예수님의 제자들의 모습은 어떤 사건이 일어난 전후를 비교해 보면 그 사건을 계기로 너무나 변했습니다. 너무나 변해서 이 사람이 바로 며칠 전의 그 사람이었는가 하는 생각이 들 정도입니다. 가장 대표적인 사람이 베드로였습니다. 베드로는 예수를 안다고 하면 붙잡혀 갈까봐 힘없는 여자 노예 앞에서도 예수를 부인하던 사람이었습니다(눅 22:56-57). 이런 베드로가 예수님의 부활을 목격하고 오순절에 성령을 경험한 다음 여러 사람이 모인 상황에서 담대하게 예수가 그리스도라는 것을 증언했습니다(행 4:19-20). 그 이전의 두려움은 어디

갔는지 전혀 찾아 볼 수 없는 전혀 딴 사람이 된 것입니다. 전도하지 못하게 하는 유대인들의 위협에도 불구하고 베드로와 요한은 "하나님 앞에서 너희의 말을 듣는 것이 하나님의 말씀을 듣는 것보다 옳은가 판단하라."고 담대히 외칩니다.

베드로가 이렇게 변한 요인은 어디에 있었습니까? 바로 예수의 부활을 목격한 것에 있었습니다. 베드로는 예수가 이스라엘 나라를 독립시켜 왕의 자리에 오르면 총리 자리를 차지하기 위해서 예수를 따랐던 것 같습니다. 그런데 그의 선생 예수가 정치범으로 몰려 그만 십자가에 달려 죽었습니다. 이에 베드로는 한편으로는 몹시 실망하고 있었을 것이고 다른 한편으로는 자기 스승을 배반한 것에 양심이 찔려 몹시 괴로워하고 있었습니다. 그런데 그분이 살아났습니다. 자기의 생각과 사상 속에서는 전혀 있을 수 없는 일이 벌어진 것입니다. 그래서 베드로는 예수가 단순한 정치적 메시아가 아니고 신적 메시아라는 것을 깨달았습니다. 그래서 이제는 예수를 하나님으로 경배하게 되었고, 그분의 종이 되기로 결심했습니다. 이제는 누구도 두려울 것이 없어졌습니다. 그 핵심에는 부활한 예수를 목도한 사건이 있었습니다. 베드로만 그랬던 것이 아닙니다. 사도들을 비롯한 예수님의 제자들도 마찬가지였습니다.

사실 베드로를 비롯한 모든 제자들이 예수님이 부활할 것을 가르쳤지만 전혀 믿지 않았습니다. 예수님의 십자가 앞에까지 따라갔던 여제자들도 예수님을 사랑하기는 했지만 부활은 믿지 못했습니다. 그래서 주일 아침에 시체에 향료를 바르려고 여인들이 무덤으로 향했던 것입니다. 당시에 유대교의 어떤 분파도 이 세상에서 사람이 부활할 수 있다고는 믿지 않았었습니다. 그런데 베드로와 제자들이 어떻게 부활을 믿게 되었습니까? 그 대답은 의외로 간단합니다. 그들이 부활한 예수님을 목도한 것입니다. 이것 말고는 이들이 이렇게 갑자기 변한 것을 설명할 방법이 없습니다. 어떤 사람은 성경에 있는 부활 기사를 과학적으로 믿을 수 없다고 합니다. 그렇습니다. 예수님의 부활을 보기 전에는 아무도 예수의 부활을 믿지 못했습니다. 도마도 그 중의 하나였습니다. 하지만 부활한 예수님을 만나고 난 후에 예수님께 "나의 주, 나의 하나님"(요 20:28)이라고 고백하게 되었습니다.

저는 예수님이 부활했다는 것을 의심하지 않고 믿습니다. 그런데 제가 예수님의 부활을 믿는 것은 모든 증거를 취합해서 검토해보고 이런 결론에 이른 것이 아닙니다. 사실 그냥 믿어지는 것입니다. 왜냐하면 지금 제가 성경을 통해서 예수님을 만나고 있는데 그분이 부활하지 않았다면 지금 제가 만나고 있는 예수님은 어떤 분이란 말입니까? 사실, 지금도 많은 사람이 예수님의 부활을 믿지 못하겠다고 합니다. 어떤 사람은 이것은 과학적으로 증명되지 않는 것이기 때문에 못 믿겠다고 합니다. 또 어떤 사람은 성경의 증거가 일관성이 없기 때문에 못 믿겠다고 합니다. 또 어떤 사람은 의지적으로 믿으려고 하는데 안 믿어진다고 말합니다. 이 모든 불신에는 현재 부활하신 예수님과의 교제가 이루어지고 있지 않다는 것에 공통점이 있습니다. 사도들은 예수님의 부활을 목도함으로 믿었고, 그 후에 오는 사람들은 그들의 증거를 통하여서 기록된 말씀을 통하여 지금도 살아계신 예수님을 만남을 통해 믿게 된 것입니다. 살아계신 예수님과 올바른 관계를 누리십시오. 그렇다면 예수의 부활은 저절로 믿어집니다.

사도들의 증언(설교)의 핵심, 부활

우리가 복음서의 제자들 모습과 사도행전의 제자들 모습을 비교해 보면 두 모습이 극명하게 대조됩니다. 그 핵심에는 바로 이들이 예수님의 부활을 목격한 일이 있었고 그 일을 통하여 이들이 완전히 변했던 것입니다. 죽은 사람이 다시 살아난 것을 목도한 사도들과 제자들은 누가 뭐라고 해도, 어떤 고난이 있어도 그것을 전해야 하겠다는 뜨거운 마음이 생겼습니다. 바로 예수의 부활을 믿는 것이 예수를 믿는 핵심임을 이들은 깨달았습니다.

가롯 유다가 자살하여 12사도 중에서 한 명의 결원이 생겼을 때 베드로는 그 결원을 보충하자고 제안합니다. 그리고 사도의 조건으로 든 것이 바로 예수의 부활을 증언할 사람입니다(1:22). 무슨 일을 하는 사람을 선출하는데 있어 핵심 자격이 있습니다. 예를 들어, 대학에서 교수를 뽑을 때는 잘 가르치고 잘 연구할 사람이 제일 중요합니다. 그런데 사도의 조건은 바로 예수님의 제자 가운데서 부활을 증거 할 사람입니다. 이것이 가장 중요한 자질이라는 것이지요. 부활을 믿는다는 것은 예수님이 단순히 이스라엘을 정치적으로 구할 메시아가 아니라 모든 인류를 그 죄에서 구원할 신적 메시아임을 믿는 것입니다(롬 1:3-4). 이것을 믿지 않는 사람은 사도가 될 수 없는 것은 자명한 일입니다.

오순절 날 행한 베드로의 설교에서도 예수의 부활이 핵심 주제입니다(2:32). 베드로는 다윗이 시편을 통해서 그리스도의 부활을 예언했다고 말합니다(2:31). 그렇게 예언된 대로 바로 하나님이 예수를 살리셨다는 것입니다. 그리고 사도들은 바로 부활한 예수님을 목도한 증인이라고 말합니다. 사도행전 4:33에 보면 사도들은 큰 권능을 일으키며 동시에 예수의 부활을 증언했던 것을 알 수 있습니다.

그런데 사도들이 한 가지 더 전한 것은 예수님의 부활은 신자들에게도 부활할 소망을 준다는 것입니다. 신자들도 그리스도 안에서 부활한다는 것입니다. 사도들이 설교한 내용이 사도행전 4:2에 잘 요약되어 있습니다. 사도들이 가르친 것은 한마디로 요약하면 "예수 안에 있는 신자들이 죽은 자 가운데서 부활하는 것"입니다. 기독교를 흔히 사랑의 종교라고 말하는데, 그것보다 더 특색 있는 것은 바로 부활의 도를 전하는 종교라고 하는 것입니다. 다른 종교에도 인(仁)이라든가 자비(慈悲)라든가 하여 사랑과 비슷한 것이 있습니다. 하지만 어느 종교도 기독교와 같이 예수 안에서 죽은 사람이 부활한다는 도를 명확하게 그 핵심으로 주장하지 않습니다. 이들의 증언의 핵심은 예수가 죽었다가 부활했다는 것과 예수님이 부활한 것처럼 예수 안에 있으면, 즉 예수를 믿으면 모든 사람이 부활할 수 있다는 것입니다.

사도행전에 보면 바울이 증언한 바도 역시 부활이었습니다. 17:15 이하에 보면 바울이 현재 그리스도의 수도이며, 당시에 매우 번성한 도시였던 아테네에 이르러 에피쿠로스학파와 스토아학파 사람들과 종교 문제에 대해서 토론을 하는 장면이 나옵니다. 18절에 보면 바울은 이들에게 예수와 부활의 복음을 전했다고 했습니다. 바울에게 있어서 예수를 전하는 것이 부활을 전하는 것이고, 예수의 부활을 전하는 것 또한 부활을 전하는 것이기 때문에, 한마디로 예수와 부활을 전했다고 했습니다. 그런데 사람들은 부활을 잘못 알아들어 이것이 신의 이름인가 했습니다. 즉 바울은 예수라는 신(남성)과 부활(여성 신)이라는 신을 전한다고 알아들은 것입니다. 이럴 정도로 바울이 예수님을 전할 때 절대로 빼놓을 수 없는 것이 바로 부활이었습니다. 기독교는 다른 말로는 부활교인 것입니다.

본문에 보면 바울이 유대인들 특히 제사장 앞에서 자신의 신앙을 변호하는 장면이 나옵니다. 바울은 자신이 이렇게 심문을 받는 이유는 자신이 죽은 자의 부활에 대한 소망을 가지고 있기 때문이라고 합니다. 바울은 후에 벨릭스 총독 앞에서도 자신이 의인과 악인의 부활이 있다는 소망을 가지고 있다고 말합니다(행 24:15). 사실 이러한 소망은 구약 성경에는 찾아보기 어려운 것입니다. 구약 성서 시대를 지나 중간기에 들어서 사람이 죽은 후에 의인과 악인이 심판을 받는다는 신앙이 생겨났습니다. 당시 유대인들 중에서는 바리새인들이 이러한 소망을 가지고 있었습니다. 하지만 이들 중에 누구도 살아있는 사람이 부활한다는 소망은 가지고 있지 않았습니다. 죽은 후에 다른 세상에서 부활이 있다는 것입니다. 바울의 주장은 이와 다릅니다. 바로 예수님이 죽은 자 가운데에서 부활하여 사람들에게 부활의 소망을 주었다는 것입니다. 예수님은 부활의 첫 열매이고 다른 사람은 예수를 따라 부활할 것이라는 것입니다(고전 15장).

신자의 부활에 대한 소망

바울은 이렇게 부활에 대한 소망을 신앙의 핵심으로 보았습니다. 그것이 없다면 그리스도인들은 이 세상에서 가장 불쌍한 사람들이라고 말합니다. 그런데 그 소망은 바리새인들의 소망처럼 단순히 의인과 악인이 그 사람의 행위에 따라 심판을 받는 부활이 있을 것이라는 소망이 아닙니다. 예수님이 부활했다는 것을 믿는 토대 위에서 예수 안에서 우리가 부활 할 소망을 갖는 것입니다. 바리새인이 믿는 소망은 불안한 소망입니다. 우리의 행위에 따라서 우리의 소망이 결정된다면 그것은 소망이 아니라 절망이 될 수 있습니다. 모든 사람은 자신의 부족한 모습을 볼 때 스스로 얼마나 좌절되는지 모릅니다. 하지만 예수 안에 소망이 있다면 달라집니다. 우리는 그분 안에만 있으면 되는 것입니다.

이 소망은 바로 내세에 대한 소망입니다. 예수를 모르고 죽은 사람의 장례식을 집전할 때 목사는 할 말이 많지 않습니다. 하지만 그리스도인의 장례식은 그렇지 않습니다. 바로 내세가 있기 때문이지요. 바울이 고린도전서 15:19에 말한 것 같이 "만일 그리스도 안에서 우리의 바라는 것이 다만 이 세상의 삶뿐이면 모든 사람 가운데 우리가 더욱 불쌍한 자"일 것입니다. 하지만 우리에게는 부활이 있습니다. 그것도 부활이 확실히 일어난 예가 있는 것입니다. 바울은 그리스도가 부활한 것을 첫 열매라고 하고, 다른 사람들은 차례대로 부활한다고 말합니다. 바울은 이것을 믿는 것을 내세에 대한 소망이라고 했습니다.

그리스도인의 궁극적 소망이 무엇입니까? 그것은 이 땅에 천국을 만들어 영원히 잘 먹고 잘 사는 것이 아닙니다. 만약 이 땅에서 무엇을 이루는 것이 영원한 소망이라면 우리 신앙의 선조들은 신앙을 지키기 위해 사자 밥이 되지 않았을 것이고, 바울도 여러 사람들로부터 심문을 받지 않아도 되었을 것입니다. 그냥 조용히 잘 먹고 잘 살 수도 있었을 것입니다. 하지만 이들은 그리스도의 부활에 기초한 그리스도인들의 부활에 대한 소망이 있었기 때문에 삶이 달라졌습니다. 우리의 신앙이 왜 옛날만큼 뜨겁지 않습니까? 그것은 바로 부활에 대한 소망을 잃어버렸기 때문입니다. 예수 믿고 잘 먹고 잘 살고, 예수 믿고 이 땅에 좋은 마음씨를 가져 행복하게 살자는 것으로 우리의 신앙이 변질된 것입니다.

모든 순수하고 뜨거운 신앙은 부활에 대한 소망을 내포하고 있습니다. 그런데 그 소망도 부활해서 더 좋은 집에 산다는 소망이 아닙니다. 부활의 몸으로 영원히 주님과 동행할 소망입니다. 바울은 이것을 이렇게 표현합니다. "우리가 지금은 거울로 보는 것 같이 희미하나 그때에는 얼굴과 얼굴을 대하여 볼 것이요 지금은 내가 부분적으로 아나 그때에는 주께서 나를 아신 것 같이 내가 온전히 알리라."(고전 13:12) 요한은 이것을 이렇게 표현합니다. "사랑하는 자들아 우리가 지금은 하나님의 자녀라 장래에 어떻게 될지는 아직 나타나지 아니하였으나 그가 나타나시면 우리가 그와 같을 줄을 아는 것은 그의 참모습 그대로 볼 것이기 때문이니 주를 향하여 이 소망을 가진 자마다 그의 깨끗하심과 같이 자기를 깨끗하게 하느니라."(요일 3:2-3)

70 도우시는 하나님 아버지
(23:11-35)

　구약 성경에는 아버지인 하나님이 인간 자녀를 사랑하는 행동을 도움이라는 말로 표현하는 경우가 많습니다. 시편에만 하나님이 그 백성의 도움이라는 말이 10번이나 나옵니다(70:5; 115:9, 10, 11; 124:8; 146:5 등). "우리 영혼이 여호와를 바람이여 그는 우리의 도움과 방패시로다."(시 33:20) "나의 도움은 천지를 지으신 여호와에게서로다."(시 121:2) 사도행전에도 도우시는 하나님 아버지를 말하고 있습니다. 여기에는 두 가지가 있습니다. 하나는 모두가 알도록, 혹은 그 사람이 명확히 인지할 수 있도록 하나님 아버지가 도우시는 것입니다. 또 하나, 그 사람도 당시에는 모르게, 그리고 나중에 생각해 보니 하나님이 도우셨다는 것을 알게 되는 것입니다.

알게 도우시는 하나님

　사도행전 18:9-10에 보면 고린도에서 바울의 사역이 유대인들의 벽에 부딪히자, 주님이 바울에게 나타나셔서 위로하시고 격려하십니다. "밤에 주께서 환상 가운데 바울에게 말씀하시되 두려워하지 말며 침묵하지 말고 말하라. 내가 너와 함께 있으매 어떤 사람도 너를 대적하여 해롭게 할 자가 없을 것이니…" 사도행전 23:11에 보면 바울이 공회에서 증언을 하고 유대인들 간에 다툼이 일어나자 역시 주님은 바울에게 나타나 위로하고 소명을 재확인해 줍니다. "그 날 밤에 주께서 바울 곁에 서서 이르시되 담대하라. 네가 예루살렘에서 나의 일을 증언한 것 같이 로마에서도 증언하리라 하시니라." 사도행전에 보면 그 도움이 주로 우리의 기도 형태로 옵니다. 온 교회가 합심으로 기도할 때 베드로가 옥에서 기적적으로 풀려났습니다(행 12:5). 또 바울과 실라가 빌립보 감옥에서 기도하고 찬송할 때, 지진이 나서 옥문이 열렸습니다(행 16:25-26). 하나님은 오늘도 이렇게 우리가 알 수 있도록 우리를 도와주십니다.

모르게 도우시는 하나님

또 하나님이 우리를 도울 때 사람을 통해, 우리가 모르게 도우십니다. 그것이 기록되어 있는 것이 바로 사도행전 23:12-30입니다. 내용을 요약하면 이렇습니다. 바울이 부활을 증거하자 유대인들 40명이 결사대를 조직하여 바울을 죽이려는 음모를 꾸밉니다. 그것은 공회를 한다고 하고 바울의 신병을 유대인들에게 전달하는 도중에 길에서 죽이는 것입니다. 바울의 조카가 이를 알아채고 바울에게 말하자, 바울은 천부장에게 그를 소개하고 자초지종을 말하게 합니다. 천부장은 이 음모를 알고 그 날 밤에 바울을 예루살렘 로마 군인 영내에서 총독이 있는 바닷가 가이사랴로 호송합니다. 결국 바울은 그를 죽이려는 유대인의 음모를 피할 수 있었습니다.

그런데 중요한 것은 바울은 이 일을 하나님의 도우심이라고 사도행전 26:21-22에서 말한다는 것입니다. "유대인들이 성전에서 나를 잡아 죽이고자 하였으나 하나님의 도우심을 받아 내가 오늘까지 서서 높고 낮은 사람 앞에서 증언하는 것은…" 바울은 자신이 가이사랴로 호송되는 일이 조카의 정보력과 자신의 기지로 된 것이지만, 그 배후에 하나님의 도우심이 있다고 고백합니다. 하나님은 비기적적인 방식으로, 사람을 통하여 우리를 도우십니다. 그때는 잘 알지 못했어도 후에 돌아보면 그것이 하나님의 도움이신 것을 깨닫게 됩니다.

여러분도, 그런 고백을 할 수 있을 것입니다. "지나고 보니, 하나님의 인도하심이었구나." "내가 사망의 음침한 골짜기를 지날 때 하나님이 함께 하셨구나." 저는 우리 가정에 역사하신 하나님의 손길을 느낍니다. 여러 가지 어려움이 있었지만, 우리는 기도했고, 순간순간마다 고비를 넘길 수 있도록 하나님은 여러 사람을 보내 주었습니다. 지금도 여러 어려움이 있지만, 기도하고 하나님의 음성 듣기를 구할 때 하나님이 도우실 것을 믿습니다.

이렇게 하나님 아버지, 그리고 우리 주님은 때로는 알게, 때로는 모르게 신자인 자녀를 돕습니다. 이것이 부모로서의 하나님이 인간을 사랑하시는 방법입니다. 그는 우리 환난 날의 도움이십니다.

부모 노릇 잘하기

우리가 자녀를 사랑하는 근거를 찾는다면, 우리는 그 모델을 마땅히 하나님 아버지의 인간 자녀에 대한 도우심에서 찾아야 합니다. 우리가 어떻게 부모 노릇 해야 할 것을 우리는 하나님 아버지의 인간에 대한 도움에서 배워야 합니다. 하나님 아버지의 도우심이 인간 부모의 역할의 모델입니다. 성경은 하나님 아버지의 인간 자녀 사랑에 대한 책입니다.

하나님은 인간을 돕되 피 흘리기까지 하십니다. 좋은 부모 되기가 어려운 것은 우리가 자녀를 사랑하는 것이 바로 우리가 피 흘려 죽기까지 해야 하는 것이기 때문입니다. "너희 [하나님] 아버지의 자비로우심과 같이 너희도 자비로운 자가 되라."(눅 6:36)

이렇게 부모의 자녀에 대한 사랑을 잘 그린 영화 중 하나가 '테이큰'(Taken)입니다. 속편이 몇 편이나 나왔는데 그 내용은 납치된 딸을 구해내기 위해 그 아버지가 목숨도 아까워하지 않으면서 끝까지 그 납치범들을 찾아내어 그들과 싸우고 결국 그 자녀를 구해낸다는 것입니다. 우리도 우리 자녀가 악에 빠져 있을 때 이런 마음을 가져야 합니다. 사탄에게 납치된 우리 자녀를 우리는 구해 내야 합니다.

바울의 밀레도 연설(행 20:17-35)에는 영적 아버지로서의 바울의 모습이 잘 나타나 있습니다. 이 구절을 읽어보면 영적 아버지 바울의 영적 자녀에 대한 희생적인 사랑이 구구절절이 나타납니다. 그는 눈물(19, 31절)로 자녀들에게 호소했습니다. 바울은 하나님 아버지로부터 바로 이 사랑을 받은 대로, 영적 자녀를 그대로 사랑한 것입니다. 우리도 우리의 자녀에 대해서, 우리의 영적 자녀에 대해서 이런 마음을 가져야 하겠습니다.

부모 공경 잘하기

부모 공경은 바로 이렇게 자녀를 위해 모든 것을 바치는 부모에 대한 자녀의 마땅한 도리입니다. 십계명은 부모를 공경하라고 하고, 바울은 부모에게 순종하라고 합니다(엡 6:1-3). 성경에서 부모는 자녀의 생명을 책임지는 사람입니다. 그 사람의 먹을 것을 책임질 뿐만 아니라 하나님께 인도할 책임도 집니다. 그래서 자녀는 그 부모에게 순종해야 하는 것입니다. 부모를 통해 자녀는 하나님 아버지를 소개 받습니다. 부모는 자녀의 생명을 살리기 위해서 목숨을 거는 사람이기에 우리는 부모를 공경하고, 부모에게 순종해야 합니다.

또 한 가지 부모 공경을 해야 할 이유는 부모는 우리가 만나는 가장 가까운 이웃이기 때문입니다. 신자는 이웃을 사랑해야 하는데, 부모는 인생에서 처음으로 만나는 이웃입니다. 우리는 마땅히 이웃을 사랑해야 합니다. 여기서부터 출발해서 우리는 다른 이웃을 사랑할 수 있습니다.

우리가 부모를 봉양해야 할 이유를 한 가지 더 들자면, 부모는 노인이 되어 약자가 된 존재이기 때문입니다. 부모는 약자인 이웃입니다. 이것이 바로 디모데전서 5:4에 나와 있는 과부가 된 할머니나 어머니에 대한 공경입니다. "만일 어떤 과부에게 자녀나 손자들이 있거든 그들이 먼저 자기 집에서 효를 행하여 부모에게 보답하기를 배우게 하라. 이것이 하나님 앞에서 받으실 만한 것이니라."

적용과 실천

성경은 윤리의 기초가 하나님의 사랑이라고 일관되게 말합니다. 요한일서 4:10-11에는 이렇게 기록되어 있습니다. "사랑은 여기 있으니 우리가 하나님을 사랑한 것이 아니요 하나님이 우리를 사랑하사 우리 죄를 위하여 화목제물로 그 아들을 보내셨음이라. 사랑하는 자들아 하나님이 이같이 우리를 사랑하셨은즉 우리도 서로 사랑하는 것이 마땅하도다." 하나님의 도우심을 받은 하나님의 자녀인 우리 크리스천들은 받은 그대로 자녀를 돕고, 또 부모를 공경할 수 있습니다. 하나님을 아버지로 모셔야 인간 부모를 공경하게 되고, 아버지의 역할을 할 수 있는 것입니다. 하나님 아버지가 자녀에게 하신 대로 우리도 자녀에게 해야 합니다.

71 | 삶으로 증명되는 부활 신앙
(24:1-23)

　바울이 로마 총독이 있는 가이사랴로 호송되자, 예루살렘에 있던 대제사장이 대리인을 통해 거기까지 내려와서 바울을 고소합니다. 그들의 고소 내용은 한 마디로 바울이 전하는 복음은 유대인들에게 전염병과 같은 나쁜 것이라는 것입니다. "우리가 보니 이 사람은 전염병 같은 자라 천하에 흩어진 유대인을 다 소요하게 하는 자요 나사렛 이단의 우두머리라 그가 또 성전을 더럽게 하려 하므로 우리가 잡았사오니."(5-6절) 이에 대해 바울은 총독 벨릭스에게 자신에 대한 고소는 거짓이며 다만 자신은 죽은 자의 부활을 믿는다고 합니다. 바울은 부활 신앙이 있었고, 그것 때문에 심문을 받고 있던 것입니다. 그렇다면 그가 믿었던 부활 신앙은 무엇이고, 우리도 과연 그 부활 신앙이 있는지 살펴보고자 합니다.

바울의 부활 신앙

　사도행전 내러티브를 따라가다 보면 바울은 처음부터 끝까지 철저하게 부활 신앙을 가졌고, 그것을 설파하고 있음을 알 수 있습니다. 예루살렘에서 체포되어 로마로 이송되기 전까지의 기사만 살펴보더라도 부활에 대한 주장은 바울이 자신을 변증할 때 핵심 사안이었습니다.

첫째, 바울은 체포된 후 처음으로 자신이 그리스도인이 된 간증을 하면서, 그 핵심에는 부활하신 주를 만난 일이 있다는 것을 듭니다(행 22:6-21). 여기서 핵심은 자신도 기독교를 박해했고, 박멸하려고 했지만, 십자가 상에서 죽었다가 부활한 예수를 만나고, 자신의 생각이 완전히 변했다는 것입니다.

둘째, 바울이 유대인 산헤드린 공회 앞에서 증언하면서 한 증언에서도 자신이 심문받는 것은 부활을 믿기 때문이라고 합니다. "…죽은 자의 소망 곧 부활로 말미암아 내가 심문을 받노라."(행 23:6)

셋째, 바울이 총독 벨릭스 앞에서 한 증언에서도 바울은 부활 신앙이 있다고 말합니다. "그들이 기다리는 바 하나님께 향한 소망을 나도 가졌나니 곧 의인과 악인의 부활이 있다 함이니라."(행 24:15) 바울은 "오직 내가 그들 가운데 서서 외치기를 내가 죽은 자의 부활에 대하여 오늘 너희 앞에 심문을 받는다."고 말합니다(행 24:21).

넷째, 총독 베스도도 바울의 고소 문제가 부활에 관한 것임을 증언합니다. 총독이 벨릭스에서 베스도로 바뀌면서 아그립바 왕과 버니게가 찾아오자 베스가 그들에게 죄수 바울에 대해서 설명합니다. 유대인들이 고소해서 그를 심문했으나 죄를 찾아내지 못했고, 로마 시민권자인 바울이 황제에게 심문을 받겠다고 해서 보내주겠다고 했는데, 죄명이 뚜렷하지 않아 유대인을 잘 아는 아그립바 왕에게 조언을 듣기 위해서입니다. 그때 베스도는 아그립바 왕에게 바울에 대해서 이렇게 설명합니다. "오직 자기들의 종교와 또는 예수라 하는 이가 죽은 것을 살아 있다고 바울이 주장하는 그 일에 관하여 고발하는 것뿐이라."(행 25:19).

다섯째, 결국 바울은 아그립바에게 자신의 입장을 설명하면서 자신이 심문을 받는 것은 바로 이 부활 신앙 때문이라고 합니다. "…아그립바 왕이여 이 소망으로 말미암아 내가 유대인들에게 고소를 당하는 것이니이다. 당신들은 하나님이 죽은 사람을 살리심을 어찌하여 못 믿을 것으로 여기시나이까?"(행 26:7-8) 바울은 자신이 복음을 전하는 핵심 내용 중의 하나는 그리스도가 다시 살아난 것이라고 합니다(행 26:23).

한마디로 말해, 바울이 전하는 복음의 핵심에는 예수의 부활에 근거한 성도의 부활이 있습니다.

무엇이 문제였나?

바울은 성도의 몸이 부활한다는 것을 믿었습니다. 그런데 중요한 것은 바울은 이것을 구약 성경과는 반대되거나 새롭게 계시된 진리라고 말하지 않는다는 것입니다. 바울은 "…나는 그들이 이단이라고 하는 도를 따라 조상의 하나님을 섬기고 율법과 선지자들의 글에 기록된 것을 다 믿으며"라고 말합니다(14절). 그는 부활에 대한 것뿐만 아니라 모든 면에서 구약 성경을 하나님의 말씀이라고 믿는다고 했습니다. 부활에 관해서 말하면서도 "그들이 기다리는 바 하나님께 향한 소망을 나도 가졌으니 곧 의인과 악인의 부활이 있으리라 함이니이다."라고 했습니다(15절). 부활은 유대인들도 믿는 신앙이라는 것입니다.

바울의 말을 통해서 구약에서 부활에 관한 말씀을 역 추적해 보면 이런 말씀들이 있습니다. 첫째, 에스겔 37장에 나와 있는 환상에서 마른 뼈가 다시 살아나는 환상이 있습니다. 둘째, 무엇보다도 다니엘서 12장 2절에 보면 말세에 나타날 현상으로 "땅의 티끌 가운데서 자는 자 중에서 많은 사람이 깨어나 영생을 받는 자도 있겠고, 수치를 당하여서 영원히 부끄러움을 당할 자도 있을 것이며"라고 말하고 있습니다. 이것들 이외에도 구약에는 부활을 말하는 구절이 많이 있습니다(시 49:15; 사 26:19; 호 6:1-3; 13:14; 시 16:8-11; 22:15, 22-31; 73:18-20, 23-27; 104:29-30; 욥 33:15-30).

그러면 무엇이 문제입니까? 첫째, 당시 사두개인들은 이 부활을 믿지 않았습니다. 사두개인들은 제사장들로 구성된 사람들이기에, 부와 군력을 쥐고 있어서 죽어서 심판을 받아 이 세상에서의 위치와 저 세상에서의 위치가 뒤바뀌는 것을 원치 않았을 것입니다. 지금도 크리스천에게 있어 부활 신앙을 갉아먹는 것은 바로 부와 권력을 추구하는 세속화입니다. 둘째, 그러면 구약적 의미의 부활 신앙이 있었던 바리새인들은 무엇이 문제였나요? 그들은 예수가 부활했고, 예수가 부활의 첫 열매가 되어, 그 후에 그의 제자들이 부활한다는 크리스천 부활 신앙은 받아들이지 않았습니다. 지금도 죽으면 영혼불멸 한다고 믿는 사람들이 많이 있지만, 하나님에 의해서 부활이 이루어지고 그 후에는 하나님이 심판하신다는 것은 오직 크리스천만 가진 신앙입니다.

부활 신앙의 리트머스 시험지

바울과 함께 우리 크리스천은 예수의 부활과 성도의 부활을 믿는다고 고백합니다. 그러면, 사도신경을 예배 때마다 고백하면 우리는 부활 신앙을 믿는 것일까요? 본문에 의하면 그렇지 않을 수 있습니다. 바울은 마지막에 모든 사람, 즉 의인과 악인이 모두 부활한다고 말합니다(15절). 여기서 암시된 것은 심판입니다. 모두가 살아나서 하나님 앞에서 심판을 받고, 의인과 악인이 그 심판에 의해서 갈린다는 것입니다.

바울은 이러한 부활 신앙을 믿기에 "이것으로 말미암아 나도 하나님과 사람에 대하여 항상 양심에 거리낌이 없기를 힘쓰나이다."(16절)라고 말합니다. 부활 신앙은 그것을 교리로 믿는다고 고백하는 것에서 증명되는 것이 아니라, 그것을 믿는 대로 살아내는가에 의해서 증명된다는 것입니다. 하나님과 사람 앞에서 부활을 믿는다고 하는 것과 부합하는 양심적인 삶이 있어야 그 사람이 부활 신앙이 있는 것입니다. 이 삶이 없다면, 부활 신앙이란 애초부터 없는 것입니다. 히브리서 11장 35절은 이것을 이렇게 기록합니다. "여자들은 자기의 죽은 자들을 부활로 받아들이기도 하며 또 어떤 이들은 더 좋은 부활을 얻고자 하여 심한 고문을 받되 구차히 풀려나기를 원하지 아니하였으며." 히브리서 저자는 부활 신앙을 예수가 십자가를 질 때의 신앙을 본받는 것이라고 말합니다(히 12:1-6). 바울은 부활 장인 고린도전서 15장에서 자신이 부활을 믿기에 그에 맞는 행동을 한다고 말합니다(고전 15:29-34). 신약 성경에 나오는 부활 신앙이란 바로 이런 것입니다.

적용과 실천

부활 신앙은 바울이 그리스도인으로서 살고 죽는 문제였습니다. 이것은 죽음도 감수하면서 지켜야 하는 신앙이었습니다. 우리도 바울과 같은 부활 신앙이 있나요? 우리가 부활 신앙이 있는지 없는지 어떻게 분별할 수 있습니까? 한 마디로 말해, 우리의 삶을 보면 알 수 있습니다. 의인과 악인의 심판이 있다고 믿고 하나님과 사람 앞에서 양심에 거리낌이 없는 삶을 살면 부활 신앙이 있는 것이고, 그런 삶이 없으면 부활 신앙도 없는 것입니다.

72 제발 '정치인'이 되지 마세요
(24:24-25:12)

우리가 타인에게 무슨 부탁을 할 때 자주 쓰는 영어 문장에 이런 것이 있습니다. "Would you do me a favour?" 우리는 이 말을 길거리 가다가 사진 한 장 찍어 달라고 할 때도 씁니다. 문자 그대로 번역하면 "저에게 호의를 베풀어주시겠습니까?"입니다. 여기서 '호의'라는 말이 나오는데, 그것은 누구에게 아무 대가 없이 은혜를 베풀어 주는 것입니다.

사람은 살면서 상대방에게 호의를 구하기도 하고, 또 호의를 베풀기도 합니다. 사도행전 24:27에 보면 로마 총독 벨릭스가 "유대인의 마음을 얻고자 하여"라는 구절이 나오는데 여기서 "마음"으로 번역된 단어가 바로 "호의"입니다. 25:3에 보면 유대인 지도자들은 새로 부임한 베스도 총독에게 자신들에게 "호의"를 베풀어 달라고 요청합니다. 우리말로 번역은 하나는 "마음"으로 다르게 했지만, 원어는 같습니다. 모두 호의입니다.

아마도 사람들에게 호의를 가장 많이 베풀고, 또 호의를 받으려는 사람이 있다면 바로 정치인일 것입니다. 정치인은 표를 얻기 위해 투표권이 있는 사람에게 호의를 베풀려고 합니다. 총선이 있기 직전에 정치인들은 평상시보다 더 많은 호의를 베풉니다. 또 한편으로 일반 사람들은 힘을 가진 정치인에게서 호의를 구합니다. 그래서 양자의 뜻이 맞으면

서로 주고받기를 합니다.

그런데 이렇게 주고받기식 호의 베풀기는 정의와 진리를 추구하는 신앙인들에게는 취약이 될 수 있습니다. 진리를 외면하고 자신이 무엇을 얻기 위해 상대방에게 호의를 베푸는 것은 진리편인 하나님을 배반하는 것이기 때문입니다. 그래서 본문과 문맥을 통해서 로마 총독들이 누구에게 호의를 구했고, 그것이 무엇이 잘못 되었는지를 살펴보고자 합니다. 또 그것을 통해 우리 크리스천은 누구에게 호의 받기를 추구해야 되는지를 제안하고자 합니다.

정치인 벨릭스와 베스도 총독

사도행전 23-24장에 나오는 기사를 통해서 볼 때 벨릭스 총독은 그의 재판관으로서의 임무를 객관적으로 수행한 인물입니다. 천부장 루시아로부터 바울을 인계받고 그를 인정심문하고(23:34), 유대인들의 고소를 접수하고(24:1-9), 또 바울의 변론을 잘 듣는 사람이었습니다(24:10-23). 그는 극악한 사람도, 무능한 사람도 아니었습니다. 또 그는 기독교에 대한 바울의 강론을 경청하는 사람이었습니다(24:24-25).

물론, 그에게 약점이 없었던 것은 아닙니다. 첫째, 기독교의 가르침을 듣고 그것을 받아들이지 않고 두려워했습니다(24:25). 둘째, 그는 바울에게서 뇌물을 받으려 했습니다(24:26). 하지만 그는 유대인들의 고소대로 판결을 하지 않았고, 바울이 로마에게 어떤 죄도 없다는 것을 알고 있었던 것 같습니다. 그래서 바울의 말을 계속 경청합니다.

그런데 그의 치명적 실수는 그가 진실을 알고 있었음에도 불구하고 바울 고소 사건을 정치적으로 처결한 것입니다. 그는 판결을 하지 않은 채 바울을 2년이나 구류하여 두었는데 그 이유가 바로 "유대인의 마음을 얻고자 하여"서(24:27) 입니다. 그는 진리나 진실보다도 정치인으로서 그가 다스리는 백성의 마음을 얻는 것이 더 중요했습니다. 물론, 이것은 그의 실수만은 아니었습니다. 예로부터 정치인들은 이렇게 해 왔습니다. 비록 바울이 죄가 없는 것을 알았지만, 그를 풀어주면 유대인들이 폭동을 일으킬 수 있기 때문에 그는 "유대인들의 호의를 얻으려고" 그를 계속 구류해 두었던 것입니다. 그는 사건의 진실을 알고 있었지만, 그 진실에는 눈감고, 유/불리를 따져 바울 사건을 처결한 사람이었습니다. 아이러니 한 것은 가이사랴 유대인들이 그를 네로 황제에게 고소해서 그도 황제에게 소환되었다는 것입니다. 다행히도 네로와 친했던 자신의 형제 팔라스(Pallas)의 도움으로 처벌을 면했습니다. 정치적 호의는 꼭 호의로 돌아오는 것은 아닙니다. 많은 경우 배반으로 돌아옵니다.

후임인 베스도 총독도 벨릭스 총독과 이 점에서는 크게 다르지 않았습니다. 그도 바울을 심문하면서 먼저 유대인의 눈치를 살폈습니다. 바울 사건에 대해서 유대인들이 바울에게는 반대하고 자신들에게 "호의"를 베풀어 달라는 요청을 하자(25:3), 베스도 총독도 "유대인의 마음을 얻고자 하여"(9절) 행동합니다. 유대인들이 바울을 예루살렘에서 심문해 줄 것을 요청하자, 베스도는 바울에게 그 의향을 물은 것입니다. 바울은 그 의도를 알아 차렸는지, 예루살렘에 가지 않겠다고 합니다. 자신이 로마 시민이기에 황제에게 상소합니다. 당시 로마 시민은 황제에게 상소할 권리가 있었습니다. 베스도도 바울에게 죄가 없다는 것을 알고 있었지만(25:25), 그에 대한 판단은 정치적으로 했습니다. 어쨌든, 베스도 정치인으로서 유대인들의 호의를 얻어야 총독의 지위를 보존할 수 있었기 때문에 정치적으로 생각하고 행동했습니다.

두 총독은 모두 로마 황제 가이사로부터 궁극적 호의를 받기 위해서 자신이 다스리는 지역에서 아무런 소요나 소동 없이 그 업무를 수행하려고 했을 것입니다. 가이사의 호의를 받아야 하기에 소요를 일으킬 수 있는 사람들에게 호의를 베풀어 자신들도 정치적인 이득을 얻으려 했던 것이지요.

누구에게 호의를 구할 것인가?

그런데 이러한 판단은 직업 정치인만 하는 것은 아닙니다. 우리도 상대방의 호의를 얻기 위해 자주 '정치적으로' 행동합니다. 무엇을 얻기 위해 상대방의 미모를 칭찬하기도 하고, 상대방의 수다를 듣기 싫어도 들어주기도 합니다. 제가 미국에서 석사 과정 학생일 때 박사 과정에 입학한 학생들에게 어떻게 하면 박사 과정에 들어갈 수 있느냐고 물으니 학점을 잘 따고, 힘을 쓰는 모 교수와 너무 소원하게 지내지 말라고 했습니다. 사실 이 말은 그 사람과 친해지라는 말입니다. 실력과 함께 정치적이 되라는 것이지요. 아마도 이것이 일반적으로 사회생활 잘 하는 방법일 것입니다.

우리는 우리의 일상생활에서 상대방의 호의를 얻기 위해 상대방에게 잘 할 수 있습니다. 그것을 그리 나쁜 것이라고만은 할 수 없습니다. 그런데, 진리와 신앙이 걸린 문제에 대해서 이렇게 행동하면 매우 나쁜 것입니다. 본문에서 볼 수 있는 것처럼 유대인들에게 호의를 베푸는 것이 바울의 생명을 위협할 수도 있는 것입니다.

그런데 정치인들은 늘 이런 호의를 베풀 위험에 처해 있습니다. 우리나라에서 헌법보다 위에 있는 법이 두 가지가 있다고 합니다. 하나는 떼

를 쓰면 들어주는 "떼 법"이고, 다른 하나는 국민정서에 부합하는 "국민
정서법"입니다. 이 두 관습법을 이용하는 사람들은 불법적인 사람들과
정치인들입니다. 자신들의 정치적 이익을 위해서 불법이어도 들어주는
것이지요. "제발 '정치인'이 되지 마세요!" 이 말은 직업으로써 현실 정치
인이 되지 말라는 것이 아닙니다. 진리 앞에 설 때에 정치적 판단을 하
는 사람이 되지 말라는 것입니다. 사람은 생존하기 위해서 이렇게 정치
적인 판단을 합니다. 자신이 필요한 사람이나 우상의 호의를 구하고, 또
그 호의를 얻기를 구합니다. 유대인들은 일상생활에서 농사를 잘 되게
해주는 바알의 호의를 구했습니다. 에베소에 거주하는 헬라인들은 아데
미 신전 기념품을 팔아먹고 살았기에 아데미 신의 호의를 구했습니다.

그런데 이렇게 하나님께 호의를 구하지 않고 인간 혹은 우상에게 호
의를 구하는 것은 하나님을 화나게 하는 것이고 하나님의 심판을 받는
일입니다. 왜냐하면 이 호의란 다름 아니라 "은혜"이기 때문입니다. 헬
라어로 지금까지 호의로 번역된 단어는 "카리스"입니다. 바로 은혜입니
다. 우리가 하나님과 다른 것에 절대적인 호의를 구하는 것은 하나님께
호의를 구하지 않는 것으로, 결국 하나님을 배반하는 것입니다.

복음서에서 칭찬받은 사람들은 인생의 위기에서 모두 예수님의 "호
의"("은혜")를 구한 사람들이었습니다. 수로보니게(가나안) 여인은 이방
인들을 위해서 오지 않았다는 예수의 말씀에도 "주여 저를 도우소서"(마
7:25)라고 말하면서 은혜와 호의를 구해서 결국 자신의 딸의 질병을 치
료 받았습니다(막 7:24-30; 마 15:21-28) 또 바디매오는 예수가 여리고에
도착했을 때 "다윗의 자손 예수여 나를 불쌍히 여기소서"라고 외침으로
써 맹인에서 고침을 받아 보게 되었습니다(막 10:46-52).

바울은 인간이 구원받는 것이 바로 이 하나님의 은혜/호의에 의한 것

이라고 강조합니다. "너희는 그 은혜에 의하여 믿음으로 말미암아 구원을 받았으니 이것은 너희에게서 난 것이 아니요 하나님의 선물이라 행위에서 난 것이 아니니 이는 누구든지 자랑하지 못하게 함이라."(엡 2:8, 9) "모든 사람에게 구원을 주시는 하나님의 은혜가 나타나."(딛 2:11) "주 예수 그리스도의 은혜와 …."(고후 13:13) "우리 주 예수 그리스도의 은혜가 너희 심령과 함께 있을지어다."(몬 1:25)

적용과 실천

인생의 성패는 누구에게 궁극적 호의를 구하는가에 달려 있습니다. 자신의 유익을 위해서 정치적으로 힘이 있는 사람에게 혹은 자신의 힘을 유지시켜 줄 수 있는 사람에게 호의를 구하는 것은 불신앙적인 것입니다. 우리가 궁극적으로 호의를 구할 분은 오직 한 분밖에 없습니다. 바로 하나님입니다. 우리는 하나님의 호의를 얻기 위해 하나님께 나가야 합니다. 호의는 은혜입니다. 은혜의 자리에 나오십시오. 하나님의 은혜를 간절히 구하십시오. 하나님의 얼굴을 구하면, 은혜를 체험하게 될 것입니다. 살다가 문제가 생기면 하나님의 은혜와 자비를 구하십시오. 사람을 의지하지 말고, 사람에게 궁극적 호의를 구하지 말고 하나님의 호의를 구하십시오.

73 착하다고 성령받는 것이 아니다
(25:13-27)

우리는 교회 부흥회나 영성 수련회에 참석해서 은혜 받았다는 간증을 많이 듣습니다. 10년 전에 우리 교회 영성 수련회에 참석했던 어떤 집사님도 모태 신앙인이었는데, 그때 하나님의 살아계심을 처음으로 느껴봤다고 합니다. 또 우리 교회 모 집사님은 작년 여름 수련회 때 남편도 실직하고 아이들도 아프고 도저히 앞이 보이지 않은 상황이었는데, 그때 살아계신 하나님을 만나고 마음의 평안을 얻었다고 합니다.

그러면 평상시는 왜 이런 일이 많지 않고 주로 수련회 때 자주 일어나는 것일까요? 이에 대해서는 여러 가지로 설명할 수 있겠으나 저는 오늘 이것을 자연 과학 법칙으로 설명해 보려고 합니다. 자연 과학에서 쓰는 개념 중에 임계점(the critical point)이라는 것이 있습니다. 이것은 어떤 물질이 어떤 한 상태로 있는 한계점입니다. 예를 들어, 물이 액체로 존재하는 것의 한계점입니다. 그 한계점에 이르면 물은 끓어서 기체가 되기고 하고, 혹은 얼어서 얼음, 즉 고체가 되기도 합니다. 임계의 법칙은 바로 그 임계점을 넘어야 변화가 된다는 것입니다. 물은 100도가 되어야 끓습니다. 수도 없이 90도까지 가도 그 물은 완전히 끓지 못합니다.

신앙 체험에도 이런 측면이 있습니다. 마음을 활짝 여는 임계점에 평상시는 잘 도달하지 못합니다. 주중에는 30도, 주일 예배 드리면 50도, 수요 기도회까지 나오면 70도, 새벽기도회까지 나오면 90도. 하지만 100도에는 잘 이르지 않습니다. 그런데 수련회에 가면 하루 종일 찬양과 말씀과 예배에 집중하기에 단시간에 100도에 도달할 수 있습니다. 또 수련회 강사님이 영성이 충만한 분이면, 말씀과 기도를 통해서 그 도수를 더 쉽게 끌어 올립니다. 그런데 사실 당일 참석만 가지고는 그 임계점에 도달하기는 쉽지 않습니다. 미리 은혜 체험할 마음의 준비가 되어야 그날 마음이 더 열려 살아계신 하나님과의 조우가 쉽게 됩니다. 가기 전에 50도 정도 준비되어 있으면, 가서 금방 100도에 이를 수 있습니다.

우리는 본문에 나오는 헤롯 아그립바 2세를 반면교사로 삼아 우리가 어떻게 해야 은혜 체험에 이를 수 있는지를 상고해 보고자 합니다. 헤롯 아그립바 2세가 바울의 말을 경청했음에도 불구하고 신앙인이 되지 못한 이유를 찾아보고, 우리는 어떻게 해야 그렇게 되지 않을 수 있는지를 밝혀내 보고자 한다.

헤롯 아그립바 2세

먼저, 그가 어떤 사람인지 살펴보겠습니다. 본문에 그는 아그립바로 나옵니다. 바로 앞, 사도행전 25:13에 보면 그는 "아그립바 왕"이라고 되어 있습니다. 일반 역사에서 그를 헤롯 아그립바 2세라고 부릅니다. 왜냐하면 그의 아버지도 아그립바이기에 그의 아버지를 헤롯 아그립바 1세로 부릅니다. 그런데 사도행전 12장에서 그의 아버지는 "헤롯"이라고 불립니다. 아마도 누가는 그의 아버지는 헤롯 대왕처럼 폭군이었기에 그 부류로 그를 집어넣으려고 그렇게 부른 것 같습니다.

어쨌든 아그립바 2세는 헤롯 대왕의 증손자입니다. 그의 할아버지는 아리스토불루스이고, 그의 증조할머니는 대제사장의 딸이었던 헤롯 대왕의 아내 미리암네였는데, 그녀와 그의 아들 아리스토불루스는 헤롯에게 죽임을 당했지만, 손자 아그립바 1세가 살아남아 왕이 되었고, 그것은 아그립바 2세로 이어집니다.

아그립바 1세는 한 명의 아들인 아그립바 2세와 세 딸을 두었습니다. 딸 두루실라는 사도행전 24-25장에 나오는 벨릭스 총독의 아내가 되었고(행 24:24), 본문에 나오는 딸 버니게는 후에 로마 황제가 된 티투스와 사랑하는 관계였지만, 동양 공주에 대한 로마인들의 반대로 그녀는 황제의 부인이 되지는 못했습니다. 로마 황제 티투스 영화를 보면 이 장면이 나옵니다. 그녀는 몇 번의 결혼과 이혼을 거친 후 오빠 아그립바 2세와 같이 살았기에, 그와 근친상간 관계라는 소문도 있었습니다.

사도행전 12장에 보면 헤롯 아그립바 1세는 벌레에 먹혀 죽습니다. 요세푸스의 기록에 의하면 하복부가 갑자기 아파, 수일 만에 죽었습니다. 그때가 본문에 나오는 헤롯 아그립바 2세가 17살밖에 되지 않았을 때입니다. 그래서 그는 곧바로 아버지가 다스리던 지역을 이어받지는 못했습니다. 하지만 얼마 후 그의 삼촌이 죽자 그가 다스리던 지역을 이어받았고(주후 50년) 후에는 클라우디우스 황제와 네로 황제에게 각각 유대 여러 지역을 확장해서 다스리도록 허락 받았습니다.

당시 예루살렘과 유대 지역은 황제가 직접 파송한 총독이 관할하고 있었는데, 새로운 총독이 부임하자, 이스라엘 북부인 현재의 레바논 지역을 다스리던 아그립바 2세는 인사차 베스도 총독을 방문한 것입니다. 그런데 그를 방문했을 때 베스도 총독에게서 흥미로운 부탁을 받습니다. 그가 구류해 둔 바울이라는 인물을 심문해 달라는 것이었습니다. 새로 부임한 로마 총독 베스도는 유대인의 율법이나 풍습을 잘 몰라 자신이 정확한 판단이 서지 않는다고 말합니다. 유대인의 피를 물려받은 아그립바 2세에게 구원 투수를 맡아 줄 것을 청한 것입니다. 로마에서 자랐지만, 유대인 대제사장의 딸을 증조할머니로 두었던 아그립바 2세는 기꺼이 베스도 총독의 청을 들어주어 바울을 심문하고, 그의 변명을 듣고 최후에 그에 대한 조언을 해주는 것이 본문 이후 사도행전 26장까지의 내용입니다.

선인, 헤롯 아그립바 2세

사도행전에 나오는 아그립바 2세는 선인입니다. 그는 남의 말을 경청하는 사람이었고, 객관적으로 판단하는 사람이었습니다. **첫째, 본문에 보면 그는 기꺼이 경청하는 인물이었습니다.** "아그립바가 베스도에게 이르되 나 [자신]도 이 사람의 말을 듣고자 하노라." 그는 바울의 말을 기탄없이, 기꺼이 듣고자 했습니다. 그는 어떤 선입견이나 편견 없이 먼저, 고소당한 바울의 말을 있는 그대로 들어주는 열린 마음의 소유자였습니다. 사도행전 26:1에는 "아그립바가 바울에게 이르되 너를 위하여 말하기를 내가 허락하노라."고 합니다. 즉 바울의 입장을 일단 있는 그대로 들어보겠다는 것입니다. 사실, 이렇게 열린 마음으로, 상대방의 말을 그대로 들어주는 사람은 드뭅니다. 바울도 이렇게 유대 문화에 익숙하고 상대방의 말을 경청하는 아그립바 2세 앞에서 자신을 변명하는 말을 할 수 있는 것을 다행으로 생각했습니다(행 26:2-3).

둘째, 사도행전에서 아그립바 2세는 경청의 사람이었을 뿐만 아니라 객관적인 판단을 하는 인물이었습니다. 사도행전 26:32에 보면 아그립바 2세가 바울의 말을 다 들은 후에 베스도 총독에게 최종적으로 이렇게 말합니다. "이에 아그립바가 베스도에게 이르되 이 사람이 만일 가이사에게 상소하지 아니하였더라면 석방될 수 있을 뻔하였다 하니라." 바울의 말을 경청해 보니 그에게는 사형 판결이나 결박당할 만한 어떤 죄도 없는 것을 발견한 것입니다(행 26:30-31). 이렇게 죄수 하나의 말을 경청하고, 객관적인 판단을 하는 아그립바 2세는 분명 선인입니다.

그런데, 이렇게 경청의 태도와 객관적인 판단력을 갖춘 아그립바 2세는 바울의 전도를 받았지만, 크리스천이 되지 못했습니다. 바울이 설득하자, 자신을 짧은 말로 설득하려 한다고 핀잔을 주면서 그 주제를 회피합니다(행 26:27-29). 은혜를 체험하는데 있어 경청의 태도만으로는 부족했습니다. 경청의 태도로 인해 그는 많은 사람들의 사랑을 받아 그의 아버지가 요절한 것과는 달리 그는 주후 27년에 태어나 93년 혹은 100년까지 비교적 오래 살았습니다. 그는 많은 사람의 존경을 받았고, 70년 유대가 완전히 멸망하여 다스릴 지역이 없어졌지만, 로마 황제의 호의로 로마에 머물면서 황제와 좋은 관계를 갖고 로마 귀족으로 여생을 마쳤습니다.

아그립바 2세가 은혜를 체험하지 못한 이유

어떻게 보면 성공적인 그의 인생인데, 신앙적인 관점으로 보면 그는 크리스천이 되지 못했고, 은혜를 체험하지 못했습니다. 그에게 무엇이 부족했던 것일까요? 저는 그가 경청의 인물이었지만, 은혜를 체험하는데 결정적으로 두 가지가 부족했다고 봅니다. 첫째, 은혜를 체험하려면 자신을 비워야 거기에 은혜가 채워지는데, 자신을 비우기에는 너무나 많은 것을 소유하고 있었고, 그것을 버리기 어려웠습니다. 그는 로마 황제가 인정하는 유대의 마지막 왕이었습니다. 크리스천이 되려면 로마 황제와 하나님 사이에서 하나를 택해야 했는데, 왕이라는 직함을 버리고 그리스도인이 되기는 어려웠을 것입니다. 신약 성경 외의 자료(예, 요세푸스의 『유대 전쟁사』)에 보면 그는 가이사, 황제에게 끝까지 충성했던 인물이었습니다. 유대 전쟁 중에도 황제 편에 서서 유대인들에게 로마를 상대로 전쟁을 하지 말라고 긴 연설을 했습니다. 그는 바울의 전도를 받고 잠시 심적인 동요가 있었을 수 있지만, 자신의 현재 위치를 유지해 줄 가이사를 하나님 대신에 택했습니다.

우리에게도 하나님 이외에 가이사가 있는 사람은 아무리 착한 사람이라도 신앙 체험에 이르기 어렵습니다. 그 가이사를 자신의 마음속에서 내 보내야 신앙 체험이 됩니다. 그렇다면 오늘날에 그 가이사는 무엇일까요? 그것은 의지하는 권력, 물질, 혹은 자신이 추구하는 가치, 이념 등 자신의 삶의 주인이 되어서 살도록 지탱해 주는 그 무엇입니다. 아그립바 2세에게는 가이사가 그의 삶에서 차지한 바가 너무도 컸기에 그는 하나님을 선택할 수 없었습니다.

둘째, 아그립바 2세에게는 [신앙에 대한] 열망(desire)이 없었습니다. 그에게는 증조할머니 미리암네를 통해 유대인의 피가 흐르고 있었기에 그는 선지자도 알았고/믿었고, 유대교 신앙도 잘 알았지만 신앙은 그에게 악세사리였지 본질은 아니었습니다. 그에게 본질을 차지한 것은 그가 배운 로마식 신사의 삶이었습니다. 그는 유대 역사와 유대인의 신앙을 부정하지 않았지만 그 자신은 그 신앙에 발을 올려놓지 않았습니다. 그는 착한 사람이었지만, 오히려 기독교를 박해했던 악한 사람이었던 바울과는 달리 은혜를 체험하지 못했습니다.

최근에 한국을 방문한 사라 코클리 캠브리지대 신학과 명예 교수는 이렇게 말합니다. "욕망[desire, 갈망]이 없다면 인간은 성령의 이끄심을 따를 수도, 기도를 할 수도, 하나님 앞에서 자기를 비울 수도, 삼위일체 하나님을 경험할 수도 없다."(고형상, 『욕망, 기도, 비움: 사라 코클리의 생애와 신학』, 마다바름, 2019, 69)

바울은 유대인들에게 간증을 하면서 자신을 가리켜 "하나님께 대하여 열심이 있는 자"(행 22:3)라고 말합니다. 그는 열망이 있는 사람이었습니다. 그래서 비록 잘못된 지식에 의해 크리스천을 박해하고, 옥에 가두고, 심지어 그들을 죽이기까지 했으나, 결국 그는 살아계신 예수님을 만날 수 있었습니다. 성경은 바로 이렇게 열망이 있는 사람들이 예수를 만나 변화된 사건을 많이 기록합니다. 누가복음 19장에 나오는 삭개오는 예수가 자신의 동네인 여리고로 지나간다는 말을 듣고 "예수께서 어떠한 사람인가 보고자 [열망]"(2절)했습니다. 누가복음 11장 13절에 보면 "구하는 자에게 성령을 주시지 않겠느냐?"고 하십니다. 구하는 자, 열망하는 자에게 은혜가 체험됩니다.

그러면 이렇게 열망하면 은혜를 체험할 수 있는데, 왜 사람들은 열망하지 않을까요? 열망하려면 자신이 낮아져야 하는데, 낮아지지 않았기에 열망하지 않는 것입니다. 삭개오의 경우를 보더라도 지역의 세리장이요 부자인데, 예수가 지나간다 하니 모든 자존심을 버리고, 키가 작았지만 그를 보려고 열망해서 모든 사람이 보고 있는데 돌무화과 나무에 올라가는 것입니다. 자존심이 은혜 체험에 대한 갈망보다 크면 은혜 체험하기 어렵습니다. 그러면 열망이 되지 않습니다.

착한 사람이 은혜 체험하기 어려운 경우가 많습니다. 왜 그렇습니까? 갈망하지 않기 때문입니다. 스스로, 또 다른 사람들이 자신들의 인격이 훌륭하다고 하기에 자신이 변할 마음이 없는 것입니다. 갈망한다는 것은 자신의 생각보다 더 높은 생각에 의해 자신이 변화되려고 하는 마음입니다. 그런데 이미 자신의 생각이 최상이라고 여기면 변화될 수 없고, 은혜를 체험할 수 없는 것입니다. 인생에서 만나는 고난을 통해 우리는 낮아짐을 경험하고, 그래서 은혜를 갈망해야 은혜를 체험할 수 있습니다.

은혜를 체험하려면

경청의 태도, 열린 마음만으로는 부족합니다. 선한 마음만으로 은혜 받기 어렵습니다. **첫째, 우리 마음속에 있는 가이사를 버려야 합니다.** 또 보통 사람에게도 평상시는 가이사가 통치합니다. 그런데 인생의 고난을 당하여, 가난한 마음이 될 때 자신이 의지했던 그 가이사를 버리게 됩니다. 은혜를 체험하려면 먼저, 자신이 의지하는 가이사를 버려야 합니다.

감리교 신앙과 신학의 창시자인 요한 웨슬리는 목사의 아들로 태어나 옥스포드 대학생 때 친구들과 함께 매일 일정한 시간에 기도하고, 성경을 읽어 "규칙장이"(methodists)라는 별명을 얻었고 당시 후진국인 미국 조지아주에 와서 선교사를 했지만, 은혜 체험하기 전에는 겁쟁이에 불과했습니다. 대서양의 파도 앞에 그는 겁내는 사람이었습니다. 그런데 1738년 5월 24일 9시 15분 전에 올더스게이트에서의 체험은 그의 삶을 송두리째 바꾸어 놓았습니다. 그는 영국으로 귀국하던 중 폭풍우를 겁내지 않는 모라비안 교도들을 보고 마음을 비우게 됐습니다. 옥스포드 대학 학위로도, 규칙적인 삶으로도 알 수 없는 부분이 있구나 하는 것을 깨달았습니다.

둘째, 은혜를 갈망해야 합니다. 바울은 유대인 중의 유대인이요, 바리새인으로 율법을 철저하게 지키던 자요, 율법 지식과 아울러 헬라 지식이 충만했던 사람이었고, 또 그것을 매일 실천하는 사람이었습니다. 그런데 그가 다메섹에서 예수를 극적으로 만나기 전까지는 복음을 온전히 이해하지 못했습니다. 다메섹 체험으로 그는 새 사람이 되었습니다.

제가 아는 한 목사님도 그런 분입니다. 하나님의 존재가 믿어지지 않아 존재를 확인하고자 은혜를 갈망하여 몇 달간 새벽에 일어나 산을 넘어 기도원에 가서 기도하던 중 주님을 만나는 체험을 하고 삶이 완전히 변하여 사역자가 되었습니다. 여러분은 이런 체험이 목사가 될 사람, 특수한 사람의 체험이라고 생각합니까? 아닙니다. 여러분도, 이런 체험을 할 수 있고, 또 해야 합니다. 그래야 착한 아그립바 2세에서 벗어나 열정적인 바울이 될 수 있습니다.

셋째, 진정으로 갈망하면 임계점에 이를 때까지 은혜를 구하게 되어 있습니다. 갈망하면 중간에 포기하지 않습니다. 오직 주의 은혜만을 구해야 은혜를 체험합니다. 갈망하면 끝까지 기도합니다. 갈망하는 사람은 마음이 가난해 집니다. 또 마음이 가난해져야 진정으로 깊이 갈망하게 됩니다.

적용과 실천

우리 중에는 이런 사람도 있을 것입니다. "은혜를 체험해서 뭐하는데? 은혜 체험한 사람들도 시기하고 질투하고, 못된 짓 다하는데, 착하게 사는 나보다 나은 게 별로 없더라." 그럴 수 있습니다. 왜냐하면 은혜를 체험했다는 것은 곧 천사가 되는 것이 아니기 때문입니다. 은혜를 체험한다는 것은 자신이 죄인이라는 것을 아는 것이고, 자신의 한계를 아는 것이지 그날로 곧바로 성숙한 사람이 되는 것은 아닙니다.

하지만 우리에게는 은혜 체험이 필요합니다. 어떤 사람에게 은혜 체험이 있는 것과 없는 것은 하늘과 땅 차이입니다. 은혜를 체험하면 인생이 수동적이 됩니다. 하나님이 능동이고 인간은 순종하는 것입니다. 성령 충만은 수동입니다. 사도(보내심을 받은 자)가 되는 것은 수동입니다. 은혜를 체험하지 못하면 자신이 능동과 주동이 되어서 인생을 사는데 그것은 크리스천의 삶이 아니라, 인본주의자의 삶입니다. 수영을 할 때도 고수는 물에 자신을 맡기고 물이 이끄는 대로 가려는 것이고, 하수는 물을 이기려고 물과 싸우는 것입니다. 신앙생활은 성령 충만해서 성령이 이끄는 대로 가는 것인데, 그러려면 신앙 체험이 필수적입니다. 하나님의 은혜를 한번 깊이 체험해야 자신을 하나님께 맡길 수 있습니다.

74. 간증을 통한 전도
(26:1-23)

　한국 교회에서 그동안 여러 가지 전도 방법이 계발되었습니다. 고구마 전도법, 꿀벌 전도법, 이슬비 전도법, 총동원 전도법, 태신자 전도법 등 흥미로운 전도법이 등장했고, 아줌마 전도왕, 의사 전도왕 등 각종 전도 사례집이 발간되기도 했습니다. 사도행전에는 세 가지 전도법이 나와 있습니다. 첫째, 설교를 통한 전도입니다. 사도행전 7장에 나오는 스데반의 긴 설교가 그 예입니다. 스데반은 구약 성경 이야기를 통해 예수가 그리스도인 것을 증거하고 유대인들에게 회개의 메시지를 선포합니다. 사도행전 2장에 나와 있는 베드로의 설교도 일종의 설교를 통한 전도입니다. 현재는 목사님들은 주로 설교를 통해 전도합니다. 좋은 설교에는 기존 신자의 성숙에 대한 것 뿐만 아니라 교회 안에 있는 불신자들에 대한 전도가 반드시 포함되어 있어야 합니다. 하지만 평신도라고 설교를 통한 전도를 할 수 없는 것은 아닙니다. 하나님의 말씀을 풀어서 해설함으로 그리스도를 소개하는 것이 설교 전도법입니다. 이 전도법이 가장 기본적인 전도법입니다. 또 지속적으로 하면 큰 효과가 있습니다.
　사도행전에 나와 있는 또 다른 전도 방법은 현존, 즉 삶을 통한 전도입니다. 바울과 실라가 감옥에 갇혔을 때 기도함으로 옥문이 열립니다. 죄수들이 당연히 도망갔을 것이라고 생각하여 그 책임을 통감하고 자살하려 하는 간수에게 바울과 실라는 자신들이 거기 있음을 알립니다. 그러자 간수는 "무서워 떨며" 바울과 실라 앞에 무릎을 꿇고 "선생들아 내가 어떻게 하여야 구원을 얻으리이까?"라고 합니다(행 16:19-34). 바로 이것입니다. 무슨 말이 필요 없이 그리스도인들이 세상 사람들과 다른 삶을 보여주는 것입니다. 그러면 세상 사람들은 "선생님, 이제 어떻게 살아야 합니까?" 하고 묻게 되는 것입니다. 아마도 지금 우리에게 가장 필요한 것은 이 전도가 아닌가 생각합니다.

마지막으로, 간증을 통한 전도법이 있습니다. 바울이 유대인들 앞에서(행 22장) 또 로마의 관리들 앞에서(행 26장) 여러 번의 간증을 행하는데 바울은 그 간증을 통해서 적극적으로 전도합니다. 본문도 바로 그것의 일종입니다. 세 차례의 전도 여행을 마치고 예루살렘으로 돌아온 바울은 체포됩니다. 베스도 총독은 아그립바 왕이 인사차 방문하자 그에게 바울이라는 이상한 죄수에 관해서 말하면서 바울의 말을 같이 듣자고 합니다(행 26장). 본문은 아그립바 왕 앞에서 바울이 행한 자신의 변증이요, 간증이며, 전도입니다. 우리는 이 말씀을 통해서 어떻게 간증을 통해서 전도할 수 있을 것인지를 찾아보겠습니다.

올바른 간증과 전도

첫째, 간증할 때는 무엇보다도 태도가 더 중요합니다. 간증할 때는 기본적으로 상대방에 대해서 존중하는 태도를 견지해야 합니다. 즉 청자 입장에서 말해야 합니다. 일례로 바울은 사도행전에서 자기 동족인 히브리말을 쓰는 유대인들 앞에서 자신의 체험을 간증할 때(22:1-21)와 로마 사람들에게 말할 때(26장) 그 내용과 방법을 다르게 합니다. 히브리 사람들에게는 히브리말로 히브리 방식대로 하고, 로마 사람들에게는 그들이 이해할 수 있도록 말합니다. "아그립바 왕이여 유대인이 고발하는 모든 일을 오늘 당신 앞에서 변명하게 된 것을 다행히 여기나이다. 특히 당신이 유대인의 풍속과 및 문제를 아심이니이다."(2-3절) 우리도 간증할 때 상대방을 존중하는 태도와 상대방이 알아들을 수 있도록 말해야 하는 것이 대단히 중요합니다. 전철 안에서 기독교 용어를 사용하여 상대방이 알아듣지 못하는 말을 하는 것에 우리는 거부감이 듭니다.

두 번째 중요한 것은 간증의 내용입니다. 간증하라고 하면, 초등학교 때 줄반장 한 것부터 시작하여, 청년 시절 연애한 이야기, 사업에 실패한 이야기 등 자신이 한 맺힌 이야기를 모두 늘어놓은 경우가 있습니다. 하지만 좋은 간증은 자신이 현재 어떻게 예수를 믿고 변화되었는가를 말하기 위해 과거에 잘못했던 것을 고백하고 회개하는 내용이 핵심이 되어야 합니다(9-12절). 바울은 유대인으로서 부활에 대한 소망으로 살면서 예수를 이단으로 생각하여 예수와 그를 따르던 무리를 핍박했던 일을 간증합니다. 예수님과 그의 제자들을 박해하고 죽이기까지 했기 때문에 바울은 다른 곳에서 자신을 "죄인 중에 내가 괴수니라."(딤전 1:15)고 말합니다. 사실 간증에서 자신이 실수한 이야기를 해야지 상대방이 은혜를 받습니다. 간증이 자랑이 되면 간증은 그 자체로 의미를 상실합니다.

하지만 간증은 옛날에 잘못한 것에 대한 후회와 고백으로만 끝나면 안 됩니다. 그러하던 자신이 어떤 계기로 어떻게 변화되게 되었는지를 말해야 합니다. 바울은 다메섹으로 예수의 제자들을 체포하러 가던 중 자신이 어떻게 기적적으로 예수를 대면하게 되었는지를 담대하게 말합니다(13-18절). 자신이 잘못된 길을 가던 것을 예수님이 직접 나타나셔서 변화시켜 주셨다는 것입니다. 특히 여기서 예수님은 바울에게 "가시채를 뒷발질하기가 네게 고생이니라."(14절)라고 하는데 이것은 소가 주인의 말을 안 듣고 주인의 모든 가시채를 계속 뒷발질로 차는 장면을 당시의 용어를 말합니다. 즉 주인인 하나님 말씀을 거역하고 계속 예수를 핍박하는 삶이 헛수고이고 고생이라는 것입니다. 바울은 이것을 깨달은 것입니다. 그리고 바울은 예수님이 자신에게 사역자와 증인으로서의 소명을 주셨다고 담대히 말합니다.

바울의 간증에는 또 한 가지가 더 있습니다. 그것은 바로 직접 전도와 설득입니다(24-29절). 바울은 아그립바 왕에게 "당신도 나처럼 되십시오." 하고 강력히 전도하고 있습니다. 간증 전도에는 이것이 빠지면 안 됩니다. 사실 다른 종교에는 전도가 별로 없습니다. 우리도 좋고 당신도 좋다는 식입니다. 하지만 기독교에는 전도가 있습니다. 정말로 우리가 진리를 발견했다면 "당신도 나처럼 되어야 한다"는 마음이 되기 마련입니다. 우리가 전도를 못하는 것은 바로 예수 믿는 우리의 삶이 행복하지도 자랑스럽다고 느끼지도 못하기 때문입니다.

마지막으로, 간증의 목적은 당연히 예수님을 증언하는 것입니다. 바울도 자신이 체험한 환상을 통해서 자신의 위대함을 증언할 수도 있었을 것입니다. 하지만 바울은 자신이 아니라 그리스도의 "종"으로서 살기를 원했습니다. 바울은 자신의 말과 행동과 모든 것을 통해서 예수님이 전파되는 것에 행복을 느꼈습니다. 현대는 자기 P.R. 시대라고 합니다. 무슨 말과 행동을 통해서 자신을 알리려고 합니다. 연예인들은 일부러 스캔들 소문을 내서까지도 자신을 P.R. 할 정도로 잊혀지는 것을 두려워합니다. 하지만 그리스도인은 무엇입니까? 그리스도를 나타내는 것이 인생의 목적입니다. 우리는 아무 뜻 없이 살다보면 자기 노출증 환자가 되기 쉽습니다.

간증이라는 말은 본래 법적 용어입니다. 일반 용어로 하면 증언입니다. 증언자의 가장 기본적인 태도는 본 것을 가감 없이 말하는 것입니다. 간증하다보면 남에게 은혜를 끼친다는 생각에 거짓말을 하거나 본 것을 과장하기 쉽습니다. 아무리 은혜스런 이야기라 하더라도 거짓과 과장은 금물입니다. 또 간증이 설교가 되면 안 됩니다. 간증은 주로 자신의 삶을 통해서 역사하신 하나님을 이야기하는 것입니다. 그것이 설교가 되면 오히려 은혜가 되지 않습니다. 또 말하지 않아도 될 사적인 문제를 지나치게 언급하는 것도 간증에서 피해야 할 일입니다.

적용과 실천

이번 주에는 예수를 모르는 사람 한 사람 이상에게 자신의 삶을 통해서 간증으로 전도합시다. 그 결과는 생각하지 말고 무조건 해봅시다. 그러기 위해서 1-2쪽 분량으로 간증을 써봅시다. 그리고 성령이 인도하시는 대로 만나는 사람에게 전합시다. 교회를 정하지 못해 헤매는 사람들에게 우리 교회를 소개합시다. 우리 교회의 장점과 우리 교회의 비전과 우리 교회를 통해서 체험한 하나님을 전합시다. 어떤 목사님은 이런 말을 합니다. "인생의 문제는 예수를 만나면 해결되고, 신앙의 갈등은 좋은 교회/목사를 만나면 해결된다."

75 전도, 왜 못하나?
(26:24-31)

한 번은 제가 목사님들이 커피숍에 모여서 하는 이야기를 듣게 되었습니다. A 목사: "이번에 우리 교회에 새로운 전도사는 설교는 잘하는데 전도는 잘 못해." B 목사: "전도사가 설교만 잘하면 뭐해. 전도를 잘해야지." 물론 전도사는 설교는 못해도 전도만 잘하면 된다는 데는 동의하지 않지만 대화를 듣고 스스로를 돌아볼 때 전도사가 되고 난 이후에는 직접 전도를 한 기억이 많지 않았습니다. 그리고 스스로에게 물었습니다. "그동안 나는 왜 전도를 못했을까?" 우리는 흔히 말을 잘 못해서, 성경을 잘 몰라서, 전도 교육을 잘 받지 못해서 못한다고 생각합니다. 하지만 우리 주위를 둘러보면 전도 잘하는 사람 중에 말 잘하는 사람이 의외로 많지 않습니다. 성경 박사들인 성서 학자들 중에 소위 전도 왕이 있다는 말도 들어보지 못했습니다. 사실 교회에서 "전도, 전도" 외치며 "꿀벌 전도, 여왕벌 전도, 무슨 전도" 하면서 전도 교육을 하는 교회치고 전도 잘되는 교회도 별로 없습니다.

그 후 이런 고민을 하면서 성경을 읽다가 우리가 왜 전도하지 못하는가 하는 이유를 성경 말씀 속에서 발견했습니다. 물론 전도를 잘 안하는 것은 개인의 책임일 수도 있지만 교회 전체가 성령 충만 하면 그 교회에 있는 사람들은 그렇지 않은 교회에 있는 사람들보다 더 잘 하게 됩니다.

자신이 소속한 교회 목사님에 대한 자부심이 있는 사람도 또한 그렇지 않은 교인보다 전도를 더 잘하게 됩니다. 그런데 이런 좋은 교회에 속해 있으면서도 전도를 잘하지 못하는 경우가 많습니다.

전도, 왜 못하나?

본문에 우리가 왜 전도 못하나 하는 질문의 답이 나와 있습니다. 바울은 자신의 회심 체험을 진솔하게 간증함으로써 전도를 할 때가 많았습니다. 바울은 회중에 따라서 그들이 알아들을 수 있는 말과 풍습으로 전도를 했습니다. 이제 평생 아시아와 유럽으로의 몇 번의 전도 여행을 마치고 로마인들에게 잡혀서 억류되어 있을 때 로마의 파견을 받아 유대 지역을 다스리던 왕이었던 아그립바 왕에게 전도를 합니다. 바울은 자기가 유대인으로서 어떻게 예수를 박해하다가 믿게 되었는지 간증을 합니다. 이 간증 끝에 바울이 말합니다.

> 바울: "아그립바 왕이여! 선지자를 믿으시나이까? 믿으시는 줄 아나이다."(바울은 아그립바 왕이 유대 문화를 잘 아는 사람이었기 때문에 바로 그것으로부터 말을 시작합니다.)

> 아그립바: "네가 적은 말로(혹은 짧은 시간에) 나를 권하여 그리스도인이 되게 하려 하는 도다."(아그립바 왕은 죄수가 자기를 설득한다는데 화가 나서 대꾸합니다.)

> 바울: "말이 적으나 많으나 당신뿐 아니라 오늘 내 말을 듣는 모든 사람도

다 이렇게 결박된 것 외에는 나와 같이 되기를 하나님께 원하나이다."

우리가 왜 전도를 못하는 이유가 바로 이 말씀 속에 나와 있습니다. 우리가 전도하지 못하는 것은 바로 "당신이 왕일지라도 그리스도를 믿는 나의 삶이 더 행복하기 때문에 비록 구속된 몸이긴 하나 나처럼 되었으면 좋겠다."는 신앙적인 자부심과 행복이 없어서입니다. 바울은 왕 앞에서도 자신이 그리스도인이라는 것에 더 큰 자부심과 행복을 갖고 있다는 것을 말했습니다. 그래서 바울은 담대하게 왕에게도 "당신도 나처럼 되어야 합니다."라고 말할 수 있었던 것입니다. 우리가 그리스도인으로서 이러한 자부심과 행복을 잃어버릴 때 전도하지 못합니다.

그래서 전도를 잘하는 사람은 대개 전도사도 아니고 목사도 신학자도 아니고 주로 예수를 믿고 마음이 뜨거워서 모든 사람이 자신처럼 되었으면 하는 강한 기쁨이 있는 사람입니다. 19세기 미국의 유명한 전도자 무디(D. L. Moody)는 구두 수선공 출신 전도자로 개인적으로 그리고 부흥 집회를 통하여 수만 명을 전도한 사람입니다. 그는 예수를 안 믿는 사람을 보면 지위 고하를 막론하고 "저 사람도 예수 믿고 나처럼 되어야 하는데" 하면서 시도 때도 없이 자신의 삶의 간증을 통해 전도했습니다. 저의 고향 교회를 가면 한글도 모르던 분이 예수를 믿고 정말 행복해서 온 가족을 다 주님께로 인도하고 많은 동네 사람들을 전도했습니다. 우리가 전도를 못하는 중요한 이유는 우리가 예수를 믿는 행복과 기쁨과 자부심을 잃어버렸기 때문입니다.

바울의 전도 활동 중에는 반드시 이러한 그리스도인으로서의 자부심과 희열이 있었습니다. 바울과 실라는 전도 여행 중에 귀신들린 여자 점쟁이에게서 귀신을 내쫓아 주었습니다. 본래 이 사람은 어떤 주인의 여종이었는데 이 점쟁이 때문에 큰 이득을 보았던 주인은 여종 점쟁이에게서 귀신이 떠나면서 돈벌이를 못하게 되자 바울과 실라를 모함해서 관가로 끌고 갑니다. 옥에 갇힌 바울과 실라는 기도하고 하나님을 찬양합니다. 그러자 갑자기 지진이 나서 옥문이 열리고 모든 죄수들의 수갑이 다 벗겨졌습니다. 이때 죄수들이 당연히 다 도망갔을 것이라고 생각하고 책임 추궁을 당할까 두려워 자살을 하려고 하는 간수에게 바울이 말합니다. "크게 소리 질러 이르되 네 몸을 상하지 말라. 우리가 다 여기 있노라." 이러자 간수는 죄수들이 안에 있는 것을 확인하고 큰 충격과 감화를 받았습니다. 도대체 이 사람이 누구인데 옥문이 저절로 열린 상황에서도 도망가지 않았단 말인가? 이 사람들이야말로 내가 인생의 선생님으로 모실 분이다. 그리고 바울 일행에게 엎드려 말을 합니다. "선생님들이여, 내가 어떻게 하여야 구원을 얻겠습니까?" 이때 바울이 한 말이 그 유명한 사도행전 16장 31절 말씀입니다. "이르되 주 예수를 믿으라. 그리하면 너와 네 집이 구원을 받으리라 하고." 이 말 후에 바울은 간수의 집에 초청되어 온 가족에게 복음을 전하고 그들이 복음을 받아들여 세례를 받고 온 가족이 기뻐했습니다. 여기서도 우리는 바울이 비록 죄수의 몸이었지만 간수가 예수를 믿지 않는 삶을 불쌍히 여기고 있는 것을 볼 수 있습니다. 바로 이것입니다. 전도는 예수 믿는다는 것의 자부심과 행복 속에서 이루어지는 것입니다. 우리가 전도를 못하는 것은 바로 예수 믿는 기쁨을 잊어버렸기 때문입니다. 예수 믿는 자신의 삶이 행복하지 않기 때문이지요.

기쁨 회복

여러분 중에는 이렇게 생각하는 분 있습니까? "예수 믿으면 죽어서 천국에 간다는 것은 좋지만, 이 세상에서 도대체 무슨 재미로 사나? 나는 죽어서는 천국에 가고 싶지만, 여기서는 재미없어서 예수 못 믿겠다." 이렇게 예수 믿는 사람 중에는 인생을 기쁨 없이, 재미없이 사는 사람들이 많이 있습니다. 죽어서 천국에 가는 것만 중요하고 이 땅에서는 그냥 재미없이 사는 것이 예수를 올바로 믿는 것이라고 생각하는 신자도 많이 있습니다. 하지만 예수를 잘 믿는 사람이라면 이런 생각이 들지 않습니까? "예수 안 믿는 사람은 도대체 무슨 재미로 사나? 인생에 있어서 이런 재미도 모르고 살다니 참 불쌍하다." 인생에 있어서 여러 가지 기쁨이 있지만 예수 믿는 일보다 더 기쁜 일은 없습니다. 바울은 바로 이런 예수 믿는 희열이 있었기에 왕을 불쌍히 여기며 담대히 전도를 할 수 있었던 것입니다.

그러면 바울이 경험한 이 기쁨은 어떤 것입니까? **첫째, 이 큰 기쁨을 얻는 조건은 한 가지, 예수를 믿는 것입니다.** 사도행전 16:34에 보면 간수와 온 가족이 "하나님을 믿으므로 크게 기뻐하니라."고 했습니다. 즉 이 기쁨의 조건은 단순합니다. 예수를 믿는 것입니다. 이 이외의 조건은 없습니다.

둘째, 이 큰 기쁨은 안에서 솟아나는 기쁨입니다. 인생의 기쁨은 여러 가지지만 그 한결같은 특징은 모든 인생의 기쁨이 밖에서 안으로 들어오는 기쁨이라는 것입니다. 예컨대, 복권이 당첨된 것, 자녀가 원하는 대학에 합격한 것, 친구와 사귀는 것, 사랑하는 사람이 생긴 것, 새로운 것을 배우는 것 등으로부터 오는 기쁨은 자신 속이 아닌 외부에서 안으로 들어오는 것입니다. 이러한 기쁨은 외부의 사정이 바뀌면 사라집니다. 복권에 당첨된 기쁨은 일 년도 못되어 없어집니다. 사랑하는 사람, 친구는 배반하기도 합니다. 그러면 우정과 사랑이 깨집니다.

이와는 대조적으로 예수 믿는 기쁨은 예수 믿은 후 안에서 밖으로 솟아나는 기쁨입니다. "누구든지 목마르거든 내게로 와서 마시라. 나를 믿는 자는 성경에 이름과 같이 그 배에서 생수의 강이 흘러나오리라."(요 7:37-38) 예수님께서 제자들에게 이런 말씀을 하셨습니다. "평안을 너희에게 끼치노니 곧 나의 평안을 너희에게 주노라. 내가 너희에게 주는 것은 세상이 주는 것과 같지 아니하니라."(요 14:27) 이 평안은 이 세상의 어떤 기쁨과도 비교할 수 없는 기쁨입니다. 사도행전 16:34에는 이러한 기쁨을 '큰 기쁨'이라고 번역했습니다. 본래 큰 기쁨이라고 번역된 이 단어는 '아갈리아오'라는 말인데 헬라 시대 일반 문서에는 잘 안 나타나고 성경에만 쓰인 것은 이것이 주로 하나님으로부터 오는 기쁨을 나타낸 것을 표시하기 위해 신약 성서 기자들이 이 단어를 구별해서 쓴 것 같습니다.

이러한 기쁨은 외부의 환경에 무관한 기쁨입니다. 이 기쁨은 어떠한 환경 가운데서도 빼앗기지 않는 기쁨입니다. 바울은 이렇게 말합니다. "누가 우리를 그리스도의 사랑에서 끊으리요. 환난이나 곤고나 박해나 기근이나 적신이나 위험이나 칼이랴…. 내가 확신하노니 사망이나 생명이나 천사들이나 권세자들이나 현재 일이나 장래 일이나 능력이나 높음이나 깊음이나 다른 어떤 피조물이라도 우리를 우리 주 그리스도 예수 안에 있는 하나님의 사랑에서 끊을 수 없으리라."(롬 8:35, 38-39)

셋째, 이 큰 기쁨은 성령을 통해 이 세상에서 하늘나라를 맛보는 것입니다. 이 기쁨은 본래 영원한 하늘나라에서만 맛볼 수 있는 것입니다. 그런데 하나님께서는 신자들에게 우리의 구원의 보증을 해 주시기 위해 성령을 주심으로 이 땅에서 하늘나라를 맛보게 하신 것입니다(고후 1:22; 5:5; 엡 1:14). 이것은 마치 선금조로 받은 돈과 같습니다. 신자는 구원의 축복을 하나님 나라에 가서 완전히 다 받을 것이지만 하나님의 자비하심으로 이 땅에서 선불로 받아 큰 기쁨을 누릴 수 있습니다. 이러한 선금은 성령을 통해서 맛볼 수 있습니다. 그래서 신약 성경에는 이런 말씀들이 있습니다. "환란 가운데서 성령의 큰 기쁨으로…"(살전 1:6) "제자들은 기쁨과 성령이 충만하니라."(행 13:52)

넷째, 이 큰 기쁨은 개인이 맛보는 것이지만 교회는 바로 이 기쁨의 메카가 되어야 합니다. 교회는 사막의 오아시스이며, 영혼의 질병을 치유하는 병원으로서 이 기쁨을 맛보는 곳이 되어야 합니다. 그래야만 사람들이 교회에 모이고 사람들이 전도하고 이곳이 더욱 더 기쁨이 충만한 곳이 됩니다. 사무엘상 19:18-24에 보면 다윗이 사울이 잡아 죽이려 하자 라마 나욧이라는 곳으로 피신합니다. 이때 사울이 그를 잡으려고 사람을 보내서 이곳에 오면 모두가 성령에 감동됩니다. 사울 자신이 다윗을 잡으러 이곳에 왔을 때도 그에게 성령이 임하여 예언도 하고 성령 충만하여 다윗을 잡는 것을 다 잊어버리고 말았습니다. 라마 나욧은 바로 좋은 교회의 모델입니다. 세상에서 나쁜 마음과 찌든 마음으로 그곳에 찾아가면 항상 쉼과 행복과 성령 충만이 있는 곳, 그런 곳이 교회가 될 때 세상에서 찌든 심령들이 이곳에 모여오게 되어 저절로 전도가 되게 될 것입니다.

적용과 실천

예수 믿는 행복과 기쁨을 회복하십시오. 그래야 전도할 수 있습니다. 성경 지식보다도 전도훈련보다도 더 중요한 것은 우리 스스로가 그리스도인으로서 참 행복을 회복하는 것입니다. 이단들은 대개 하늘나라에 가서 상 받기 위한 공적을 쌓으려고 전도합니다. 몇 명을 채워야 개털 모자가 변하여 금 면류관이 된다든지 하는 것입니다. 우리 참 그리스도인들은 예수 안 믿는 사람들의 삶이 불쌍해서 전도합니다. 우리는 이 세상에서 예수 안 믿고 행복하게 살 수 있다고 믿지 않습니다. 예수님만이 참 행복의 원천이요 예수님을 통해서만 삶의 의미를 발견하게 됩니다.

76 누구의 말에 끌리는가?
(27:1-26)

여러분은 다음 중 누구의 말에 더 끌립니까? 자신의 잘못을 지적해서 교정해 주는 말. 아니면 자신의 생각을 지지해 주는 말. 열린 마음을 가진 사람은 자신의 생각과 다르게 말하는 사람의 말에 끌릴 것 같지만, 실상 우리는 대부분 자신의 생각을 지지해 주는 사람의 말에 끌립니다. 신앙과 관계해서 무엇보다도 중요한 것은 우리가 영성이 있는 사람의 말에 끌리는가? 아니면 영성이 없는 세속인의 말에 끌리는가? 하는 것입니다. 분류해 보면 우리는 이성 이하의 말에 끌리는 사람, 이성적인 말에 끌리는 사람, 이성 이상의 말에 끌리는 사람이 있습니다. 본문에 보면 로마 백부장은 이성적인 말에 끌리는 사람이었습니다. 그런데 본문에서 기대되는 것은 바로 이성 이상의 말을 하는 바울의 말에 끌리는 것입니다. 그런데 율리오는 처음에는 이성적인 말에 끌리다가, 바울의 말이 실현되는 것을 경험하고 이성 이상의 말에 끌리게 됩니다. 우리도 어떻게 이와 같이 변화될 수 있는지 본문을 통해서 살펴보겠습니다.

선장과 선주의 말에 끌린 로마 백부장

본문에 등장하는 로마 백부장은 율리오라는 사람입니다. 베스도 총독은 이 사람에게 바울을 비롯한 죄수들의 로마행 호송을 맡겼습니다(행 27:1). 사실, 이 사람은 선인(善人)이었습니다. 호송되는 동안 죄인 "바울을 친절히 대하여 친구들에게[동료 크리스천들에게] 가서 대접받기를 허락"했습니다(행 27:3). 항해를 시작해 미항이라는 곳에 다다랐을 때(행 27:8) 문제가 생겼습니다. 항해가 늦어져 지중해를 항해하기 위험한 겨울이 닥친 것입니다. 유대력으로는 "금식하는 절기"(8절), 즉 속죄일이 되었는데(레 16:29-31; 23:27-29; 민 29:7), 이때는 유대 음력으로 티쉬뤼 10일로, 양력으로 하면 9월 혹은 10월에 해당됩니다. 이때를 지나면 지중해에 폭풍이 있어서 항해하기 어려운 겨울이 옵니다.

이 항해에서 중요한 일의 결정권자인 백부장 율리오는 항해를 계속할지를 결정해야 했습니다. 바울은 그 백부장에게 "이번 항해가 화물과 배만 아니라 우리 생명에도 타격과 많은 손해를 끼치리라"고 말하며 겨울에 항해를 하지 말 것을 권합니다(9절). 선장과 선주는 바울과는 반대로 조언했습니다. 여기서 잘 이해가 안 되는 것은 선장과 선주는 오랜 항해 경험으로 이때가 위험한 때인지를 잘 알았을 것이기에 오히려 이때 항해하지 말자고 조언해야 할 것 같고, 바울은 하나님이 지켜주셔서 항해해도 괜찮다고 조언해야 맞을 것 같은데, 반대로 말했다는 것입니다.

왜 그랬을까요? 첫째, 선장과 선주 입장에서 보면 항해의 위험성은 충분히 인지하고 있었지만, 당시 날씨와 바다의 파도는 그때그때 달랐기 때문에, 어차피 항해의 성공은 복불복이라고 생각했을 것입니다. 그래서 일단 가보자고 한 것입니다. 둘째, 또 중요한 것은 항해를 멈추었을 때 선가를 받지 못해 손해가 만만치 않았을 것입니다. 그래서 어차피 복불복인 항해 해보자고 한 것이지요.

그렇다면 백부장 율리오는 왜 "선장과 선주의 말을 바울의 말보다 더 믿"었을까요?(11절) 사실, 백부장이 이들을 신뢰한 것은 충분히 이해가 갑니다. 왜냐하면 그들이 바울보다 항해의 전문가들이기 때문입니다. 오늘날도 청와대에서 대통령을 모시고 해외 순방을 하려고 할 때, 영감이 있다는 큰 교회 목사의 말보다 항공기 조종사나 날씨 전문가의 말을 듣고 결정할 것입니다. 또 율리오는 군인이었기에 죄수 호송이라는 막중한 사명을 기간 내에 완수하여야 하겠다는 기본 방침도 한 몫 했을 것입니다. 그래서 백부장은 선장과 선주의 말을 더 신뢰하여 그들의 말대로 항해를 결정합니다.

여기서 한 가지 주의해서 볼 단어는 "믿더라"라는 단어입니다. 이 단어는 헬라어로 '페이도'인데 설득하다(persuade)는 뜻입니다. 여기서 수동태로 쓰여 본 문맥에서 이 단어는 '설득되다', '끌리다', '말이 되다', '설득력이 있다' 등으로 번역됩니다. 백부장이 볼 때 바울의 말보다는 선장과 선주의 말이 더 설득력이 있고, 끌렸던 것입니다.

다시 핵심 질문으로 돌아가서 말하면, 여러분은 누구의 말에 더 끌립니까? 누구의 말이 더 설득력이 있게 들립니까? 신앙적인 영역, 교회 생활의 영역으로 좁혀서 말한다면, 여러분은 다음 중 어떤 사람의 말에 끌립니까? 상식적으로 말하는 사람입니까? 상식 이상을 말하는 기도의 사람입니까? 여러분은 백부장처럼 영적인 사람보다 합리적인 사람의 말에 더 끌릴 수 있습니다. 그렇다면 오늘 본문은 여러분이 변화되어야 함을 촉구합니다. 사도행전 27:21에 보면 "여러분이여 내 말을 듣고"라는 말이 나옵니다. 여기서 "듣고"라고 번역된 헬라어는 '페이다르케오'인데 '권위에 복종하다'라는 뜻입니다. 그 뜻을 살려서 번역하면 "여러분은 내 말에 복종했어야 했습니다."입니다. 바울이 선장도, 선주도, 항해의 책임자인 백부장도 아닌데 어떻게 이런 말을 할 수 있다는 말입니까? 그것이 우리가 지금부터 탐구해야 할 영역입니다.

바울의 말에 끌려야 하는 이유

바울은 분명히 사람들이 선장과 선주의 말보다 자신의 말에 끌려서, 그의 말에 복종했어야 한다고 말하고 있습니다(21절). 왜 그렇습니까? **첫째, 바울은 하나님의 말씀에 따라 판단하는 자였기 때문입니다.** 본문 10절에 보면 "내가 보니"라는 말이 나옵니다. 많은 주석에서 이 말을 바울이 이성 혹은 상식에 따라 상황 파악을 잘해서 이렇게 말한 것이라고 봅니다. 이제 겨울이 와서 항해가 위험한 것을 인지한 바울이 그러한 것을 경험이나 직관으로 판단해서 한 말이라는 것이지요. 그렇다면 이러한 경험과 직관은 선장과 선주가 가지고 있었을 것입니다. 누가복음과 사도행전에 보면 주의 종, 하나님의 사람은 어떤 일을 하는 전문가보다 그 일을 더 잘 압니다. 왜냐하면 하나님이 함께 하셔서 그 사람은 하나님의 것을 알아차리기 때문입니다. 누가복음 5:11에서 예수님이 베드로를 부를 때 어부였던 베드로에게 물고기 잡은 조언을 합니다. "깊은 데로 가서 그물을 내려 고기를 잡으라!"(4절) 이것은 당시 고기 잡은 법에 맞지 않았던 것입니다. 하지만 베드로가 한 번 해 보자 고기가 심히 많아지자, 베드로는 이분이 하나님의 사람이라는 것을 알고 "예수의 무릎 아래에 엎드려 이르되 주여 나를 떠나소서. 나는 죄인이로소이다"(8절)라고 합니다. 하나님이 예수님에게 주었던 능력을 바울에게도 주어 미래의 일을 보게 한 것입니다.

둘째, 바울은 하나님의 말씀을 실제로 매일 매일 듣고 있던 자였기 때문입니다. 본문 이후에 있는 말씀을 보면 항해를 하던 중 유라굴로 광풍을 만나 배에 있는 구조의 소망마저 끊어진 상태에 처했습니다(20절). 이때 바울이 등장하여 이렇게 말합니다. "내가 너희를 권하노니 이제는 안심하라. 너희 중 아무도 생명에는 아무런 손상이 없겠고 오직 배뿐이라."(22절) 바울은 이것을 어떻게 알았을까요? 바울은 그것을 이렇게 설명합니다. "내가 속한 바 곧 내가 섬기는 하나님의 사자가 어제 밤에 내 곁에 서서 말하되 바울아 두려워하지 말라 네가 가이사 앞에 서야 하겠고 또 하나님께서 너와 함께 항해하는 자를 다 네게 주셨다 하였으니 그런즉 여러분이여 안심하라 나는 내게 말씀하신 그대로 되리라고 하나님을 믿노라 그러나 우리가 반드시 한 섬에 걸리리라 하더라."(23-26절) 바울은 하나님의 사자를 만나서 구체적인 지시를 받았던 것입니다. 그리고 바울은 그것이 하나님께로 왔다는 것을 알고 하나님을 신뢰한다는 것입니다.

우리는 하나님과 교통하는 사람의 말을 들어야 합니다. 어떤 말이 아무리 그럴듯해도, 교회 안에서는 기도하면서, 말씀 가운데 하나님의 음성을 듣지 않은 것은 하나님의 뜻이 아닙니다. 여러분은 지금 하나님의 음성을 듣고 있습니까? 아니면 하나님의 음성을 듣는 사역자의 말을 따르고 있습니까? 아니면 여러분의 사욕을 채워줄 사람의 말을 듣고 있습니까?

백부장 율리오의 변화

백부장 율리오는 처음에 바울의 말보다는 선장과 선주의 말에 끌렸던 사람입니다. 그런데 그 백부장이 변했습니다. 본문에 이어지는 사도행전 27:43-44에 보면 백부장이 바울을 구하려고 결정하는 모습을 통해서 그것을 알 수 있습니다. 바울의 말대로 배가 부서졌지만, 사람들은 멜리데 섬에 올라 구조되었습니다. 그런데 문제가 발생했습니다. 배가 파선되어 죄수들이 도망갈 수 있게 되었습니다. 로마 군인들은 죄수들을 깨끗이 죽이자고 했습니다. 하지만 백부장 율리오는 바울을 살리려 죄수들을 죽이지 않고 그들이 육지로 헤엄치거나 널빤지에 기대어 건너게 합니다.

율리오에게 어떤 일이 일어났습니까? 모든 일이 바울의 말대로 된 것을 목도한 것입니다. 첫째, 항해하지 말자는 그의 말이 옳았음을 경험했습니다. 항해하면 큰 위험에 처하고 손해가 있다는 바울의 말이 사실이었습니다. 둘째, 무엇보다도 아무런 소망이 없던 상황에서 바울은 하나님의 말씀에 따라 그들이 구조될 것을 예언했는데, 그대로 되었습니다. 결국, 율리오는 바울이 하나님의 사람이고 하나님의 계시에 따라 행동하는 것을 실제 목도하고 그의 말을 따랐던 것입니다. 이렇게 하나님의 능력을 보여주는 말에는 위력이 있습니다.

우리도 어떤 사람의 말을 따르기에 앞서 그의 말의 위력을 시험해 보아야 합니다. 하나님 앞에서 올바른 말은 위력이 있습니다. 그 말은 그대로 이루어집니다. 반면, 올바르지 않은 말은 사람을 유라굴로 광풍에 빠지게 하고, 위험하게 하고, 때로는 죽게 합니다.

적용과 실천

다시 한 번, 여러분에게 도전합니다. 여러분은 누구의 말에 더 끌립니까? 선장과 선주의 말입니까? 바울의 말입니까? 전자들의 말에 이끌린다면 여러분은 변화되지 않은 백부장 율리오와 같은 사람일 것입니다.

이런 사람은 비록 선인일 수 있지만 하나님의 사람은 아닙니다. 후자의 말에 이끌린다면 여러분은 하나님의 사람을 알아보는 사람이고, 여러분 자신이 하나님의 사람일 것입니다. 하나님의 사람은 하나님의 사람의 말에 끌리기 마련입니다. 주의해야 할 것은 우리가 하나님께로부터 오지 않은 일반 상식적인 말에 끌릴 수 있다는 것입니다. 한국 교회 문제에 대해서 상식적으로 말하는 사람들이 많습니다. 이들은 많은 사람의 호응을 얻습니다. 세상 백부장도 그 말이 상식적인 말이기 때문에 따릅니다. 그런데, 하나님의 음성을 듣지 못하는 상식적인 말에 죽음이 도사리고 있을 수 있습니다. 우리는 바울처럼 하나님의 음성을 듣고 하나님의 뜻을 내다보는 사람의 말을 들어야 합니다.

77 누가 내 삶의 시간표를 결정하는가?
(27:27-44)

"누가 혹은 무엇이 우리가 인생을 살면서 일어나는 모든 일을 결정하는가?" 사실 많은 젊은이들은 자신 스스로 자신의 삶에서 일어나는 일을 결정한다고 생각합니다. 자신의 머리로 대학에 들어가고, 자신의 노력으로 취직하고 좋은 직장을 얻은 사람일수록 이런 생각을 가질 가능성이 높습니다. 이성이 발달된 사람일수록 자신의 삶의 주인은 자신이라고 생각하기 쉽습니다. 사람이 약해지는 것은 자신이 자기의 주인이 되지 못하고 남에게 끌려가기 때문이라고 생각합니다.

하지만 인생을 조금 더 살아보면 도저히 자신의 공과(功過)와 무관한 일들이 너무도 많이 일어나는 것을 발견하게 됩니다. 긍정적으로 보면 오늘의 자신은 부모님을 비롯한 수많은 사람들의 은덕을 힘입은 바입니다. 나아가 어떤 힘이나 그 무엇이 자신의 삶을 밀고가고 있다고 느끼게 됩니다. 사람들은 그 힘을 느끼기는 하지만 정확히 그 힘이 무엇인지는 모릅니다. 그래서 그 힘이 두렵습니다. 결국 사람들은 이사할 때도 "손 없는 날"을 정해서 하고, 집안과 몸에 부적을 지니고 다니기도 합니다.

그렇다면 이렇게 죄 없이 많은 어려움을 당하는 바울 자신과 이러한 바울의 여정을 기록한 누가는 바울에게 왜 이러한 사건이 일어난다고 생각했을까요? 누가는 이렇게 바울의 삶의 시간표를 정하고 그것대로 가게 하시는 이는 주님이라고 말합니다. 하나님은 천지를 창조하신 창조자로서 창조 후에도 피조 세계의 삶을 주관하는 분입니다. 특별히 그리스도인이 된 사람, 그 중에서도 하나님의 소명을 받은 사람은 어떤 힘이나 인간의 권력이 그 사람을 이끌어가는 것이 아니라 주님이 직접 그 사람을 인도하십니다.

누가 인생의 생사화복을 주관하는가?

바울이 3차 선교 여행을 마치고, 예루살렘에 귀환한 이후의 삶을 통해 하나님이 그를 어떻게 인도하셨는지를 사도행전을 통해 살펴보겠습니다.

예루살렘에서 체포된 바울이 유대인들 앞에서 연설을 마치자 유대인들은 "이러한 자는 세상에서 없애 버리자. 살려둘 자가 아니라."(행 22:22)고 하면서 바울을 해치려 했습니다. 그러자 바울이 무슨 죄를 지었는지를 알아보려고 천부장이 그를 채찍질하여 심문하라고 백부장에게 명합니다. 이때 바울은 자신이 로마 시민임을 밝히며 "너희가 로마 시민 된 자를 죄도 정하지 아니하고 채찍질 할 수 있느냐?" 하고 항변합니다. 천부장은 두려운 마음으로 이를 받아들입니다. 그리고 다음 날 바울의 결박을 풀어주고 유대인들의 의회 겸 법원의 역할을 하는 산헤드린 공회를 소집하고 바울을 그 공회 앞에 세웁니다. 바울은 산헤드린 공회의 심문을 받았지만 바울이 부활에 대해서 말한 것에 대해서 바리새인들과 사두개인들 사이에 다툼이 일어나서 두 파 사이에 큰 분쟁이 생겨 결론에 이르지 못했습니다.

이 와중에 바울을 테러해서 죽이려는 유대인 열혈파가 생겨났습니다. 그래서 이들은 대제사장들과 장로들을 찾아가 "우리가 바울을 죽이기 전에는 아무 것도 먹지 않기로 굳게 맹세"하였다고 했습니다. 바울의 조카가 이 계략을 알게 되어 이를 천부장에게 알립니다. 천부장은 이에 바울을 한 밤 중에 가이사랴에 있는 총독 벨릭스에게 군대로 호위하여 보냅니다. 닷새 후에 유대인들은 예루살렘에서 가이사랴에까지 와서 바울을 고소합니다. 그들은 벨릭스에게 바울에 대해서 이렇게 말합니다. "우리가 보니 이 사람은 전염병 같은 자라. 천하에 흩어진 유대인을 다 소요하게 하는 자요 나사렛 이단의 우두머리라. 그가 또 성전을 더럽게 하려 하므로 우리가 잡았사오니."(행 24:5-6) 벨릭스 총독은 바울에게 스스로를 변호할 기회를 줍니다. 바울은 자신이 성전에서 어떤 소동이 될 만한 일을 하지 않았다고 합니다. 다만 자신이 유대인들이 조상대대로 믿어오는 부활의 소망을 가지고 있다고 합니다.

이런 상황에서 벨릭스는 사적으로 자신의 아내인 유대인 여자 드루실라와 함께 바울의 간증을 경청합니다. 그는 바울이 죽을 만한 죄를 전혀 저지르지 않았다는 것을 확신합니다. 하지만 벨릭스는 바울에게서 돈을 받을까하여 또 유대인들의 환심을 사려고 바울을 그냥 2년 동안이나 구류하여 둡니다. 이제 때가 되어 총독이 벨릭스에서 베스도로 바뀝니다. 베스도가 부임하여 예루살렘에 가니 유대인들이 또 바울을 고소합니다. 유대인들은 바울을 테러하려고 바울을 가이사랴에서 예루살렘으로 데리고 와서 심문하라고 합니다. 벨릭스가 바울에게 그에 관한 의사를 묻자 바울은 로마 황제 앞에서 심문을 받겠다고 상소합니다.

바울이 로마에 가서 황제의 심문을 받기 전에 아그립바 왕이 베스도에게 문안하러 왔다가 이 소식을 접하고 바울의 증언을 듣습니다. 이 사람은 헤롯 아그립바 2세로, 헤롯 아그립바 1세의 아들입니다. 그의 아버지는 사도행전 12:21절 이하에 의하면 사람들이 자신의 목소리를 신의 목소리라 할 때 하나님께 영광을 돌리지 않아 벌레가 먹혀 죽은 사람입니다. 베니게는 아그립바 1세의 딸이자 아그립바 2세의 누이입니다. 이들은 로마 황제의 호의에 의해 유대 지역의 지역 왕으로 임명된 자들로서 이곳 풍습을 잘 알고 있던 사람들이었습니다. 그래서 바울은 이들에게 왜 자신이 이렇게 구속된 몸이 되게 되었는지를 변호하고 신앙 간증을 하고 나중에는 결국 아그립바 2세에게 예수를 믿으라고 전도하기까지 합니다. 겉으로는 바울이 자신에게 전도하는 것을 못 마땅하게 여겼지만 속으로는 바울의 전도와 변명에 설득을 당해 아그립바 왕은 바울을 심문한 다음에 이렇게 이야기 합니다. "이 사람이 만일 가이사에게 상소하지 아니하였더라면 석방될 수 있을 뻔하였다."(행 26:32)

결국 바울은 다른 죄수들과 함께 로마로 압송되는 배를 탑니다. 배로 여행하며 미항이라는 항구에 정박해 있던 중 바울은 배가 폭풍의 위험에 처할 수 있다는 것을 알고 잠시 항해를 미룰 것을 제의하지만 로마 백부장은 이를 듣지 않고 선장의 말을 듣고 항해를 결정합니다. 결국 바울의 말대로 유라굴로 라는 광풍을 만나 배가 거의 좌초되어 구조될 희망이 거의 없었습니다. 배는 부서졌고 모두 죽게 되었지만 바울의 지혜와 하나님의 인도로 사람들은 무사히 멜리데 섬에 도착했습니다.

인도하시는 하나님

사도행전에 보면 하나님은 바울에게 특히 인생의 위기를 당할 때 나타나셔서 갈 길을 보여주시거나 환경을 통해서 인도하십니다. **먼저, 사도행전 23:11을 봅시다. "그 날 밤에 주께서 바울 곁에 서서 이르시되 담대하라. 네가 예루살렘에서 나의 일을 증언한 것 같이 로마에서도 증언하여야**

하리라 하시니라." 바울이 유대인들의 모함에 의해 산헤드린 공회의 심문을 받을 때 인간적으로 말하면 바울은 이렇게 생각했을 수도 있습니다. "내가 모든 시간과 정력을 바쳐 하나님의 일을 하는데 나에게 어떻게 이런 일이 일어난단 말인가?" 이때 주님은 바울에게 직접 나타나 바로 곁에 서서 인간의 입장에서 자신의 삶을 해석하지 말고 주님의 선교의 입장에서 해석하라고 말합니다. 주님의 말씀은 "이런 모든 과정들은 하나님의 섭리하에 되는 것이기 때문에 두려워하지 말라. 또 너는 최종적으로 로마에서 증언하게 되리라."는 것입니다.

둘째, 사도행전 23:16을 봅시다. 여기에 보면 하나님은 바울을 구원하려고 사람을 사용하시는 것을 알 수 있습니다. 유대인들이 계략을 꾸며 바울을 죽이려는 모의를 바울의 조카가 알게 하여 바울이 로마로 가는 길을 막지 못하게 합니다. 지금도 하나님이 우리의 인생을 이끌어가는 방법 중의 하나는 하나님이 사람을 사용하는 것입니다. 저도 그런 경험을 한 적이 있습니다. 한국의 모든 성서 학자들이 모여 평양 대부흥을 기념하는 큰 학회를 열었습니다. 그 중에서 내년에 영국의 씨슬턴(Anthony C. Thiselton)이라는 학자를 초청하려고 하는데 주최 측에서는 그 사람이 잘 연락이 안 되고 우리의 의사를 정확히 전달할 사람을 찾고 있었습니다. 그런 와중에 제가 관여하는 어떤 학회에 참석했다가 바로 씨슬턴 박사의 제자이면서 그를 본래 초청했던 분을 만났습니다. 그분은 여러 사람으로부터 우리 모임이 그를 초청하고자 하는 것을 들었으나 그 실체를 잘 모르고 있기에 제가 설명해 주었습니다. 그런데 거기에는 재정이 부족했습니다. 다행히도 우리 모임에는 재정이 넉넉해 모두가 윈-윈하는 일이 일어났습니다. 참으로 묘한 타이밍에 제가 그분을 거기서 만난 것입니다. 저는 최근 그런 손길을 많이 경험했습니다.

셋째, 27장 20-26절을 보겠습니다. 바울의 충고를 듣지 않고 배를 바다에 띄웠다가 사람들은 유라굴로라는 큰 광풍을 만나 거의 죽게 되었습니다. 약간 정신을 차린 상태에서 바울은 현실을 보지 않고 인생의 시간표를 결정하시는 분이 하나님이라는 것을 알고 사람들에게 안심하라고 한 것입니다. 주님은 약속을 주셨지만 계속해서 나타나셔서 바울에게 용기를 주고 사명을 다시 한 번 불러 일으켜 주십니다. "바울아 두려워하지 말라. 네가 가이사 앞에 서야 하겠고…"(행 27:24) 여러분 중에 혹시 유라굴로 같은 광풍을 만나면 하나님이 그 폭풍 속에서 바울에게 한 말을 기억하십시오. 우리는 우리의 소명을 다하기 전에는 죽지 않습니다. 망하지 않습니다.

넷째, 27장 42-43절에 보면 하나님은 로마 백부장을 통해서 바울의 목숨을 구원합니다. "군인들은 죄수가 헤엄쳐서 도망갈까 하여 그들을 죽이는 것을 좋다 하였으나 백부장이 바울을 구원하려 하여 그들의 뜻을 막고."

적용과 실천

누가 우리 각각의 인생 시간표를 결정합니까? 힘 있는 사람입니까? 재력입니까? 만약 여러분이 그리스도인이 아니라면 그렇게 생각할 수도 있을 것입니다. 우리는 그런 경험을 많이 하기 때문입니다. 하지만 우리가 그리스도인이라면 마땅히 우리의 생사화복을 주장하시는 분은 하나님이라는 것을 인정해야 합니다. 모든 힘의 원천이신 만군의 주로서, 또 우리에게 소명을 주시는 분으로서, 주님은 우리의 삶에 직접적으로 깊게 개입하십니다. 구약 성경에서 유대인들이 계속해서 책망 받은 일은 바로 인생의 생사화복을 주장하시는 하나님을 의지하지 않고 보이는 사람의 힘을 의지하는 것이었습니다. 우리가 사람은 존경하고 존중하여야 하되 두려워해서는 안 됩니다. 두려워할 분은 오직 하나님 한 분입니다.

여러분, 지금 유라굴로라는 광풍과 같은 시험 중에 있는 분은 없습니까? 바울이 그 광풍을 만난 것은 자신의 잘못이 아니라 다른 사람의 판단 실수 때문이었습니다. 우리도 다른 사람의 잘못 때문에 그 영향으로 우리가 어려움을 당할 수 있습니다. 하지만 바울은 그러한 결정을 한 사람들을 원망하지 않았습니다. 그 안에서 하나님의 뜻을 발견하고 그 와중에 위로하시는 주님을 만났습니다. 우리도 이런 폭풍 중에도 주님의 음성을 들을 수 있습니다. 유라굴로 속에 있다면 주님을 찾으십시오. 바로 여러분 곁에 계셔 여러분을 구원해 줄 것입니다.

78 오순절은 계속된다
(28:1-10)

 기독교 역사상 시대 별로 사랑받아온 성경이 따로 있었습니다. 초기 기독교에서는 예수님이 완전한 신인가와 완전한 인간인가 하는 논쟁이 있었을 때 예수님이 신이라는 문구가 있는 요한복음(1:1, 18; 20:28)이 성도들의 가장 사랑받는 복음서가 되었습니다. 종교개혁 시대에는 구원을 받는 것이 다만 믿음으로만 되는 것인가 아니면 인간의 업적도 포함되는가 하는 논쟁을 하면서 이 문제를 직접적으로 다룬 로마서는 개신교인들이 가장 사랑하는 성서가 되었습니다.
 그런데 기독교 역사상 19세기 말에 이르기까지 사도행전은 크리스천들의 큰 관심을 받지 못했습니다. 특히 근대 이후 사도행전의 내용 중 서구인들이 문자 그대로 받아들이기 어려운 것은 "기사와 표적"이라는 말로 대변되는 기적이었습니다. 근대 사회에서는 과학적으로 더 이상 기적을 믿지 않았습니다. 그런데 사도행전을 보면 온통 기적들로 가득 차 있습니다. 또 그들이 받아들이기 어려웠던 점은 사도행전에 나타난 성령의 역사였습니다. 성령은 사도행전에서 사도들을 이끌어가는 실체였고, 구체적으로 그들 사역의 인도자였습니다.
 이에 성서로서의 사도행전을 부정하기 어려웠던 사람들이 주장하게 된 것은 사도행전은 초기 교회의 특수 역사였다는 것입니다. 그들이 행한 기적과 그들이 받은 성령의 인도는 사실이었지만, 그것은 기독교 발생 초기 사도행전에만 있었던 특수 역사였다는 것이지요. 이들은 신학적 자유주의자들이 하는 것처럼 기적 자체는 부정하지 않았지만, 현재 그러한 기적이 일어나는 것에는 거리낌이 있었던 것입니다. 그들이 이러한 주장을 한 배경에는 기적이나 성령의 직접적인 인도는 그들에게 체험되지도 현실적으로 일어나지도 않기 때문입니다.

그런데 우리에게 드는 의문은 사도행전 저자가 과연 이런 생각으로 사도행전을 기록했을까 하는 것입니다. 그는 예수님과 바울은 기적을 행하고, 성령의 인도를 받았지만, 사도 이후 세대를 사는 그리스도인들은 예수나 바울처럼 그렇게 살 필요는 없고, 이제는 새로운 방식으로 신앙생활을 해야 한다고 말하기 위해 사도행전을 기록했는가 하는 것입니다. 사도행전 저자의 저술 의도를 볼 때 이에 대한 저의 대답은 "절대 그렇지 않다."입니다. 오히려 누가복음과 사도행전을 두 권으로 된 하나의 책으로 저술한 누가는 예수의 행함과 가르침을(행 1:1), 베드로와 바울을 비롯한 그의 제자들의 행함과 가르침의 모델로 삼았고, 결국 그 제자들의 행함과 가르침의 모델대로 독자들이 살라고 말하기 위해서 이 책을 기록한 것입니다.

그래서 오늘은 우리가 사도행전을 후대 제자들이 신앙생활의 모델을 찾기 위해 읽는 것이고, 여기에 기록된 베드로와 바울 등 사도들의 행적은 우리의 행적의 패러다임과 모델이 되어야 한다는 것을 누가복음과 사도행전을 통해서 말씀드리고, 이어서 본문에도 그러한 면이 나타나 있다는 것을 찾아보려고 합니다.

예수님의 요단강 성령 체험과 제자들의 오순절 체험

누가복음과 사도행전의 구조에 나타난 저자의 의도를 볼 때 사도행전의 성령 체험과 성령의 인도를 받는 사역은 교회 시대의 제자들에게도 계속되어야 함을 보여줍니다. 우리가 누가복음과 사도행전을 연이어 읽어보면 행함과 가르침에서 예수는 제자들의 행함과 가르침의 모델이 됨을 어렵지 않게 발견할 수 있습니다. 예를 들어, 복음서에서 예수는 생애의 중요한 순간마다 기도하는데, 사도행전에서의 제자들도 그렇습니다. 또 예수의 비유의 가르침의 주제가 하나님의 나라였듯이, 사도행전의 제자들의 가르침의 주제도 하나님의 나라였습니다.

성령 사역에도 이 점은 똑같습니다. 예수님이 요단강에서 세례를 받으실 때 성령이 그에게 임하여서 공생애를 시작했듯이(눅 3:21-22), 제자들도 오순절 날 성령의 충만함을 경험하고(행 2:1-4) 사역을 시작합니다. 예수님이 성령의 충만함을 받고 요단강에서 돌아오셨고(눅 4:1), 이어서 예수가 성령의 능력으로 갈릴리에 돌아오셔서 사역하셨고(눅 4:14), 부활 후 승천하기 직전까지 성령을 통해서 사역을 하셨듯이(행 1:2), 예수님의 제자들도 그랬습니다. 베드로를 예를 들면, 그는 오순절 날 성령의 충만함을 처음 체험했고(행 2:4), 성령 충만하여 사역을 계속했습니다(행 4:8). 바울은 다메섹에서 아나니아의 안수를 통해 성령 충만함을 처음으로 체험했고(9:17), 이후 3차에 걸친 전도 여행 중 성령 충만함으로 사역을 감당했습니다(13:9). 또 누가복음 4:16-30은 예수의 성령 사역을 미리 예고하듯이, 사도행전 2:14-21에 나오는 베드로의 연설은 이후 제자들의 사역을 미리 보여줍니다.

이것을 통해서 볼 때 우리는 이런 결론에 어렵지 않게 이를 수 있습니다. "누가는 복음서와 사도행전을 기술하면서 제자들은 철저하게 작은 예수로서 그 행함과 가르침에 있어서 예수를 따라갔고, 특히 성령 사역에 있어서도 그러한데, 사도행전을 읽는 독자들은 이제 예수님과 그의 제자들을 따라 신앙생활 해야 하는 것이다." 이 점을 멘지스(Robert P. Menzies)라는 학자는 이렇게 잘 표현하고 있습니다(*Pentecost: This Story is our Story*, GPH, 2013, 31).

> 이 모든 것은 예수가 요단강에서 한 [성령] 체험이 오순절 날 제자들의 성령 체험의 모델이 되었던 것과 똑같이, 오순절 날 제자들의 성령 체험은 후속 제자들의 모델이 되어야 함을 제시한다. 이러한 판단은 사도행전 10:47에 있는 베드로의 말에 의해서 지지된다. "이 사람들이 우리와 같이 성령을 받았으니."

누가는 오순절 날 예루살렘에서 제자들이 성령을 받은 사건만 기록하는 것이 아니라 이후에 사마리아인(행 8:14-17), 이방인(행 10:46), 에베소인(행 19:1-7)이 체험한 성령 체험도 기록하고 있습니다. 즉 오순절에 있었던 성령 체험은 어떤 상징적인 사건이 아니라 이후 제자들의 체험의 모델이고, 그것에 따라 초대 교회 여러 지역에서도 성령 체험이 이어졌다는 것이지요. 현대를 사는 예수의 제자들도 예수님을 따라, 베드로와 바울을 따라, 사도행전에 나오는 제자들을 따라 그렇게 성령 체험하면서, 성령의 인도를 직접 받으면서 신앙생활을 해야 합니다.

멜리데 섬에서의 바울의 사역

본문은 바울이 로마로 압송되는 과정에서 배가 파선하여 멜리데 섬에서 구조되어, 그곳에서의 바울의 행적을 그리고 있습니다. 바울은 3차에 걸친 전도 여행에서 뿐만 아니라 그가 체포되어 있을 때에도 변호할 기회를 얻었을 때 말로 전도하는 사역을 하였고, 이제 구조된 섬에서도 자연스럽게 그리스도의 제자로서 사역을 감당하고 있습니다.

멜리데 섬에서 바울의 사역은 설교하는 것이 아니었습니다. 이들은 유대 문화에도 그리스-로마 문화에 익숙하지 않은 "바바리안"(개역개정판에는 "원주민")이었습니다. 그들에게 보여줄 수 있는 것은 구약 성경에 근거한 말씀도, 헬라적 수사에 근거한 연설도 아니었습니다. 이들에게 하나님의 살아계심을 보여줄 수 있는 것은 표적과 기적이었습니다. 여기에 일어난 기적은 세 가지입니다. 첫째, 바울은 독사에 물렸지만, 아무런 해를 받지 않았습니다(3-4절). 둘째, 바울이 기도하여 그 섬에서 가장 높은 사람이었던 보불리오의 부친의 열병이 기적적으로 치유되었습니다. 셋째, 이 소식을 듣고 많은 사람들이 몰려와 병 고침을 받았습니다. 본문에 기록되어 있지는 않지만, 바울은 이러한 기적을 행한 후에 그들에게 복음을 전했을 것입니다. 그들이 복음을 받아들였다는 말은 본문에 없지만, 그들이 "후한 예로 우리[제자들]를 영접하고 떠날 때에 우리 쓸 것을 배에 실"(10절)은 것으로 보아 이들은 바울 일행의 표적과 기사 사역에 감동을 받았고, 복음에 마음의 문이 열렸을 것입니다. 한마디로 말해, 바울은 처음부터 끝까지 그의 사역에 있어 성령의 인도에 의한 "표적과 기사" 사역을 했던 것입니다.

적용과 실천

오늘날 우리는 사도행전 본문을 어떻게 읽어야 합니까? 첫째, 사도행전의 이야기는 남의 이야기가 아니라 우리에게 모델과 모범 사례 이야기로 읽어야 합니다. 둘째, 이렇게 사도행전 내러티브를 읽으면 사도행전에 기록된 것이 지금 체험됩니다. 이러한 체험이 생기면 사도행전에 나타난 "이 이야기는 내 이야기"가 됩니다. 셋째, 그러면 사도행전을 과거의 이야기가 아니라 오늘날 일어날 수 있는 이야기로 새롭게 읽습니다. 넷째, 그러면 사도행전의 사건이 더 깊게 체험됩니다. 이렇게 역동적으로 사도행전 읽기와 체험이 일어나면 독자와 사도행전의 해석학적 지평 융합이 일어나고, 사도행전의 이야기가 우리의 이야기가 되는 놀라운 역사가 일어납니다.

79 우리가 설교에 은혜를 받지 못하는 이유는?
(28:11-29)

그동안 사도행전 강해 설교에 은혜 받으셨습니까? 이 질문에 아멘인 분도 있을 것이고, 그렇지 않은 분도 있을 것입니다. 목사가 이른바 목사 노릇 할 만하다고 느낄 때는 목사의 설교를 듣고 성도의 삶이 변화되는 모습을 볼 때입니다. 역으로, 목사가 "목사 노릇하기 참 힘들다."는 생각이 들 때는 아무리 설교해도 성도가 변화되지 않고 그 옛 성품이 "어제나 오늘이나 영원토록 동일한" 상태로 머물러 있는 것을 볼 때입니다.

다행히도 사도행전을 강해 설교하는 동안 저는 보람을 많이 느꼈습니다. 우리 교회에서 말씀을 듣고 삶이 변화하는 사람들이 여기저기 생겨나고 있습니다. 영성 수련회 다녀와서 은혜 체험한 간증을 들으면서 저도 많은 감동을 받았습니다. 그런데, 말씀을 듣고도 조금도 요동하지 않고 변화 받지 못한 사람들이 여전히 많이 있습니다. 저는 왜 그럴까를 생각하다가 본문 말씀을 통해서 그 해답을 얻었습니다.

바울의 로마 입성 및 사역

본문의 배경을 보면, 바울이 지중해에서 유라굴로라는 광풍을 만나

배가 뒤집힐 뻔한 일도 있었고, 구사일생으로 구출되어 멜리데 섬에 상륙하여 독사에 물려 죽을 뻔한 일도 있었지만, 결국 이 모든 것 가운데 함께하시고 구출해 주시는 하나님의 은혜로 바울은 로마에 도착합니다. 바울은 3차 선교 여행 중에 "후에 로마도 보아야 하리라."(행 19:21)고 말하면서 로마행을 소망했고, 또 "네가 가이사 앞에 서게 하겠고"(행 27:24)라고 하는 천사의 말이 있었는데, 이러한 소망과 예정이 이루어진 것입니다.

로마행 중에 크리스천 형제들이 50km나 떨어진 세 여관이라는 뜻을 가진 트레이스 타베르네까지 와서 바울을 영접했고, 바울은 그들의 영접을 받고 기뻐했습니다. 이제 로마에 도착한 바울은 미결수로서 셋집에 거하면서 재판을 기다릴 수 있었습니다(16절). 바울은 일종의 가택 연금 상태에서 바울에게는 누구나 만날 수 있는 자유가 주어졌습니다. 먼저, 그는 유대인 지도자들을 만나 자신을 변호하고 예수님을 그들에게 소개하려고 했습니다(17절). 바울은 자신이 동족의 모함을 받아 여기에 미결수로서 온 것이지 자신이 유대교를 반대한 것은 아니라고 했습니다. 그래서 유대인들은 바울의 사상을 점검하고 그가 정말 어떤 사람인지 듣고자 하였습니다. 그들의 첫 태도는 바울의 말을 있는 그대로 듣고자 하는 객관적 태도였습니다(22절).

바울은 이들에게 자신이 믿는 예수에 대해서 구약 성경을 가지고, 하루 종일 토론하면서 복음을 전했습니다(23절). 그런데 바울의 말에 설득된 사람도 있고(24a절), 그의 말을 믿지 않는 사람도 있어서, 헤어질 때 유대인들이 서로 의견이 맞지 않았습니다(25절). 여기에서 제가 질문하고 싶은 것이 있습니다. 바울과 같이 성경 박사요, 성령 충만한 사람이 하루 종일 말씀을 전했는데 왜 사람들 중 그 말씀을 받아들이지 않는 사람이 있었을까? 이 중에서 변화된 사람도 있었는데, 그 결정적인 차이는 무엇이었을까? 저는 본문을 통해서 이 질문들에 답을 해보고자 합니다.

왜 사람들은 바울의 메지지를 받아들이지 않았는가?

먼저, 바울이 전한 메시지의 내용이나 방법이 무엇인가 잘못된 것은 없나 살펴보겠습니다. 바울이 위대한 사도이기는 하지만 그도 실수가 없는 것은 아니기 때문에, 또 어느 날은 성령 충만하지 못한 날이 있을 수 있기 때문에 그 점을 먼저 찾아보겠습니다. **첫째, 바울이 전한 내용에 문제가 있는 것은 아닌가요?** 23절에 보면, 바울이 전한 내용의 근거는 "모세의 율법과 선지자"였습니다. 즉 구약 성경을 근거로 복음을 전했습니다. 복음을 성경에 근거해서 전했다는 것은 그 근거가 완벽한 것입니다. 복음의 지향점은 예수였습니다. 이것도 완벽합니다. 복음을 전한다고 하면서, 예수 없는 윤리를 전하는 경우가 많은데 바울은 예수를 전했습니다. 복음의 주제는 하나님 나라였습니다. 예수님이 설파하신 것은 바로 하나님 나라였습니다. 이런 면에서 주제도 완벽했습니다. 한 마디로, 바울이 전한 복음의 내용은 완벽한 것이었습니다.

둘째, 그가 전할 때의 태도에 문제가 있는 것은 아니었나요? 23절에 보면 "바울이 아침부터 저녁까지 강론하여"라고 되어 있는데, 여기서 "강론하다"라는 헬라어는 '에크티쎄오마이'인데 그 뜻은 "설명하다"(explain, expound)입니다. 일방적으로 자기 말을 하는 것이 아니라, 청중의 입장에서 그들이 알아듣도록 차근차근 설명하는 것입니다. 그래서 한 영어 번역본(NAS)은 이 단어를 "설득을 시도하다"(try to persuade)라고 번역했습니다. 강제로 한 것이 아니라, 상담으로 말하면 내담자 중심으로, 강의로 말하면 청자 중심으로 한 것이지요. 이러한 방식은 현대에서 보아도 매우 민주적이고, 합리적인 것입니다. 한 마디로, 바울이 메시지를 전할 때의 태도에도 아무런 문제가 없었습니다.

그런데 바울의 설교를 듣고 나서 사람들의 목소리가 일치하지 않았습니다. 헬라어로는 이것을 '아숨포노스'라고 합니다. 심포니, 즉 같은 목소리가 아닌 것입니다. 우리는 흔히 좋은 설교를 듣고 모든 사람이 '숨포노스', 즉 한 목소리가 된 것이라고 생각하지만 바울의 설교를 듣고 많은 경우에 '아숨포노스', 즉 불일치가 되었습니다. 바울의 설교가 내용이나 태도 면에서 부족하지 않았는데도 불구하고, 설교를 들은 다음 의견이 갈린 것이지요. 놀라운 것은 예수님의 설교에도 비슷한 반응이었다는 것입니다(요 10:19-21). 우리는 예수님의 설교는 진실, 진솔, 효과적이어서 설교를 들은 대부분의 사람들이 변화되었을 것 같지만, 사실은 그 반대였습니다. 예수님의 설교를 들으면 그것을 믿는 사람의 무리와, 믿지 않는 사람의 무리가 반으로 갈렸습니다.

바울의 설교의 내용과 태도에 문제가 없었다면, **바울의 설교를 듣고 변화 받지 못한 것은 그러면 누구의 문제일까요?** 오늘 본문은 그 답을 주고 있습니다. 바울은 구약 성경에 이미 그 답이 있다고 말합니다. 25절을 보면 "바울이 한 말로 이르되 성령이 선지자 이사야를 통하여 너희 조상들에게 말씀하신 것이 옳도다"라고 합니다. 선지자 이사야가 한 말이 그 때 뿐만 아니라, 지금 바울의 설교를 듣고 변화 받지 못한 사람들에게도 그대로 적용된다는 것입니다. 그 성경은 이사야서 6:9-10입니다.

여호와께서 이르시되 가서 이 백성에게 이르기를 너희가 듣기는 들어도 깨닫지 못할 것이요 보기는 보아도 알지 못하리라 하여 이 백성의 마음을

둔하게 하며 그들의 귀가 막히고 그들의 눈이 감기게 하라. 염려하건데 그들의 눈으로 보고 귀로 듣고 마음으로 깨닫고 다시 돌아와 고침을 받을까 하노라 하시기로.

이사야서 본래 말씀은 하나님이 이사야에게 이스라엘 백성의 마음이 완악하게 될 것임을 예고하는데, 그것은 바로 하나님이 하신다는 것입니다. 이스라엘 백성이 자신들의 잘못으로 심판을 받은 것을 깨달을 때까지 하나님이 이렇게 하신다는 것입니다(사 1:11-12).

다시 사도행전 본문으로 와 보겠습니다. 26-27절을 보면,

이 백성에게 가서 말하기를 너희가 듣기는 들어도 도무지 깨닫지 못하며 보기는 보아도 도무지 알지 못하는도다. 이 백성들의 마음이 우둔하여져서 그 귀로는 둔하게 듣고 그 눈은 감았으니 이는 눈으로 보고 귀로 듣고 마음으로 깨달아 돌아오면 내가 고쳐 줄까 함이라.

여기서 초점이 변화되었습니다. 백성들의 마음이 우둔해져서 하나님의 말씀을 깨닫지 못한다는 것입니다. 백성들이 깨닫지 못하는 것은 그들의 마음이 둔하여져서 그렇다는 것입니다. 공동번역 개정판으로 보면 그 의미가 더욱 선명합니다. 27절을 보면

이 백성이 마음의 문을 닫고 귀를 막고 눈을 감은 탓이니, 그렇지 않았더라면 그들이 눈으로 보고 귀로 듣게 되고 마음으로 깨달아 돌아서서 마침내 나한테 온전하게 고침을 받으리라.' 하시지 않았습니까?

무슨 뜻입니까? 한 마디로 말해, 이스라엘 백성이 선지자의 말씀에 은혜를 못 받는 것은 받아들이는 그들의 마음에 문제가 있었다는 것입니다. 바울은 이를 예로 들면서, 자신의 하루 종일 말씀을 전해도 결국 그들이 바울의 메시지를 받아들이지 않은 것은 그들의 마음에 문제가 있었다는 것입니다.

요한복음에서 예수님은 7가지 표적을 행했고, 그것을 믿은 사람도 있었지만, 거부한 사람도 많았습니다. 요한복음 저자는 그 이유를 설명하면서 누가와 똑같이 이사야서 6:9-10 말씀을 인용하면서 그들의 마음이 문제였다고 말합니다(요 12:37-40). 공관복음에서 예수님의 비유의 말씀을 하셨는데, 사람들이 깨닫지 못한 것을 말할 때 이사야서 6:9-10을 인용하면서 바로 그들의 마음 밭이 열매를 맺을 수 없는 길거리 밭, 혹은 돌밭 등이었기 때문이라고 합니다(막 4:12; 마 13:14-15; 눅 8:10). 바울도 로마서 11:8에서 이 구절을 인용합니다.

마음의 문제와 마음이 변화되는 길

그러면 구체적으로 마음에 어떤 문제가 있었을까요? 사실, 신구약 성경을 통틀어서 마음이라는 단어는 천 번 이상 나옵니다. 성경은 사람의 문제는 마음의 문제라고 일관성 있게 말합니다. 본문에서 마음의 문제는 "둔하여진" 것입니다. 본래 이사야서 6:9-10에서 히브리어로 이 단어의 뜻은 "살찐"입니다. 헬라어로 이 단어는 '파쿠노마이'인데, "무감각해지다, 감각이 무디어 지다, 살찌다"라는 뜻입니다. 모두, 정상적이지 않은 상태입니다. 마음을 육체에 비유해서 신경이 제대로 작동을 안해서 외부에서 들어오는 것을 제대로 인식하지 못해서 받아들일 수 없는 상태가 되는 것입니다.

　인생의 최대의 위기는 마음이 이렇게 되는 것입니다. 자극을 주어도 아무런 반응을 하지 않는 마음이 되는 것이지요. 하나님의 말씀도, 하나님의 사자의 메시지도, 천사의 음성도 이런 사람에게는 아무런 효과가 없습니다. 부자와 나사로의 비유에서(눅 16:19-31) 부자가 죽은 다음 음부에 가서 하나의 소원을 아룁니다. 자신은 살았을 때 깨닫지 못해 음부에 왔지만, 자신의 가족들만이라도 구원받을 수 있도록 나사로를 자기 가족에게 파송해서 깨닫게 해 달라는 것이었습니다. 그때 아브라함이 이렇게 말합니다. "그들에게 모세와 선지자들이 있으니 그들에게 들을지니라. 이르되 그렇지 아니하니이다. 아버지 아브라함이여 죽은 자에게서 그들에게 가는 자가 있으면 회개하리이다. 이르되 모세와 선지자들에게 듣지 아니하면 비록 죽은 자 가운데서 살아나는 자가 있을지라도 권함을 받지 아니하리라 하였다 하시니라."(눅 16:29-31) 여기서 "모세와 선지자"는 구약 성경 혹은 그 성경에 근거해서 말하는 메신저들입니다. 성경이나 성경을 통해서 말하는 설교자의 소리를 듣지 않으면, 그 마음은 어떤 메시지에도 변화되지 않는다는 것입니다.

　한마디로, 요체는 우리가 은혜를 받지 못하는 것은 우리의 마음 때문이요, 그 마음은 무감각해진 것인데, 그 마음이 변화되지 않으면, 그 어떤 유명한 설교자가 와도 소용없다는 것입니다. 그런데 희망적인 것은 마음은 변화될 수 있다는 것입니다. 마음은 얼마든지 변화될 수 있습니다. 로마서 12:2에 보면 "마음을 새롭게 함으로 변화를 받아"라는 말씀이 분명히 있습니다. 그렇다면 문제는 마음을 변화시키지 않는 우리 자신입니다. 왜 우리는 마음을 변화시키지 않을까요? 그 이유는 간단합니다. 마음이 변화되려면 지금 있는 마음을 찢어야 하는데, 그러면 마음에 상처가 납니다. 사람이 죽기보다 싫어하는 것이 자신의 마음에 상처를 입는 것입니다. 이것은 육체에 상처를 입는 것보다 훨씬 아플 뿐만 아니라, 사람 앞에서 창피한 것입니다. 그래서 사람은 갖은 방법을 동원해서 마음을 꽁꽁 동여매고, 자존심을 걸고, 때로는 목숨을 걸고 이걸 지키려 합니다.

이재철 목사님은 사도행전 설교집 첫 권에 이런 혜안을 보여줍니다. "지식은 아무리 쌓아도, 지식을 쌓는 당사자의 심령에 상처를 입히지 않습니다…그러나 주님의 가르치심인 진리의 말씀은 본래 인간의 심령에 새겨져 인간의 심령을 찢기 위해 존재합니다."(이재철, 『사도행전 속으로』, vol. I, 29-30). 다시 말해, 마음의 상처를 입지 않는 한 우리는 "둔한 마음", "굳은 마음"을 변화시킬 수 없습니다. 우리는 마음의 상처가 날 각오로 하나님 말씀 앞에 서야 합니다. 가르침을 받으려면 상처를 받아야 합니다. "상처를 받지 않고 주님의 가르침을 받는 길이란 없습니다."(『사도행전 속으로』, vol. I, 21).

진정한 설교란 사람의 마음속에 상처가 나게 하는 것입니다. 위선과 교만과 거짓을 칼로 베어 내어 말씀이 마음속으로 들어가게 하는 것이 참 설교입니다. 저는 교회에서도 설교하지만 외부에 가서도 교회 부흥회, 세미나, 기독실업인회(cbmc) 모임 등에서도 설교합니다. 얼마전 인천 송도 CBMC에서 우리 교회에서 얼마 전 했던 설교를 약간의 수정을 해서 했습니다. 그랬더니 설교 마친 후 식사 시간에 한 회원이 저에게 이렇게 말했습니다. "저는 목사님 설교에 은혜를 받았는데, 이렇게 설교하시면 청중이 둘로 갈리겠는데요. 은혜 받는 사람과 상처 받은 사람으로요." 제 대답은 이런 것이었습니다. "바로 그겁니다. 제가 굳은 마음, 닫힌 마음, 심지어 썩은 심령에 상처를 내는 말을 했다면 그건 설교적으로 성공한 겁니다. 하지만 듣는 청중 중에는 그 상처를 감내하면서 받아들이는 사람이 있을 것이고 오히려 화를 내는 사람도 있겠지요."

사울의 우둔한 마음과 다윗의 상한 마음

우리는 구약 성경에 나오는 사울 왕과 다윗 왕의 태도를 통해서 어떤 것이 우둔한 마음이고, 어떤 것이 상한 마음인지 알 수 있습니다. 사울 왕은 아말렉을 진멸하라는 하나님의 명령을 받고, 아말렉을 물리쳤지만, 그 왕과 좋은 양과 소는 살려두어 취했습니다. 하나님의 선지자 사무엘이 와서 이를 지적하자 사울 왕은 이렇게 대답했습니다. "사울이 이르되 그것은 무리가 아말렉 사람에게서 끌어온 것인데 여호와께 제사하려 하여 양들과 소들 중에서 가장 좋은 것을 남김이요 그 외의 것은 우리가 진멸하였나이다."(삼상 15:15) 이때 사무엘이 사울 왕에게 한 말이 그 유명한 이 구절입니다. "…순종이 제사보다 낫고 듣는 것이 숫양의 기름보다 나으니."(삼상 15:23) 사울의 죄는 크게 두 가지입니다. 자신의 잘못을 백성이 한 일로 돌린 것과 그 죄를 즉시 고백하고 하나님께 사죄하지 않고 엉뚱한 변명을 한 것입니다.

지금도 설교에 은혜를 받지 못하는 사람들은 여러 가지 변명을 합니다. 설교를 들었을 때 "우둔한 마음" 혹은 완악한 마음은 대개 다음의 세 가지 해석 중 하나로 나타납니다. 첫째, 정치적 해석입니다. "목사님이 이 설교를 하는 것은 나를 치려고 하는 걸 거야." "목사님이 더 해 먹으려고 저러시지." 둘째, "내 타입이 아니야" 해석입니다. "목사님은 저렇게 말하지만 내가 좋아하는 목사님은 다르게 말해. 목사님이 옳더라도 내 스타일이 아니야. 목사님은 몇 년 있다 가시는데, 몇 년만 참자. 내

스타일의 목사님이 다시 오실 거야." 셋째, 교만의 해석입니다. "난 그냥 싫어. 성경이 뭐라고 말하는지 난 몰라. 기도, 그거 해도 별 소용없어. 난 그냥 내식대로 살래."

사울과는 대조적으로 다윗은 우리아의 아내를 자기 아내로 취하고, 우리아 살인 교사를 한 것을 나단 선지자로부터 지적당하자, 아무 변명도 설명도 하지 않았습니다. 그는 단순하게 이렇게 고백했습니다. "내가 여호와께 죄를 범하였노라."(삼하 12:13) 이것이 바로 상한 마음이 된 것입니다. 그러자 나단은 하나님이 다윗의 죄을 용서했다고 선포합니다(삼하 12:13). 이것이 바로 잘못 했다가도 상한 심령이 되어 회개하는 것입니다. 그 회개는 시편 51편에 자세히 나와 있습니다.

본문을 통해 나타난 주님의 의도는 분명합니다. 이런 "우둔한 마음"을 가진 자들을 멸망시키겠다는 것이 아니라, 그들이 깨닫고 돌아와 고침을 받는 것입니다. 우리의 마음이 고침을 받아야 합니다. 그러려면 마음의 무릎을 꿇어야 합니다. 다윗과 같이 상한 마음이 되어야 합니다. 주님은 상한 마음으로 주께 나오는 사람을 멸시하지 않으십니다(시 51:17). 우리의 마음을 찢어야 합니다. 그래야 말씀이 들립니다. 말씀이 들리지 않는 것은 그 자체로 저주 받은 상태입니다. 하나님의 백성이 하나님의 말씀 없이 산다는 것은, 그 보다 더한 저주의 상태는 없습니다.

적용과 실천

우리는 왜 그렇게 많은 설교를 듣고도 변화 받지 못한 것일까요? 사도행전을 마치는 본문에서 누가는 이사야 6:9-10을 인용하면서, 그 이유는 바로 설교를 듣는 사람의 마음이 "둔하여져서" 그렇다고 말합니다. 이것은 그동안 바울이 여러 곳에서 많은 설교를 하였지만, 사람들이 변화되지 않은 이유를 한마디로 설명해 줍니다. 우리의 마음을 찢고 회개하여 주의 말씀을 들읍시다. 그래야 삽니다. 주님의 음성을 듣지 않는 영혼은 메말라 죽습니다. 그냥 죽으시겠습니까? 여러분의 마음에 상처를 내서 사시겠습니까?

80 우리의 삶으로 써야 할 사도행전 29장
(28:30-31)

미스 코리아에는 진선미가 있습니다. 진은 진실, 선은 선함, 미는 아름다움입니다. 그 중에서 진이 일등입니다. 아름다움보다도 더 고귀한 것은 선함이고, 선함보다 더 높은 가치는 진리라는 것입니다. 맞습니다. 진리가 선함이나 아름다움보다 우선적 가치입니다. 하지만 음식의 재료가 최상급이고(眞), 무공해 식품(善)이라 할지라도 보기에 아름답지(美) 못하면 그 음식은 최상급이 못됩니다. 진과 선이 갖추어졌을 때 필요한 것은 미입니다. 저는 그동안 진리에 주로 관심을 가지고 살았습니다. 무엇이 옳은가, 무엇이 진리인가 이것이 저에게는 최고의 관심사였고 지금도 그렇습니다. 그런데 최근에 와서 저는 미의 가치를 알게 되었습니다. 아무리 진리이고, 좋은 것이라도 사람들에게 피부로 느끼게 해주는 미가 없으면 그 진리가 생각보다 그렇게 유용하게 쓰이지 못한다는 것을 알게 된 것이지요.

하나님의 말씀엔 단순히 진만 있는 것은 아닙니다. 성서 저자들은 단순히 하나님 말씀을 딱딱하게 전달하려고 하지만은 않았습니다. 때로는 시로, 때로는 수필로, 때로는 편지로, 때로는 논리적 설득으로, 때로는 눈물로, 때로는 감성에 호소하여 독자들을 설득하는 글을 썼습니다. 또 많은 경우에 문학적 기교를 사용하기도 했습니다. 신약 성서 저자 중에서도 미를 가장 잘 알았던 사람은 사도행전의 저자 누가였습니다. 누가는 예수님 말씀을 단순히 옮기는 것에 만족하지 않고 사도행전을 읽을 때 독자들이 아름다움을 느끼도록 하는데도 노력을 많이 기울였습니다. 우리가 신약 성경에서 만나는 예수님이 행하신 가장 감동적인 이야기인 탕자 이야기와 선한 사마리아 사람 이야기가 바로 누가복음에 나오고 있는 것은 우연이 아닙니다.

저는 본문 속에서 누가의 미를 봅니다. 누가는 사도행전 서두를 예수님의 말씀에 대한 요약으로 시작합니다. 한마디로 예수는 부활 후 승천 전까지 40일 동안 "하나님 나라의 일"을 말씀하셨다고 합니다(1:3). 시작은 예수님이 전파한 하나님의 나라입니다. 본문은 사도행전의 마지막 절입니다. 여기에는 어떻게 되어 있습니까? 바울이 "하나님의 나라를 전파하며…"(28:31) 누가는 시작과 끝을 같은 말로 맞추고 있는 것입니다. 이것은 결코 우연이 아닙니다. 누가가 그렇게 의도한 것입니다. 이러한 기법을 문학적 기법으로 수미쌍관법(inclusio)이라고 합니다. 처음과 시작을 같은 내용 혹은 같은 형식으로 구성해서 그것의 중요성을 시각적으로 부각시키는 것입니다.

사실 사도행전의 끝은 언뜻 보면 이상합니다. 사도 바울이 로마에 가서 황제 앞에 서서 심문을 받겠다고 했는데 그 내용은 나오지 않고 바울이 로마에 도착해서 유대인 지도자들을 만나 변론한 후 2년간 셋집에 머무르면서 하나님 나라를 전파한 것이 나오고 끝입니다. 그래서 어떤 사람은 누가가 여기까지 기록하고 죽어서 끝을 맺지 못한 것이라고 합니다. 혹은 누가는 바울의 죽음을 알지 못하고 서술한 것인가 하고 생각할 수도 있습니다. 하지만 누가복음이 바울이 죽은 후 약 최소한 10-20년 후에 쓰였기 때문에 그럴 가능성은 희박합니다.

그렇다면 누가는 왜 이렇게 바울이 하나님 나라를 전파하고 있는 것으로 사도행전을 끝맺고 있는 것일까요? 거기에는 누가의 의도가 배어 있습니다. 그것은 바로 예수님이 하나님 나라를 전파했듯이 바울도 하나님 나라를 전파하고 있는 모습을 보여줌으로써 그 후대 신자들이 어떻게 살아야 할 것을 가르치고자 했던 것입니다. 바로 예수님의 제자의 삶이란 예수를 따라 사는 것이며, 또 사도들의 삶의 발자취를 그대로 따라 사는 것이라는 겁니다. 바울도 바로 예수님이 했던 그대로 삶을 따라 살았다는 것입니다. 실제로 사도행전 내용을 보면 예수님이 세례 받을 때, 겟세마네 동산에서, 십자가상에서 기도하셨듯이, 제자들도 옥문이 열리기 위해, 성령을 받기 위해서 기도했던 것을 알 수 있습니다. 스데반은 순교할 때 예수님의 모범을 따라 행동하고 말했습니다. 제자는 바로 그리스도인이 되었고 그리스도를 따라서 사는 삶을 살아야 하고, 또 사도들의 모범을 따라 살아야 한다는 뜻이 여기에 담겨져 있습니다.

정상적인 제자들의 모습

그렇다면 우리의 삶은 어떠해야 한다는 것입니까? 바로 바울 이후의 사람들은 모두 사도행전 28장까지의 내용을 따라서 29장을 써야 할 사람들이라는 것입니다. 그렇다면 우리는 우리의 삶을 통해 오늘 사도행전 29장에 어떤 내용을 써야 합니까? 바로 사도행전 28장까지의 내용에 부합하는 것을 써야할 것입니다. 저는 그것 중 몇 가지 원칙만 정리해 보고자 합니다.

첫째, 사도행전은 우선 신자인 제자들을 향한 도전의 말씀입니다. 제자는 어떠한 삶을 살아야 합니까? 그 말씀은 1:8에 요약되어 있습니다. 요약해서 말하면 제자는 무엇보다도 우선적으로 성령을 받고 예수 부활의 증인이 되어야 한다는 것입니다. 이 주제는 1:8부터 끝까지 계속됩니다. 19장에 보면 바울이 에베소 지방에서 제자들에게 만나자마자 한 질문이 이것입니다. "너희가 믿을 때에 성령을 받았느냐?"(2절) 이것은 우리에게도 그대로 주어지는 도전입니다. 제자가 된 사람은 다른 일을 하기에 앞서 성령의 능력을 경험해야 한다는 것입니다. 그래야 그 다음에 증인이 되는 사역을 감당할 수 있는 것입니다. 바울이 성령을 받은 증거는 본문에 나와 있습니다. 그가 하나님 나라와 예수에 관한 것을 증언할 때 담대하게, 또 거침없이 한 것입니다. 성령을 받은 증거는 예수님에 관해서 말할 때 담대해 지는 것입니다. 본 것을 말하기 때문에 주저하거나 아무의 방해도 받지 않고 본 것을 보았다고 말하는 것입니다. "여러분이 믿은 후에 성령의 능력을 경험했습니까?" 이 말을 우리는 깊이 새겨들어야 합니다. 우리가 성령의 능력을 경험하지 못해도 그리스도인이고 구원받을 신자들이지만 무력한 성도가 될 수 있습니다. 여러분은 어떤 길을 선택하시겠습니까?

둘째, 사도행전에는 불신자들에게도 도전하는 말씀입니다. 우선, 유대인 불신자들에 대한 도전의 말씀입니다. 바울은 유대인들에게 구약 성서와 유대인의 소망을 들어 예수를 증언합니다. 그때마다 두 가지 반응이 나옵니다. 한 가지는 "그러면 이제 우리는 어떻게 살아야 합니까?"(행 2:37)입니다. 다른 한 가지는 바울의 말을 받아들이지 않고 박해하는 것입니다. 이것이 바로 복음입니다. 사도행전은 처음부터 끝까지 이러한 반복되는 역사를 기록하고 있습니다. 본문 바로 앞 구절에는 바울이 로마에서 자기 집에 찾아오는 유대인들에게 복음을 전할 때 두 가지 반응이 일어난 것을 기록하고 있습니다(28:24). 다음으로, 사도행전은 이방인으로서 하나님을 모르는 사람에게도 도전의 말씀입니다. 바울은 아레오바고 설교에서 이방인들에게 하나님 없이 사는 삶에 대해서 도전의 말을 합니다. 바울과 실라가 옥에 갇혔을 때 기적적인 하나님의 역사로 옥문이 스스로 열렸음에도 도망가지 않은 것을 보고, 간수는 이렇게 말합니다. "선생들이여 내가 어떻게 하여야 구원을 받으리이까?"(16:30) 이때 바울과 실라는 말합니다. "주 예수를 믿으라. 그리하면 너와 네 집이 구원을 받으리라."(16:31) 우리 모두는 이방인으로 있다가 예수를 믿은 사람들입니다. 우리 중에 아직도 신앙 고백을 하지 않고 교회에 다니는 사람이 있다면 심각하게 고민해야 합니다. "예수를 주님으로 받아들이십시오."

셋째, 사도행전은 신자가 된 사람들이 크리스천 공동체로서 하나의 가족을 이루어 살 것을 우리에게 도전합니다. 교회는 또 하나의 가족이요 가족을 대체하는 것이기도 합니다. 교회가 자신의 가족이 아니라 딴 나라처럼 느껴지면서 사도행전 29장을 쓰는 사람은 "내가행전 29장"을 쓰는 사람들입니다. 교회와 함께 희로애락을 같이하는 것이 사도행전이 우리에게 보여주는 중요한 모습입니다. 초기 교회는 마음과 물질과 시간을 같이 쓰고 같이 기도하고 같이 밥을 먹었습니다. 우리 교회에서도 지금까지 같이 예배하고 같이 밥을 먹는 일은 잘했습니다. 하지만 우리는 조금 더 나아가야 합니다. 진실로 자신의 마음의 문을 열고 상대방을 생각하고 동질의 마음을 품는 것입니다. 자기보다 교우를 낮게 여기고 상대방의 참 행복과 평화를 위해 기도하는 것입니다. 혹시 우리 중에 자기 자신 안에 갇혀 있는 사람은 없으신지요? 무엇이든지 자신의 마음대로 하고, 자신이 조종해야 속이 시원한 분은 없으신지요? 우리는 교회 생활을 하면서 자신을 돌아보고 하나님 앞에서 자신을 변화시켜야 합니다. 그렇지 않으면 주위에 있는 많은 사람들을 피곤하게 하고 힘들게 합니다.

넷째, 사도행전은 개인과 교회와 역사를 이끌어가는 것은 모르는 힘이나 사람이 아니라 삼위일체 하나님이라고 가르치고 있습니다. 예수를 박해하려 다메섹으로 가던 길 위에서 바울의 삶을 구체적으로 인도하신 분이 바로 성령입니다. 바울이 로마에 도착하기 전 유라굴로 광풍을 만났을 때도 결국 안전하게 그를 인도하여 로마 황제 앞에 서게 하신 이도 주님입니다. 그렇다면 우리의 삶에 대한 태도가 어떠해야 하겠다는 것은 자명합니다. 성령의 인도에 귀 기울이고 그분이 인도하는 대로 따라 가는 것입니다. 사도행전에서 대제사장과 바리새인들이 사도들과 신자들을 윽박질러 예수를 증언하지 못하게 할 때 제자들이 흔히 쓰는 말은 이 말이었습니다. "하나님 앞에서 너희의 말을 듣는 것이 하나님의 말씀을 듣는 것보다 옳은가 판단하라."(4:19) 우리는 사람 앞에 겸손해야 하지만 역사의 주관자는 하나님이라는 것을 사도행전은 우리에게 누누이 가르치고 있습니다.

적용과 실천

그동안 우리는 사도행전을 상고해 보았습니다. 사실 사도행전의 내용을 보면 때로는 급진적이어서 우리가 그대로 따라서 살 수 있는 것이 아니라 유토피아적인 삶을 그린 것이라고 생각되는 대목도 없는 것은 아닙니다. 예를 들어, 첫 신자들이 은혜를 받고 난 다음에 자신들의 재산을 사도들 앞에 갖다 놓고 필요를 따라 유무상통한 것(행 2:43-47; 4:32-35)을 우리가 과연 어떻게 적용할 수 있을까 난감하지 않은 것이 아닙니다. 성령 충만에 관한 내용도 마찬가지입니다. 사도행전에서 열두 사도와 120명의 신자들과 사도 바울을 비롯한 많은 사람이 체험한 성령 체험은 예루살렘을 뒤흔들고도 남았는데 우리의 교회는 우리의 기도 소리가 교회 문밖으로도 퍼져 나가지 못하는 모습을 보면 사도행전의 기록이 현실과 너무 동떨어져 있는 내용이라는 생각도 듭니다. 하지만 우리가 이러한 생각은 그야말로 성경을 하나님 말씀으로 그대로 믿기보다는 자신의 경험 안에서만 믿는 인본주의적 태도라고 말하지 않을 수 없습니다. 누가는 우리에게 본문을 통하여 사도행전이 유토피아적인 교회의 모습이 아니라 이 땅에서 실현되어야 할 교회의 모습임을 보여주고 있습니다.

잠자는 교회가 아니라 살아 움직이는 교회 그것이 바로 사도행전에 나오는 교회의 모습입니다. 저는 우리 교회에 대해서 늘 '거룩한 불만'을 품고 있습니다. 우리가 아무리 많이 모이고 헌금이 많이 걷히고 겉보기에 문제가 없어보여도 사도행전적인 생동하는 교회가 되지 않는 한 그러한 상태는 건강하지 못한 모습입니다. 저는 오늘도, 내일도 이 땅에 살 동안은 만족 없이 계속해서 이 불만을 품을 것입니다. 사도행전적 교회, 행동하는 교회, 부흥하는 교회, 갱신하는 교회, 성령 충만한 교회, 성령의 능력에 붙잡힌 교회, 그런 교회를 꿈꿀 것입니다. 비록 제가 결국 은퇴할 때까지 그런 모습의 교회가 되지 못한다 할지라도 그래도 저는 계속 꿈꿀 것입니다. 여러분은 어떻습니까? 지금 우리 교회의 모습에 만족하시겠습니까? 아니면 저와 함께 '거룩한 불만'을 품지 않으시겠습니까?

에필로그:

사도행전, 어떻게 해석할 것인가?

　사도행전은 초기 교회의 특수한 역사를 기록한 것인가? 아니면 후대 교회의 삶을 위한 모범 사례를 기록한 것인가? 사도행전에 나오는 기적과 직접적인 성령의 인도가 현대 교회에서는 흔하게 일어나는 일이 아니기 때문에 여러 학자들은 사도행전이 특수한 역사를 기록한 책이라고 생각한다. 하지만 마이클 그린(Michael Green)이 역설한 대로 사도행전에 기록된 초기 교회의 30년의 역사는 예수의 제자가 따라야 할 모범 사례로 기록된 것이다(Michael Green, *Thirty Years that Changed the World: The Book of Acts for Today* [Grand Rapids, MI: Eerdmans, 2002]). 누가가 복음서를 기록한 것은 제자들의 삶을 위한 범례로써 예수의 삶과 가르침을 기록한 것이고(행 1:1), 사도행전을 기록한 것은 후대의 제자들의 삶의 모델인 사도들을 비롯한 초기 교회의 제자들의 삶을 제시한 것이다.

　사도행전을 해석함에 있어 또 한 가지 중요한 이슈는 이렇게 초기 교회의 역사를 내러티브로 기록한 책인 사도행전에서 우리는 중요한 교리를 추출해 낼 수 있는가 하는 것이다. 존 스토트(John W. R. Stott)는 그릴 수 없다고 본다. 그는 계시라는 관점에서 신약 성경을 설명하면서 이렇게 주장한다. "이 계시는 우선 교훈적인(*didactic*) 면에서 추구되어야지 묘사적인(*descriptive*) 면에서 추구되어서는 안 된다. 보다 정확하게 말해서 우리는 예수의 가르침이나 사도들의 설교들 그리고 그 글들 속에서 하나님의 목적을 찾아야지 사도행전에 나오는 순전히 이야기체의 부분 속에서 찾아서는 안 된다는 것이다."(John R. W. Stott, 『오늘날의 성령의 사역』 [서울: 한국 기독교육연원, 1983], 14.) 하지만 이러한 주장도 정당하지 않다. 구약 성서에서 모세 오경에 내러티브가 많이 포함되어 있지만 그 장르 때문에 교리적으로 그 중요성이 떨어지지 않듯이, 사도행전이라는 장르 때문에 사도행전의 신학이 제대로 인식되지 못해서는 안 된다.

멘지스(Robert P. Menzies)가 올바로 제시한 대로, 성경을 해석함에 있어 장르를 불문하고 저자가 말한 의도를 찾아내는 것이 중요하기에 사도행전에서 우리는 얼마든지 저자의 의도 속에 있는 핵심 사상을 뽑아낼 수 있는 것이다. 멘지스는 사도행전이 단순한 과거의 역사가 아니라 오늘날을 위한 것이고, 또 여기에서 발견되는 누가의 의도를 신학화 하는 것이 가능하다고 본다. 누가-행전의 구조로 볼 때 그렇다. 누가복음에서 예수의 나사렛 회당 설교(눅 4:16-20)가 그 이후의 예수의 삶의 청사진을 보여주듯이, 사도행전에서 제자들의 오순절 체험과 그 해석(행 2장)은 제자들의 사역의 청사진을 보여주는 것이다. 누가는 누가-행전을 통해서 독자들에게 예수와 그의 제자들의 삶의 모범을 따라 살라고 말하고 있는 것이다(Robert P. Menzies, *Pentecost: This Story is Our Story* [Springfield, MO: Gospel Publishing House, 2013]).

본서에서 나는 사도행전에 나오는 이야기가 오늘날의 교회의 삶을 위한 모델이요 패러다임이라는 입장에서 사도행전을 읽었다. 그리고 사도행전에 나오는 성령의 역사가 독자에게 체험될 때 "이 이야기가 바로 우리의 이야기"가 되는 것이고, 거기에서 우리는 초기 교회의 모습을 우리의 교회의 모습으로 만들어가는 것이다. 사도행전 마지막 장 마지막 단어가 "거침없이"인데(행 28:31), 누가가 이 단어를 여기에 배치한 것은 사도행전의 역사는 그것으로 그치는 초기 교회의 특수한 역사가 아니라 성령의 역사를 통해서 계속 이어지기를 기대한 것이다.

 사도행전 설교를 위한 참고 문헌

1. 개론서: 김득중, 『사도행전 연구』(서울: 나단, 1994); J. Jervell, 『사도행전 신학』(서울: 한들출판사, 2000); Mark A. Powell, 『사도행전 신학』(서울: CLC, 2001); F. Scott Spencer, 『누가복음 사도행전』(서울: 대한기독교서회, 2018); V. G. Shilliington, 『누가복음 사도행전 개론』(서울: 기독교문서선교회, 2013).

2. 연구서: 나요섭, 『문학으로 본 사도행전 신학』(서울: 퍼플, 2018); 박응천, 『세계를 향한 복음』(서울: 한국성서학연구소, 1997); 유상섭, 『사도행전: 나의 사랑하는 책』(서울: 성서유니온, 2017); 유상현, 『사도행전 연구』(서울: 대한기독교서회, 1996); idem, 『바울의 제1차 선교 여행』(서울: 대한기독교서회, 2002); idem, 『바울의 제2차 선교 여행』(서울: 대한기독교서회, 2008); idem, 『바울의 제3차 선교 여행』(서울: 대한기독교서회, 2011); idem, 『베드로와 초기 기독교』(서울: 대한기독교서회, 2016); idem, 『바울의 마지막 여행』(서울: 동연, 2014); idem, 『베드로의 예루살렘 활동: 사도행전 4-5장』(서울: 대한기독교서회, 2019); 정창교, 『하나님 중심으로 읽는 사도행전』(서울: 쿰란출판사, 2016); 최종상, 『사도행전과 역사적 바울 연구』(서울: 새물결플러스, 2020); Michael Green, *Thirty Years That Changed the World: The Book of Acts for Today* (Grand Rapids, MI: Eerdmans,

2004); G. Lüdemann, 『사도행전: 초기 기독교 역사의 재구성』(서울: 솔로몬, 2014); I. Howard Marshall, 『복음의 증거: 사도행전 신학』(서울: 크리스챤출판사, 2004); Robert P. Menzies, *Pentecost: This Story is Our Story*(Springfield, MO: Gospel Publishing House, 2013).

3. 주석서: 김경진, 『성서주석 사도행전』(서울: 대한기독교서회, 1999); Darrell L. Bock, 『BECNT 사도행전』(서울: 부흥과개혁사, 2019); F. F. Bruce, 『NICNT 사도행전』(서울: 부흥과개혁사, 2017); H. Conzelmann, *The Acts of the Apostles*(Grand Rapids, MI: Eerdmans, 1987); Ajith Fernando, 『NIV 적용주석: 사도행전』(서울: 솔로몬, 2011); Joseph A. Fitzmeyer, 『사도행전 주해』(서울: 분도출판사, 2015); E. Haenchen, 『사도행전 I, II』(서울: 한국신학연구소, 1997); Craig S. Keener, *Acts*(4 vols.; Grand Rapids, MI: Baker Academic, 2012-2015); Eckhard J. Schnabel, 『강해로 푸는 사도행전』(서울: 도서출판 디모데, 2018).

4. 강해서, 설교집: 김회권, 『하나님 나라 신학으로 읽는 사도행전 1, 2』(2 vols.; 서울: 복있는사람, 2007); 두란노(편), 『사도행전-어떻게 설교할 것인가?』(서울: 두란노, 2003); 오덕호, 『사도행전을 읽읍시다』(서울: 한국장로교출판사, 2002); 유상섭, 『분석사도행전 I, II』(서울: 생명의말씀사, 2002); 윤철원, 『사도행전 다시 읽기』(서울: 한국성서학연구소, 2006); 이재철, 『사도행전 속으로』(11 vols.; 서울: 홍성사, 2010-2016); 조누가, 『성전을 넘어서』(서울: 뉴스엔조이, 2003); 하용조, 『사도행전적 교회를 꿈꾼다』(서울: 두란노서원, 2010); idem, 『성령 받은 사람들: 하용조 강해서 전집 사도행전』(4 vols.; 서울: 두란노서원, 2020); 한규삼, 『한규삼 목사의 사

도행전 주석』(서울: 생명의말씀사, 2006); N. T. Wright, 『모든 사람을 위한 사도행전. 1부 1-12장』(서울: IVP, 2012); idem, 『모든 사람을 위한 사도행전. 2부 13-28장』(서울: IVP, 2012).

5. 배경: 정양모, 『위대한 여행: 사도 바울의 발자취를 따라서』(광주: 생활성서사, 1997); M. Hengel, 『고대의 역사 기행과 사도행전』(서울: 한신대학교출판부, 1990).